The Spy Operations of the Century

세기의 첩보전

ESPIONAGE

The Spy Operations of the Century

세기의 첩보전

박상민 지음

Top Secret

INTELLIGENCE

좋은땅

CONTENTS

SECTION III
냉전, 소리 없는 전쟁

SECTION IV
잠복, 보이지 않는 위협

미래 첩보 강국을 꿈꾸며

이 책은 근현대 첩보사史의 태동과 성장이라는 의미심장한 시기를 보낸 20세기Century를 중심으로 절대불변으로 여겨졌던 적수敵手가 사라지고 불확실성의 시대로 접어든 21세기 초반에 걸쳐 약 1백년 간 세계 각지에서 벌어진 첩보 고수들의 은밀한 비밀전쟁을 엮은 것이다. 이 가운데 상당수는 당대에 단순한 '사건'이나 '논란', '의혹' 정도로 알려졌으며 어떤 것은 수십 년이 넘도록 벌어졌는지조차 알지 못했던 일도 있다.

첩보사가 인류사史와 늘상 궤를 같이 해 왔음에도 불구하고 이처럼 근세기에 벌어진 일들마저 우리에게 명확히 알려지지 않았던 이유는 그것이 갖는 '비밀주의'라는 본래의 속성 탓일 것이다. 실제로 배후에서 첩보를 취급하는 사람, 즉 첩보원은 특별한 경우를 제외하고는 거의 신분을 위장해 활동해 왔거나 하고 있고 이들이 하는 일은 언제나 비공개 혹은 극비로 취급돼 마땅히 감춰져 왔다.

이런 이유 외에도 첩보사가 명쾌하게 조명되지 못한 것에는 첩보 활동이 무력武力을 뒷받침하는 '종속적' 가치로 여겨져 온 때문도 있다. 총銃, 포砲가 난무하는 군사력이 수반된 전쟁에서 이기기 위해 첩보를 얻는 것으로 의미를 크게 축소했다는 말이다. 또 관련 인물들을 안보 일선에서 활약하는 직업적 전문가로 보기보다는 그저 검은 속내를 갖고 엿듣는 천박한 사람들로 취급하거나 스스로 그렇게 여겼고, 관련 조직 및 기관에 대해서도 권력자를 위한 도구 정도로 인식해 왔다. 이는 암울했던 우리 현대사에서도 어렵지 않게 찾을 수 있는 사례로 국가 안보를 위한 '신성한 임무'를 권력욕에 사로잡혀 사유화하고 왜곡한 결과다.

그러나 지난 20세기를 거치며 눈부신 과학기술 발전에 힘입어 정보 통신이 비약적으로 성장하는 등 그야말로 문명적 대전환의 시기를 맞은 지금, 첩보 활동은 더 이상 특정 집단이나 일개 권력자의 전유물이 아니며 나아가 전쟁 같은 특수 상황에서만 필요한 종속적 요소가 아니라는 사실을 우리는 깨닫고 있다. 실례로 현대 들어 일반에 가장 널리 회자되는 것으로 "정보는 생명이다"는 말처럼 첩보를 포함한 광범위한 정보 쟁탈전은 이제 국가나 군대뿐 아니라 기업, 단체 등의 민간 집단, 심지어 각 개인의 생존을 결정하는 독립적이면서 핵심 요소로 자리할 정도로 발전했다. 따라서 다가오는 미래에 첩보 활동의 범위와 대상, 가치는 한층 확대될 것이 분명하다.

이러한 맥락에서 필자는 독자들이 과거에 벌어진 첩보 및 정보 쟁탈전의 변화 추이를 통해 눈앞에 닥친 불확실성을 극복하고 구체적인 미래상像을 그려 보는 데 조금이라도 도움이 되고자 세계 역사에 지대한 영향을 미친 근현대 첩보전의 사례들을 모아 엮어 봤다. 보다 넓은 시야를 갖고 우리나라가 미래 첩보강국으로 나아가기를 염원하는 바람도 담았다.

글은 시대상에 따라 4개 섹션SECTION으로 나누고 총 38편의 에피소드를 시간(날짜 혹은 연도) 순으로 배치해 독자들이 첩보사의 흐름과 양상을 자연스럽게 이해하도록 구성했다. 먼저 「SECTION Ⅰ 탐색, 기만과 파괴」는 사실상 현대 첩보사의 '여명기'라 할 수 있는 시기적 바탕 하에 제1차 세계대전과 러시아 볼셰비키 혁명을 전후로 배후에서 은밀히 벌어진 정보기관들의 치열한 두뇌싸움을 파헤쳤다. 유럽에서 패권을 노리던 독일과 혁명기 소련의 다소 거칠고 둔탁하지만 첩보전의 중요성을 일찌감치 깨달아 국가적 차원에서 행동으로 옮긴 사례들이 비중 있게 기술됐으며 이들에 맞선 영국과 미국 등 경쟁 국가의 대응 사례도 짚어봤다. 또한 「SECTION Ⅱ 열전, 도전과 응전」은 여명기를 거쳐 제1차 세계대전 이후를 현대 첩보사가 본격적으로 쓰여지기 시작한 '성장기'로 규정하고 앞선 시기에서 진일보한 각국 두뇌들의 기상천외한 활약상을 광범위하고 세밀하게 알아봤다. 특히 이 시기는 동서양에서 각각 나치와 일제에 의해 발발한 제2차 세계대전이라는 전 지구적 도전기였던 만큼 첩보전의 양상은 한층 복잡하고 절박하며 정교한 모양새를 갖추기 시작했다는 점에서 의미는 매우 크다. 나치와 일제의 무모한 도전과 연합국의 치밀한 응전을 중심으로, 신흥 첩보 강국을 꿈꾸는 미국의 결이 다른 도전기를 비중 있게 담았다.

이어 「SECTION Ⅲ 냉전, 소리 없는 전쟁」은 일부 국지적 무력 충돌에도 불구하고 직접적인 군사력보다는 실제적인 첩보전이 위력을 떨치던 이른바 '냉전기'를 맞아 전후 신흥 첩보 강국으로 부상한 미국과 전통 강호 소련, 그리고 동서 각 진영에서 감행한 비밀작전들을 기술했다. 이와 함께 양대 진영의 대결구도와는 별개로 첩보 임무를 국가 생존 전략

중 최고 단계로 끌어올려 중동 및 유럽, 미국 등을 무대로 종횡무진 그림자 전쟁을 벌인 이스라엘의 전설적 성공기부터 파국적 몰락까지 양극단의 발자취를 담았다. 아울러 「SECTION Ⅳ 잠복, 보이지 않는 위협」에서는 오래전 시작됐지만 비교적 근래까지 이어졌고 가까운 미래에도 계속될 일단의 비밀전쟁을 통해 탈냉전과 신냉전이 혼재돼 아직은 명확히 규정되지 않은 '미지의 21세기 첩보세계'를 어렴풋이나마 짐작해 볼 수 있게 했다.

이번 『세기의 첩보전』은 필자가 앞서 출간한 『세기의 스파이』와 마찬가지로 국방홍보원 '국방FM 라디오' 프로그램을 통해 연재한 내용을 책으로 펴낸 것으로, 스파이에서 첩보전에 이르기까지 연재가 가능하도록 많은 도움을 주신 문성묵 장군님과 한보람, 조한나 두 분의 작가님, 그리고 무사히 연재를 마칠 수 있도록 인내하고 도와주신 김기현 PD님, 조화진 진행자님께 특별한 감사의 말씀을 전한다.

2019년 11월
박상민

탐색, 기만과 파괴

01

블랙톰 파괴공작

Black Tom Bombing 1915~1916 −독일제국 정보국−

블랙톰 파괴공작Black Tom Bombing은 제1차 세계대전 당시 독일제국 정보국이 미국의 대규모 군수물자 수송시설인 '블랙톰섬'을 대상으로 벌인 폭파작전으로 1916년 7월 30일 일어났다. 당초 독일은 이 작전을 통해 미국에서 유럽 연합국으로 수출되는 막대한 군수물자 수송을 방해하려 했으나 도리어 미국의 참전에 영향을 미치면서 패전의 멍에를 쓰게 된다.

참고로 블랙톰섬은 현재는 주변이 매립돼 지도상에서는 사라졌으며 뉴저지주 리버티 공원 남동쪽(플래그 플라자)으로 편입돼 있다.

독일제국의 대미對美 공작 배경

1914년 7월 1차 대전이 발발하자 영국은 막강한 해군력을 동원해 신속하게 미국 동부해안에 경계망을 치고 북대서양을 봉쇄하며 제해권을 장악했다. 이로 인해 독일과 오스트리아 등 동맹국은 미국에서 군수물자와 식료품을 수입할 수 없게 되면서 커다란 어려움에 직면한다. 반면 영국, 프랑스 등 연합국은 식료품과 공산품은 물론 막대한 물량의 군수물자를 자유롭게 사들이며 전쟁에 임하고 있었다. 이에 독일은 강한 불만을 품고 거세게 반발했지만 미국은 지불 능력이 있는 국가에 물자를 파는 것은 정당하다고 반박하며 교역을 이어간다.

아울러 미국은 중립적 입장으로 전쟁의 포화를 피하면서도 연합국이 거액을 지불하며 자국 물품을 구입해 연일 호황을 누렸다. 이때부터 독일은 해상에서는 U−보트로 무차별 선박 공격에 나서는 한편 미 본토에 공작원을 침투시켜 군수물자 생산 및 수송시설 파괴공작에 돌입한다. 본래 독일의 목적은 미국이 정치, 군사적으로 '중립'을 유지하면서도 연합국으로 물자 수송을 못 하게 방해하는 것이었지만 결과는 정반대로 나타나고 말았다.

뉴욕의 휴일을 덮친 의문의 폭발사건

1916년 7월 30일 일요일 새벽 2시 8분 미국 뉴욕만의 '블랙톰'이라는 섬에서 어둠을 깨우는 거대한 폭발음이 들린다. 블랙톰은 자유의 여신상이 세워진 리버티섬Liberty Island 부근에 있었던 곳으로 1880년부터 미국 정부가 철도를 연결하고 창고를 지어 물류 거점으로 활용해 온 곳이었다. 이날의 폭발 위력은 실로 대단한 것이었는데 지진파로 측정된 리히터 규모가 5.5에 달해 40킬로미터 밖에서도 진동을 느낄 수 있었고 폭발로 인해 튀어나간 금속조각은 자유의 여신상에도 상처를 입혔다.─1백 년이 지난 지금도 자유의 여신상에는 그때의 상처가 곳곳에 남아 있다고 한다─또 폭발로 반경 1.6킬로미터 이내 상업 지구에 있던 시계탑의 시계가 멈췄으며 인근 맨해튼 남서부 밀집지역에서는 수천 장의 유리가 깨지는 피해를 입었다. 이뿐 아니라 관할구역인 저지 시티Jersey City 시청 벽에는 금이 갔고 브루클린 다리는 충격으로 한때 흔들렸던 것으로 알려졌다.

하지만 폭발은 한 번으로 끝나지 않았으며 여러 차례의 크고 작은 폭발이 장시간에 걸쳐 계속돼 주변을 공포의 도가니로 몰아넣었다. 날이 밝아 경찰이 추산한 피해액은 당시 금액으로 약 2천만 달러2014년 기준 약 4억 4천만 달러로 추정됐고 자유의 여신상 파손 피해액만도 약 10만 달러2014년 기준 약 2백 2십만 달러에 달했다. 폭발 규모에 비해 희생자는 상대적으로 적었지만 인근을 순찰하던 경찰관 2명 등 총 4명이 사망하고 날아온 파편과 깨진 유리에 수백 명의 시민이 부상을 입었다.

그런데 일개 물류 창고에서 일어난 사고가 이처럼 중규모급 지진을 방불케 할 정도의 거대한 폭발로 나타난 데는 이유가 있었다. 블랙톰은 미국 북동부 일대에서 생산되는 군수물자 수송의 주요 거점으로 폭발이 일어난 당일에도 약 90만 킬로그램의 탄약이 화물열차에 보관돼 있었으며 주변 바지선에도 약 4만 5천 킬로그램의 TNT화약이 실려 있었다. 이 탄약과 화약은 모두 영국, 프랑스 등지로 출하될 예정이었다. 본래

파괴의 흔적 대규모 폭발로 인해 처참한 몰골이 된 블랙톰 물류시설 잔해들. 미국은 얼마의 시일이 지나 벌인 정부 차원의 재수사에서 폭발 사고가 독일 스파이들의 소행이었다는 사실을 알게 된다. 사진=FBI

이 항만에서는 전쟁 전까지 유럽 전역을 대상으로 물량이 출하됐지만 전쟁 발발 이후에는 영국 해군의 해상 봉쇄로 연합국 선박만이 드나들고 있었다. 사정이 이렇다 보니 블랙톰은 독일 등 동맹국들에게는 요주의 테러 대상이었다. 그러나 미국 정부와 치안 당국은 처음부터 테러 가능성에 대해서는 그다지 의심하지 않았고 폭발 원인도 명확히 규명하지 못한 채 운송 및 관리 담당자들의 사소한 실수에서 비롯된 '단순 사고'로 추정해 수사를 그대로 종결하고 만다.

반면 이때 미국의 이런 결정은 안보의식 부재와 행정 편의적 안일함에서 비롯된 커다란 실책이었다. 실제로 이때까지 미국은 단지 '부유한 신흥 강국'이었을 뿐 안보문제에서는 거의 문외한에 가까웠다. 설령 당시 치안 당국이 사건을 스파이들의 행위로 의심했다 하더라도 이를 다룰 법적 근거가 매우 미흡했고 담당 기관도 마땅치 않았다. 미국에서 스파이 행위를 다루는 소위 '방첩법Espionage Act'은 이로부터 1년이 지나서야 의회를 통과했으며 법무부 내 수사국-FBI의 전신-이 있긴 했으나 적은 인원과 일천한 경험으로 복잡한 안보사건을 다루기에는 역부족이었다. 무엇보다 외부세력에 의해 미국 본토가 공격받은 전례가 없었던 만큼 이렇다 할 경각심도 없이 사건은 그대로 잊혀져 갔다.

배후에 드리운 그림자 … 충격적 진실들

그러던 얼마 뒤 의혹은 예상치 않은 곳에서 드러나기 시작한다. 당국이 단순 사고로 수사를 종결하자 막대한 피해를 떠안게 된 운송업체가 사설 정보팀을 고용해 사건 추적에 나선 것이다. 그렇지만 이들이 정보팀을 고용한 이유는 별도 관리업체의 과실을 밝혀 보상을 받기 위한 것으로 안보와는 관련이 없었다. 이유가 어떻건 조사에 들어간 정보팀은 이 과정에서 2가지 중대한 단서를 입수하게 된다. 하나는 사건 당일 탄약이 가득 든 화물열차에서 불길이 일었다는 것이고 또 하나는 야간순찰 직원으로 일하다 폭발이 있기 전 일을 그만둔 사람이 있었다는 것이다.

정보팀은 우여곡절 끝에 이 전직 순찰직원을 찾아 경위를 묻게 되지만 처음에 그는 대화를 꺼렸다. 그러다 얼마 지나지 않아 술기운을 빌어 입을 열기 시작했는데 그 내용은 실로 엄청난 것이었다. 자신이 근무할 때 함께 일한 2명의 '독일인'이 있었고 이들이 일을 꾸몄을 것이라는 게 대략의 요지다. 더욱 순찰직원은 이 독일인들에게 블랙톰에 관한 자세한 사항을 알려주는 대가로 상당액의 돈을 받았다고 실토했다. 며칠 후 정보팀은 진술서를 받기 위해 다시 그 전직 순찰직원을 찾아 갔으나 그는 집에 없었고 그 후로도 다시는 나타나지 않았다. 결국 정보팀의 조사도 여기까지였다. 그럼에도 이들은 지난 폭발사건에 '독일인들'이 연루돼 있었다는 새로운 증언을 바탕으로 '폭발 사건이 스파이들의 소행 아니냐?'라는 다소 진전된 추측을 내놓으며 경각심을 던지게 된다. 이어 1917년 들어 1월과 4월에도 각각 뉴저지주 킹슬랜드와 펜실베니아주 에디스톤에서 연이어 대형 폭발사건이 일어났다. 이때도 원인은 불분명했지만 독일 스파이 연루설이 설득력 있게 전해지며 국민적으로 '반독反獨'여론이 들끓었다.

이런 상황에서 독일 아르투르 치머만 외무장관이 멕시코를 부추겨 미국을 공격하도록 하는 이른바 '치머만 전보사건Zimmermann Telegram: 제2화 참조'이 발생한다. 이에 분노한 미국은 전격적으로 참전을 결정했고 아울러 6월에는 의회에서 '방첩법Espionage Act of 1917'을 통과시켰다. 이와 함께 그간의 폭발사건에 대해서도 재수사를 실시하며 비로소 충격적인 진실들과 마주하게 된다. 이 사건과 관련해 미국 정부가 어느 정도 기간에 걸쳐 수사했고 어떤 부서에서 누가 책임을 맡았는지는 분명치 않다. 다만 법무부 수사국을 포함해 당시 존 에드거 후버John E. Hoover가 이끌던 적성국 담당과, 그리고 뉴욕 경찰국 폭발물 분과NYPD Bomb Squad 등이 참여한 것으로 추정되며 시일이 지나 대부분의 흔적이 사라져 세부적 범죄행위보다는 주로 독일과의 관련성을 밝히는 데 주력한 것으로 보인다.

이렇게 시작된 재수사에서 미국이 밝힌 사건의 전말은 이렇다. 독일이 대미공작에 들어간 것은 1915년 2월이며 이때 이들은 외형적으로는 외교적 수단을 동원하면서도 물밑으로는 파괴공작을 일으키는 소위 '투 트랙 전략'을 세우게 된다. 여기서 외교적 수단의 책임은 워싱턴 주재 대사였던 요한 베른스트로프Johann Bernstorff가 맡았고 파괴공작은 대사관 무관이었던 프란츠 파펜Franz Papen이 이끌었다. 실제 공작을 전후해 독일은 베른스트로프를 통해 연합국으로의 군수물자 수출에 강한 유감을 표시하며 항의했지만 미국 정부가 이를 일축하면서 점차 파괴공작으로 비중을 높여 간다. 그러나 파펜은 첩보활동에 제대로 훈련된 인물이 아니었기 때문에 공작은 몇 달 동안 지지부진했다.

이에 독일은 1915년 4월 해군 정보국 소속의 프란츠 린텔렌Franz Rintelen: FOCUS 참조이라는 첩보원을 미국에 파견하게 된다. 부유한 은행가 집안에서 자란 린텔렌은 유창한 영어 실력을 바탕으로 사업가로 위장해 뉴욕에 잠입했다. 그는 도착 즉시 공작원 하인리히 알베르트와 함께 위장업체로 화기火器 취급회사를 차리고 공작에 쓰일 화약 등의 폭발물 재료를 수집한다. 특히 린텔렌은 이때 독일인 화학자 월터 쉴레 Walter Scheele와 함께 시가 형태의 이른바 '담배폭탄cigar bomb'을 고안하게 된다. 길쭉한 형태로 '연필폭탄'으로도 알려진 이 폭발물은 납과 구리로 만들어진 주조물에 황산 등 화학물질을 넣어 폭발 시간을 정하는 일종의 시한폭탄이었다. 그는 이 폭탄을 이용해 블랙톰 폭파에 앞서 유럽으로 향하는 다수의 미국 상선에서 화재가 일어나도록 하며 화물을 불태웠던 것으로 알려졌다.

반면 린텔렌은 이 기간 미국 내 공작의 주도권을 놓고 파펜과 심각하게 대립하고 있었다. 이로 인해 1915년 말 독일로 소환되던 중 영국 해군에 붙잡혀 억류된다. 따라서 린텔렌은 블랙톰 사건에는 직접 관여하지 않았지만 폭발에는 그가 고안한 '담배폭탄'이 사용된 것으로 확인됐다.

독일 스파이들, 미국 곳곳에서 파괴활동

시기적으로 좀 늦긴 했으나 이때부터라도 미국 정부가 신속히 대응했다면 잇달아 벌어진 추가적 대형 연쇄폭발 사건은 막을 수 있었다. 왜냐하면 영국이 린텔렌의 신병을 미국에 인도했고 이어 파펜도 비슷한 때에 독일로 향하던 중 역시 영국 해군에 의해 체포됐기 때문이다. 하지만 미국은 이들이 일련의 선박 화재사고와 관련이 있다는 점을 간파하지 못했으며 더욱 파펜은 외교관 신분의 면책특권이 있어 독일로 무사 귀국하게 된다. 또 여전히 미국에는 여러 명의 공작원들이 남아 이민자와 노동자를 포섭하는 등 임무를 계속했다. 이 가운데에는 쿠르트 얀케Kurt Jahnke와 로타 비츠케Lothar Witzke라는 두 명의 폭파전문 공작원들도 있었다. 이들은 사건에 앞서 블랙톰에 위장 취업해 보안 상태를 확인하며 계획을 세웠다.

이 과정에서 공작원들은 마이클 크리스토프라는 슬로바키아계 이민자를 포섭해 블랙톰의 상세 정보를 알아낸다.—이 크리스토프라는 인물이 앞서 사설 정보팀에 독일인들의 행적을 최초로 증언한 인물과 동일인인지는 알 수 없다—이어 사건 당일 새벽 두 사람은 담배폭탄을 나룻배에 실어 블랙톰으로 향했고 적정 시간에 폭발할 수 있도록 설치한 뒤 서둘러 현장을 빠져나온 것으로 알려졌다. 이후에도 독일 공작원들은 뉴저지와 펜실베니아 등지로 옮겨 다니며 군수품 공장을 골라 폭탄테러를 이어간 것으로 밝혀졌다.

아울러 미국은 수사에서 베른스트로프 대사가 대미공작에 쓰일 공작금 일체를 관리해 왔다는 사실도 알아냈는데 그 규모는 당시 금액으로 1천 5백만 달러에 이르는 어마어마한 액수였다. 또한 독일 공작원들은 여러 폭파공작에서 영국에 대한 아일랜드계 이민자들의 반감을 부추겨 이중 상당수를 테러에 동원했다는 놀라운 사실도 밝혀낸다. 그러나 사건이 일어나고 상당한 시일이 지나서야 수사가 이뤄진 만큼 독일이 벌인 대미공작의 일단이 드러났을 때는 이미 대부분의 공작원들이 종적을 감춘 뒤였다. 나룻배를 타고 블랙톰을 폭파했던 얀케와 비츠케도 멕시코로 탈출해 새로운 공작에 돌입해 있었다.

한편 전쟁이 끝나고 미국은 자신들도 모르는 사이에 본토 내에서 엄청난 파괴공작이 진행돼 왔다는 것에 분을 삭이지 못했다. 이에 따라 블랙톰을 포함해 독일이 관여한 것으로 추정되는 각종 테러에 대해서도 조사를 계속했다. 미국이 1937년에 밝힌 기록에 따르면 1915년부터 1917년까지 약 2년간 총 43곳의 시설과 4척의 선박에서 원인 모를 폭발과 화재가 있었던 것으로 집계됐다. 이중 상당수는 독일 측의 소행으로 추정되고 있다. 조사를 마무리한 미국은 블랙톰 사건을 외부세력에 의한 명백한 본토 침공으로 봤고 이후 안보법 등 법체계를 정비하고 방첩기능을 강화하게 된다. 이와 함께 1936년부터 독일 측에 피해보상을 요구하기 시작해 1979년 당시 서독 정부로부터 유감 표명과 함께 보상금 일체를 지급받으면서 사건은 장장 63년 만에 마무리됐다.

 FOCUS 프란츠 린텔렌 ··· 독일제국의 파괴공작 전문가

블랙톰 파괴공작에서 핵심적 배후 인물로
활약했던 프란츠 폰 린텔렌Franz von Rintelen:
1878~1949은 독일제국 시절 해군정보국에
소속돼 활동한 스파이다. 주로 제1차 세계대
전을 전후해 맹활약했으며 폭파 및 파괴공작
에 능했던 인물로 평가받고 있다.

그의 태생과 성장에 대해서는 자세히 전
해지지 않지만 금융업이 가업인 가정에서 태어나 자랐고 영어에도 능통
했던 것으로 알려져 있다. 1906년에는 당시 독일의 2대 은행으로 꼽히
는 유명 은행Disconto-Gesellschaft에서 미국 측 대리인으로 일하며 상당
한 인맥을 형성하기 시작한다. 하지만 정확히 언제, 어떤 경로로 제국
해군정보국German Naval Intelligence에 들어갔고 또 폭파 전문가가 됐는
지는 알려진 바가 없다.

린텔렌이 첩보사에 본격적으로 등장하는 시기는 1915년으로, 이때
유럽은 1차 대전의 포화에 휩싸여 있었다. 이에 독일은 미국이 중립을
표방하면서도 영국 등 연합국에 무기 및 전쟁 물자를 수출하는 것에 불
만을 품고 이를 저지하기 위한 전방위 공작에 들어간다. 이 공작의 총책
은 해군 무관 프란츠 파펜이었지만 독일은 작전이 지지부진하자 1915
년 4월 린텔렌을 은행가로 위장시켜 미국으로 침투하도록 했다. 그는
뉴욕에 상륙한 직후 화기 취급업체를 만들어 탄환의 재료가 되는 무연
화약을 닥치는 대로 사들이며 미국이 전쟁 물자를 생산할 수 없도록 방

해했다. 또 같은 시기 '담배폭탄cigar bomb'도 고안해 미국 상선에서 화재가 일어나도록 해 1천만 달러 상당의 피해를 입혔다. 군수업체 노동자들도 규합해 노동평화평의회라는 조직을 만들게 하고 파업과 태업을 배후에서 주도하는 등 산업 활동에 막대한 차질을 빚도록 조장했다. 이 밖에도 그는 멕시코 권좌에 있다 실각해 미국에 피신해 있던 빅토리아노 후에르타Victoriano Huerta에 접근해 자금 지원을 약속하며 미국과의 전쟁을 부추겼다.

그러나 그의 이러한 눈부신 활약은 명목상 지휘 총책이었던 파펜의 심기를 건드렸고 파펜은 베를린에 린텔렌에 대한 강한 불만을 쏟아 내는 전문을 보내게 된다. 이에 그는 본국의 귀국 명령에 따라 1915년 말 독일로 돌아가던 중 영국 해군에 붙잡혀 구금됐다. 파펜이 베를린에 보낸 전문을 영국 해군정보국 감청부대Room 40가 중간에서 가로채 린텔렌의 동선을 파악한 것이 원인이었다. 이후에는 영국에 얼마간 억류됐다가 미국으로 인도돼 유죄를 선고 받아 3년간 조지아주 애틀랜타에 수감된다.

전쟁이 끝나고서야 석방돼 1920년 독일로 귀국했으나 이미 잊혀진 인물로 취급받는 등 고국의 냉대에 영국 이주를 택한다. 그는 1933년 첩보원 시절을 회고한 『어둠의 침략자The Dark Invader』라는 저서를 출간하는 등 활동하다 1949년 5월 사망했다.

02

치머만 전보사건

Zimmermann Telegram ~1917 −NID Room 40−

치머만 전보사건Zimmermann Telegram은 제1차 세계대전 당시 독일을 상대로 영국의 해군정보국NID 산하 감청부대(40호실: Room 40)가 실행한 비밀작전 과정에서 밝혀진 일종의 '음모'다. 영국은 대외적으로 비밀리에 감청작전을 벌이던 중 독일이 미국의 발을 묶기 위해 멕시코에 동맹을 제안하는 외교 전보를 중간에서 가로챈다. 이 전보는 중립을 고수하던 미국이 참전하는 결정적 빌미가 됐고 나아가 연합국이 전쟁에서 승리하는 발판이 된다.

아울러 이 사건은 첩보활동이 기존 인적정보HUMINT에 의존하던 근대적 방식에서 벗어나 과학기술을 활용한 신호정보SIGINT 중심의 현대적 방식으로 변화하는 이정표가 되는 등 근현대 첩보사史에 중대한 발자취를 남겼다.

영국의 대독對獨 도 · 감청 작전 배경

1차 대전의 절정기였던 1917년을 전후한 전황은 백중세였다. 독일, 오스트리아 · 헝가리 제국의 동맹국과 영국, 프랑스, 러시아의 연합국은 누가 우위라 할 것도 없이 전선 이동이 거의 없는 참호전을 벌이며 교착 상태에 빠진다. 하지만 양대 진영은 저마다 전쟁을 단번에 끝낼 수도 있는 '필살기'를 하나씩 손에 쥐고 있었다. 먼저 독일 등 동맹국은 전쟁 기간 러시아의 내정을 끊임없이 위협해 온 볼셰비키Bolsheviks의 성장으로 동부전선이 조기 종식될 여지에 희망을 품고 있었다. 러시아에서 혁명이 일어나 연합국 대열에서 이탈한다면 전력을 서부전선에 집중시켜 서유럽 전역을 단숨에 쓸어버릴 수 있다는 계산이었다. 반면 영국 등 연합국은 대서양 건너 사촌의 나라 미국에 내심 기대를 걸고 있었다. 실제 미국은 당시 군비 및 산업동원력에서 무시무시한 성장세를 보였고 교역의 일환이기는 했으나 전쟁 발발과 함께 막대한 물자를 연합국에 보내는 우호적인 관계였다.

그렇지만 우드로 윌슨Woodrow Wilson 행정부는 대외정책에서 줄곧 중립(혹은 고립)주의를 표방하며 전쟁에는 개입하려하지 않았다. 이런 상황에서 영국은 이미 독일과의 관계가 악화된 직후부터 해군정보국NID을 중심으로 감청활동을 강화해 왔다. 그 결실로 1917년 초 독일의 외교 전보를 가로채 해독하는 성과를 올리며 미국의 입장을 돌릴 절호의 기회를 맞는다.

전쟁의 먹구름 … "통신망을 장악하라"

1914년 7월 앞서 보스니아를 방문했던 프란츠 페르디난드Franz Ferdinand 황태자의 암살에 분노한 오스트리아·헝가리 제국이 세르비아를 공격하면서 1차 대전의 서막이 오른다. 이에 독일은 러시아가 개입할 경우 오스트리아·헝가리 제국을 돕겠다고 약속했고 이것은 얼마 지나지 않아 현실이 됐다. 이후 독일이 벨기에와 프랑스 등 서유럽을 넘보면서 전선이 확대된다. 전쟁의 먹구름이 유럽 전역으로 확산되자 대영 제국, 영국도 가만히 있지 않았다. 영국은 독일이 벨기에의 중립권을 침해했다는 명분을 들어 즉각적인 참전을 선언한다. 특히 이때 영국은 물리적 군사력을 동원하는 것 말고도 또 다른 비책을 감추고 전쟁에 개입하고 있었는데 그것은 바로 상대의 일거수일투족을 암암리에 감시할 수 있는 '통신망 장악'이었다.

영국은 1900년대 들어 독일과의 관계가 얼어붙으면서 방첩 기능 등 첩보망을 정비하고 해군정보국NID을 확대 개편한다. 이러한 움직임 속에 1914년 결국 포성이 울리자 NID 산하에 별도 감청부대인 이른바 '40호실Room 40'을 창설해 독일에 대한 전방위 감시에 들어갔다. 당시 NID 수장이던 해군 제독 윌리엄 홀William Hall: 1914~1919 재임, 1943년 사망은 개전 직후 북해를 지나 대서양으로 향하는 독일의 통신용 해저 유선케이블을 찾아내 절단하는 비밀공작을 명령했고 우여곡절 끝에 이것이 성공하면서 독일은 대외적으로 무선통신에 의존해야 하는 상황으로 내몰렸다. 이에 독일은 고육지책으로 베를린 근교 모처에 설치한 통신기지에서 주요 정보를 무선으로 주고받거나 혹은 유선이라 하더라도 중립국인 스웨덴과 베를린 주재 미국 대사관 등 제3국을 경유해야 하는 번거로움과 위험을 감수해야 했다.

반면 이런 독일의 처지는 NID 40호실에는 덫에 걸린 먹잇감이나 다름없었다. 이들은 무선의 특성을 이용해 독일의 발신 및 수신 메시지를 어려움 없이 중간에서 가로챘다. 또한 중립국(스웨덴과 미국)에서 대서양으로 나가는 통신용 해저 유선케이블이 영국의 땅끝 마을인 포스큐르노Porthcurno에 있었기 때문에 40호실은 이곳 중계소를 지나는 통신내용에 대해서도 수시로 감시활동을 펼친다. 다시 말해 이것은 이 시기 영국이 독일뿐만 아니라 미국의 통신망도 감시하고 있었다는 것으로 이는 후에 미국에 치머만 전보의 해독문을 전달하는 과정에서 별도의 이야기를 꾸며내야 하는 이유가 됐다. 아울러 영국은 독일이 사용하는 비밀암호에 대해서도 개전 직후 벌어진 메소포타미아 전투Mesopotamian campaign에서 입수한 구형 '13040 암호'를 확보한 상태였으며 연합국인 러시아가 독일 순양함 마그데부르크SMS Magdeburg함 좌초 당시 노획한 신형 '0075 암호'도 넘겨받아 부분적인 해독이 가능했다.

이런 물샐 틈 없는 방비 결과 1917년 1월 16일 드디어 40호실은 장차 전쟁의 양상을 바꿀 만한 중대한 외교 전보문을 입수하게 된다. 이때 이들이 입수한 전보문은 독일의 외무부 장관인 아르투르 치머만Arthur Zimmermann이 미국 워싱턴 주재 독일 대사관을 경유해 최종적으로 멕시코 주재 독일대사인 하인리히 에카르트Heinrich Eckardt에게 보내는 암호문이었다.

40호실은 암호해독가인 나이겔 그레이Nigel Gray의 활약에 힘입어 하루 만에 전보의 주요 윤곽을 잡는다. 그러나 전보는 데이터가 턱없이 부

치머만 전보와 해독메모 '웨스턴 유니온'이라는 상호가 선명한 전보문(좌)과 숫자로 이뤄진 암호 코드를 문자 메시지로 해독하는 과정을 담은 NID 메모(우). 메모 끝부분에 'AR, IZ, ON, A(애리조나)'라는 단어는 독일 코드북에 없었기 때문에 음절을 분리해 해독한 것이 눈에 띈다.

족한 신형 '0075 암호'로 작성돼 있었기 때문에 전체를 해독하지는 못했다. 이에 또 다른 암호해독가인 윌리엄 몽고메리William Montgomery가 추가 투입돼 집요한 해독작업이 펼쳐졌고 약 3주 뒤 대부분의 암호가 해독된다. 여기서도 전보문 전체가 해독된 것은 아니었지만 주요 내용을 확인할 수 있을 정도로 완성도가 있었으며 홀 제독과 요원들은 이 전보가 예사로운 것이 아님을 대번에 알아봤을 정도로 내용은 실로 충격적이었다.

전보로 드러난 '독일의 검은 속내'

당시 치머만이 에카르트에게 보낸 전보에는 "(1917년) 2월 1일 무제한 잠수함 작전을 시작할 것이며 그럼에도 미국이 계속 중립을 지키도록 해야 한다"는 것과 "(만약 중립유지가) 성공하지 못할 경우 멕시코에 동맹을 제안하라"는 내용이 담겨 있었다. 이와 함께 동맹의 조건에 대해 "멕시코에 넉넉한 재정을 지원할 것이며 미국에 빼앗겼던 텍사스, 뉴멕시코, 애리조나를 회복하는 것을 양해하겠다"는 것이었다. 또 "미국과의 전쟁이 확실해질 경우 멕시코 대통령에게 극비리에 이 협상내용을 통보하고 즉각적으로 일본을 끌어들여 지지를 이끌어 내라"는 요구도 있었다. 치머만은 "무제한 잠수함 작전이 영국으로 하여금 평화협상으로 나서게 할 것이라는 점을 멕시코 대통령에게 특별히 강조하라"고도 당부했다.

NID 홀 제독은 이 같은 주요 내용이 해독된 2월 5일 영국 외무부에 전보문을 보고한다. 그렇지 않아도 전선이 교착상태에 빠진 데다 러시아의 동향이 심상치 않은 상황에서 미국의 도움이 절실했던 외무부는 뛸 듯이 기뻤다. 다만 전보의 해독문을 미국에 전달하기 위해서는 그에 앞서 해결해야 할 문제들이 있었다. 우선 영국은 전보문을 입수하고 해독해 낸 '40호실의 존재'를 끝까지 숨기고 싶었다. 더욱 전보문의 출처가 된 곳이 미국의 외교 공관이라는 점은 미국 정부가 절대로 알아서는 안 되는 기밀 중의 기밀이었다. 이는 장차 연합국이 될지도 모를 국가 간 신뢰와 관련되기 때문이다.

따라서 NID는 해독문의 출처와 관련해 별도의 이야기를 꾸며내야 했

는데 여기서 홀 제독이 깊은 고민 끝에 기발하면서도 대단히 의미 있
는 공작을 착안해 낸다. 당초 치머만은 독일의 유선케이블 손상으로 멕
시코에 전보문을 직접 보낼 수 없게 되자 워싱턴의 독일 대사관을 시켜
전달하도록 했다. 이것이 확실하다면 워싱턴 대사관이 상업 전보회사
를 통해 멕시코 주재 대사관으로 전보문을 보냈을 가능성이 크다는 말
이 된다. 영국은 그 즉시 멕시코에서 '미스터 H'라는 암호명으로 활동하
던 정보요원에게 전보회사 직원을 매수하도록 주문했고 확인 결과 실제
워싱턴에서 웨스턴 유니온Western Union을 통해 멕시코로 보낸 전보가
있다는 사실을 알아낸다. 이에 더해 이 전보가 40호실이 충분히 해독할
수 있는 구형 '13040 암호'로 작성됐다는 사실도 알게 된다. 당시 멕시
코 주재 대사관에서는 신형 암호를 사용하지 않았기 때문에 워싱턴에서
이보다 쉬운 구형 암호로 전보문을 작성해 보냈던 것이다.

   이 공작의 성공으로 영국은 전보문을 완전히 해독하는 소득은 물론
이고 미국에도 40호실의 존재를 숨긴 채 전보문의 출처를 분명히 할 수
있는 적절한 이유도 만들어 냈다. 이렇게 해서 모든 준비를 끝낸 영국은
2월 22일 런던 주재 미국 대사 월터 페이지Walter Page를 불러 독일의
검은 속내가 적나라하게 담긴 '회심의 해독문'을 전달한다.

첩보전의 승리, 승전을 견인하다

   전보문을 본 페이지 대사의 충격은 이만저만이 아니었고 충격과 분노
가 더해진 의견서와 함께 해독문은 곧바로 우드로 윌슨 대통령에게 보
내졌다. 대사의 보고에 대통령의 분노는 더 심했다. 특히 윌슨은 이전까

지 중립을 표방하며 동맹국과 연합국 사이에서 평화협상이 이뤄지도록 많은 노력을 기울여 왔다. 그 일환으로 윌슨은 독일이 영국에 의해 해저 케이블이 손상된 데 불만을 표시하자 베를린 주재 미국 대사관을 통해 해외 공관에 메시지를 전하도록 돕기까지 했다. 당시 그는 알지 못했지만 바로 이 루트를 통해 독일이 미국의 뒤통수를 노리는 전보문을 보냈고 영국도 같은 루트로 전보문을 가로챘던 것이다.

그렇다고 해서 여전히 진위가 불분명한 전보문 한 장만으로 의회에 전쟁을 승인해 달라고 요구할 수는 없는 노릇이었다. 윌슨은 극비리에 사절단을 영국으로 보내 전보의 진위여부와 입수경위를 캐물었고 영국은 전보회사를 상대로 벌인 공작으로 경위를 둘러대며 해명했다. 미국 정부도 발신지 회사(웨스턴 유니온)를 통해 워싱턴의 독일 대사관이 같은 내용의 전보를 멕시코로 보냈다는 것을 확인하면서 음험한 음모의 실체가 낱낱이 드러난다. 이에 윌슨은 2월 27일 언론을 통해 이른바 '치머만 전보문Zimmermann Telegram'을 세상에 공개했다. 그럼에도 독일이 이를 영국과 프랑스의 모함이라고 비난하자 미국은 전보회사에서 입수한 전보문의 '진본'을 추가 공개하며 맞섰다. 그렇지만 이때까지도 의회를 포함해 미국 사회 전반에는 여전히 정통 친독일계와 반영反英 아일랜드계, 골수 고립주의자들을 중심으로 독일의 입장을 지지하는 세력이 많아 무게추는 어느 쪽으로도 기울지 않았다.

이런 상황에서 전보의 진실을 확인시키는 변수가 예상치 않은 곳에서 도출됐는데 그 진원지는 다름 아닌 독일이었고 변수의 주인공은 충격적이게도 전보를 직접 작성해서 보낸 치머만 장관이었다. 치머만은 미국 내에서 전보의 진위여부를 놓고 논란이 가열되던 3월 3일 기자회견을 통해 "전보의 실체를 부인하지 않는다"라는 말로 사실을 인정한다. 그는 워싱턴에서 전보의 진본이 공개됐고 영국과 프랑스 등이 나설 경우 어차피 진실이 밝혀질 것이 분명하다는 판단하에 도리어 이 기회를 역으로 이용해 멕시코와 일본에 공개적으로 협조를 요청하는 편이 낫다고 판단하며 이 같은 무리수를 둔 것이다.

그러나 치머만의 판단과 달리 멕시코와 일본은 꿈쩍도 하지 않았으며 미국 내 여론은 독일을 비난하는 쪽으로 급격히 악화된다. 이후 3월 29일 치머만은 또 한 번 독일 의회 연설을 통해 전보문의 내용을 언급하며 멕시코를 부추겼다. 그 사이 독일이 대서양에서 자행한 무제한 잠수함 작전으로 미국 민간상선들이 잇달아 사전 경고도 받지 못한 채 피격당한다. 이에 미국 내에서는 독일을 적으로 간주하고 참전을 종용하는 여론이 들끓었고 마침내 윌슨 대통령은 4월 2일 "참전이 불가피해졌다"며 의회에 승인을 요청한다. 결국 미 의회는 1917년 4월 6일 상하원에서 모두 압도적으로 윌슨 행정부의 참전동의안을 승인하며 존 퍼싱John Pershing을 총사령관으로 하는 유럽 원정대를 파견하기에 이른다.

미국의 이러한 움직임은 가뜩이나 러시아가 3월과 11월에 각각 혁명에 휘말려 연합국 대열에서 이탈한 공백을 메우며 종국에는 승전을 거머쥐는 견인차가 됐다. 이는 가히 종이 한 장 분량의 전보가 유럽의 운명을 통째로 바꿨다고 해도 과언이 아닌 사건으로 첩보전의 중요성을 설명하기에 부족함이 없는 일화로 꼽힌다.

03

트러스트 작전

Operation TRUST 1921~1926 -CHEKA-

트러스트 작전Operation TRUST은 소련 최초의 비밀기관인 체카가 1921년부터 약 5년여에 걸쳐 실행한 공작으로 근대 첩보사에서 가장 성공적이라는 평가를 받는 세기의 방첩작전이다. 체카의 창설자이면서 수장이던 펠릭스 제르진스키Felix Dzerzhinsky에 의해 설계됐으며 작전의 성공으로 볼셰비키를 무너뜨리려던 왕정파 등 대내외 반대세력의 활동은 무력화된다.

아울러 레닌 암살 시도와 쿠데타에 관여했던 MI6의 전설적인 스파이 시드니 라일리가 기만에 속아 죽임을 당하기도 했다.

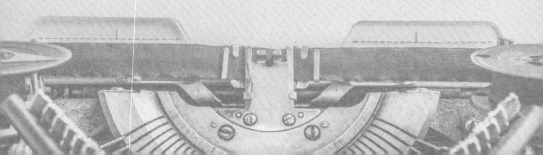

제르진스키의 기만작전 구상 배경

레닌의 명령으로 제르진스키가 트러스트 작전을 구상한 시기는 러시아의 적백내전赤白內戰이 거의 종결되던 때다. 하지만 수년간의 내전으로 경제체제는 허물어졌고 국민들의 불안은 가중돼 있었다. 여기에 더해 1918년 8월 레닌 암살미수 사건에서 촉발된 이른바 '적색 테러'의 후유증은 내전의 승리에도 불구하고 볼셰비키 정권의 기반을 위태롭게 한다. 이런 가운데 로마노프 왕조의 재건을 꿈꾸던 왕정파와 레닌의 암살을 시도했던 우파 잔존 세력도 여전히 대내외에서 활동하며 볼셰비키를 위협하고 있었다. 이에 제르진스키는 반대 세력을 단기적 무력으로 제압하는 것은 한계가 있다고 판단하며 포섭과 기만을 통한 장기적 계획을 세우고 무력화 전략을 실행한다.

레닌의 고민과 최초의 협력자

트러스트 작전의 요지는 아군 진영 내에 가상의 적군 조직을 만들어 요인을 유인해 제거하거나 거짓 정보를 흘려 적진을 교란 또는 무력화시키는 것이었다. 얼핏 그럴듯해 보이기는 해도 철저한 통제와 관리가 수반되지 않을 경우에는 도리어 내부 반대세력의 규합을 돕거나 기만술이 쉽게 탄로 날 수 있기 때문에 위험성은 클 수밖에 없었다. 그럼에도 불구하고 1920년대 들어선 러시아의 상황은 볼셰비키가 이 같은 '극약 처방'을 내리지 않으면 안 될 지경으로 치닫고 있었다. 혁명으로 제정帝政이 붕괴된 이후 내전과 적색 테러라는 긴 터널을 지나며 경제는 매우

35

황폐해졌다. 사회주의 혁명에서 주인으로 불리며 협력했던 노동자, 농민 등 서민계층은 내전에 따른 파괴 등으로 다수가 일터를 잃었고 농촌도 기아에 허덕이기는 마찬가지였다. 여기에 새로운 국가를 꾸리기 위해서는 상당수의 전문가 및 지식인, 관료 집단이 필수였지만 인력 수급도 쉽지 않았다. 실제로 레닌은 혁명과 함께 제르진스키를 시켜 체카를 창설케 했고 이를 통해 반대파를 척결해 왔다. 이는 레닌의 권력 기반을 단단하게 하는 데는 효과가 있었지만 반대로 많은 인력과 인재를 잃는 것이기도 했다.

　이에 레닌은 혁명 이후에도 제정 러시아 관료 출신들을 대거 중용해 실무를 담당토록 한다. 하지만 이를 두고 깊은 고민을 하지 않을 수 없었다. 당장의 일손이 부족해 제국 시절 관료를 쓰기는 했으나 이들 대부분이 전통적으로 반볼셰비키 성향인 데다 그 중에는 내전 기간부터 반체제적 지하 활동을 벌인 인물들도 상당했기 때문이다. 더욱 이들 중에는 본래의 정치 신념을 숨기고 권력체계 깊숙이 침투해 체제를 약화시킨 후 로마노프 왕조를 재건하겠다는 생각을 가진 이들도 있었다. 이에 더해 볼셰비키가 내전을 통해 왕정파들을 국외로 몰아냈다고는 해도 프랑스와 독일 등 서유럽에 흩어진 약 40만 명에 달하는 망명세력이 로마노프 왕조의 마지막 혈족인 니콜라이Pyotr Nikolayevich 대공을 중심으로 호시탐탐 볼셰비키를 몰아내고 역시 왕정복위를 노렸다. 이들은 국외에서 영국, 미국, 프랑스 심지어 일본의 지원을 받아 첩보 및 군사 활동을 벌였고 러시아로 침투해 반체제 지하조직과 연합할 가능성도 충분했다. 사정이 이렇다 보니 레닌은 제르진스키에게 위험을 제거할 특단의 대책을 주문했고 그는 예리한 비수匕首답게 정교하게 설계된 구상을 실행에 옮기기 시작한다.

한편 당시 왕정파 중에서도 레닌이 가장 우려했던 조직은 전문가들로 구성돼 재건을 노리던 '중앙러시아군주제연합MUCR'이라는 반체제 비밀조직이었다. 이들은 스스로를 '트러스트TRUST'라고 칭하며 은밀히 활동하고 있었다. 제르진스키는 체카 비밀요원을 이 조직의 곳곳에 침투시켜 조직원과 운영 방식 등 세부 사항들을 낱낱이 파악했다. 그 사이 본래의 조직원들은 체포해 투옥했고 빈자리는 체카 요원들로 속속 채워나갔다. 기존 체계를 파괴하면서 위장조직으로 재구성하는 과정을 동시에 수행한 것이다. 이 과정에서 1921년 초 체카는 수로水路 전문가이면서 MUCR의 지도자 중 한 명인 알렉산더 야쿠세프Alexander Yakushev를 비밀리에 체포한다. 야쿠세프는 제정 러시아 시절 정부 수도관리국—국무원 참의관이었다는 설도 있음—에서 근무했지만 1917년 잇단 혁명으로 자리에서 물러난 뒤 동료들로부터 끊임없이 망명 제안을 받아 왔다. 그러나 러시아에 대한 애착으로 고국을 떠나지 못하다가 레닌이 집권한 이후 혁명 지도자 중 한 명인 레프 트로츠키Lev Trotsky에 의해 새로운 정부에 발탁됐다.

반면 그는 체카가 단행한 적색 테러에 강한 반감을 가져 왔으며 '레닌 암살미수 사건' 당시에는 영국 MI6와 비밀리에 접촉하는 등 쿠데타 음모에 가담한 바 있다. 전력이 이렇다 보니 체카에 체포돼 악명 높은 루비얀카Lubyanka, 체카 본부의 지하 감옥으로 끌려간 야쿠세프는 스스로 '죽은 목숨'임을 자인할 정도로 극심한 절망감에 사로잡힌다.

그런데 루비얀카에서 벌어진 심문 과정은 익히 들어 알던 것과는 전혀 달랐다. 당장에라도 뒤통수에 총알이 박힐 것이라는 예상이 무색하게 심문은 시종 진지한 대화로 이어졌고 분위기도 강압적이지 않았다. 다만 대화가 하루에도 상당 시간 이어진데다 그것도 오랜 기간에 걸쳐 반복적으로 진행됐다. 여기서 야쿠세프는 자신이 볼셰비키 정권의 가혹한 '적색 테러'에 반대해 지하조직에 가담했을 뿐 왕정파의 특권의식에 동조한 것은 아니라고 항변했다. 이에 체카 심문관들은 그의 불륜 전력 등을 끄집어내며 "제정 시절 폭압에 다수 국민들이 굶주리고 고통받을 때 당신은 무엇을 했느냐?"며 약해진 심리를 파고들었다. 또한 MI6와의 내통 사실도 들이대며 "그래서 매국행위를 했느냐?"는 등 죄책감을 씌워 내면을 뒤흔들어 놨다. 이렇게 짧지 않은 시간이 흐른 후 야쿠세프는 자신을 '한심한 위선자'라고 인정하며 "어떤 죗값도 달게 받겠다"고 울먹이면서 총살형을 자처할 정도로 심리 상태는 붕괴로 치닫는다.

반대로 기회가 왔다고 판단한 제르진스키는 야쿠세프의 균열을 비집고 들어갔다. 제르진스키는 야쿠세프가 "과거의 죄를 진심으로 뉘우치고 있다는 것을 알고 있고 조국의 불행을 '치유'하기 위해 무언가 하고 싶어 한다는 사실도 알았다"고 다독였다. 그리고는 "사회가 발전하기 위해서는 '충성스러운 반대파'도 필요하다"고 격려까지 하면서 조국의 불행을 치유할 수 있는 방법을 제시한다. 제르진스키가 제시한 치유법이란 서방에 망명한 반체제 인사와 단체를 방문해 러시아 내에 반볼셰비키 활동 및 왕정 재건에 힘쓰는 비밀조직(트러스트)이 있고 이들이 관리하는 별도 밀입국 거점이 있다는 것을 '알려주기만 하면 된다'는 것이었다. 제르진스키는 이와 함께 이 제안을 받아들일 경우 앞으로 탄생할 새로운 정부에서 고위직에 오를 것이라고 약속했다. 결국 야쿠세프도 고개를 끄덕이며 협력 의사를 밝힌다. 이처럼 최초 협력자이자 핵심 인

물을 포섭하는 데 성공한 제르진스키의 '트러스트 작전'은 이때부터 급
물살을 타기 시작한다.

위장조직 창설 … 궤도에 오른 사기극

이어 체카는 러시아군주제연합MUCR의 대외 위장조직으로 모스크바
시립신용협회MCA를 만들어 활동을 지원했고 야쿠세프를 인민평의회에
합류시켜 무역을 담당하도록 했다. 이로써 기만작전을 위한 위장 조직
과 핵심인물에 대한 신분 세탁이 완료됐다. 체카의 명령을 받은 야쿠세
프는 1921년 9월 평소 절친으로 에스토니아로 탈출해 왕정 재건 활동
을 벌여온 유리 아르타마노프를 시작으로 대외 공작에 들어간다. 아르
타마노프를 만난 야쿠세프는 체카의 시나리오대로 러시아 내에 트러스
트라는 반체제 비밀조직을 상세히 설명하며 별도 거점을 통해 망명세력
인사들의 안전한 방문을 주선할 수 있다고 전했다. 또한 어려워진 경제
사정에 따라 자본주의적 자유화 물결이 급속히 일고 있으며 트러스트를
통한 체제 교란 및 붕괴가 가능할 것이라고 말했다. 단 이 말이 체카에
흘러 들어가지 않도록 해야 한다는 주의도 잊지 않았다.

야쿠세프의 말을 들은 아르타마노프는 혁명세력의 폭압에 죽은 줄
알았던 친구가 살아 있다는 것도 믿기지 않았지만 러시아 내부에 반체
제 활동이 활발히 이루어지고 있다는 데 몹시 흥분했고 이 사실을 독일
에 본부를 두고 있던 국제군주제회의VMS에 알렸다. 이 소식을 전해들
은 VMS도 흥분을 억누르지 못하며 아르타마노프에게 야쿠세프와 트러
스트에 협력할 것을 지시하게 된다. 그렇다고 이들이 트러스트의 활동

을 전혀 의심하지 않은 것은 아니다. 야쿠세프가 다녀간 후 아르타마노프는 영국 MI6에도 이 사실을 알렸고 소문은 삽시간에 각국 정보기관에 퍼진다. 그러나 혹시라도 속임수일 수 있다는 의심에 따라 사실관계를 확인할 필요는 있었다. 이에 아르타마노프가 활동하던 에스토니아에서 가장 먼저 비밀요원을 야쿠세프가 말한 '거점'을 통해 러시아로 침투시켰다. 러시아에 들어간 요원은 트러스트 조직의 모스크바 위장본부인 시립신용협회MCA를 방문해 조직원들과 만났다. 이 만남에서 조직원들은 능숙하게 비밀 임무를 다루는 모습을 연출했고 반체제 내용으로 가득한 정치회의도 열며 방문자의 눈과 귀를 현혹했다. 또 러시아정교회 사제들도 만나 비밀리에 집전되는 지하 예배에 초대되는 등 트러스트의 놀라운 활동들을 직접 목격한다.

반면 이는 모두 정보업무의 습성을 잘 알고 있던 제르진스키가 마련한 대비책으로 트러스트의 비밀본부는 체카가 만든 위장사무실이었고 조직원과 사제들 역시 전부 체카의 요원들이었다. 하지만 첫 방문자가 빈틈없는 한편의 연극에 감쪽같이 속아 넘어간 것은 물론 그 후로도 몇 차례 비슷한 무용담이 회자되면서 마침내 국외 망명세력과 각국 정보기관들은 트러스트의 실체를 사실로 믿기에 이른다. 무엇보다 당시 서방 정보기관들은 동쪽(러시아)에서 시작된 공산화가 헝가리, 폴란드, 독일 등 서쪽으로 확산돼 속은 타들어 갔지만 체카의 물샐 틈 없는 봉쇄작전으로 정보에 심한 갈증을 느끼고 있었다. 그러다 보니 대부분의 국외 세력에게 트러스트는 사막에서 만난 '오아시스'로 여겨질 수밖에 없었다. 이처럼 위장술이 먹혀들자 체카(당시는 GPU로 개편)는 기만공작 제2막에 들어간다.

속임수의 대가들 트러스트 작전이 한창이던 시기 체카 수뇌부. 정중앙에 펠릭스 제르진스키가 있고, 그의 왼편으로 멘진스키가 앉아 있다.

1922년 초 야쿠세프의 명의로 아르타마노프에게 기밀문서가 전달된 것이다. 이 문서에는 볼셰비키 정권의 권력투쟁 양상 등 내부 사정이 상세히 담겨 있었는데 특히 '레닌, 스탈린 등 강경파들의 힘이 급격히 약화되는 반면 자유주의자와 반체제의 영향력은 갈수록 강화되고 있다'는 고무적인 내용도 들어 있었다. 이것 역시 제르진스키가 진실과 거짓을 뒤섞어 만든 가공된 정보들이었다. 그럼에도 절박감이 극에 달했던 국외 세력들은 앞 다퉈 보고서를 얻기 위해 혈안이 됐고 트러스트에 막대한 자금을 지원하겠다고 나서는 곳도 생길 만큼 반응은 폭발적이었다. 이후에도 체카는 기만술을 지속해 망명자들을 러시아로 끌어들였으며 이 과정에서 방문자의 형제를 루비얀카 감옥에서 탈출시키는 수완도 연출하는 등 신뢰를 굳건히 했다. 이런 신뢰를 바탕으로 망명세력은 트러스트에게 스스럼없이 기밀을 넘기고 자금을 지원하며 교류를 이어갔다. 이뿐 아니라 베일에 싸여 있던 러시아 내부의 협력자들에 대해서도 속속들이 알려줬다.

작전이 진행되는 동안 트러스트 기만술이 얼마나 철저했는지는 망명세력 지도자 중 한 명인 바실리 슐긴Vasily Shulgin이 기록한 체험기에도 잘 드러난다. 그는 트러스트(실제로는 체카)가 마련해 준 비밀여행을 마치고 돌아와 "볼셰비키가 제거되고 러시아가 부활할 것"이라고 썼다. 이 글은 작전이 종착지로 향하던 1925년 쓰인 것으로 그 사이 체카의 위장과 기만이 얼마나 훌륭했고 망명세력의 기대와 희망이 얼마나 컸는지 짐작할 수 있는 대목이다.

'신기루'에 무력화된 반대세력

그러나 바로 이런 것들이 제르진스키가 노린 마수였다. 체카는 국외세력이 지원한 자금은 자금대로 '운영비'로 충당했고 방대한 망명세력의 세부사항을 손쉽게 파악할 수 있었다. 또한 국내에서 복위운동에 가담해 온 인물들도 상세히 파악해 비밀리에 제거해 나갔다. 아울러 정보를 철저히 트러스트에 의존하도록 만들어 놓은 만큼 허위, 거짓, 편향 정보를 통한 교란작전도 어렵지 않게 먹혔다. 체카는 한 곳에만 정보를 준다거나 여러 곳에 다른 정보를 전하는 방법으로 혼란을 야기했고 경쟁자나 경쟁국에는 약점을 흘려 다툼이 일어나도록 하는 이간계를 쓰기도 했다. 실제로 당시 망명세력 내부는 좌파와 우파로 나뉘어 주도권 경쟁을 벌이고 있었는데 체카는 트러스트를 통해 허위 정보를 전하며 이들 간의 경쟁이 내분으로 치닫도록 부추겼다.

이에 더해 제르진스키가 트러스트 작전으로 얻은 성과라 할 수 있는 것으로는 그간 볼셰비키가 눈엣가시처럼 여겨온 요주의 인물들을 제거할 수 있었다는 것이다. 여기에는 망명세력의 지도자 중 한 명인 보리스 사빈코프Boris Savinkov와 MI6의 스파이 시드니 라일리Sidney Reilly가 대표적이다.―이들에 대한 유인은 비아체슬라프 멘진스키가 주도한 '신디카트2'라는 파생작전으로 실행됐다FOCUS 참조― 사빈코프는 2월 혁명을 통해 임시정부에서 고위직에 있던 인물로 볼셰비키 혁명 이후에는 폴란드와 함께 무장 투쟁을 준비해 온 인물이었다. 체카는 트러스트를 통해 그를 유인한 뒤 1925년 비밀리에 처형했다. 1918년 반볼셰비키 쿠데타를 주도하다 발각돼 영국으로 탈출한 뒤 배후에서 꾸준히 망명세력을 지원해 온 라일리도 "트러스트를 눈으로 확인해 보겠다"며 소문에 이끌려 국경을 넘었다가 체포돼 모진 고문 끝에 처형됐다. 이렇게 사빈코프와 라일리의 사망에도 불구하고 망명세력은 여전히 트러스트를 신뢰했다.

하지만 얼마 지나지 않아 망명세력은 트러스트가 사막의 오아시스가 아니라 한낱 '신기루'에 불과했다는 것을 깨달아야 했다. 트러스트에 대한 칭송이 자자하던 상황에서 조차 유독 이를 의심스러운 눈으로 바라본 인물이 있었기 때문으로, 주인공은 바로 트러스트가 체카에 의해 재구성되기 전 접촉해본 바 있는 폴란드 정보국의 부아디수아프 미흐니예비치라는 첩보원이었다. 그는 1920년 에스토니아에서 활동하던 시절 러시아 내부 첩보망 구축에도 관여하면서 트러스트의 핵심조직인 러시아군주제연합MUCR과도 교류했다. 그러나 당시에는 대부분의 조직원이 첩보의식이 전무했고 더더욱 지하활동을 펼 만큼의 능력은 없었던 것으로 판단했었다. 그랬던 조직이 불과 1년 만에 무성한 소문을 뿌리며 대안세력으로 성장했다는 것이 석연치 않았다. 이에 미흐니예비치는 모스크바를 찾아 살펴본 결과 자신의 생각이 맞다고 확신한다. 그의 판단에 따르면 트러스트 조직과 조직원이 겉보기에는 제법 그럴듯해 보였으나 어딘지 어색했으며 특히 군사 분야를 물었을 때 돌아온 답은 막연하기까지 했다. 이어 추가 조사를 거쳐 "트러스트는 기만이다"라는 요지의 보고서를 정보국에 제출한다. 그럼에도 이때 이 보고서에 관심을 기울이는 상관이나 동료들이 없었기 때문에 보고서는 그대로 먼지더미에 쌓이는 신세가 됐다.

그러던 1926년 5월경 폴란드 국방장관으로 취임한 요제프 피우수트스키Józef Piłsudski가 트러스트에 대한 의심을 드러내면서 새로운 국면이 펼쳐진다. 피우스트스키는 폴란드 태생의 제르진스키와 어린 시절을 함께 보냈고 소련이 폴란드를 침공했을 때는 적으로 만난 경험이 있어 그의 치밀함과 교활함을 잘 알고 있었다. 그는 미흐니예비치의 보고서를 전면 재검토하라는 명령과 함께 트러스트에 소련이 폴란드와의 전쟁 당시 마련했던 군사동원계획서 사본을 요청했다. 이때 피우수트스키 수중에는 이미 소련군 참모부에서 입수한 진본 계획서가 있었다. 이를 몰랐던 트러스트는 계획서 사본을 보냈고 진본과 대조해본 피우스트스키는 트러스트가 보낸 사본이 '가짜'라고 판명한다. 이후 그는 폴란드 정보국에 트러스트와의 접촉을 차단하라고 명령하고 이 사실을 서방 기관들에게도 알렸다. 때를 같이해 이를 눈치챈 체카도 서둘러 작전을 종료하기로 결정한다. 이들은 망명세력 내부에 심어놓은 첩자들에게 흔적을 말끔히 지울 것과 조속히 귀환하라는 명령을 동시에 내렸다.

얼마 후 망명세력은 일순간에 흔적도 없이 사라진 트러스트의 기억만을 더듬으며 신기루에 홀린 듯 혼란스러워했고 볼셰비키를 무너뜨릴 수 있다는 기대와 희망도 순식간에 물거품처럼 꺼져 버렸다. 그 후 망명세력은 러시아가 소련으로 성장하는 과정에서 어떠한 방해도 할 수 없을만큼 무력화됐다. 반대로 소련은 국내외의 반체제 활동을 혼란에 빠뜨리며 막강한 공산제국으로 나아갈 수 있었다. 한편 작전을 설계하고 지휘한 펠릭스 제르진스키는 이러한 성공을 보지 못하고 1925년 폐결핵으로 사망했으며 작전에서 핵심적 역할을 했던 야쿠세프는 레닌 사후 트로츠키 일파로 몰려 스탈린의 대숙청 기간 목숨을 잃는 비극적 최후를 맞았다.

FOCUS 비아체슬라프 멘진스키 … 초창기 스탈린의 비수

비아체슬라프 멘진스키Vyacheslav Menzhin
sky: 1874~1934는 러시아의 혁명가이자 체
카의 후신인 합동국가정치국OGPU 수장을
지낸 인물이다. 체카 시절에는 이렇다 할
두각을 나타내지 못했으나 펠릭스 제르진
스키 사후 첩보계 1인자에 오르며 스탈린

의 비수로 활약했다. 러시아어는 물론이고 중국어, 한국어, 페르시아어에 이르기까지 16개 언어에 능통한 어학 천재로 알려져 있으며 반체제 인물들을 소련으로 끌어들여 제거하는 등 맹위를 떨쳤다.

1874년 러시아 제국시절 귀족가문 교육자 집안에서 태어난 멘진스키는 상트페테르부르크 대학에서 법학을 전공했다. 이후 1902년 소련 공산당의 전신인 러시아 사회민주노동당RSDLP에 입당해 혁명전사로 나서기 시작한다. 1905년에는 RSDLP 페테르부르크 위원회에 소속된 군사조직에 가담했다가 이듬해 체포됐으나 탈옥해 벨기에, 스위스, 프랑스, 미국 등지에서 망명 생활을 했다. 이 기간에도 RSDLP 해외본부에서 활약하며 혁명 활동을 이어갔다. 그러던 1917년 왕정이 붕괴되는 '2월 혁명'이 일어났고, 그해 여름 귀국한다. 블라디미르 레닌이 이끄는 볼셰비키에 의해 '10월 혁명'이 일어난 후에는 재무부 장관격인 재정 인민위원으로 임명돼 권력자의 길에 들어섰다.

제르진스키에 의해 소련 최초의 공안정보기관인 체카가 창설되면서 1918년 최고위원회 위원으로 선출돼 첩보계에 발을 들여놓았다. 이어 체카는 잠시 '보안 및 방첩' 기능이 강화된 국가정치국GPU으로 개편됐다가 다시 합동국가정치국OGPU으로 변화를 거듭하게 되는데 멘진스키는 1924년 여기서 2인자격인 의장대리로 선출된다. 이 기간에는 제르진스키가 주도한 '트러스트 작전'이 줄곧 진행 중이었다. 이때 멘진스키는 트러스트의 파생작전인 '신디카트Sindikat2'를 가동해 반체제 핵심인 보리스 사빈코프를 유인, 처형했고 망명세력을 배후에서 지원하던 MI6의 시드니 라일리도 체포한 뒤 처형하는 성과를 올린다.

멘진스키는 제르진스키 사후인 1926년 7월 OGPU 수장에 올라 비로

소 명실상부한 소련 스파이들의 두목으로 등극했으며 초기 스탈린 체제
에서 최대 정적이었던 레프 트로츠키 등 반대파 숙청 과정에서 비수匕首
로 활약했다. 1930년대 들어 스탈린 개인숭배를 강화하는데도 크게 공
헌했지만 1934년 협심증으로 사망했다. 그의 사망과 관련해서는 후임
자가 된 겐리크 야고다Genrikh Yagoda가 독살했다는 설이 존재한다.

SECTION II

열전, 도전과 응전

———————

04

히믈러 작전

Operation HIMMLER ~1939 −SS보안대(SD)−

히믈러 작전Operation HIMMLER은 나치 독일이 제2차 세계대전의 개전을 정당화하기 위해 폴란드를 상대로 단행한 기만공작으로 국경지역의 독일 라디오 방송국을 '위장' 습격한 사건이다. 나치 친위대 전국 지도자 하인리히 히믈러Heinrich Himmler가 최초 기획했다고 해서 '히믈러 작전'으로 명명됐으며 실행은 라인하르트 하이드리히가 이끌던 SS보안대SD가 맡았다.

이 작전은 2차 대전의 개전을 알리는 도화선이라는 점에서 일반에 알려진 것에 비해 첩보사뿐만 아니라 세계사적으로도 대단히 중대한 의미가 있다.

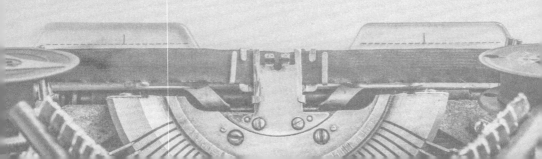

나치 독일의 기만작전 실행 배경

1934년 총통에 오르며 사실상 독일의 모든 권력을 거머쥐게 된 아돌프 히틀러Adolf Hitler는 물밑으로 군비 증강에 힘쓰는 한편 내면에 갖고 있던 침략적 야심을 구체화하기 시작한다. 그 첫 번째 조치로 1936년 프랑스, 벨기에 등과 국경이 맞닿은 라인란트Rhineland에 무장 병력을 진주시켜 서쪽을 방비했다. 이어 1938년 오스트리아를 병합하고 동쪽으로 눈을 돌려 체코 영토였던 주데텐란트Sudetenland를 손아귀에 넣는다. 그럼에도 영국과 프랑스는 전쟁만 피하면 된다는 안일한 입장을 취하며 '뮌헨 협정Munich Agreement'을 통해 이러한 나치의 폭주를 묵인했다. 하지만 협정 이후 히틀러는 본색을 드러내게 되는데 1939년 폴란드에 대한 무력 침공을 결정한 것이다.

반면 '안하무인眼下無人 야심가' 히틀러에게도 전쟁 도발은 상당한 부담이었다. 명분 없는 선제공격이 주변국의 반발을 부를 것이 뻔했기 때문이다. 이에 히틀러는 정권 2인자인 하인리히 히믈러에게 폴란드 침공을 정당화하기 위한 기만공작을 주문하게 되고 히믈러는 SD 수장인 라인하르트 하이드리히Reinhard Heydrich를 시켜 주변국을 속여 넘길 '희대의 사기극'을 실행토록 지시한다.

전쟁의 도화선 ··· '방송국 습격사건'

1939년 8월 31일 밤 8시를 조금 넘은 시각, 폴란드와 국경이 맞닿아 있던 독일령 슐레지엔 지방에 있는 글라이비츠Gliwice의 한 라디오 방송국이 폴란드군의 습격을 받게 된다. 독일인들이 운영하던 방송국에 침입한 7명의 군인들은 순식간에 건물을 점령하고 민간인 직원들을 위협해 구금했다. 직원들은 갑작스레 벌어진 사태로 공포에 휩싸였고 이어진 방송국 습격 이유를 알고는 경악을 금치 못한다. 방송시설을 장악한 이들은 그 자리에서 폴란드어로 작성된 선언문을 낭독하기 시작했다. 이들은 "폴란드가 독일에 전쟁을 선포하니 슐레지엔의 폴란드계 주민들은 독일에 맞서 총궐기 하라"고 촉구했다. 사실상의 선전포고로 여겨진 이 선언문은 약 4분여간 낭독됐으며 인근 수천 명이 방송을 청취하고 있었다.

그러던 잠시 뒤 요란한 총격전이 벌어졌고 독일군에 의해 폴란드군이 제압됐다는 소식이 전해진다. 이어 총격전 직후 방송국을 찾은 몇몇 언론사 기자들은 건물 주변에 쓰려져 있는 폴란드 군복 차림의 사체들을 보며 무장 세력의 정체를 확인했다. 이 소식은 곧장 베를린에도 전해져 히틀러는 그 즉시 의회를 소집해 자위권 차원의 군사 행동을 강하게 요구한다. 그렇지 않아도 방송국 습격사건 이전 국경지대에서는 독일인들을 대상으로 한 불미스런 사건들이 종종 일어나 왔고 히틀러는 이 모든 사태를 싸잡아 폴란드의 소행으로 규정하며 이에 대항한 무력 사용을 '정당한 권리'라고 주장했다.

히틀러의 이러한 요구가 그대로 받아들여지게 되면서 독일군은 9월 1일 새벽을 기해 일제히 폴란드를 공격하기에 이른다. 이 사건은 그로부터 약 5년여 간 유럽을 포화 속에 몰아넣은 2차 대전의 서막이었으며 전쟁이 끝날 때까지도 방송국을 습격한 무장 세력은 폴란드의 군대로 여겨졌다. 하지만 종전 이후 뉘른베르크Nuremberg 전범재판 과정에서

하인리히 히믈러 그는 나치정권의 2인자이면서 폴란드 침공의 명분이 된 기만작전을 기획하고 지시해 유럽을 포화 속으로 몰아넣었다.

사건의 진실이 속속 드러나면서 사람들을 충격에 빠뜨린다. 폴란드 침공의 빌미가 된 글라이비츠 방송국 습격사건Gleiwitz incident이 실은 독일의 자작극이었으며 계획 전반을 하인리히 히믈러가 주도했던 것으로 밝혀졌기 때문이다.

실제로 나치 독일은 전면전에 앞서 무력 행동의 정당성을 확보하기 위해 '모종의 계략'을 꾸미게 되고 이런 비밀스런 움직임은 1939년 5월 시작된다. 5월 23일 전군 최고 지휘관 회의를 소집한 히틀러는 이 자리에서 폴란드 침공을 공식화했다. 그러나 영국, 프랑스 등 주변국의 반격을 우려해 "전쟁이 폴란드에 의해 시작됐으며 이를 증명할 명백한 증거가 필요하다"고 주문했다. 그러면서 친위대 지도자 하인리히 히틀러에게 계획의 전권을 일임하게 된다. 이때부터 히틀러는 작전의 전반을 설계하게 되는데 그 주요 내용은 이렇다. 우선 '비밀요원을 폴란드군으로 위장시킨 뒤, 국경지대 독일 시설물을 무력 점령하도록 하고, 선전포고가 담긴 선언문을 낭독한다는 것'이다. 그리고는 '독일군이 반격을 가해 현장에서 폴란드군을 제압한 것으로 꾸미고, 사살된 사체는 언론에 공개해 폴란드의 만행을 만천하에 알린다'는 시나리오를 마련했다.

이렇게 입안된 이른바 '히틀러 작전'은 그의 오른팔이면서 나치 정보기관 SD의 수장이던 라인하르트 하이드리히에게 맡겨졌다. 실행에 들어간 하이드리히는 작전을 현장에서 지휘할 책임자로 알프레드 나우요크스Alfred Naujocks: FOCUS 참조라는 SD 정예요원을 임명한다. 1911년 독일제국 시절 킬Kiel에서 태어난 나우요크스는 나이에서는 하이드리히에 비해 일곱 살이 적었지만 같은 시기에 나치당에 입당해 친분을 맺어온 인물이다.

나우요크스는 입당과 함께 고속승진을 거듭하며 권력 핵심에 오른 하이드리히에 의해 SD에 발탁된 후 뛰어난 완력과 대담한 성격으로 요인 암살과 파괴 공작을 전담해 온 소위 '블루칼라형blue collar' 스파이다. 그는 1935년 반나치주의자 루돌프 포르미스를 암살해 두각을 나타냈고 한동안은 소련에 암약하며 스탈린이 벌인 대숙청에서 미하일 투하체프스키 원수를 제거하는 데도 일조했다. 또 히틀러 작전에 앞서 1939년 초에는 슬로바키아 분리주의자로 위장해 프라하에서 폭탄 테러를 주도하는 등 SD 내부에서는 이미 '해결사'로 이름을 높여 왔다. 이 같은 활약에 힘입어 작전이 하이드리히에게 맡겨지는 순간부터 실행 적임자로 여겨졌다. 반면 후에 하이드리히와 사이가 벌어져 SD를 떠났고 종전 무렵 미군에 투항하며 뉘른베르크 전범재판을 통해 '히틀러 작전'의 전모를 폭로한 인물이기도 하다.

이후 사정이 어떻건 하이드리히에게 특명을 받은 나우요크스는 8월 초 폴란드어를 할 줄 아는 요원을 포함한 정예요원 6명을 선발해 공작팀을 꾸리고 준비에 들어간다. 특히 작전의 핵심이 '폴란드군이 방송국을 점거하는 것'이었기 때문에 위장 군복을 구하는 것이 급선무였다. 이를 위해 그는 독일 국방부에 폴란드 군복을 요청했다. 이에 국방부는 군복의 용도를 알아야 지원할 수 있다고 했고 극비 작전을 노출할 수 없었던 나우요크스는 "친위대의 홍보용 영화 촬영을 위해 필요하다"는 이유를 들어 군복을 빌린 것으로 알려졌다. 이어 요원들의 위장 신분과 그에 따른 증명서가 만들어졌으며 점거 직후 발표될 '선언문'도 제작됐다. 이 선언문은 하이드리히가 직접 작성한 것이다.

이처럼 대부분의 준비를 마친 공작팀은 8월 15일 글라이비츠로 향했다. 이들은 이곳에서 작전 당일까지 머물게 된다. 그에 앞서 나우요크스는 작전에 소요될 '준비물'을 한 가지 더 마련해야 했다. 그것은 선언문 발표 직후 벌어질 총격전에서 사망한 폴란드군의 사체였다. 더욱 사체는 폴란드가 독일을 선제공격했다는 결정적 증거로 언론에 공개돼야 하기 때문에 당일 희생자가 필요했다.

조작된 선전 포고 … 충격적 진실들

여기에는 국경 경비를 책임지던 게슈타포Gestapo가 나선다. 이때 게슈타포의 수장이던 하인리히 뮐러Heinrich Muller는 글라이비츠에서 북쪽으로 약 70킬로미터 떨어진 오베른이라는 곳으로 나우요크스를 불러냈다. 뮐러는 다하우 수용소Dachau camp에서 폴란드군 희생자 역할에 적합한 수감자들을 선별해 나우요크스에게 넘기려고 오베른에 와 있었다. 이들은 이 수감자들을 '통조림'이라는 암호로 불렀으며 수감자들을 인계받은 나우요크스는 다시 글라이비츠로 돌아왔다. 이렇게 해서 모든 준비를 끝마친 공작팀은 하이드리히의 작전 개시 명령을 기다리게 된다.

그러던 8월 31일 낮, 기다리던 하이드리히의 명령이 떨어졌다. 개시 암호는 "할머니가 돌아가셨다"였고 습격 시각은 밤 8시로 정해졌다. 폴란드 군복으로 갈아입은 공작팀은 8시 14분경 글라이비츠 방송국을 급습한다. 이들은 진행 중이던 방송을 중단시키고 건물 안에 있던 직원과 전신기사, 경비원 등에게 위협을 가해 구금했다. 그리고 계획대로 폴란드어 요원이 준비해 온 선언문을 낭독했다. 낭독이 끝나자 나우요크스는 폴란드 군복을 입힌 '통조림'들을 데려오도록 명령한다. 이때 통조림으로 불린 수감자들은 모두 생존해 있었지만 공작팀이 놓은 주사제를 맞아 의식불명에 빠져 있었다. 나우요크스는 폴란드군이 제압 과정에서 도주하다 등 뒤에서 총에 맞은 것으로 꾸미기 위해 수감자들을 엎드리게 한 채 총을 난사했다. 그들은 그 자리에서 모두 사망했다.

공작팀은 진압군으로 보이기 위해 독일 군복으로 서둘러 갈아입고 기자들을 불러 모았다. 기자들이 도착했을 때 방송국에서는 독일군(실제는 공작팀)이 사태를 진압한 뒤였던 만큼 주변에는 폴란드 군복을 입은 사체들이 널려 있었다. 또한 선전문이 발표될 당시 주변에서 방송을 들은 사람들도 적지 않았기 때문에 사건은 누가 봐도 폴란드 측의 소행으로 믿을 수밖에 없었다. 작전이 마무리되자 베를린에서는 신속한 후속 조치를 진행한다. 히틀러는 의회를 소집해 폴란드의 만행을 맹렬히 비난했고 선전선동의 대가인 요제프 괴벨스Joseph Goebbels도 내외신 기자들을 모아 긴급 회견을 열었다. 괴벨스는 사건을 폴란드의 테러로 규정하고 "독일은 꺾이지 않을 것이며 폴란드는 대가를 치를 것"이라면서 여론몰이에 열을 올렸다. 마침내 자정을 넘긴 새벽 4시경 나치 독일이 대대적인 군사 행동을 감행하면서 2차 대전이라는 지옥의 서막이 열린다.

한편 전쟁이 끝난 후 전범 재판에 출석한 나우요크스는 당시 상황을 상세히 증언하며 전쟁의 도화선이 된 희대의 사기극을 낱낱이 공개했다. 재판에서 그는 폴란드군으로 위장하기 위해 실행된 수감자들의 살해 과정도 가감 없이 밝혀 나치의 잔혹성을 거듭 확인시켰다. 나우요크스를 제외한 공작팀의 다른 요원들은 모두 전쟁 중 사망하거나 숙청된 것으로 알려져 자칫 음모는 영원한 비밀로 묻힐 뻔했다.

FOCUS 알프레드 나우요크스 … SD의 막후 해결사

알프레드 나우요크스Alfred Naujocks: 1911~1960는 나치 독일의 핵심 정보기관인 SS 보안대SD 소속으로 활약한 특수요원이다. 첩보수집이나 작전수립보다는 거칠고 잔혹한 성정을 바탕으로 납치, 암살, 방화 및 문서 위조 등에서 발군의 실력을 발휘했던 블루칼라형 스파이다. 친위대에서는 소령까

지 진급했다.

1911년 독일제국 시절 킬Kiel에서 태어나 킬 대학을 졸업하고 기계 기술자로 생활하던 중 1931년 나치당 입당과 함께 운전기사로 친위대에 들어가면서 나치와 인연을 맺기 시작한다. 같은 시기 입당한 인물 중에는 라인하르트 하이드리히가 있고 두 사람은 서로 알고 지내는 사이였다. 나우요크스는 이때 아마추어지만 권투 선수로 활약했을 만큼 격투 실력이 뛰어났다. 이로 인해 당시 앙숙이었던 공산당원들이 가두 행진을 하는 과정에서 종종 몸싸움이 벌어졌는데 늘 압도적인 실력으로 이들을 제압하며 핵심부의 눈에 들게 된다. 실제로 나우요크스의 이러한 활약은 당시 SS보안대SD 수장으로 고속 승진한 라인하르트 하이드리히의 주목을 끌었다. 1934년 하이드리히의 부름을 받아 SD에 발탁됐고 이후 둘도 없는 심복으로 요인 암살과 파괴, 도청, 위조 등에 걸친 방대한 작전을 실행하며 두각을 나타냈다.

나우요크스가 보여 준 첫 번째 눈에 띄는 활약은 1935년 1월 단행된 루돌프 포르미스Rudolf Formis 암살작전이다. 1930년 7월 나치당을 탈당하고 독일을 탈출한 오토 슈트라서는 체코슬로바키아 프라하를 근거지로 '국민사회주의'라는 조직을 만들어 반히틀러 활동을 벌이고 있었다. 슈트라서는 부하이면서 무선 전문가인 루돌프 포르미스를 내세워 라디오 방송국을 만들게 하고 독일을 대상으로 반나치 정치전을 벌였다. 하이드리히는 슈트라서를 손 볼 필요가 있다고 판단해 나우요크스를 불러들였다. 그리고는 우선 포르미스를 붙잡아 송신기는 파괴하라고 명령한다. 이에 그는 한스 뮐러라는 이름의 상인으로 위장해 프라하로 침투했다. 수소문 끝에 포르미스가 운영하는 방송국이 프라하의 한 호텔에 있다는 사실을 알아낸 나우요크스는 1월 23일 밤 9시 30분 또 다른 SD요원과 함께 포르미스를 습격했다. 당초 이들은 포르미스를 생포할 듯도 있었지만 이를 알아차린 포르미스가 먼저 권총을 꺼내 저항하자 그 자리에서 사살했다. 작전팀은 송신기를 폭파한 뒤 호텔을 빠져 나와 유유히 베를린으로 귀환한다. 하지만 당초 조용한 일처리를 바랐던 하이드리히는 암살 사건으로 프라하가 발칵 뒤집어진 것을 알고 나우요크스를 크게 책망했다. 반면 이에 대해 히틀러가 골수 반나치주의자를 제거한 것에 만족해 한 것으로 알려져 불똥은 튀지 않았다.

이렇게 첫 임무를 마친 나우요크스는 이어 1937년에는 소련에 암약하며 스탈린이 벌인 대숙청의 일환인 미하일 투하체프스키 원수 제거에도 관여했고 1939년 3월에는 슬로바키아 분리주의자로 위장해 프라하로 침투, 폭탄 테러를 주도하며 SD 내부에서 이름을 높였다. 그러던 1939년 8월 하인리히 히믈러의 명령에 따라 폴란드 침공의 명분을 만들 기만작전에 돌입, 작전이 성공적으로 실행되자 히틀러는 폴란드 국경을 넘어 공격을 개시했다. 이처럼 나우요크스의 배후 활약은 제2차세계대전의 포문을 여는 기폭제가 됐다. 11월에는 네덜란드에서 영국 MI6 소속 요원들이 비밀리에 국경을 넘는 것을 공격해 1명을 사살하고 나머지 2명은 생포했다.

1941년 들어 상관인 하이드리히와 갈등이 재발해 명령을 거부하면서 SD에서 쫓겨나 일반 SS부대에 배치된다. 당시 하이드리히는 그를 일선 전투부대로 보내려 했지만 히믈러가 "비밀 기관에서 근무하던 사람을 전선으로 보낼 수 없다"고 반대해 벨기에 경제 감독관으로 보내졌다. 여기서도 주특기인 특수전을 벌여 벨기에 지하운동가들을 체포하고 처형하는 데 개입했다. 이런 가운데 1944년 11월에 들어서자 전쟁이 독일의 패배로 기우는 것을 직감하고 전격적으로 미군에 투항한다. 그렇지만 이미 그는 전범자 명단에 올라있었기 때문에 뉘른베르크 전범 재판에 회부됐고 여기서 2차 대전의 도화선이 됐던 글라이비츠 방송국 습격 사건을 증언하면서 공작의 전모를 폭로했다. 전후에는 사업가로 변신해 함부르크에서 지냈으며 이 기간 나치 전범자들을 해외로 빼돌리는 '오데사ODESSA'에도 관여했다는 주장이 있다. 1960년 4월 사망한 것으로 추정된다.

05

레드 작전

Operation RED 1939~1945 -OSS-

레드 작전Operation RED은 제2차 세계대전 중 미국이 '레드RED'라는 닉네임을 가진 한 스웨덴의 석유사업가를 동원해 나치 독일의 자원 생산시설을 공격한 작전이다. 미국은 에릭 에릭슨이라는 사업가를 극렬 나치주의자로 위장시켜 독일의 연료 생산기지를 염탐하도록 했고 이를 토대로 '전략 폭격'을 감행하며 독일군의 발을 묶었다.

참고로 이 작전은 단발성 패키지 작전은 아니며 적전명은 연합군의 전방위 자원공작 중 두드러진 활약을 펼친 스파이의 닉네임을 따서 필자가 임의로 명명한 것임을 밝혀둔다.

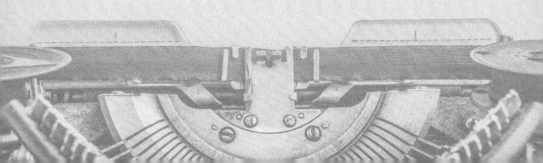

미국의 대對나치 자원공작 배경

1939년 폴란드를 침공하며 유럽을 포화 속으로 몰아넣은 나치 독일은 이듬해에는 네덜란드, 벨기에, 프랑스를 차례로 점령하며 영국과 소련까지 위협하기에 이른다. 이때 히틀러의 파죽지세를 가능케 한 것은 독일의 강력한 군사력이었음은 두말할 필요가 없고 그 핵심은 항공기와 전차, 장갑차, 미사일, 수송 차량 등의 기계화된 전쟁 무기들이었다. 그러나 이런 무기들에는 막대한 연료가 소요되고 제때 공급돼야 한다는 약점이 있었다. 이에 미국 등 연합군은 독일군 기계화 무기들의 기동성을 떨어뜨리기 위해 후방 연료 생산기지를 노리며 이를 파괴하는 비밀공작에 돌입한다.

붉은 머리 스파이의 맹활약

미국의 비밀공작은 종국에 나치를 곤경에 빠뜨리며 승전으로 이어지게 되는데 작전의 시작은 2차 대전이 개전되던 1939년으로 거슬러 올라가며 그 중심에는 붉은RED 머리의 한 스웨덴 사업가가 있었다. 스톡홀름Stockholm에서 석유관련 사업체를 운영하던 에릭 에릭슨Eric Ericson은 전쟁 초기 나치를 추종하고 히틀러를 열렬히 지지하는 '극렬' 나치주의자였다. 특히 그는 히틀러의 반유대주의에 깊이 공감해 식당, 거리 등에서 유대인들을 만날 때면 언제나 격한 욕설과 모욕, 망신주기 등으로 악명을 떨치고 있었다. 이로 인해 유대인들은 에릭슨의 집을 피해 다닐 정도로 그를 혐오했고 두려워하기까지 했다.

그런데 같은 시기 이런 그의 친나치, 반유대주의를 주의 깊게 살피던 사람들이 있었다. 그들은 다름 아닌 스톡홀름에서 활동하던 나치의 정보기관 'SS보안대SD' 요원들이었다. SD 요원들은 한동안 에릭슨의 반유대 활동을 관심 있게 지켜봤고 더욱 그가 석유 전문가라는 점에서 독일에는 필요한 인물이라고 판단했다. 이들은 얼마 후 에릭슨에게 접근해 "나치 정권을 돕지 않겠느냐?"고 넌지시 제안했고 그렇지 않아도 히틀러에 열광하던 에릭슨은 "마다할 이유가 없다"며 적극적으로 협력 의사를 밝힌다.

이후 그는 독일 공군 총사령관인 헤르만 괴링Hermann Göring과 친위대 지도자 하인리히 히믈러Heinrich Himmler 등 나치 주요 인물들과 깊은 신뢰를 형성하며 전쟁 중에도 독일을 자유롭게 드나들 수 있었다. 하지만 사실 에릭슨에게는 독일인들이 모르는 감춰진 본래의 모습이 있었으니 그것은 실은 그가 철저한 '반反나치주의자'라는 것이었다. 미국에서 태어나 코넬대학Cornell University을 졸업하고 1924년 스웨덴으로 이주해 석유관련 업체를 운영해 온 그는 1930년대 들어 급속히 불어 닥친 '히틀러 광풍'에 위기감을 갖고 있던 인물 중 한 명이었다. 고집스러워 보이는 붉은 머리에 엄격한 도덕적 신념으로 무장했던 에릭슨은 갈수록 심해지는 나치의 유대인 탄압을 보며 괴로운 나날을 보내기도 했다. 그러나 일개 사업가 신분으로 확산일로의 광풍을 막아 낼 도리는 없어 보였다.

그렇게 전쟁 분위기가 무르익던 어느 날 그는 이전부터 잘 알고 지내던 유대계 미국 외교관인 로렌스 스테인하트Laurence Steinhardt의 방문을 받는다. 루즈벨트 대통령의 측근이기도 했던 스테인하트는 얼마 전까지 스웨덴 주재 공사로 근무하며 에릭슨과는 오랜 친분을 유지해 온 막역한 사이였다. 그런 스테인하트가 소련 주재 대사로 부임하던 도중 에릭슨을 찾아왔고 이 회동에서 한 가지 은밀하고 대담한 제안을 한다. 외교관이면서 에너지 분야에도 상당한 식견이 있었던 스테인하트는 당시 유럽 정세에 대해 '나치에 의한 전쟁이 불가피하다'는 판단과 함께 "향후 충분한 석유를 확보하는 나라가 승리할 것"이라는 소견을 밝혔다. 그러면서 에릭슨에게 "나치 추종자로 위장해 수뇌부와 친분을 맺고 독일에 침투해 연료 생산시설을 파악해 두면 어떻겠느냐?"고 제안했다.

실제로 당시 독일은 석탄을 액화시켜 만든 '합성오일Synthetic oil' 정제 기술로 수입산 석유 의존도를 크게 낮췄으며 이것으로 전쟁 준비에 박차를 가해 왔다. 그렇지만 히틀러의 삼엄한 경계로 미국뿐 아니라 영국 정보당국 조차 개전에 이르도록 정제시설을 정확히 파악하지 못해 애를 먹는 중이었다. 에릭슨도 이러한 사정을 잘 알고 있었고 무엇보다 평소 '히틀러의 광풍'을 막아야 한다는 열망을 가졌던 만큼 스테인하트의 제안을 기꺼이 수락한다. 이렇게 해서 '붉은 머리'의 아마추어 스파이는 탄생했고 몇 년 뒤 나치의 정제시설을 속속들이 파악해 독일 기계화 부대의 발을 묶는 데 공헌하게 된다. 그러기에 앞서 그는 우선 본색을 감춘 채 '유대인을 핍박하면서 히틀러를 찬양'하는 극렬 나치주의자로 행세하며 독일인들의 눈을 현혹해 왔던 것이다. SD의 포섭에 은근슬쩍 넘어간 에릭슨은 이후 1943년까지 약 30여 차례에 걸쳐 독일을 방문했다. 또 이 방문에서 그는 여러 곳의 합성오일 정제공장을 시찰하며 위치와 규모, 생산량 등을 낱낱이 파악했다.

여러 사료들에 따르면 독일은 개전 당시 14곳에 정제공장을 완공해 가동 중이었고 이후 6곳을 더 건설해 전쟁 중반 경에는 최소 20곳의 정제공장을 운영했다. 이 과정에서 에릭슨은 시설과 관련된 세부사항을 빼내기 위해 나치 정권의 2인자인 친위대 지도자 히틀러를 상대로 독자적이고 대범한 기만작전도 실행한다. 그는 히틀러에게 "독일에 있는 공장이 연합군으로부터 공격받을 것에 대비해 스웨덴에도 정제공장을 지어 만약을 대비해야 한다"고 제안했다. 이 기만작전에는 스웨덴 국왕의 조카를 앞세워 나치 수뇌부의 신뢰를 얻었다. 히틀러도 좋은 제안이라고 극찬하며 전폭적으로 지원했고 에릭슨은 스웨덴 공장 설립을 명목으로 설비의 세부내역을 모조리 빼내 미국으로 넘겼다.

하지만 1942년 이전까지 미국에는 대외공작을 담당하는 전담기관이 없었기 때문에 에릭슨이 빼낸 이 기밀들이 어디로 보내졌는지는 명확하지 않으며 이것을 활용하려는 어떠한 움직임도 없었다. 다만 그를 포섭한 인물이 루즈벨트 대통령의 신임을 받고 있던 '로렌스 스테인하트'라는 점에서 스테인하트를 주요 접선책으로 미국 국무부나 백악관으로 흘러갔을 것으로 추측할 뿐이다.

에릭슨 좌표에 융단폭격 … 굶주린 기계들

그러던 1942년 6월 윌리엄 도노번William Donovan에 의해 미국의 대외공작기관인 전략사무국OSS이 창설되면서 그간 빼돌려진 에릭슨의 기밀들도 점차 두각을 나타내기 시작한다. OSS는 창설과 함께 특수공작SO, 비밀첩보SI, 조사분석R&A 등의 부서를 만들어 활동에 들어갔다. 이 가운데 하버드대 역사학 교수인 윌리엄 랭거William Langer가 이끌던 조사분석부는 노벨상 수상자를 포함해 당대 미국 최고의 학자, 외교관 등 약 9백여 명의 전문가들이 모여 밤낮으로 나치의 약점을 찾고 있었다. 검토를 거듭하던 조사분석부는 1943년부터 서서히 독일의 에너지 공급망에 관심을 갖기 시작한다. 이들은 당시 독일이 약 54퍼센트의 연료를 루마니아 플로에스티Ploesti 유전 등에서 들여온 '수입 원유'로 충당하고 있고 나머지 약 46퍼센트의 부족분은 자국에서 생산하는 합성오일로 메우고 있다는 사실을 알아낸다.

이에 미국은 1943년 8월 1일, B-24 폭격기 170여 대를 동원해 플로에스티 유전을 공격하며 나치의 생명줄에 대한 '전략 공습'을 시작했다. 독일은 이 공습에서 치명상을 입지는 않았으나 1944년 초 루마니아가 소련에 전격적으로 협력하면서 최대 유전지대를 잃고 말았다. 따라서 이때부터 독일에게 믿을 구석이라고는 합성오일 정제공장뿐이었다. 그러나 미국에게는 에릭슨이 있었고 서서히 그의 진가가 드러난다.

미국은 1944년 5월 12일부터 B-17, B-24 등 대형 폭격기 886대를 동원해 에릭슨이 파악해 둔 합성오일 정제공장만 골라 집중 타격했다. 일종의 '에릭슨 좌표'를 따라 대규모 융단 폭격이 이뤄진 것이다. 이로 인해 공장지대는 순식간에 초토화됐고 독일 공군은 연료 부족으로 연합군의 폭격기를 보고도 전투기를 띄우지 못하는 난감한 상황에 직면한다. 당시 나치 독일에서 군수장관이었던 알베르트 슈페어Albert Speer는 폭격 당한 정제공장들을 둘러본 뒤 "이날을 결코 잊지 못할 것"이라며 "전쟁은 사실상 끝났다"고 회고했을 정도로 결과는 치명적이었다. 이것만으로도 에릭슨의 공헌은 지대한 것이었으나 활약은 종전에 이를 때까지 계속된다. 미군의 폭격으로 정제공장이 대거 파괴되자 다급해진 히

전략 폭격 독일 본토의 주요시설을 거점 타격하는 미 육군항공대의 B-17 폭격기. 전쟁 중후반, 미국은 에릭슨이 파악해 둔 나치의 자원 생산시설을 집중 타격해 기계화 및 첨단 무기들의 발을 묶었다.

들러는 에릭슨에게 당초 계획했던 스웨덴 공장 설립을 독촉했다. 그러자 그는 스웨덴 정부의 비협조 등 교묘한 이유를 내놓으며 공장 설립을 차일피일 미뤘고 종전이 다 되도록 첫 삽도 뜨지 못했다. 이로 인해 이 무렵 독일군은 곳곳에서 연료 부족을 절감케 하는 아주 독특한 풍경을 연출한다.

1944년 말 벌지 전투Battle of the Bulge에서 독일군은 주력 전차인 판저Panzer 등으로 구성된 5개 기갑사단을 앞세워 연합군의 진격을 막기 위해 기습공격아르덴 대공세: 제18화 그라이프 작전편 참조을 감행한다. 그런데 당시 독일군은 전차나 장갑차 등에 연료가 든 드럼통을 탑재한 채 전투에 나섰고 기갑부대 병사들은 저마다 '고무호스'를 몸에 두른 다소 기이한 모습으로 나타났다. 이때 이들이 둘렀던 호스의 용도는 연합군의 전투 차량을 노획할 경우를 대비한 것으로 연료탱크에 호스를 연결해 입으로 뽑아내기 위한 장비였다. 독일군은 별도의 병참 보급이 불가능했기 때문에 연합군의 병기兵器를 탈취하거나 기지를 점령해 현지에서 연료를 충당할 수밖에 없었던 것이다.

이런 기이하고 황당한 풍경은 당시로서는 최고 성능의 제트전투기 메서슈미트 262(ME 262)기의 개발을 완료하고 점검 비행을 실시하던 자리에서도 목격된다. 이 고성능 첨단 전투기의 완성으로 독일은 위축된 전세를 뒤집을 수 있다는 기대를 가질 만도 했지만 속사정은 전혀 그렇지 못했다. 첨단 전투기를 비행장까지 끌고 온 것은 '소牛와 말馬'이었으며 이마저도 연료 재고가 바닥나 비행도 오래 하지 못했다. 이처럼 나치가 자랑하던 전차와 전투기, 심지어 V-1, V-2 로켓에 이르는 첨단 무기들은 '연료 부족'에 따라 차례로 고철 덩어리로 전락하며 패전의 급행열차를 타야 했다.

전쟁이 끝나고 배후에서 활약하며 나치의 생명줄을 끊는데 공헌한 에릭슨은 드와이트 아이젠하워 장군에게 "전쟁을 2년은 앞당겨 끝내게 만든 인물"이라는 찬사를 받았고 전후 그의 활약상은 책과 영화로 만들어져 일반에 알려졌다. 에릭슨의 활약을 그린 이야기는 1958년 작가 알렉산더 클레인에 의해 소설 『가짜 배신자The Counterfeit Traitor』로 출간된 뒤 1962년에는 동명 영화로도 만들어졌다. 단 미 정보당국 등은 지금까지 공식적으로 이 공작의 전모를 공개한 적이 없기 때문에 부분적으로는 사실과 허구의 경계가 모호한 상태다.

06

울트라 작전

Operation ULTRA 1939~1945 −MI6−

울트라 작전Operation ULTRA은 영국의 MI6가 제2차 세계대전 기간 나치 독일

이 사용한 암호 생성기 에니그마Enigma를 무력화시키며 연합군을 승전으로 이끈 세

기의 비밀작전이다. 전쟁 초기 독일은 가공할 기술력을 바탕으로 난공불락의 암호

기를 사용하며 연합군을 수렁으로 몰았다. 이에 영국은 블리챌리 파크Brychley Park

암호연구소에 당대 최고의 수학자와 재주꾼들을 모아 수수께끼를 풀어내면서 마

침내 역전의 발판을 마련한다.

난공불락의 암호기 에니그마 … 뭐길래?

그리스어로 '수수께끼'라는 뜻을 가진 에니그마는 나치 독일이 사용한 전기 로터식 암호생성기로 당시로써는 가장 진화된 성능의 기계였다. 1918년 독일인 사업가 아르투르 세르비우스Arthur Scherbius에 의해 개발된 이 기계는 가로와 세로가 각각 30센티미터에 무게는 약 30킬로그램의 일반 타자기 형태였고 후에 무게가 12킬로그램으로 경량화된 것도 나왔다. 개발자 세르비우스는 처음에 이 기계를 상업적 목적으로 시판했지만 1920년대 들어 독일이 이를 군용으로 사용할 수 있다는 점을 간파하며 특허권을 사들인다. 이후 1926년 해군을 시작으로 1928년에는 육군에 보급됐고 1930년 플러그판이 추가되면서 더 복잡해졌으며 1933년까지 총 3만여 대가 독일 각 군에 보급됐다.

에니그마는 알파벳 26자의 자판Tastatur과 회전자Rotors 및 플러그판 Steckbrett, 전구판Lampenfeld, 반사체Reflector로 돼 있고 건전지로 작동되는 구조다. 에니그마의 핵심은 내부에 장착된 회전식 로터, 즉 '회전자'였는데 자판을 칠 때마다 이것이 회전하면서 전혀 다른 문자로 암호화됐다. 회전자는 본체에 장착된 3개만을 사용했지만 U-보트를 운용한 해군은 1942년 2월부터 4개의 회전자가 장착된 일명 상어M4, SHARK라는 에니그마를 사용했다. 또 회전자를 최대 8개까지 교체 사용할 수 있도록 하면서 더욱 복잡한 암호를 생성했다. 무엇보다 회전자의 배열 변경, 혹은 교체만으로 생성될 수 있는 암호당 경우의 수는 총 18억億개 이상이며 여기에 반사체에 의한 왜곡 과정을 거치고 나면 숫자 단위의 22번째에 해당하는 10해垓개 이상의 천문학적인 '경우의 수'가

에니그마 나치 독일이 사용했던 최고 성능의 암호 생성기. 이 기계는 본래 상업적 목적으로 만들어졌으나 뛰어난 보안성에 따라 히틀러가 군용으로 도입했다.

만들어진다. 이는 아무리 뛰어난 수학자라고 해도 결코 가용한 시간 내에는 풀어낼 수 없는 사실상 불가침의 영역이다.

반면 암호를 보낼 때 회전자의 상태와 플러그의 접속위치를 뜻하는 설정값을 알고 있다면 해독은 한결 수월해진다. 이런 이유로 암호를 전달하거나 전달받는 측에서는 설정값을 기록한 암호책자코드집를 별도로 만들어 공유했다. 독일군은 이 책자에 날짜별로 사용하는 설정값 등 코드를 적어 배포했는데 도입 초기에는 매 1개월 단위로 바꿔 사용했고 시간이 갈수록 매주, 매일, 나중에는 하루 2~3회 단위로 바꿔 사용했다. 또한 만약 적군에 암호책자를 탈취 당할 경우에도 대비해 책자가 불에 잘 타게 하거나 글자가 물에 잘 지워지도록 제작하는 세심함도 잊지 않으면서 전쟁 초반 연합군을 곤경에 빠뜨린다.

에니그마는 개발자인 세르비우스가 '해독 불가'라고 공언했고 히틀러도 탁월한 보안성에 득의양양했으며 이를 증명하듯 기계의 내부 구조를 가장 먼저 알아내 해독을 시도했던 프랑스 분석가들이 "해독은 불가능하다"고 선언했을 정도로 가공할 암호 생성기였다. 그럼에도 기계 자체에 기억이나 통신장치가 내장된 것은 아니며 암호가 생성된 후에는 통신병이 무선을 통해 상대방에 암호를 전달하는 과정을 거쳤기 때문에 가공할 능력에도 불구하고 현대적 의미의 컴퓨터나 온라인 기기로 인정되지는 않는다.

울트라의 시작 … 프랑스와 폴란드의 도전

영국 MI6가 나치 독일이 사용한 가공할 암호기를 깨뜨리는 작전의 공식 암호명으로 '울트라ULTRA'를 사용하기 시작한 것은 1941년 6월이다. 그러나 유럽 각국은 이미 오래전부터 제1차 세계대전의 패전국인 독일이 베르사유 조약Treaty of Versailles을 어기고 또다시 팽창주의로 나아갈 것으로 예측하면서 긴장감을 던졌다. 1920년대 후반 무렵 이 같은 예측은 현실로 나타나기 시작했는데 이 가운데 눈에 띈 것이 독일군의 새로운 암호체계였다. 앞서 1차 대전에서 연합군은 독일의 암호를 해독(제2화 치머만 전보사건편 참조)해 내며 승전의 발판을 마련한 사례가 있지만 이때 등장한 암호는 매우 생소한 것이었고 해독도 거의 불가능했다.

이에 연합국의 일원이었던 프랑스 정보국은 1929년부터 암호기의 정체를 밝히고 해독을 시도하게 된다. 바로 이것이 폴란드를 거쳐 2차 대전 중 영국으로 이어지며 '울트라 작전'으로 체계화되는 사실상의 출발점이었다. 당시 프랑스는 독일군의 암호를 풀기 위해 백방으로 방법을 찾아 다녔지만 모두 허사였다. 그러던 1931년 베를린 대사관에 무관으로 파견된 첩보원이 독일 암호본부에 근무하던 한스 틸로 슈미트Hans Thilo Schmidt로부터 금전을 대가로 암호기밀을 넘기겠다는 은밀한 제안을 받으면서 실마리를 찾기 시작한다. 이때부터 프랑스는 슈미트에게 여러 차례에 걸쳐 거액을 지불하며 에니그마의 조작 방법이 담긴 문서 등의 기밀을 입수할 수 있었고 이것을 토대로 기계를 제작하기도 했다.

그렇지만 이런 노력도 이내 물거품이 됐는데 이유는 기계가 있다고 해도 설정값을 모르면 암호를 해독할 수 없었기 때문이다. 이 설정값은 암호를 주고받는 사람들 간의 약속이다 보니 그때그때 달라졌고 코드도 매번 바뀌었다. 프랑스는 자국의 뛰어난 암호분석가들을 총동원해 입수된 코드를 전량 해독하는 시도도 해봤지만 이것도 실패하고 만다. 암호 해독 과정에서 드러나는 '경우의 수'가 인간의 계산능력을 뛰어넘는 것이었기 때문이다. 이들은 에니그마를 인간이 해독할 수 없는 암호기로 규정하고 작전을 종료한다.

프랑스가 실패했다고 해서 에니그마의 비밀을 푸는 노력이 멈춘 것은 아니다. 같은 시기 난공불락에 도전하고 있던 사람들이 또 있었으니 그들은 독일의 직접적인 위협에 직면해 있던 폴란드인들이었다. 이들은 프랑스에 비해 한층 더 절박했고 그런 만큼 암호 해독에도 필사적이었다. 이 기간 양측은 서로 정보를 공유하고 있었기 때문에 프랑스는 '해독 불가' 결정을 내린 직후 그간의 연구 및 입수한 자료 일체를 폴란드에 전달하게 된다.

반면 폴란드 정보국Biuro Szyfrów은 프랑스와는 사뭇 다른 접근 방식을 택하고 있었다. 그것은 에니그마를 순수 '수학'의 영역에서 해석해야 한다는 입장으로 따라서 해독작업에 암호분석가 외에도 뛰어난 수학자들을 대거 합류시켰다. 여기에는 마리안 르예프스키Marian Rejewski와 예르지 로지츠키Jerzy Różycki 그리고 헨리크 지갈스키Henryk Zygalski 같은 젊은 천재 수학자들이 참여한다. 이들의 노력도 프랑스와 크게 다르지 않았지만 결과는 조금 달랐다. 1932년 이 가운데 르예프스키가 축적된 암호만을 가지고 일정한 규칙을 찾아냈고 이후 별도의 방정식을 고안해 에니그마 회전자의 운용 원리를 알아냈다. 이어 프랑스가 슈미트로부터 입수한 조작법을 바탕으로 12월에는 전기장치가 포함된 에니그마를 복제하는 데 성공하며 폭탄을 의미하는 '밤베Bombe'라는 이름을 붙였다.─밤베는 후에 블리챌리 파크에서 앨런 튜링에 의해 개량형 밤브 Bomb로 한층 업그레이드된다. Bombe와 Bomb는 혼용돼 사용되기도 하나 글에서는 두 장치를 구별하기 위해 용어를 달리함─이후 폴란드는 르예프스키가 만든 복제기를 통해 단시간 내에 독일군의 암호를 해독할 수 있었다.

그러나 독일은 설정값을 변화시키는 것 외에도 회전자를 추가하거나 아예 기계를 개량하는 방식으로 혹시나 있을지 모를 적국의 암호 해독을 막았다. 이에 대해서도 르예프스키는 2가지 매뉴얼을 마련해 필사적으로 대응한다. 그럼에도 독일이 1936년 플러그 접속수를 6개에서 8개로 늘린 신형 에니그마를 사용하면서 르예프스키는 위기를 맞았고 급기야 1938년에는 회전자의 종류를 5개까지 올려 사용하게 되면서 그가 만든 복제기와 해독기법은 끝내 무용지물이 되고 말았다.

울트라의 탄생 ··· MI6와 블리챌리의 도전

이후 1939년 9월 나치 독일이 전격적으로 폴란드를 침공하면서 사실상 2차 대전의 막이 오른다. 폴란드는 익히 나치의 침공을 예측하고 있었고 압도적인 군사력을 당해낼 수 없다는 점도 잘 알고 있었다. 폴란드 정보국은 개전에 앞서 전운이 짙어진 1939년 7월 24일 바르샤바에서 MI6 관계자들을 만나 향후 '나치 격퇴의 열쇠'가 될지도 모를 자신들의 연구 성과를 영국 측에 넘겼다. 이어 8월 16일에는 르예프스키가 제작한 해독기bombe가 비밀리에 런던으로 옮겨진다.

MI6도 프랑스를 통해 폴란드의 성과를 이미 알고 있었고 특히 외교관의 아내이면서 비정규 첩보원으로 활약했던 에이미 소프Amy Thorpe 덕분에 에니그마의 해독법을 입수한 바도 있다. 이를 바탕으로 영국도 정부암호연구소GC&CS에서 에니그마 해독을 시도하고 있었으나 독일의 개량화로 전쟁 개시와 함께 연구는 원점에서 새로 출발해야 했다. 영국은 포성이 울리자 암호연구소 본부를 런던 근교 블리챌리 파크의 고풍스런 저택으로 옮기고 내로라하는 수학자들과 언어학자, 암호분석가들을 끌어모았다. 더욱 이때 해독작전에는 학자들 외에도 체스 게임 전문가나 낱말풀이의 달인 같은 괴짜 전문가들도 다수 포함시키는 등 총력을 기울였다. —이와 관련해서는 2014년 영화 「이미테이션 게임The Imitation Game」을 통해 자세히 묘사돼 일반에도 잘 알려져 있다—

그러나 초기 이들의 성과는 별 볼일 없었고 쏟아지는 독일의 무선통신량을 받아 내기에도 역부족이었다. 이에 MI6는 블리챌리의 인력을 크게 늘리며 하루 24시간을 교대로 근무하도록 하면서 부서도 등록, 통제, 스태킹, 해독 등으로 나눠 체계를 잡아갔다. 그렇게 얼마가 흐른 1940년 1월 6일, 그간의 노력이 결실을 보기 시작한다. 영국이 해독작전을 실시한 이래 처음으로 에니그마의 암호문을 해독하는데 성공한 것이다. 이 해독 배경에는 창설된 지 얼마 안 된 독일 공군Luftwaffe 암호국의 미숙함과 안일함이 주된 원인이었다. 나이가 어리고 경험이 부족한 통신병들이 회전자의 설정값으로 '에바EVA' 같은 여자친구의 이름을 사용하거나 ABC 혹은 DDD 같은 설정이 용이한 반복 문자를 사용하는 등 실수를 저질렀기 때문이다.

그럼에도 불구하고 영국 측 입장에서 이 성과는 순전히 종이와 연필을 사용한 수학적 추론만으로 해냈다는 점에서 의미는 상당했고 해독작전에 활기를 불어 넣기에 충분했다. 여기에 더해 3월에는 캠브리지대의 천재 수학자 앨런 튜링Alan Turing이 설계한 해독기 '밤브bomb' 1호가 첫선을 보이면서 장차 전쟁의 양상을 뒤바꿀 채비에 들어간다. 튜링은 폴란드에서 르예프스키의 해독기가 도착한 즉시 연구에 들어가 이를 바탕으로 새로운 해독기를 설계하기 시작했다. 하지만 폴란드 방식 대신 자동 해독이 가능하도록 설계를 바꾸면서 정확도를 약 6배가량 높였다. 이는 한 번에 36대의 에니그마 조합을 동시에 시험해 볼 수 있는 강력한 성능이었다. 이렇게 제작된 튜링의 해독기는 6월부터 보급에 들어가 종전 무렵에는 비밀거점에 약 2백여 대가 배치됐다.

그렇다고 해서 MI6의 해독 작전이 고풍스런 대저택에서만 이뤄진 것은 아니다. 블리챌리에서 과학자들과 재주꾼들이 나치와 치열한 두뇌싸움을 하고 있는 동안 전장에서도 에니그마의 비밀을 깨기 위한 특수작전이 이어졌다. 영국군은 1940년 2월 독일의 U-보트를 공격해 에니그마와 암호책자를 노획했다. 이 작전에 힘입어 그간 몰랐던 6번과 7번 회전자 배열을 알아낸다. 또 5월에는 네덜란드 어선으로 위장한 독일 정찰선을 포획해 책자와 암호문 일부를 빼내는 성과를 올렸다. 이 노획물들은 곧장 블리챌리로 보내져 몇몇 주요 암호를 해독할 수 있었고 이 과정에서 튜링 해독기의 정확도도 알게 된다.

그러나 이때까지도 영국은 독일 공군의 암호체계만 온전히 해독했을 뿐 해군과 육군에 대한 해독 빈도는 극히 미미했거나 전무했다. 이런 이유로 연합군은 프랑스 공방전의 패배를 막을 수 없었다. 다만 프랑스 북부 덩케르크Dunkerque에 모여 있던 약 30만 명 이상의 연합군을 괴멸시키려던 독일군의 계획을 사전에 알아내 철수−다이나모 작전Operation Dynamo−시키면서 대규모 병력 손실을 막는 데 공헌했다. 이어 영국을 공격하려던 히틀러의 '바다사자작전'에서도 독일 공군의 공습계획을 미리 파악해 적절히 대응할 수 있었다.

울트라의 진화 … 신기술 각축전

한편 1941년부터 영국의 해독작전은 상당한 진척을 보이고 있었다. 이 시기 작전과 관련된 인력이 1만 명 이상으로 늘면서 일손 부담을 크게 덜었으며 1월에는 아프리카 전선의 암호를 해독하기 시작했다. 6월과 12월에는 각각 독일 육군과 군 정보기관인 압베르의 암호까지 해독하면서 울트라는 계속 진화한다. 해상에서도 지속적으로 U−보트 포획에 성공해 해군 암호는 12시간 이내에 해독됐다. 이 같은 상황은 1942년으로 이어져 에르빈 롬멜Erwin Rommel이 이끌던 아프리카 군단에 심각한 타격을 입는다. 당시 영국은 독일에서 아프리카로 향하는 보급선단의 항로를 미리 알아내 차단했는데 이로 인해 지원 부족에 짜증을 드러내는 롬멜의 메시지까지 해독된 것으로 알려졌다.

그렇지만 여기서 울트라가 성공가도만 질주했다면 전쟁은 바로 끝났을지 모른다. 이 과정에서 나치는 두 가지에 걸쳐 중대한 변화를 모색했다. 첫째는 1941년 6월부터 독일군 최고사령부와 육군 지휘부가 로렌츠Lorenz라는 에니그마에서 한층 진전된 암호기를 사용하기 시작했다. 둘째는 U-보트를 운용한 해군이 1942년 2월부터 회전자를 3개에서 4개로 늘린 신형 에니그마 상어SHARK를 사용하며 연합군을 혼란에 빠뜨렸다.

독일의 이런 움직임에 영국도 1941년 6월부터 로렌츠에 맞선 신형 해독기 개발에 나서게 되는데 실제로는 이 작전의 명칭이 바로 '울트라ULTRA'다. 앨런 튜링의 지휘 아래 수학자 막스 뉴먼Max Newman과 공학자 토미 플라워스Tommy Flowers가 참여한 이 작전으로 영국은 1943년과 44년에 각각 콜로서스Colossus 마크Mark1, 마크Mark2라는 컴퓨터의 원형을 최초로 개발해 나치의 암호를 깨뜨렸고 이를 통해 연합군은 노르망디 상륙작전에 이르는 승전의 발판을 마련하게 된다. 이와 관련해 노르망디 상륙작전 75주년을 맞아 영국이 2019년 6월 공개한 기밀전문에 따르면 MI6는 밤브와 콜로서스를 이용해 독일 최고사령부와 군의 동향을 모두 파악하고 있었다. 상륙 예정을 몇 주 앞둔 시점인 1944년 5월 일선 지휘관들이 최고사령부에 보낸 전문에 따르면 북프랑스 등에 대해 "적들(연합군)이 이들 지역에 상륙할지 아직 불분명하다"고 밝혀 작전이 임박했음에도 상륙지점을 제대로 파악하지 못하거나 연합군 공격이 효과를 보고 있다고 인식하며 불안을 느끼는 등 지휘부의 혼란상이 고스란히

콜로서스 나치 독일의 에니그마와 로렌츠를 깨기 위해 블리챌리파크 천재들이 개발한 해독기다. 이 기계는 프로그래밍이 가능하고 대용량 정보처리도 할 수 있어 사실상 현대 컴퓨터의 원형이라는 평가를 받고 있다.

드러나 있다.

　이런 쾌거에도 불구하고 그에 앞서 신형 에니그마 '상어'로 재무장한 U-보트와 벌인 이른바 '대서양 전쟁'은 커다란 고비였으며 많은 인적, 물적 피해를 입기도 했다. 당시 대서양 전쟁과 관련해 처칠은 "U-보트에 계속 맞서느니 차라리 독일이 영국을 침공하는 위험을 감수하는 것이 낫겠다"고까지 말했을 정도로 손실이 컸고 그간의 해독작전도 원점으로 되돌려졌다. 영국군은 U-보트 포획과 암호기 및 암호문 노획을 보다 활발히 전개해 데이터를 축적하는 동시에 튜링 해독기들의 도움을 받아 12월경 마침내 '상어'에 대한 첫 해독에 성공한다. 이후 해독력은 갈수록 향상됐고 연합군의 대잠 능력도 크게 강화되면서 대서양 제해권에서 우위를 점하게 된다. 이렇게 MI6의 '울트라 작전'은 비록 여러 시행착오에도 불구하고 처칠과 아이젠하워가 '승리의 공신'으로 꼽았을 만큼 연합군 승리에 공헌했다.

반면 종전과 함께 작전 일체는 봉인돼 극비에 붙여진다. 이로 인해 독일은 전쟁이 끝난 후에도 자신들의 암호가 대부분 해독됐다는 사실을 알지 못했다. 아울러 블리챌리 발명가들 역시 마땅히 콜로서스에게 돌아가야 할 '인류 최초의 컴퓨터' 지위를 1947년 개발된 미국의 에니악 ENIAC에게 내주는 상황을 그저 지켜봐야만 했다. 울트라 작전의 실체는 1974년에 와서야 영국 정부의 기밀 해제로 세상에 알려지기 시작했고 이로 인해 2차 대전의 역사는 다시 쓰여져야 했다.

07

그리핀 작전

Operation GRIFFIN 1939~1945 —MI6—

그리핀 작전Operation GRIFFIN은 제2차 세계대전 기간 영국의 MI6가 나치의 군사과학 기밀을 빼내기 위해 실행한 비밀작전이다. 이 작전은 히틀러의 무자비한 탄압이 본격화하던 1930년대 시작돼 2차 대전 종전까지 이어졌고 이를 통해 나치의 여러 첨단 과학기밀들이 넘겨졌다.

다만 MI6는 알 수 없는 이유로 현재까지 작전과 관련된 세부 파일을 일반에는 공개하지 않아 구체적인 내용을 알기에는 한계가 있으며 이로 인해 한동안 법적 공방 등 사회적 논란이 일기도 했다.

MI6의 대對나치 첩보전 배경

그리핀 작전은 본래부터 MI6가 기획하고 의도한 작전은 아니다. 이
작전이 있게 된 배경에는 당시 나치의 득세와 히틀러의 약진이라는 독
일의 정치 상황이 커다란 영향을 미쳤다. 1933년 최고 권력을 거머쥐기
시작한 히틀러는 집권의 명분을 강화하기 위해 극단적인 '인종차별 정
책'을 추진하게 된다. 특히 1935년부터는 유대인에 대한 차별을 법제화
하며 해고와 재산몰수 등의 탄압을 본격화했다. 이러한 일련의 행동으
로 독일, 오스트리아 등에 있던 많은 유대인들은 폭력, 파괴, 체포라는
위험에 직면한다.

그런데 당시 나치가 탄압한 유대인들 중에는 우수한 두뇌를 바탕으로
현대과학을 꽃피운 천재들이 상당수 있었다. 같은 시기 알베르트 아인
슈타인Albert Einstein이 히틀러가 집권하자 독일을 떠나 미국으로 망명
한 것도 이 같은 위험을 직감한 때문이다. 하지만 당시 독일에는 아인슈
타인 외에도 많은 우수한 유대인 과학자들이 있었고 이들이 이룩한 업
적과 성과는 나치 과격분자들에 의해 철저히 부정되고 파괴된다. 이 중
에 유대인 아내를 두고 있던 독일인 과학자 겸 출판인인 파울 로스바우
트Paul Rosbaud는 극심한 위기의식과 함께 나치에 대한 반감을 갖게 됐
고 아내를 탈출시키는 과정에서 MI6의 프랭크 폴리Frank Foley라는 요
원을 만나 독일의 과학기밀을 전하는 극비작전에 돌입한다.

작전의 핵심, 로스바우트는 누구?

그리핀 작전의 핵심 스파이였던 파울 로스바우트는 반나치 성향으로 2차 대전을 거치며 히틀러의 등 뒤에 비수를 꽂게 된다. 그러나 그는 본래 독일과 자유를 사랑한 지식인이었고 학계에서도 명성을 쌓은 이름 있는 과학자면서 출판인이었다. 1897년 오스트리아 그라츠Graz에서 태어난 로스바우트는 가정에는 무심했던 오스트리아인 아버지로 인해 사실상 독일인 홀어머니 밑에서 자랐다. 이 때문에 그는 늘 아버지를 곁에 둔 친구들을 부러워하며 쓸쓸한 어린 시절을 보내야 했다. 이런 그에게 유일하게 위안이 된 것은 과학 서적들이었고 그렇게 과학자의 소양을 쌓아 나간다.

그러다 제1차 세계대전이 막바지로 치닫던 1917년 20세가 된 로스바우트도 징집됐고 영국군에 맞서 전투를 벌이던 중 붙잡혀 포로가 됐다. 하지만 영국군의 호의와 친절함에 깊은 감명을 받게 되면서 상당한 호감을 갖고 종전을 맞이한다. 훗날 그는 당시 포로생활에 대해 "영국인들은 나를 '적'이 아니라 그저 운이 없었던 전쟁 패배자로 대접했다"라고 말했고, 이것이 2차 대전 중 영국에 협력한 바탕이 됐다는 취지의 견해를 밝힌 바 있다.

전쟁 후에는 독일로 이주해 1920년부터 다름슈타트 공과대학에서 화학을 전공하며 본격적으로 과학계에 발을 들여놓았다. 이어 베를린으로 옮겨 당시 수재들의 산실인 카이저 빌헬름 연구소Kaiser Wilhelm Institut에서 학업을 이어간다. 그는 이 시기 금속 제련이나 가공과 관련이 깊은 야금冶金 분야에서 높은 수준의 연구 성과를 올려 알베르트 아인슈타인,

막스 보른Max Born, 오토 한Otto Hahn, 리제 마이트너Lise Meitner 같은 당대를 주름잡던 천재들과 돈독한 친분을 쌓을 수 있었다. 또 힐데Hilde 라는 유대인 여성과 결혼해 딸 안젤라를 낳으며 단란한 가정도 꾸렸다.

이와 함께 로스바우트는 당시 연구 활동 외에 다른 분야에도 관심을 기울이고 있었는데 그것은 출판 분야였다. 그가 출판에 관심을 가진 이 유는 당대 천재들의 성과를 세상에 알리는 것이 연구만큼이나 중요하다 고 생각했기 때문이다. 이런 소명 의식과 전문 지식을 바탕으로 그는 과 학전문 간행물인 '금속저널'의 편집장을 맡았으며 세계적인 학술 출판사 인 스프링거Springer에서는 과학담당 고문에 선임됐다. 이처럼 당시 로 스바우트는 저명한 과학자라는 사회적 명성에 안정된 직장과 단란한 가 정으로 꿈같은 나날을 보내고 있었다.

그러나 1930년대 들어 그의 행복에도 검은 그림자가 드리워진다. 나 치당이 1932년 총선거를 시작으로 괄목할 약진을 보였고 급기야 1934 년에는 히틀러가 총통에 올라 독일의 모든 권력을 손아귀에 쥐었다. 그 리고는 유대인에 대한 차별과 탄압을 본격화하면서 유대인 아내를 두 고 있던 로스바우트도 차츰 위기의식을 갖기 시작했다. 이어 그의 위기 감이 증폭될 만한 불길한 징후들이 차례로 벌어진다. '상대성 이론' 같 은 20세기 최대 과학적 성과가 천박한 '유대인의 과학'으로 배척돼 아인 슈타인이 서둘러 독일을 떠났다. 또한 평소 친분이 두터웠던 막스 보른, 리제 마이트너 같은 쟁쟁한 과학자들도 단지 유대인이라는 이유만으로 대학과 연구소에서 차례로 쫓겨났다. 심지어 이들이 발표한 논문과 서 적은 극렬 나치주의자들에 의해 사정없이 찢기고 불태워졌으며 몇몇 저 명한 과학자들은 명성이 무색하게 무자비한 폭력에 노출돼 생명까지 위협받는 지경에 이르렀다.

이때부터 이들은 탈출과 망명이라는 생존을 위한 처절한 사투를 벌여야 했다. 로스바우트도 '과학자들의 업적을 세상에 알려 인류에 공헌하겠다'며 공들여 출간한 출판물이 무도한 나치에 짓밟히고 불태워지는 것을 목도하면서 억누를 수 없는 분노를 느낀다. 이런 혼란과 탄압은 1937년 무렵에 이르러 절정으로 치달으면서 시시각각 그의 아내 힐데에게도 위험이 닥쳐온다. 로스바우트는 고심 끝에 나치의 광풍狂風이 잦아들 때까지 아내와 딸을 영국으로 보낼 생각을 갖고 베를린에 있는 영국 대사관을 찾아 비자를 신청했다.

나치의 득세 … MI6 폴리와의 만남

그런데 여기서 그는 남은 일생의 운명이 바뀔 만큼 중대한 만남을 갖게 된다. 당시 영국 대사관에서 여권 심사를 맡고 있던 인물은 '프랭크 폴리'라는 심사관이었다. 하지만 이 폴리라는 인물의 실제 정체는 MI6 소속의 비밀요원이었고 그는 이런 위장 신분을 이용해 나치에 탄압 받던 많은 유대인들을 독일에서 탈출하도록 돕고 있었다. 전쟁 직전까지 폴리가 탈출시킨 유대인 수는 대략 1만여 명 정도로 추정되고 있으며 이로 인해 훗날 이스라엘은 그를 '영국의 쉰들러', '의로운 이방인'으로 부르며 감사를 전한 바 있다. 폴리는 로스바우트의 아내에게도 '관광 비자'를 발급해 즉시 베를린을 떠날 수 있게 도왔다.

이 일은 그렇지 않아도 1차 대전의 경험으로 평소 영국인에게 호감을 갖고 있던 로스바우트를 감동시키기에 충분했고 폴리와 돈독한 친분을 맺는 계기가 된다. 이후에도 두 사람은 유대인 과학자 리제 마이트너를 스웨덴으로 탈출시키는 등 몇 번에 걸쳐 함께 행동했으며 이 과정에서 속내를 털어놓을 수 있을 만큼 신뢰도 쌓았다. 이에 폴리는 로스바우트에게 영국으로 망명해 가족들과 함께 머물 것을 제안한다. 그렇지만 그는 독일에 대한 깊은 사랑을 강조하며 그런 나라를 짓밟고 동료들을 탄압한 나치에 맞서겠다는 의사를 분명히 했다. 로스바우트의 생각을 알게 된 폴리는 "그렇다면 종종 영국을 방문해 독일의 최신 연구결과를 영어로 번역하거나 영국 과학자들과 만나 토론하는 기회를 갖지 않겠느냐"고 넌지시 제안했다. 이것은 사실상 폴리의 입장에서는 일종의 '포섭작전'이었으나 이를 알고 있던 로스바우트도 "그렇게 하겠다"며 긍정적으로 답했다.

그러던 1938년 12월 로스바우트는 전 세계 과학계를 발칵 뒤집어 놓을 일대 사건을 가장 먼저 접하게 된다. 동료 과학자 오토 한으로부터 연구과정에서 일어난 '핵분열' 소식을 전해들은 것이다. 그는 이 말을 듣고 얼마 뒤 그 가공할 잠재력을 직감하면서 나치가 움직이기 전에 서둘러 이 사실을 공개해야 한다고 생각했다. 이에 1939년 1월 오토 한에게 논문 일체를 전달받아 독일 물리학 잡지인 네이처Naturwissenschaften에 핵분열 소식을 실었다. 아니나 다를까 그의 우려대로 나치는 게슈타포를 앞세워 그해 4월부터 단속에 나섰고 9월에는 국방군 무기국 지휘하에 원자폭탄 개발에 착수한다. 그러나 로스바우트의 발 빠른 대처로 이미 유럽과 미국의 많은 과학자들이 이 사실을 알게 돼 나치의 '원자핵 독점'은 사실상 불가능해졌다. 그럼에도 불구하고 그는 이때까지 스파이라기보다는 사명감에 불타는 반나치 성향의 과학자에 불과했다. 하지만 이런 입장도 히틀러의 불장난과 함께 새로운 국면을 맞이한다.

1939년 9월 기어코 유럽에서 포성이 울리게 되는데 이는 2차 대전의 개전인 동시에 히틀러의 등잔 밑에서 영국을 도운 '그리핀GRIFFIN'이라는 전설적 스파이의 탄생을 알리는 신호탄이기도 했다. 실제로 베를린에 머물던 프랭크 폴리는 개전에 따라 급히 노르웨이 오슬로Oslo로 피신했고 로스바우트도 영국 왕래가 차단된다. 상황이 급박하게 돌아가자 MI6는 폴리를 관리관이자 접선책으로 임명하고 로스바우트에게 '그리핀'이라는 암호명을 부여해 영국을 돕도록 했다. 이렇게 해서 파울 로스바우트를 주인공으로 하는 이른바 '그리핀 작전'은 시작돼 종전에 이를 때까지 나치의 필살기를 빼내 연합군 승리에 기여하게 된다.

반면 그전에 오슬로에 머물던 폴리와 베를린의 로스바우트 사이의 접선 방법은 커다란 숙제였다. 게슈타포의 삼엄한 감시로 독일 내부에서 섣불리 무선통신을 쓸 수 없었기 때문이다. 이와 관련해 먼저 폴리가 아이디어를 제안한다. 노르웨이에서 독일로 유학 간 학생들을 설득해 오슬로의 영국 대사관으로 기밀을 전하게 하자는 것이었다. 이에 동의한 로스바우트도 몇 명의 유학생을 포섭했고 이들이 고국을 방문할 때마다 수집한 첩보를 폴리에게 전했다. 이 중에는 드레스덴 공과대학에 유학 중이던 스베레 버그Sverre Bergh라는 노르웨이 청년이 두드러진 활약을 펼친다. 아울러 이 접선루트는 히틀러가 노르웨이를 침공한 직후 더 활발하게 운영됐으며 이후 결성된 노르웨이의 반나치 비밀조직XU과 프랑스 레지스탕스가 가세하면서 한층 공고한 첩보루트로 발전했다.

로스바우트도 자신이 출판계 종사자라는 점을 십분 활용해 서적을 통해 메시지를 전하는 방안을 착안한다. 그는 서적의 증쇄본에 대해 나치의 관심과 감시가 덜하다는 점을 이용해 어휘들을 재배치하거나 새로운 어휘를 넣어 전하고자 하는 메시지를 담았다. 이는 중립국에서 활동하던 MI6 요원들이 입수해 런던으로 보냈다. 또 이미 유럽에서 출간돼 널리 보급된 서적에서 어휘를 숫자로 암호화해 메시지를 전하는 이른바 '북코드Book Code' 기법도 사용했다. 서적의 페이지와 행, 열 등의 위치를 숫자로 바꿔 MI6가 숫자에 따라 어휘들을 조합하기만 하면 메시지가 나오도록 한 것이다. MI6는 BBC 프로그램 멘트에 약속된 암호를 심어 방송하는 방식으로 '메시지가 수신됐다'든가 '감시에 주의하라'는 등의 답신을 보냈다. 여기에 더해 폴리는 오슬로에서 노르웨이 외교관을 포섭해 본국으로 전해지는 외교행랑에 로스바우트의 따끈한 첩보들을 담아오도록 조치하는 등 다각도의 루트를 확보했다.

그리핀의 맹활약 … 무력화 되는 나치

이처럼 접선루트가 완비되자 로스바우트도 행동을 개시한다. 이때 그에게는 첩보 입수가 용이한 두 가지 커다란 장점이 있었다. 하나는 독일 혈통(모계)의 저명한 과학자라는 점이다. 이로 인해 핵분열을 알아낸 오토 한은 물론이고 후에 나치의 핵 개발을 주도한 베르너 하이젠베르크Werner Heisenberg와도 깊은 친분을 유지했다. 그 외에도 히틀러의 첨단 무기들을 연구했던 많은 독일인 과학자들과 허물없이 지내는 사이였다. 또 하나 그가 과학계에서는 보기 드문 출판 전문가라는 점도 커다란 이점이었다. 당시 그는 독일 과학계의 출판물을 거의 독점하다시피 했기 때문에 출판을 빌미로 과학자들을 스스럼없이 만나 '상세한' 정보들을 수집할 수 있었다. 어떤 때는 나치의 검열팀 조차 신기술에 대해 보안상 공개 여부를 상담해 올 정도로 과학 출판계에서 로스바우트의 위상은 독보적이었다. 따라서 핵심 기밀들이 언제나 그의 몫이 된 것은 전혀 이상할 것이 없었고 약속된 루트를 통해 속속 폴리를 거쳐 MI6로 전달된다.

이렇게 전해진 첩보들 중에는 당시 히틀러의 야심을 충족하고도 남을 정도로 상당한 수준의 군사기술이 다수 포함돼 있다. 그는 스파이로 행동을 시작한 1939년 말 독일 해군이 필살기의 하나로 개발 중이던 신형 어뢰용 음향 추적 장치를 샘플 채 보내오며 단번에 첩보력을 입증했고 이후에도 U-보트에 들어갈 신형 환기장치의 상세한 정보도 전했다. 또 독일 공군이 회심의 비밀병기로 개발 중이던 전자신호용 로켓 추진 글라이더의 기밀도 빼내 영국이 대비토록 했으며 세계 최초의 지대공미사일인 바세르폴과 최초의 제트전투기 메서슈미트 262기의 개발계획도 알아냈다. 이밖에도 최신 레이더 장비와 고도화된 전투기 엔진기술 등에 관한 계획서와 설계도, 나아가 샘플 등도 입수해 영국에 넘겼다. 무엇보다 그는 이 기간 개인적 관심사이면서 연합국도 주목하고 있던 핵 개발 동향에 대해 줄곧 염탐했다. 여기서 로스바우트는 나치가 부족한 재원과 기술로 1943년까지 핵 개발에 아무런 진척이 없다는 사실을 알아낸다. 이때 그가 전한 동향은 영국에서 보고서로 만들어져 모드위원회MAUD Committee에 제출됐는데 이 보고서의 검토를 맡았던 캠브리지 물리학자 앨런 넌 메이Alan Nunn May에 의해 다시 비밀리에 소련으로 유출되기도 했다.

이러한 눈부신 활약에도 불구하고 활동 기간 로스바우트의 공헌 중

V-2 로켓 나치가 개발한 최초의 장거리 탄도 미사일. 로스바우트의 공헌 중에는 이 로켓의 개발을 지연시킨 것이 첫 손에 꼽힌다.

첫 손에 꼽을 수 있은 것으로는 단연 나치의 장거리 탄도미사일인 V-2의 개발을 지연시킨 점이다. 그는 1939년 이미 나치 수뇌부가 장거리 미사일 개발에 착수했다는 사실을 알고 지속적으로 관심을 기울였다. 이 과정에서 1943년 독일 북부 발트해 연안 페네뮌데Pennemünde라는 곳에 연구소와 실험장을 짓고 개발에 박차를 가하고 있다는 사실을 알아낸다. 이 소식을 전해들은 영국은 8월 17일, 7개 항공군 44개 중대 597대의 전투기와 폭격기를 동원해 실험장을 초토화시켰다. 일명 '히드라 작전Operation HYDRA'으로 불린 영국의 이 파상공세로 나치의 V 시리즈 무기계획은 큰 타격을 입고 히틀러의 예봉은 꺾이게 된다. 이처럼 로스바우트의 활약에 힘입어 MI6의 '그리핀 작전'은 커다란 성공을 거두며 연합군 승리에도 기여했다. 그는 전쟁이 끝난 뒤에는 MI6를 따라 비밀리에 영국으로 옮겨와 출판업에 종사하며 1961년 미국 물리학 협회AIP가 수여하는 존 테이트 메달John Torrence Tate Medal을 받는 등 활동하다, 1963년 세상을 떠났다.

한편 로스바우트가 사망하고 약 40여 년이 지난 2000년대 들어 영국에서는 한동안 그리핀의 스파이 활동과 관련된 파일 공개 논란이 벌어져 비상한 관심을 모은 바 있다. 논란은 영국 정보당국이 울트라 작전 등 2차 대전 시기에 생산된 기밀을 다수 공개하면서도 유독 그리핀의 활약이 담긴 파일들은 공개하지 않는 것에 유족들이 반발하면서 법적 공방으로 이어졌다. 이 공방에는 영국 총리를 지낸 토니 블레어의 부인인 셰리 블레어Cherie Blair가 유족 측 변호를 맡아 더욱 화제를 모았다. 하지만 재판부가 당국의 비공개 처분에 손을 들어주면서 로스바우트의 활약상이 담긴 이른바 '그리핀 파일GRIFFIN FILE'의 상당량은 불분명한 이유로 여전히 MI6 비밀서고에 묻혀 있다는 주장이다.

08

트램프 작전

Operation TRAMP 1940~1941 —Abwehr—

  트램프 작전Operation TRAMP은 제2차 세계대전 중 나치 독일의 군 정보기관인 압베르가 미 본토에서 벌인 비밀공작이다. 미국에서는 '듀케인 스파이 사건Duquesne Spy Ring'으로 주로 알려져 있다. 작전은 압베르가 미국의 동향을 살피고 기밀을 빼내기 위해 실행한 것이지만 도리어 미 연방수사국FBI의 방첩작전에 걸려들어 참담한 실패로 막을 내리게 된다.

  특히 이전까지 국내 강력사건에서만 두각을 나타내던 FBI는 이 작전의 성공으로 세계적인 방첩기관으로 도약하는 계기를 마련한다.

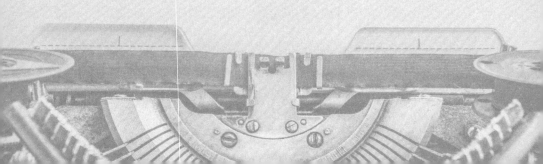

압베르의 대미對美 공작 배경

압베르가 트램프 작전을 입안하던 시기는 2차 대전이 개전되기 직전이었다. 이때 나치 수뇌부는 폴란드에 대한 침공계획을 완료하고 유럽을 집어 삼킬 야망을 불태우고 있었다. 하지만 히틀러의 심중心中에는 한 가지 걱정거리가 있었는데 그것은 미국의 움직임이었다. 당시 미국은 1935년 제정돼 대외정책의 빗장 역할을 해온 이른바 '중립법中立法'으로 고립을 자초하고 있었지만 바다 건너 사촌뻘인 영국이 도움을 요청할 경우 언제든 병참 보급 등 지원에 나설 가능성이 컸다.

이에 히틀러는 대미 공작에 상당한 노하우를 축적해 온 압베르에 "미국을 염탐하라!"고 명령했고 압베르는 미 본토에서 암약 중인 스파이 조직의 첩보를 효과적으로 전달받기 위한 비밀작전에 돌입한다. 반대로 사전에 압베르의 음모를 알아낸 FBI도 함정을 설치하고 검거작전에 나서면서 뉴욕을 무대로 한 숨 막히는 세기의 첩보대결이 펼쳐진다.

게슈타포의 마수 … 걸려든 이민자

1939년 2월경 나치 독일의 악명 높은 비밀경찰 게슈타포Gestapo는 어머니를 만나기 위해 뮐하임을 방문하려던 윌리엄 세볼드William Sebold를 함부르크에서 긴급체포했다. 본래 독일 태생의 세볼드는 제1차 세계대전 기간 중 독일 제국군에 배속돼 참전했던 인물로 1921년 미국으로 건너가 약 15년 간 항공기 업체에서 근무하며 시민권을 취득한 이민자 출신이었다. 세볼드는 갑작스런 게슈타포의 등장에 당황한 나머지 체포에 순순히 응하기는 했으나 제아무리 무소불휘 비밀경찰이라고 해도 엄연한 외국인을 다짜고짜 연행한 것에 대해서는 불쾌감을 숨기지 않았다. 그러나 게슈타포는 체포 이유를 명확히 밝히지 않은 채 세볼드의 신분 조회에만 열을 올렸고 시종 강압적 분위기가 연출되면서 공포감이 엄습한다.

이렇게 얼마간의 시간이 흐른 뒤 이윽고 게슈타포는 두려움에 빠져 있던 세볼드를 향해 "조국을 위해 큰일을 하지 않겠느냐?"며 나치에 협력할 것을 요구했다. 여기서 이들이 말한 '큰일'이란 미국에서 독일을 위한 스파이가 되라는 것으로 세볼드는 "그런 일은 할 수 없다"며 거부 의사를 밝혔다. 그러자 게슈타포는 그의 과거 전력을 문제 삼아 거듭 협력을 강요한다. 실제로 세볼드는 1차 대전 직후 한때 밀수 사건에 연루돼 독일을 탈출했고 '뎀보브스키'라는 본명을 숨긴 채 신분을 위장해 미국 시민권을 취득한 어두운 과거를 갖고 있었다. 게슈타포는 이런 그의 전력이 담긴 서류와 가짜 신분 내역을 미 당국에 넘겨 독일로 송환하겠다고 협박했으며 어머니 등 가족을 연이어 언급해 압박 강도를 높였다. 결국 세볼드는 강압에 못 이겨 협력을 약속할 수밖에 없었다.

이후 그는 소위 '여우굴Fuchsbau'-압베르 요원들은 스스로를 여우같이 교활하다고 여겨 자신들의 거점을 그렇게 불렀다-이라고 불리던 압베르의 베를린 본부로 옮겨졌는데 여기서 자신들을 가스너Dr. Gassner와 랜츠아우Dr. Rantzau 박사라고 소개하는 2명의 미스터리한 인물들을 만나게 된다. 당시 두 사람이 밝힌 호칭은 일종의 위장 명칭으로 이들은 모두 압베르에서 핵심적 위치에 있던 사람들이었다. 이 가운데 '랜츠아우 박사'라는 인물은 실제로는 '니콜라우스 리터Nikolaus Ritter: FOCUS

참조'라는 공군정보 책임자였다.

이때 리터는 압베르에서 대미, 대영 첩보 활동도 총괄하던 거물로 1930년대 중반부터 대미 활동을 시작해 당시로서는 최첨단이던 노던 폭격조준기와 자동 항법장치, 폭격기용 무선장치의 청사진 등을 독일로 빼돌린 바 있는 전설적인 스파이다. 또 종전 무렵 나치가 자랑하던 V-2 로켓의 핵심인 '액체 연료' 기술도 그의 손을 거쳐 독일로 넘어갔다. 이처럼 리터는 그간의 눈부신 성과에 힘입어 나치 독일의 공군력 향상에 절대적 영향을 미쳤고 이런 이유로 공군 총사령관이던 헤르만 괴링 Hermann Göring과도 두터운 친분을 맺고 있었다. 무엇보다 세볼드를 포섭해 대미 공작에 활용하자는 아이디어를 내놓은 인물이 바로 이 리터로 이제부터 펼쳐지는 이른바 '트램프 작전'을 설계하고 지휘한 배후 인물이다.

리터의 실수와 FBI의 대변신

반면 리터는 그전까지 스파이로써의 역량은 뛰어났을지 몰라도 포섭과 관리 능력에서는 '치명적 결함'을 안고 있었다. 왜냐하면 세볼드는 스파이 교육을 받는 동안 겉으로는 독일에 헌신하는 태도를 취하면서도 여권 분실 등을 이유로 쾰른에 있는 미국 영사관을 방문해 그간의 사정을 소상히 밝히고 도움을 요청해 놓은 상태였다. 이를 전해들은 영사관은 이 사실을 본국 FBI에 알려 대책을 강구하도록 한다. 그러나 그간의 성공으로 지나친 자만에 빠져 있던 리터는 세볼드의 속내와 이중 행각에 주의를 기울이지 않으면서 장차 닥쳐올 대재앙의 조짐을 직시하지 못했다.

이에 더해 이 시기 리터가 자만과 부주의 늪에 빠져 있을 수밖에 없었던 이유가 한 가지 더 있었는데 그것은 아이러니하게도 FBI의 무지하고 허술한 방첩 능력이었다. 당시 FBI는 미국에서 '강력사건 해결사', '국내 첩보 최고기관'이라는 명성에도 불구하고 안보 분야에 대해서는 이렇다 할 경험도 문제의식도 없는 '안방 호랑이'에 불과 했다. 사실 1930년대 후반까지 FBI가 알고 있던 독일의 정보기관은 '게슈타포'가 전부였을 정도로 대외 첩보와 방첩에서는 거의 문외한이었고 관심도 없었다. 리터가 미국에서 핵심 기밀을 빼내는 등 혁혁한 전공을 세우는 동안에도 FBI는 이를 전혀 눈치 채지 못했으며 심지어 미국의 로켓 과학자 로버트 고더드Robert Goddard 박사의 핵심 기술−액체 연료−이 독일로 빠져나간 사실도 알지 못했다.

사정이 이렇다 보니 압베르와 리터는 줄곧 FBI를 얕잡아 봤고 이는 비밀임무에서는 마땅히 가져야 하는 긴장감과 경계심을 크게 떨어뜨렸다. 이 시기 양대 기관의 공작 역량을 굳이 비교하자면 압베르가 상당 수준 우위에 있었던 것은 분명하나 이런 우열은 2차 대전의 개전과 세볼드의 미국 침투를 기점으로 급속히 뒤바뀌기 시작한다. 쾰른에서 세볼드의 제보가 전해진 즉시 FBI 수장인 존 에드거 후버는 루즈벨트 대통령에게 상황을 보고하고 도·감청 등 감시 허가를 받아 내면서 사상 최대 규모의 방첩작전을 준비 중이었다.

반면 이런 FBI의 발 빠른 변신을 꿈에도 몰랐던 리터는 1940년 2월 세볼드를 해리 소이어Harry Sawyer라는 새로운 인물로 둔갑시켜 뉴욕에 침투시킨다. 당시 세볼드의 손에는 정찰 목록이 담긴 5개의 마이크로필름과 리터가 관리하는 미국 내 스파이들의 명단이 쥐어졌다. 또 트램프 TRAMP라는 암호명도 주어졌는데 이로 인해 이 공작을 '트램프 작전'으로 부르게 됐다. 미국에 침투한 세볼드의 역할은 고정 스파이들이 입수한 첩보를 독일로 송신하는 무선통신센터의 책임자로, 취합된 첩보들을 암호화해 단파라디오로 전송하면 되는 것이었다. 이를 위해 그는 압베르가 지원하는 막대한 공작금으로 뉴욕 브로드웨이 인근에 '디젤연구소'라는 위장 사무실을 차리고 작전준비에 박차를 가한다.

그러나 이 사무실에는 압베르의 자금만 투입된 것은 아니었다. 세볼드가 귀국하자마자 신병을 확보한 FBI는 방첩작전을 위해 3곳의 안가를 마련했으며 그 중에 1곳이 이 '디젤연구소'였다. FBI는 사무실 곳곳에 도청장치를 심고 반사거울을 붙인 별실을 만들어 감시 카메라로 독일 스파이들의 일거수일투족을 촬영할 수 있도록 했다. 그리고 나머지 2곳의 안가에는 독일어가 가능한 요원을 배치해 대화를 엿듣게 했다. 이와 함께 방첩작전을 준비하던 도중 FBI는 세볼드가 독일에서 가져온 고정 스파이 명단을 보고 뜻밖의 대어大魚가 포함된 것을 확인하며 흥분에 휩싸인다.

여기서 FBI를 흥분시킨 인물은 '독일제국을 거쳐 나치 독일에 이르기까지' 영국과 미국을 상대로 다수의 파괴공작과 비밀작전을 수행해 온 프리츠 듀케인Fritz Duquesne이라는 거물 스파이였다. 1877년 남아프리카 태생으로 프랑스계인 듀케인은 1차 대전 당시 영국의 수송선 테니슨함과 순양함 햄프셔HMS Hampshire함을 각각 침몰시킨 것으로 알려진 파괴공작의 대가였다. 하지만 전쟁이 끝난 뒤 신분을 바꾸고 미국에 침투해 1934년부터는 압베르 소속으로 활동하며 니콜라우스 리터를 접선책으로 다량의 기밀과 동향을 독일에 전해왔다. 안보에는 별로 관심이 없던 FBI도 영국을 통해 듀케인의 이름만큼은 익히 알고 있었고 한때는 전담요원까지 배치해 감시활동을 벌인 바 있다. 그러다 듀케인이 탈출과 침투를 반복하며 행적을 교란했고 이름과 신분도 수시로 바꾸는 통에 행방을 놓치고 말았다. 그랬던 그가 소위 '트램프 작전'으로 모습을 드러낸 것이니 FBI는 내심 기쁘지 않을 수 없었다.

반면 이미 한 번의 실패를 경험한 만큼 이때부터 FBI는 더욱 신중하게 움직인다. 우선 정예요원 뉴커크Newkirk를 레이 맥마너스라는 가명으로 위장시켜 듀케인을 전담토록 했다. 또한 센트럴 파크 근처 아파트에 있는 듀케인의 집에 도청장치를 설치하고 바로 위층에 방을 빌려 '철통' 감시에 들어가면서 별도의 체포 작전을 가동하게 된다. 이렇게 해서 뉴욕을 무대로 한 첩보계의 전통 강호 독일과 신흥 강국 미국이 겨루는 세기의 첩보대결은 막을 올렸다.

압베르 vs. FBI … 세기의 첩보대결

그러나 앞서 밝힌 대로 양측의 대결은 압베르의 지나친 자만과 FBI의 놀라운 대변신으로 인해 이미 승부는 기울어져 있었다. 사무실을 연 세볼드는 리터의 지시대로 고정 스파이들과 차례로 접선하며 그들이 가져온 따끈따끈하고 묵직한 첩보들을 넘겨받는다. 이 가운데에는 요주의 대상인 듀케인이 단연 첫손에 꼽힌다. 그는 노련한 스파이답게 접선 초반에는 FBI의 감시가 있을 것으로 여겨 카페와 레스토랑 등으로 장소를 옮겨 다니며 만나기를 요구했다. 그러다 시일이 조금 지나자 세볼드의

접선과 감시 뉴욕에 마련된 거점에서 정보를 주고받고 있는 세볼드와 듀케인(얼굴). 이들의 말과 행동은 FBI가 동원한 감시 장비에 모조리 담겼다.

사무실을 찾았고 특유의 방식대로 양말 속에 감춰온 첩보 꾸러미를 꺼내 전달했다. FBI는 거울 뒤에 감춰진 감시 카메라로 이 장면을 모조리 녹화했고 도청장치를 통해 거의 모든 대화를 녹음했다. 이런 과정으로 듀케인이 세볼드에게 건넨 기밀 중에는 미 해군의 어뢰정 상태와 웨스트포인트 군사 시설의 전차 현황 같은 군사동향을 비롯해 영국에 대한 지독한 증오심으로 인해 영국 해군의 항로와 무역선의 항해 상황을 세세하게 파악한 내역들이 다수 포함돼 있었다. 또 신무기 정보에도 많은 관심을 기울여 화약과 폭탄을 제조하던 듀폰DuPont사에 침입해 미국이 개발 중인 신형 폭탄의 사진과 사양 정보도 빼냈다. 듀케인은 듀폰사에 대해서는 폭파공작 계획까지 세웠던 것으로 후에 확인됐다.

이외에도 작전 기간 세볼드와 접선한 거물급 스파이에는 노던사Norden Corp에 침투해 폭격조준기의 설계도를 빼냈던 헤르만 랭Herman Lang과 자일로스코프사에서 기술자로 일하며 신형 폭격기 청사진과 배선도 등을 빼돌린 에버릿 로더Everette Roeder, 그리고 포드사 고위직에 있으면서 미군 항공기 동향을 파악해 온 에드문도 하이네Edmund Heine 등이 있었다. 아울러 미모를 무기로 사교계를 출입하며 기밀을 빼낸 릴리 스테인Lilly Stein과 듀케인을 도와 정보를 빼돌리는데 힘을 보탠 에블린 루이스Evelyn Lewis 등의 여성 스파이들도 주요 방문자였다. 이렇게 1년을 넘겨 세볼드의 사무실을 드나든 수상쩍은 독일인은 줄잡아 50명을 넘었으며 그 사이 FBI는 감시 카메라를 통해 베일에 싸여있던 독일 스파이들의 정체와 규모를 속속들이 파악할 수 있었다.

'트램프' 세볼드는 이들에게 전달받은 첩보를 모두 FBI에 넘겼고 치밀한 왜곡 과정을 거쳐 압베르 본부로 전송했다. 이와 함께 FBI는 윌리엄 하비William K. Harvey—그는 훗날 소속을 CIA로 바꿔 베를린 터널작전제26화 황금 작전편 참조 을 현장에서 지휘한다—를 책임자로 뉴욕 동쪽 롱아일랜드에 단파라디오 기지를 설치해 독일로 향하는 무선에 잡음을 넣거나 신호를 차단하는 등 방해공작도 병행했다. 이로 인해 압베르는 정보가 왜곡됐다는 것을 일찌감치 파악하고도 오랜 기간 '통신 장애'가 원인인 것으로 오판하고 있었다. 작전이 시작되고 1년여를 넘긴 1941년 6월 FBI는 '꼬리가 길면 밟힐 수 있다'는 우려에 따라 감시를 중단하고 전격적인 체포에 들어간다. 이어 단행된 대대적인 체포 작전에서 사무실을 드나들었던 약 50여 명의 연루자 중 37명이 체포됐으며 이 가운데 33명에게 도합 3백 년 이상의 실형이 선고되면서 작전은 성공적으로 마무리됐다. 한편 상황이 종료되고 양 기관 모두에서 주인공 역할을 했던 윌리엄 세볼드는 이름을 바꾸고 양계업자로 변신해 캘리포니아에 정착했다는 확인되지 않은 소문이 한동안 나돌았다.

FOCUS 니콜라우스 리터 … 압베르의 대미 첩보 지휘자

니콜라우스 리터Nikolaus Ritter: 1889-1974는 나치 독일의 군정보국인 압베르에서 공군정보 책임자를 지내며 1936년부터 1941년까지 대미, 대영 첩보망을 지휘한 인물이다. 리터는 1889년 독일제국 시절 레이트Rheydt에서 태어나 1914년 프렌스부르크 수도원 김나지움을 졸업한 뒤 육군에 입대해 군과 인연을 맺기 시작했고 1차 대전에 참전했다. 전쟁에서 그는 두 번에 걸쳐 부상을 당하는 불운을 겪기도 했지만 1918년 소위로 진급해 종전을 맞는다. 전후에는 섬유 기술자로 변신, 1924년 미국으로 건너가 뉴욕 말린슨 실크Mallinson Silk사에서 근무하다 페인트 가게, 금속공 등 다양한 직업을 전전했다. 이 과정에서 1926년 앨라배마주 출신의 아일랜드계 미국인 교사 메리 에반스를 만나 결혼하고 두 아이를 낳았다. 그러나 후에는 가족들이 어떤 생활을 했는지 알려진 것이 없고 그의 행적도 묘연해졌다가 나치의 득세가 절정에 달하던 1936년 돌연 독일로 귀국한다.

리터는 독일로 돌아온 직후 압베르에 들어가면서 첩보계에 발을 들여
놓은 것으로 알려져 있으나 어떤 배후과정이 있었는지는 전해지지 않는
다. 얼마 뒤에는 압베르에서 공군정보 책임자에 올라 '랜츠아우 박사'라
는 암호명으로 비밀임무에 들어가면서 대미 첩보망을 관리하기 시작했
다. 리터는 이를 위해 1937년 미국을 방문해 프리츠 듀케인, 헤르만 랭,
에버릿 로더 등과 접선, 교류했다. 활동에서 리터의 대미 첩보망은 노던
폭격조준기의 핵심 도면을 입수하는 등 눈부신 활약으로 독일 공군의
전력 상승에 절대적으로 공헌했으며 이에 힘입어 나치 핵심부의 두터운
신임 하에 압베르에서의 입지도 넓혀갔다. 하지만 명성은 이중스파이
윌리엄 세볼드를 포섭하고 관리에서 실수를 범하면서 치명타를 입는다.
첩보망이 FBI의 방첩망에 걸려들어 듀케인을 포함한 37명의 스파이가
체포되는 등 사실상 궤멸로 치달은 것이다.

이어 그는 영국 정보당국이 실행한 더블크로스 작전에도 걸려들어 몰
락의 급행열차를 탔고 1941년 5월에는 북아프리카에서 에르빈 롬멜
Erwin Rommel을 지원하는 활동도 벌였으나 작전 중 타고 가던 항공기가
지중해에 추락하면서 커다란 부상을 입고 귀국한다. 이후에는 첩보 일
선에서 물러나 전쟁이 끝날 때까지 하노버 방공시설 사령관을 지내다
종전을 맞았다. 그는 1972년 회고록『암호명, 랜츠아우 박사: 비밀정보
부 장교』라는 수기를 출간하는 등 활동하다, 1974년 사망했다.

09

더블크로스 작전

Double-Cross System 1941~1945 -MI5-

더블크로스 작전Double-Cross System은 제2차 세계대전 기간 영국의 국내첩보 및 방첩기관인 MI5가 주도한 이중스파이 작전이다. 작전은 배신이나 기밀누설 같은 우려에도 불구하고 예상 밖의 커다란 성공으로 이어지면서 전쟁 기간 연합군의 핵심 정보체계System로 자리했다. 이로 인해 '더블크로스 시스템'이라고도 불린다.

이 작전은 히틀러의 영국 침공 무력화를 시작으로 연합군 반격의 교두보가 된 횃불 작전Operation Torch과 승부의 분수령이었던 노르망디 상륙 작전 등 전쟁의 주요 고비마다 빛을 발하며 배후에서 막대한 영향력을 발휘했다.

MI5의 대對나치 이중스파이 작전 배경

2차 대전이 개전되고 영국이 응전을 선포하자 히틀러는 영국 침공계획을 세운다. 이어 군 정보기관인 압베르Abwehr의 수장 빌헬름 카나리스Wilhelm Canaris에게 침공에 앞서 영국의 군사동향 등 내부 사정을 염탐할 대규모 스파이 침투를 명령했다. 이에 맞서 영국은 이미 나치의 침투를 예측하고 있었고 MI5의 주도하에 독일 스파이들에 대한 강도 높은 색출 작전을 벌인다.

MI5는 이렇게 체포한 스파이들을 처형하거나 감금 조치하기보다는 영국 측으로 전향시켜 나치를 교란하자는 다소 모험적인 계획을 수립한다. 이 같은 시도는 1940년 일부 성과로 나타나면서 1941년부터 MI5, MI6, 군 당국이 망라된 전담위원회20인 위원회: Twenty Committee가 공식적으로 구성돼 종전에 이를 때까지 체계적인 이중스파이 작전을 펼치며 승전을 견인했다.

지상최대의 작전 … 배후를 주무른 영국인들

1944년 6월 6일 이른 아침 영국과 미국 등 8개국 약 15만 6천여 명에 달하는 연합군이 프랑스 북부 노르망디Normandy 해안에 전격적으로 상륙한다. 반면 연합군을 맞아 이 지역 해안을 방어하던 독일군의 병력은 불과 1만여 명에 불과했고 이마저도 에르빈 롬멜 같은 최고지휘관을 비롯한 상당수가 휴가나 훈련으로 자리를 비우고 있었다. 여기에 더해 해안 방어의 주력부대라 할 수 있는 2개 기갑사단과 32개 보병사단은 상류지점과는 거리가 있는 프랑스 파 드 칼레Pas de Calais와 노르웨이 해안 등 2곳에 주둔해 연합군의 급습을 막아 내지 못했다.

그러나 당시 독일군의 문제는 이뿐만이 아니었다. 이들 2곳의 주요 병력이 연합군의 노르망디 상륙 소식에도 불구하고 지원은커녕 오지도 않을 또 다른 연합군 상륙 부대를 경계하며 속절없는 시간을 허비하고 있었다는 점이다. 이때 독일군의 이 같은 헛발질은 그 후로도 약 한 달 이상 지속됐고 그 사이 상륙에 성공한 연합군은 프랑스 북부에 방어선을 형성하며 장차 파리 탈환과 베를린 진격의 교두보를 확보하게 된다. 이것이 이른바 지상최대의 작전으로 불리는 '노르망디 상륙 작전Operation NEPTUNE'이며 이 작전으로 연합군은 5년여 간 이어진 2차 대전에서 마침내 승기를 잡을 수 있었다.

하지만 이러한 독일군의 어처구니없는 판단에 대해서는 전쟁이 끝날 때까지도 수수께끼로 남아 있었고 심지어 히틀러조차 그 영문을 모른 채 이듬해 자살로 생을 마감한다. 이와 관련해서는 상륙작전 이틀 뒤 독일군 지휘부에 도착한 한 통의 전문이 수수께끼를 푸는 유일한 실마리였다. 그 전문이란 '1944년 6월 8일' 영국 내부에 깊숙이 침투해 있던 한 압베르 소속 스파이로부터 전달된 것으로 전문에는 "노르망디 상륙 작전은 다른 지역으로 상륙하기 위한 기만 작전이며 연합군이 조만간 파 드 칼레로 상륙할 것이 확실하다"는 내용이 담겨 있었다. 이 밖에도 같은 시기 영국에 침투해 있거나 중립국에서 활동하던 또 다른 독일 스파이들도 영국 내에 여전히 대규모 상륙 부대가 대기 중이며 파 드 칼레 혹은 노르웨이로 상륙할 것이라는 첩보를 타전해 왔다. 사정이 이렇다 보니 독일군 수뇌부는 이들의 공통된 첩보에 절대적 신뢰를 보낼 수밖에 없었던 것이다.

그렇지만 이 시기 스파이들이 전해온 소식들은 모두 영국 정보당국이 조작한 '가짜'였고 소식을 전한 스파이들 역시 영국의 관리를 받고 있던 '이중스파이들'이었다. 이렇게 2차 대전에서 연합군에 승전을 안긴 지상 최대의 작전, 그 배후에는 전황을 주무른 영국인들이 있었고 이들의 전설적인 이야기는 1939년으로 거슬러 올라간다.

1930년대 후반 들어 전운이 짙어지자 영국은 MI5, MI6, 해군정보국 NID 등 정보기관들을 중심으로 학자, 전문가 등에 걸쳐 방대한 인재를 영입하며 미래에 닥쳐올 위험에 대비했다. 영입된 인재 중에는 휴 트레버 로퍼Hugh Trevor Roper라는 25세의 옥스퍼드대 출신 젊은 연구원도 끼어 있었다. 로퍼는 독일 정보기관의 무선 통신을 감시하는 부서MI8-C에 배치돼 감청된 송신문을 암호해독기관인 정부암호연구소GC&CS: 현 GCHQ의 전신으로 보내는 임무를 수행 중이었다.

작전의 시작 … 한 젊은 연구원의 분투

그러던 1939년 9월 우려하던 나치의 도발이 시작됐고 이와 함께 MI5는 영국 내에 암약하는 독일 스파이들에 대한 대대적이고 강도 높은 색출 작전에 들어간다. 이 과정에서 독일 스파이들이 사용하는 암호 코드를 분석하던 로퍼는 주목할 만한 특이점을 한 가지 발견한다. 당시 영국과 프랑스 등 정보당국은 독일이 연합국의 감시를 피하기 위해 무선 통신에 난공불락의 암호생성기인 에니그마Enigma를 사용하는 것으로 알고 있었다. 그러나 로퍼의 분석 결과 해외에 파견된 스파이들은 이 암호기를 갖고 다니지 않았을 뿐만 아니라 빠른 시간 안에 통신이 이뤄져야 하기 때문에 다른 암호체계를 사용한다는 사실을 알게 된다. 다만 그것이 무엇인지에 대해서는 밝혀내지 못했다.

이에 따라 그는 밤낮을 가리지 않고 연구에 몰두해 마침내 크리스마스를 앞둔 어느 날, 그 해답을 찾아내게 된다. 로퍼의 분석에 의하면 압베르나 SD 같은 독일 정보기관들이 파견하는 스파이들은 소위 '북코드 Book Code'로 알려진 암호체계를 사용하고 있었는데 활동 중 책을 갖고 다니며 페이지와 행으로 메시지를 주고받는다는 것이었다. 또 그는 이들이 당시 인기 소설이었던 '우리 마음은 젊고도 활기찼다'라는 책을 사용해 메시지를 암호화한다는 사실도 알아낸다. 로퍼의 분투에 힘입어 MI5의 방첩활동은 활기를 띠게 됐고 전쟁 이전부터 침투해 있던 스파이들에 대한 색출 작전은 큰 성과를 거둔다.

그런데 로퍼는 침투 스파이들의 암호 체계를 알아 낸 것에 그치지 않고 또 하나의 모험적인 아이디어를 착안한다. 영국 정부는 이때까지 색출된 스파이들에 대해 처형이나 감금 같은 고강도 조치를 취해왔는데 이것 보다는 이들을 포섭해 '이중스파이'로 대독일 기만 작전에 활용하자는 주장을 편 것이다. 반면 MI5 내 보수파들은 기만작전이 스파이의 배신으로 금방 탄로 날 것이 분명하고 의심을 피하기 위해서는 '진짜' 정보를 보내는 위험을 감수해야 하는데 그것은 불가피하게 기밀누설로 이어질 수밖에 없다며 반대했다.

그러나 로퍼가 이중스파이 계획을 밝히던 시기 프랑스 군 정보국 Deuxième Bureau이 영국의 강경한 스파이 처리 방식에 문제가 있다는 입장을 나타냈고 MI5의 토머스 로버트슨Thomas Robertson은 스파이 활동과 기밀을 관리하는 별도 기구를 만들어 운영하자고 제안하며 논의를 진전시켰다. 이어 방첩부에서 젊은 인재로 떠오른 딕 화이트Dick White 와 유명 학자 존 세실 마스터맨John C. Masterman이 이에 동조해 힘을 실어주면서 비로소 이중스파이 작전은 서막을 올린다. 이 가운데 화이 트는 훗날 MI5와 MI6에서 잇달아 수장에 오르며 영국 첩보계를 호령하 는 인물이다.

더블크로스와 울트라 … 상생의 첩보전

그렇지만 유력인물들이 동조했다고 해서 이중스파이 작전을 전담할 기구가 곧바로 창설돼 실행에 들어간 것은 아니며 여러 긍정적 제안에 도 불구하고 위험성이 컸던 이유로 논란은 약 1년 여간 지속된 것으로 보인다. 사실 영국 정보당국이 이 작전을 정확히 언제부터 실행했는지 에 대해서는 아직까지 알려져 있지 않다. 공식적으로 전담위원회가 구 성된 것은 1941년 1월이지만 물밑으로는 시기를 특정할 수 없는 그 이 전 언제쯤부터 이미 이중스파이 작전이 가동되고 있었기 때문이다.

실제로 MI5는 1940년 2월경 압베르 소속의 조니 젭슨Johnny Jebsen 과 그가 포섭한 세르비아 출신의 듀스코 포포프Dusko Popov를 이중스파 이로 활용하고 있었으며 또 9월에는 영국 침공의 일환으로 침투한 볼프 슈미트Wulf Schmidt 등을 체포해 포섭해 놓은 상태였다. 이런 사실들에 따른다면 MI5가 작전의 실효성을 입증하기 위해 독자적으로 이중스파 이 작전을 실행한 것으로 추정된다. 사정이 어떻건 이들의 활약은 예상 을 뛰어넘는 놀라운 결과를 가져온다. 특히 1940년 7월부터 시작된 히틀러의 영국 침공계획인 '바다사자 작전'에서 듀스코 포포프 등 이중스파이들은 영국의 군사력이 과장된, 그러나 믿을 법한 첩보를 압베르에 일제히 전달하며 결국 나치가 침공을 포기하게 만드는 결정적 역할을 했다. 물론 이들이 독일에 전달한 첩보들은 모두 MI5가 가짜와 진짜를 교묘하게 섞어 요리한 기만 첩보였다. 이런 성과에 힘입어 1941년 1월 영국은 존 세실 마스터맨을 위원장으로 정보기관과 군 당국이 참여하는 소위 '20인 위원회'를 창설했고 로마숫자 20(XX)의 형상을 따서 '더블크로스 위원회'로 부르며 첩보사를 통틀어 최고의 성과를 올린 이중스파이 시스템을 운영하게 된다.

아울러 이때 영국이 배신과 기밀누설 우려에도 불구하고 더블크로스 작전을 가동할 수 있었던 배경에는, 또 하나의 세기의 작전인 '울트라 작전Operation ULTRA: 제6화 참조'이 큰 몫을 했다. 나치 독일의 암호생성기 에니그마의 비밀을 풀기 위해 실행한 울트라 작전은 1940년 1월 처음으로 암호해독에 성공한 이래 천재 수학자 앨런 튜링이 설계한 해독기 '밤브bomb'에 힘입어 1941년부터는 독일 육군과 해군, 압베르의 암호까지 해독해내는 눈부신 성과를 올린다. 이에 영국은 울트라를 기반으로 MI5와 MI6 등이 미리 조작한 정보를 더블크로스 스파이들에게 주고 이 정보가 나치 수뇌부로 전달되는 과정을 속속들이 염탐할 수 있었다. 이로 인해 이중스파이의 변심이나 기밀누설 같은 위험성이 크게 줄어든 것은 말할 것도 없고 기만 정보의 흐름까지 면밀히 파악하며 배후에서 서서히 전황을 주도하기 시작한다.

한편 독일은 압베르를 중심으로 전쟁 기간 공군기를 이용한 공중 낙하나 망명자 혹은 난민으로 위장시킨 스파이들을 속속 영국에 침투시켰고 그 숫자는 대략 220명-전쟁 사학자 존 키건 집계-에 이르는 것으로 알려졌다. 이에 맞서 영국 공안당국은 울트라에서 얻은 암호해독 결과 등을 바탕으로 이들 가운데 3명을 제외한 전원을 체포해 엄격하기로 소문난 로빈 스티븐스Robin Stephens 중령이 책임자로 있던 런던 남부 심문시설인 '캠프 020(라치미어 하우스)'으로 보냈다.-일부 주장에는 자살한 1명을 빼고 모두 체포했다는 말도 있다-

MI5는 이곳에서 체포된 스파이 전원에 대해 협박과 회유를 병행하는 포섭작전을 벌여 약 40여 명을 전향시키는 성과를 거뒀고 포르투갈이나 스페인 등 중립국에서도 같은 작전을 통해 약 20여 명을 더 포섭했다. 따라서 전시 더블크로스 위원회가 관리한 이중스파이는 대략 60여 명 정도로 파악되고 있으며 이들 중 몇몇은 전쟁의 판도를 바꾸는 데 결정적 역할을 했다. 이 가운데는 앞서 소개한 세르비아 출신의 듀스코 포포프를 비롯해 스페인 출신의 후안 푸욜 가르시아Juan Pujol Garcia, 그리고 덴마크 혈통의 독일 공작원 볼프 슈미트가 특히 유명하다.

전황을 바꾼 그들 … 포포프, 푸욜, 슈미트

포르투갈 리스본에서 유고계 은행의 상법 변호사 시절 압베르에 포섭된 듀스코 포포프는 본래부터 반나치 성향으로 전쟁 초기부터 영국에 협력한 이중스파이였다. 작전 중에도 돈과 여자를 밝히는 속물근성에도 불구하고 특유의 낙천적 성격으로 히틀러의 영국 침공계획을 교란했으며 시칠리아 상륙 작전에 앞선 기만 공작에도 관여해 나치를 조롱했다. 무엇보다는 포포프는 1941년 중반 경 압베르를 통해 얻은 일본의 진주만 기습 징후를 미국에 가장 먼저 알린 인물이기도 하다. 반면 미국은 그의 가벼운 처신을 신뢰하지 않았고 첩보에도 주의를 기울이지 않으면서 12월 기습을 허용하고 만다.

또한 스페인 태생의 후안 푸욜 가르시아는 타의 추종을 불허하는 상상력과 대담한 기질로 포르투갈에서 활동하면서도 영국에 잠입해 있는 것처럼 꾸며 압베르를 기만했다. 당초 푸욜은 순전히 개인적 의지로 영국을 돕고자 아내까지 동원해 영국 정보당국에 접근하는 의욕을 보였으나 거절당한다. 이에 압베르 요원신분으로 영국에 접근하기 위해 스페인 공무원으로 위장해 나치에 협력을 약속했다. 압베르는 푸욜에게 공작금과 암호명, 스파이 장비 일체를 지원하며 공식 스파이로 채용한다. 이후 압베르에는 "영국에 잠입하겠다"고 속이고 포르투갈 리스본으로 근거지를 옮겨 공립 도서관을 드나들며 자료를 수집했다. 푸욜은 영국 관광지도와 안내책자, 참고도서, 신문 등을 뒤져 정보를 수집하곤 그럴듯한 보고서를 만들어 압베르로 타전했다. 심지어 그는 영국 현지인들을 포섭해 스파이망을 만들었다고 속이고 경비 명목으로 거액의 공작금을 요구하는 대담함도 보인다. 압베르는 일부 오류에도 불구하고 영국의 세부 지형과 동향이 낱낱이 파악된 푸욜의 보고서들에 고무돼 그에게 강한 신뢰를 보내며 지원을 아끼지 않았다. 이렇게 독일 스파이가 된 푸욜은 전쟁 중반부터는 MI5에 접근, 바라던 이중스파이로 채용됐고 활동 무대도 실제 영국으로 옮겨 끊임없는 교란 첩보를 압베르로 보냈다. 앞서 언급한 '1944년 6월 8일 수수께끼의 전문'을 보낸 주인공이 바로 푸욜로, 이 전문은 연합군 대규모 병력이 노르망디에 상륙할 때조차 나치를 안심시키고 종국에는 방어 병력의 발을 묶는 데 일조한다.

이와 함께 낙하산으로 영국에 침투했다가 MI5에 체포됐던 볼프 슈미트는 연합군의 북아프리카 상륙 작전인 '횃불 작전'의 성공에 기여했고 나치의 장거리 미사일 V-1과 V-2의 탄착지점을 허위로 전달해 민간인들의 희생을 막았다. 이밖에도 폴란드 대위 출신의 로만 체르니아브스키Roman Czerniawski와 러시아 혈통의 여성 나탈리 세르게예프Nathalie Sergueiew 등도 각각 위장 침투와 기만 첩보로 나치 지휘부를 농락했다.

더블크로스 위원회 소속 이중스파이들은 대부분 영국에 침투하다가 체포됐거나 본래부터 반나치 성향의 독일인, 또는 나치에 핍박받던 제3국 국적자들이 대부분이지만 흔치 않게 독특한 이력을 가진 영국인도 있다. 이른바 '지그재그Zigzag'라는 암호명을 가진 에디 채프먼Eddie Chapman은 영국 태생의 절도 전과를 가진 범죄자로 압베르에 포섭됐다가 MI5에 협력하면서 조국의 승전을 도왔다. 이처럼 더블크로스 작전은 2차 대전 내내 드러나지 않게 배후에서 강력한 존재감을 발휘하며 MI6의 울트라 작전과 함께 연합군의 승전을 견인한 양대 '첩보 작전'으로 기록되고 있다.

10

유인원 작전

Operation ANTHROPOID 1941~1942 −SOE−

유인원 작전Operation ANTHROPOID은 제2차 세계대전 기간 영국 특수작전집행부SOE와 체코슬로바키아 망명정부가 공동으로 수행한 암살 작전이다. 이 작전으로 나치 독일에서 히틀러의 비수 역할을 하던 라인하르트 하이드리히Reinhard Heydrich가 사망하면서 전쟁의 판도에 영향을 미쳤다.

2차 대전 기간 연합군이 나치 수뇌부를 대상으로 실행한 암살 작전 중 유일하게 성공한 작전으로 꼽힌다.

철권과 병합, 냉혈한의 유혈 탄압

　1939년 3월 아돌프 히틀러는 당시 체코슬로바키아의 대통령이던 에밀 하하Emil Hacha를 베를린으로 소환한다. 이어 슬로바키아를 독립시키고 체코 일부를 독일에 병합하는 문서에 서명할 것을 강요했다. 이에 하하 대통령은 히틀러의 요구가 명분이 없고 부당함에도 불구하고 강압에 못 이겨 병합을 인정하게 된다. 이렇게 해서 '보헤미아 모라비아 Bohemia and Moravia 보호령'으로 불리게 된 이 영토는 나치의 지배하에 들어갔다. 이어 4월 콘스탄틴 노이라트Konstantin Neurath가 총독으로 부임했고 치안 유지를 위해 친위대 장교인 헤르만 프랑크도 파견돼 한동안 보호령을 통치한다. 당시 히틀러가 이 보호령을 강제로 독일 영토에 병합시킨 데는 특별한 이유가 있었다. 전쟁 기간 보호령에는 독일 본토의 루르 지방과 함께 최대의 군수 공업지대가 있었다. 나치 독일에서 군수장관을 지냈으며 후에 뉘른베르크 재판에 전범으로 회부된 바 있는 알베르트 슈페어Albert Speer에 따르면 이 공업지대에서는 독일군 전차의 약 3분의 1이 생산됐고 경기관총도 약 40퍼센트가 출하됐을 정도로 전쟁 물자 생산에는 요충지였다.

　반면 노이라트 총독이 부임한 이후 파업과 저항운동이 잦아졌고 생산력도 약 20퍼센트 떨어지면서 나치 내부에 경종이 울린다. 이에 히틀러는 보호령 총독부의 유화 정책에 강한 불만을 드러내며 1941년 9월 노이라트와 프랑크를 본영으로 불러 심하게 질책했다. 이 자리에서 히틀러는 노이라트를 경질하지는 않았으나 실권을 박탈했고 치안권을 가진 프랑크를 대신해 SS보안대SD 수장이던 라인하르트 하이드리히를 부총독으로 임명해 강권 통치를 주문한다. 이때 하이드리히는 나치 득세 이후 가장 눈부신 출세가도를 달려온 인물로 히틀러의 신임을 한 몸에 받고 있었다. 하인리히 히믈러와 함께 SS보안대SD 창설을 주도하기도 했던 그는 1934년 친위대 지도자 에른스트 룀Ernst Röhm 등 히틀러의 정적들을 숙청한 이른바 '장검의 밤Operation Hummingbird'에서 활약하며 그 냉정함과 잔혹성을 대내외에 알린 바 있다. 더욱 1936년부터는 악명 높은 비밀경찰 '게슈타포'까지 흡수해 정보권과 치안권을 한손에 쥐었고 전쟁 개시와 함께 '국가보안본부RHSA'를 창설해 스스로 수장에 오르는 등 무소불휘의 권력을 휘두르고 있었다.

하이드리히는 1941년 9월 '실세' 부총독으로 공식 부임하며 프라하에 등장했고 이때부터 피도 눈물도 없는 냉혈한의 강권통치가 시작된다. 이후 그의 활동은 명성(?)이 무색하지 않게 연일 강압적이고 잔인하게 이어졌다. 하이드리히는 프라하에 도착한 즉시 계엄령을 선포하고 즉결재판소를 만들어 반나치 성향의 지도층을 속속 구속해 사형을 집행했다. 이 가운데는 체코 총리 알로이스 엘리아스Alois Elias 등 고위층이 상당수 포함돼 있었으며 이어 암시장 등을 수색해 반체제 세력도 다수 체포하고 공개 처형했다. 하이드리히는 그렇지 않아도 그간의 활동으로 인해 '금발의 야수', '사형 집행인'이라는 별명을 갖고 있었는데 체코에서 벌인 유혈 탄압으로 '프라하의 학살자'라는 별명을 추가했다.

그렇다고 하이드리히가 프라하에서 강압적 탄압과 처형만 일삼은 것은 아니다. 그는 반나치에는 무자비한 철권을 휘두르면서도 노동자 계급에는 달콤한 회유책을 쓰는 소위 '당근과 채찍' 전략을 병행한다. 하이드리히는 노동자의 식량 배급과 연금 지급액을 늘리며 환심을 샀고 체코에서는 처음으로 고용보험도 실시했다. 또 '카를로비 바리'라는 리조트를 노동자 휴양지로 개방하는 등 선심을 쓰기도 했다. 이로 인해 노동자층의 파업이나 태업은 크게 줄었고 저항운동에 가담하는 것도 눈에 띄게 사라지면서 체코 내의 반나치 운동은 점차 소강국면으로 접어든다. 이러한 결과에 히틀러도 매우 흡족해 하며 그를 프랑스·벨기에 총독으로 내정한 사실이 훗날 밝혀졌다.

여기에 더해 하이드리히는 '사람 냄새 나는 지도자'를 표방해 노동자 대표단을 불러 자주 연회를 베풀었으며 가족을 대동하고 언론에도 스스럼없이 나서면서 친화력을 과시했다. 무엇보다 그는 이 시기 프라하 근교에 살며 별도 경호요원 없이 보좌관 겸 운전사만을 대동하고 오픈카 상태로 출퇴근을 하는 등 커다란 자신감을 드러내고 있었다. 실제 당시 프라하에서는 'SS-3' 번호판을 단 하이드리히의 승용차가 지붕을 연 채로 질주하는 모습이 종종 목격됐다고 한다. 사정이 이렇다 보니 히틀러는 그의 행동에 심각한 우려를 드러냈고 프라하를 방문했던 히믈러는 경호를 강화할 것을 지시하기도 했다. 하지만 하이드리히는 이런 우려와 충고들을 귀담아듣지 않았는데 이 같은 잦은 '무방비 행보'는 결국 치명적 결과로 나타난다.

작전의 시작, '긴팔원숭이를 제거하라'

한편 같은 시기 영국에서는 하이드리히를 제거하기 위한 암살계획이 바쁘게 진행되고 있었다. 당시 영국이 그를 제거하기로 한데에는 여러 가지 중요한 이유가 있다. 먼저 개전 이후 나치가 파죽지세로 유럽지역 대부분을 점령하자 그 기세를 꺾을 방책으로 요인 암살계획이 대두됐다. 이 과정에서 히틀러의 수족이었던 하이드리히에 대한 제거 필요성이 제기된다. 또한 하이드리히가 통치한 보호령이 나치 군수물자의 요충지라는 점에서 그를 없애 독일군 물자 수급에 차질을 빚도록 해야 한다는 판단도 크게 작용했다. 아울러 체코슬로바키아 망명정부가 구성되긴 했으나 이렇다 할 눈에 띄는 활동이 없다는 비판이 일면서 특단의 '행동'이 요구됐고 국내적으로도 반나치 저항운동의 불씨를 살릴 필요가 있었다. 이에 따라 영국과 체코 망명정부는 프라하에서 유혈 참사가 한창이던 1941년 10월 본격적으로 암살작전에 돌입한다.

작전은 당시 영국 특수작전집행부SOE의 작전 책임자였던 콜린 구빈스Colin Gubbins—후에 SOE의 수장에 오른 인물—가 입안했고 나치를 피해 탈출한 약 2천여 명의 체코 출신 군인 중에서 선발된 요제프 가브치크Jozef Gabčík와 얀 쿠비스Jan Kubiš 2명의 하사관이 실행을 맡았다. 이후 두 요원은 약 2개월여의 집중 훈련을 거쳐 1941년 12월 28일 낙하산으로 프라하 동쪽에 침투한다. 이어 '아웃 디스턴스Out Distance'라는 보호령 내에서 활동하던 저항조직과 접촉해 세부 계획을 수립했다. 암살팀은 침투에서 실행까지 거의 6개월을 소요하게 되는데 이 과정에서도 3가지 계획을 입안해 실행 여부를 파악하는 등 매우 조심스럽고 신중하게 움직였다. 당초 암살팀은 하이드리히를 열차에서 제거하려고 했지만 이것이 여의치 않다고 판단해 집에서 프라하로 출근하는 것을 노려 숲속 도로에 바리케이트를 치고 습격할 계획을 세웠다. 그러나 얼마간의 매복 결과 무장 호위차량이 따라 붙은 것이 확인돼 작전이 불발되면서 비무장일 때를 노려 프라하 도심에서 습격하는 것으로 최종 결정한다.

그렇게 얼마가 지나 암살팀은 매복 끝에 마침내 1942년 5월 27일 오전 호위도 없이 차량의 지붕을 연 채 프라하로 들어서는 하이드리히 차량을 발견해 작전을 결행하게 된다. 이날 가브치크와 쿠비스는 프라하의 불로브카Bulovka 병원 골목의 열차 정류장에 몸을 숨기고 하이드리히 차량의 접근을 기다렸다. 잠시 후 차량이 코너를 돌기 위해 속도를 줄이는 사이 가브치크가 그 앞을 막아서며 품에 감추고 있던 스텐Sten 경기관총을 꺼내 방아쇠를 당겼다. 하지만 순간 총이 고장을 일으켜 발사는 되지 않았다. 이에 하이드리히는 운전사인 클라인Klein 상사에게 차를 세울 것을 명령하고는 자리에서 일어나 권총을 꺼내 들었다. 하이드리히가 가브치크에게 권총을 쏘려는 순간 쿠비스가 나타나 대전차용 수류탄을 차량 안으로 던졌다. 그러나 수류탄도 차 안에 떨어지지 않았다. 그럼에도 차량 오른쪽에서 폭발하면서 뒷바퀴와 시트가 크게 파손됐고 파편이 하이드리히의 몸을 관통하는 데 성공한다.

반면 하이드리히는 자신이 부상을 입은 사실도 모른 채 차량을 빠져나와 가브치크를 쫓으려다 곧 통증과 출혈로 쓰러졌다. 가브치크는 권총으로 추격해 오던 운전사 클라인에게도 두발을 쏘아 부상을 입히고 어렵사리 현장을 빠져 나올 수 있었다. 이때 쿠비스도 폭탄 파편에 맞아 부상을 입었는데 이들은 도주 당시 하이드리히가 자신들을 추격해 오던 것을 목격한 만큼 암살이 실패한 것으로 여기고 낙심했다.

이처럼 적어도 거사 직후에는 암살팀의 생각대로 하이드리히는 살아 있었으며 곧바로 근처에 있던 불로브카 병원으로 옮겨져 긴급 수술을 받는다. 수술에서 프라하 대학의 홀바움Hollbaum 박사는 하이드리히

하이드리히의 승용차 작전 당시 암살팀이 던진 수류탄의 폭발 흔적이 역력하다.

의 붕괴된 왼쪽 폐를 팽창시키고 부러진 11번 갈비뼈 끝부분을 제거했다. 또 찢어진 횡경막을 봉합하고 파편과 불순물이 박힌 비장을 제거하는 등 대대적인 수술을 진행한다. 그 사이 베를린에서 소식을 들은 하인리히 히믈러도 자신의 주치의를 보냈다. 수술 이후 하이드리히는 상당량의 모르핀으로 고통을 완화했고 최고 의사들의 치료와 관리 속에 병세는 호전돼 갔다. 그렇게 일주일이 지나 하이드리히는 완치되는 듯 했으나 6월 3일 갑작스레 쇼크가 발생해 혼수상태에 빠지면서 다음 날 새벽 사망한다. 사인은 '감염으로 인한 패혈증'으로 알려졌다.

무자비한 후폭풍, '피의 보복전'

이렇게 해서 어렵게 단행된 암살 작전은 성공적으로 막을 내렸다. 그러나 체코의 시련은 이때부터였다. 나치 정권의 버팀목이면서 아끼던 심복을 잃은 히틀러가 암살범과 협력자 색출을 명분으로 무자비한 '피의 보복전'을 벌였기 때문이다. 나치는 친위대를 투입해 보헤미아 일대를 초토화시켰고 많은 체코인을 그 자리에서 사살했다. 이 보복전에서 나치는 당초 수만 명의 인근 주민들을 없애려 했으나 군수물자 생산에 차질을 우려해 수천 명 선으로 한정했다. 그럼에도 불구하고 프라하 북부 리디체와 레자키라는 마을은 흔적도 남지 않았을 만큼 철저히 파괴됐으며 이 과정에서 1만 3천여 명이 희생됐다. 이 사실을 전해들은 영국의 윈스턴 처칠은 나치가 파괴한 체코의 1개 마을당 독일의 3개 마을을 파괴하겠다고 밝혔을 정도로 분노했다.

그렇지만 이 같은 잔혹한 보복전에도 불구하고 나치는 내부적으로 암살팀의 실체와 종적을 찾지 못하고 있었다. 이에 게슈타포는 1백만 마르크의 현상금을 내걸며 주동자 색출에 열을 올린다. 그러던 6월 16일 현지 저항조직 아웃 디스턴스의 일원인 카렐 추르다Karel Čurda가 보상금을 노리고 게슈타포에 자수했다. 이어 추르다의 진술을 들은 게슈타포는 다음 날 안전가옥을 급습해 협력자들을 체포하고 모진 고문을 통해 암살팀의 은신처를 알아낸다. 같은 시각 가브치크와 쿠비스는 저항조직 멤버들과 함께 프라하 '성 키릴 성당Saints Cyril'에 숨어 있었는데 이 사실을 알아낸 친위대는 약 7백여 명의 무장병력을 동원해 성당을 포위하고 체포 작전에 나섰다. 하지만 가브치크와 쿠비스도 14명의 독일군을 사살하는 등 완강하게 저항한다. 그러다 쿠비스와 2명의 조직원이 먼저 최후를 맞았고 가브치크는 남은 3명과 함께 교전을 계속하며 성당 지하실로 피신했다. 친위대는 소방차를 부르고 지하실에 물을 채워 남은 암살자들을 익사시키려 했지만 최후를 직감한 가브치크와 일행이 모두 스스로 목숨을 끊으면서 사태는 마무리된다.

이 암살 작전과 관련해서는 여러 차례에 걸쳐 영화로 제작된 바 있으며 특히 1975년 제작된 영화 「새벽의 7인Operation Daybreak」은 성당 전투와 저항세력 멤버들이 자살에 이르는 상황을 비장하고 사실적으로 그려 많은 감동을 전한 바 있다. 지금도 이 성당 곳곳에는 당시 총격전의 흔적이 고스란히 남아 있을 뿐만 아니라 암살팀과 저항세력 조직원들이 용감하게 최후를 맞았던 지하실 등은 기념관으로 꾸며져, 그들의 용기를 기리고 있다. 반면 동료들을 배신한 추르다는 이후 독일 여성과 결혼하는 등 독일인으로 변신해 호사를 누리다 전후 나치에 협력한 죄가 인정돼 사형에 처해졌다.

한편 작전의 성공으로 영국과 프랑스는 히틀러의 침략을 묵인했던 뮌헨 합의를 파기했고 체코슬로바키아는 저항세력의 희생에 힘입어 전후 주데텐란트Sudetenland를 자국 영토로 인정받을 수 있었다.

11

맨해튼 계획

Project MANHATTAN 1942~1945 -미국 / 영국 연합국-

맨해튼 계획Project MANHATTAN은 제2차 세계대전 중후반 미국을 중심으로 실행된 세기의 비밀작전으로 나치 독일보다 먼저 '원자폭탄Atom Bomb'을 개발하는 것이 주목적이었다. 작전은 과감한 추진력과 막대한 물자, 과학자들의 헌신에 힘입어 성공적으로 마무리되면서 전쟁을 조기 종식시키는데 공헌한다.

반면에 가공할 핵무기Nuclear Weapon 개발로 인해 이후 미·소 냉전이 한층 심화됐고 대량 살상이나 인류 절멸 같은 치명적 위험성이 야기되는 출발점이 됐다는 부정적 견해도 만만치 않다.

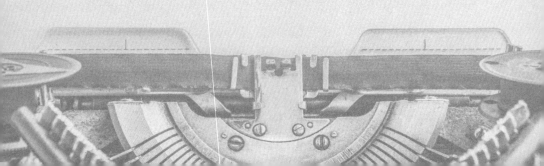

미국과 영국의 원자폭탄 개발 추진 배경

미국의 루즈벨트 행정부가 핵분열의 잠재성을 알고 정부 차원의 움직임을 시작한 것은 2차 대전 발발 직후인 1939년 10월 우라늄위원회 Uranium Committee를 만들면서부터다. 그러나 이후 몇 년 동안 미국은 일련의 과학적 결과가 '가공할 무기'로 이어질 것이라는 데에는 줄곧 반신반의하는 입장이었다. 실제 설립 당시 '우라늄위원회'의 지향점은 매우 불분명했으며 정부 지원 예산도 턱없이 적은 푼돈에 지나지 않았다. 더욱 중앙 중심적 연구시설도 없이 미 전역의 대학에서 산발적으로 연구가 이뤄지는 등 매우 열악한 실정이었다.

그러다 1941년 12월 일본이 진주만을 기습했고 미국이 참전을 결정하면서 급격한 변화를 겪게 된다. 유럽과 아시아에서 동시에 전쟁을 치러야 했던 미국은 독일에 앞서 파괴력 있는 무기 체계가 절실했다. 이에 1942년 9월부터 미 육군 준장 레슬리 그로브스Leslie Groves의 지휘 아래 물리학자 로버트 오펜하이머Robert Oppenheimer를 개발 총책임자로, 본격적인 '원자폭탄' 개발에 나선다.

아인슈타인의 편지, 머뭇거리는 미국

이전까지 '잠자는 사자'에 비유됐던 미국은 2차 대전을 거치며 원자 Atom의 봉인을 풀고 이를 가공할 무기로 제작해 전후 초강대국의 지위를 차지한다. '원자폭탄' 개발은 이처럼 세계 패권의 판도와 함께 인류의 운명까지 바꿔 버린 20세기 최대의 사건이었다. 이에 걸맞게 폭탄 개발

과정에는 숱한 우여곡절과 천재들의 두뇌 싸움, 국가 간 첩보전이라는 전설과도 같은 비화들이 숨어있는데 그 시작은 한 노령의 물리학자가 백악관에 보낸 한 통의 편지에서 출발한다.

독일이 폴란드를 침공하고 얼마 안 된 1939년 10월 현대 물리학의 거장인 알베르트 아인슈타인Albert Einstein은 미국 프랭클린 루즈벨트 대통령에게 원자핵분열의 잠재성과 나치의 동향을 담은 서신을 보낸다. 아인슈타인은 이 서신에서 "우라늄은 가까운 미래에 인류에 무한한 에너지원이 될 것으로 기대한다"면서도 "이 에너지를 사용해 이웃 나라를 날려버리는데 전용하는 일은 없어야 한다"고 경고했다. 그러면서 아인슈타인은 히틀러가 체코의 우라늄 광산을 통제한 것을 알리며 미국 정부가 나서서 물리학자들과 긴밀히 협조해 원자폭탄의 제작 가능성을 면밀히 조사해야 한다고 요구했다. 이 서신은 루즈벨트의 친구이면서 경제 고문을 지낸 알렉산더 삭스Alexander Sachs를 통해 백악관에 전달된다.

그러나 서신에 대한 루즈벨트의 반응은 매우 시큰둥했다. 비록 저명한 과학자의 조언이라고는 해도 정부가 개입하기에는 시기상조라는 입장을 갖고 있었기 때문이다. 이에 삭스는 밤낮을 가리지 않는 설득전으로 대통령의 마음을 돌리고자 했다. 마침내 그의 집요한 노력에 루즈벨트는 두 손을 들었고 군 수뇌부와 과학자들로 구성된 이른바 '우라늄위원회'라는 비밀기구를 조직한다.

반면 이때는 2차 대전이 막 개전돼 백악관도 눈코 뜰 새가 없었으며 무엇보다 핵분열의 무기화 가능성이 그리 높지 않다고 판단해 위원회 활동은 지지부진했다. 실제로 당시 미 정부가 우라늄위원회에 배정한 예산은 고작 6천 달러에 불과했으며 연구도 16개 대학연구소에서 산발적으로 행해지고 있었다. 또 이들 간에는 어떠한 정보교류나 소통도 이뤄지지 않았다. 이렇게 활동을 '하는 둥 마는 둥' 유명무실해진 우라늄위원회는 1940년 6월 미 국방개발위원회NDRC로 흡수되며 사실상 기능이 거의 사라졌다. 일부에서 아인슈타인의 편지가 미국의 원자폭탄 개발에 결정적 영향을 미쳤다고 주장하지만 이처럼 이야기에서 상징적 시작점은 될지 몰라도 '결정적 계기'는 아니었다.

그러던 1941년 들어서면서 상황은 급격히 변하기 시작한다. 그해 6월 국방개발위원회를 이끌던 전기공학자 베네바 부시Vannevar Bush가 대통령 직속의 과학연구개발국OSRD 국장에 올랐다. 이어 8월 영국에서 '튜브합금 프로젝트'라는 명칭으로 원자핵분열의 무기화 가능성을 연구해 온 모드MAUD위원회의 마크 올리펀트Mark Oliphant가 기밀이 담긴 보고서를 들고 미국을 찾아, 부시에게 이 보고서를 내민다. 이때 올리펀트가 가져온 보고서에는 '우라늄 235, 약 10킬로그램만으로 원폭 제작이 가능'하며 '폭탄의 크기도 항공기 투하에 적합하게 만들 수 있다'는 점, 그리고 '제작기간도 약 2년여가 소요될 것'이라는 매우 구체적인 내용이 담겨 있었다. 이는 이전까지 개념 수준에 머물던 핵분열의 무기화 가능성을 실험을 통해 입증한 것으로 같은 시기에 이뤄진 여러 연구들 중 가장 진전된 결과였다. 당시 올리펀트가 이런 극비 정보를 부시에 건넨 이유는 영국이 독일의 공습 등 직접적인 공격에 직면해 연구 활동이 원활하지 않았기 때문이다. 아울러 급속히 불리해진 전황에 따라 원폭 연구 및 나아가 참전 등으로 미국의 협력을 이끌어 내려는 윈스턴 처칠의 절박한 의도도 깔려 있었다.

한편 미국 과학계는 영국의 연구 결과에 큰 관심을 기울였고 보고서를 검토한 베네바 부시는 원자폭탄 개발의 대략적 계획을 수립해 백악관에 제출한다. 이어 계획은 대통령을 포함한 관계 장관, 육군참모 총장 등이 모인 자리에서 승인됐다. 다만 이는 지난 우라늄위원회 구성 때와 마찬가지로 긴장감이나 절박감이 없는 형식적인 승인에 불과했다. 그렇기 때문에 만약 계획의 속도가 이 정도로만 계속됐다면 원자폭탄은 그로부터 수 년 내 개발되지 못했을지 모른다. 이런 상황에서 미국이 원폭 개발을 한층 가속화해야 하는 '충격적 사건'이 일어난다.

1941년 12월 일본이 진주만을 기습한 것이다. 일본에게 불시의 일격을 당한 미국은 전격적으로 참전을 선언했고 열흘 뒤 이전과는 비교도 되지 않는 긴박감 속에 원폭개발과 관련된 세부 계획을 수립한다. 이렇게 해서 미국 정부의 의지가 담긴 원자폭탄 개발 계획, 이른바 '맨해튼 계획'이 공식적으로 시작됐다. 그간 계기가 마땅치 않았을 뿐이지 인력과 재정 등 잠재력에서는 이미 남부러울 것 없던 미국은 이후 엄청난 동원력을 바탕으로 원폭개발에 나선다. 우선 미국 정부는 계획에 대규모 건설 사업이 동반될 것으로 여겨 전반적인 실행을 육군 공병대에 맡기게 되는데 이들이 최초의 본부를 뉴욕 맨해튼 지구에 두고 있었기 때문에 작전명칭도 '맨해튼 계획'으로 불리게 된다.

원폭의 두 주역, 그로브스와 오펜하이머

당초 계획에서 책임자로는 공병부대 제임스 마샬 대령이 임명됐으나 진행이 더뎌지자 1942년 9월부터 '레슬리 그로브스' 대령을 준장으로 진급시켜 총지휘를 맡겼다. 본래부터 공병대에서 잔뼈가 굵은 그로브스는 강한 추진력을 바탕으로 대규모 시설인 미 국방부 건물(펜타곤)을 예정된 공기에 맞춰 진행시키며 지휘력을 인정받고 있던 인물이었다. 그는 펜타곤이 완공되면 따분한 워싱턴을 떠나 유럽 전선으로 나가 히틀러와 맞서기를 희망했지만 백악관은 이를 허락하지 않았다. 대신 더 은밀하고 중대하며 위험한 임무를 맡겼다.

그러나 지휘력이 넘쳐나는 그로브스의 초반 행보도 순탄치는 않았다. 지휘봉을 받은 직후 브리핑을 받는 자리에서 "계획이 개연성보다는 가능성에 매달리는 느낌이 들었다"며 "등골이 오싹했다"고 했고 '우라늄 235의 소요량도 약 5킬로그램에서 5백 킬로그램 가량 될 것'이라는 막연한 추정치를 듣고는 불같이 역정을 냈던 것으로 알려졌다. 그렇지만 그는 이미 굵직한 프로젝트를 성공시켜 온 명장답게 투지를 불태운다. 먼저 우라늄 농축시설이 들어설 테네시주 오크리지Oak Ridge의 대규모 부지를 수용해 매입토록 했고 듀퐁Dupont사를 끌어들여 일체의 설비건설을 맡겼다. 또한 관계기관을 압박해 계획에 투입될 물자를 '전략물자 배정'에서 최우선 순위에 올려놓게 하는 등 특유의 추진력을 유감없이 발휘하며 사업을 일사천리로 진척시킨다.

아울러 폭탄 제작에 대해서는 최고 두뇌들로 팀을 꾸리는 것이 중요하다고 판단해 미 전역을 돌며 우라늄위원회에 소속돼 있던 과학자들을 차례로 만났다. 이 과정에서 그로브스는 추후 원폭 개발의 주역이 되는 인물과 운명적 만남을 갖게 되는데, 그는 바로 캘리포니아대 버클리 캠퍼스에서 핵분열과 원폭을 연구해 온 '로버트 오펜하이머'다. 1942년 10월 첫 만남에서 깊은 인상을 받은 그로브스는 이후에도 오펜하이머의 구상을 귀담아들으며 의기투합하게 된다. 이 만남에서 그는 '원자 폭탄 개발을 성공 시킬 수 있는 과학자는 오직 오펜하이머 뿐이다'고 생각했을 정도로 강한 신뢰를 갖는다. 이 과정에서 오펜하이머는 기존 폭탄 제작이 전국 대학 연구소에서 제각각 이뤄지고 있으며 보안을 이유로 서신 교류조차 할 수 없는 실정을 가장 큰 문제점으로 지적, 연구를 총괄할 중앙연구소의 필요성을 강조했다. 이 의견에 공감한 그로브스가 그 용도로 사용을 승인한 곳이 원자폭탄 개발의 메카로 유명한 뉴멕시코주 로스앨러모스Los Alamos다.

이러한 강한 신뢰에 힘입어 그는 폭탄 개발의 총책임자로 오펜하이머를 최종 선택한다. 그렇지만 연방수사국FBI과 미군방첩대CIC는 오펜하이머가 과거 공산주의자들이 포함된 반체제 토론모임에 여러 차례 참석한 전력이 있다며 반대했다. 이에 대해서도 그로브스는 군령軍令을 들어 맞서며 자신의 주장을 관철시킨다. 실제 오펜하이머는 대공황기에 비판적 성격의 회합에 참석해 미 공산주의자들과 친분을 가진 적이 있으며 이 일로 후에 원폭 정보를 빼내려던 소련 스파이들이 '포섭 1순위'로 점찍어 접근하는 등 한동안 곤혹제12화 에노르모즈 작전편 참조을 치르기도 한다.

이후 사정이 어떻건 오펜하이머는 폭탄 개발의 총책임자에 오른 직후 향후 손발을 맞출 과학자들을 끌어모으기 시작했다. 이때부터 하버드, 프린스턴, 위스콘신 등 유수의 대학에서 두각을 나타내고 있던 과학 천재들이 로스앨러모스로 속속 집결한다. 이 가운데에는 한스 베테Hans Bethe, 에드워드 텔러Edward Teller 같은 당대 유명학자들도 있었지만 도널드 호니그Donald Honig, 리처드 파인먼Richard Feynman, 시어도어 홀

Theodore Hall 같은 과학계 젊은 유망주들도 상당수 포함됐다.

이처럼 로스앨러모스에서 오펜하이머가 중앙연구소의 진용을 갖춰갈 무렵 원자폭탄 개발의 획기적인 전기가 될 낭보가 날아든다. 12월 시카고 대학의 엔리코 페르미Enrico Fermi가 핵분열 발견 후에도 여전히 의문으로 남아 있던 소위 '연쇄반응'을 실험으로 입증한 것이다. 이는 사실상 원자핵분열을 이용한 폭탄 개발이 가능하다는 확신을 주는 결과였다. 또 같은 시기 루즈벨트와 처칠의 협약에 따라 영국에서 튜브합금 프로젝트라는 위장 명칭으로 원폭 연구를 진행해오던

원폭 개발의 두 주역 오펜하이머(좌)와 그로브스(우)가 1945년 7월 인류최초의 핵실험을 마치고 잔해를 둘러보며 대화를 나누고 있다.

닐스 보어Niels Bohr, 루돌프 파이어스, 클라우스 푹스Klaus Fuchs 등도 잇따라 합류해 힘을 실었다. 진용을 갖추고 난제를 풀어낸 개발팀은 이후에도 워싱턴주 핸포드Hanford에 플루토늄 분리시설 등을 추가로 건설하며 북미캐나다 포함 전역에 걸쳐 총 19곳에서 광범위한 연구를 진행한다.

반면 천재적 두뇌들이 모였고 일부 난제가 풀렸다고 해서 원자폭탄이 '뚝딱' 만들어진 것은 아니다. 무엇보다 우라늄과 플루토늄 같은 핵물질을 포탄 속에 넣어 폭발이 일어나도록 연쇄반응을 '유도'하는 문제는 맨해튼 계획이 막바지로 치닫던 시점에서 최대의 도전이었다. 그러나 이

에 대해서도 이들은 각 핵물질의 특징을 고려한 묘책을 찾아내는 데 성공한다. 먼저 우라늄탄의 경우에는 우라늄 덩어리를 두 조각으로 나누고 한 조각을 또 다른 한 조각에 발사해 연쇄폭발을 일으키는 소위 '포신형'을 고안했고 플루토늄탄은 한 덩어리의 핵물질 주변을 폭약으로 감싼 뒤 폭발시켜 연쇄반응을 유도하는 소위 '내파형'으로 설계했다. 이로 인해 최종 개발된 2개의 원자폭탄 중 우라늄탄은 길쭉하고 날씬한 형태를, 플루토늄탄은 짧고 통통한 형태를 갖게 됐고 여기에는 각각 리틀보이Little Boy: 꼬마와 팻맨Fat Man: 뚱보이라는 이름이 붙여졌다.

스탈린의 의심스런 반응 … 소련의 물밑 추격

한편 연구팀의 끈질긴 노력 끝에 원자폭탄의 설계가 대부분 마무리된 1945년 들어 2차 대전의 전황戰況은 급변한다. 특히 4월 12일 연합국의 큰 축이었던 프랭클린 루즈벨트가 갑작스레 사망하며 해리 트루먼이 대통령에 올랐고 30일에는 패전을 직감한 아돌프 히틀러가 자살하면서 유럽 전선은 사실상 종전으로 치닫게 된다. 히틀러의 사망 소식을 들은 로스앨러모스 과학자들은 안도감에 한동안 기뻐했으나 곧 미국이 아시아에서 일본과 치열한 접전을 벌이고 있다는 사실을 깨닫는다. 따라서 원자폭탄 제작은 나치가 항복한 후에도 계속됐으며 전후 처리를 위해 독일 포츠담에 모인 3개 연합국 정상들은 일본에 최후통첩을 날렸다. 그럼에도 일본은 연합국의 요구를 묵살하며 항전 의지를 밝힌다.

마침내 미국은 8월 6일 우라늄탄인 리틀보이를 히로시마에 투하하며 최초의 원폭을 실전 사용했고 이어 9일에는 플루토늄탄인 팻맨을 나가사키에 투하했다. 이 공습으로 두 도시에서 순식간에 10만 명(부상 후 사망까지 합치면 약 20만 명) 이상이 사망한 것은 물론 폭탄이 투하된 반경 1.5킬로미터 이내의 모든 것이 사라졌다. 두려움에 빠진 일본은 8월 15일 무조건 항복을 선언한다.

이렇게 해서 전쟁은 끝났다. 하지만 승전의 기쁨도 잠시 연합국 간에는 물밑으로 미묘한 신경전이 벌어지고 있었는데, 그 조짐은 원폭 투하에 앞서 개최된 포츠담 회담에서 이미 나타났다. 폭탄 개발을 마친 미국은 7월 16일 새벽 '트리니티Trinity'로 명명된 뉴멕시코주 사막지대에서 플루토늄 시제폭탄인 가제트에 대한 폭발 실험을 실시해 성공했다. 이 결과는 당시 독일 포츠담에서 처칠, 스탈린과 회동을 하고 있던 트루먼에게 전달된다. 결과에 만족하며 내심 의기양양해진 트루먼은 스탈린의 코를 납작하게 해줄 요량으로 "이례적인 파괴력을 가진 신무기를 개발했다"고 넌지시 말했다. 이어 겁을 먹거나 당황스러운 스탈린의 표정을 기대했던 트루먼은 의외의 말을 듣는다. 스탈린이 놀라는 기색도 없이 "그것이 일본에 대항하는 유용한 무기이길 바란다"는 인사치레만 건넨 것이다. 이런 이유로 트루먼은 스탈린이 원폭, 우라늄 폭탄 등에 대해 일절 무지한 것으로 여겼다. 그렇지만 이것은 트루먼의 착각이었고 스탈린은 이미 오래전부터 영국과 미국에서 암약해 온 스파이들을 통해 원폭의 원리와 파괴력을 알고 있었다. 트루먼은 미처 알지 못했으나 이 시기 소련은 이들 국가를 상대로 물밑으로 에노르모즈Operation ENORMOZ: 제12화 참조라는 원폭개발 작전을 진행 중이었다.

12

에노르모즈 작전

Operation ENORMOZ 1942~1949 -NKVD-

에노르모즈 작전Operation ENORMOZ은 제2차 세계대전 기간 소련 정보기관이 영국과 미국을 상대로 원자폭탄의 제작 기술을 빼낸 세기의 작전이다. 일반에는 '캔디CANDY 작전'이라는 이름으로 주로 알려져 있다. 작전은 우라늄의 원자핵 분열이 알려진 이후 상당 기간에 걸쳐 광범위하게 진행됐으며 결국 미국의 '맨해튼 계획'에 침투한 공산주의자, 과학자, 고정 스파이들에 의해 가공할 원천기술을 빼내게 된다.

참고로 이 작전이 진행되는 동안 소련의 정보기관은 기능과 명칭에서 숱한 변화를 겪게 된다. 글에서는 독자들의 이해를 돕기 위해 일반적으로 많이 알려진 KGB로 통칭한다.

소련의 대對서방 원자폭탄 첩보전 배경

영국, 미국, 프랑스 등과 마찬가지로 소련도 비슷한 시기에 독일 과학자들이 입증한 핵분열 결과에 주목했고 1940년 초에는 자체 연구 결과를 바탕으로 영국의 모드MAUD위원회나 미국의 우라늄위원회와 같은 성격의 비밀기구를 만들어 활동에 들어갔다. 그러던 1941년 6월 단행된 히틀러의 침공으로 차질을 빚기 시작했으며 전쟁이 장기화하면서 물자 수급이 어려워지자 연구는 잠정 중단된다.

반면 이 당시 소련에게는 서방에서 활동하던 충성도 높은 공산주의 지하조직과 비밀리에 심어 놓은 거미줄 같은 첩보망이 있었다. 이에 KGB(당시에는 NKVD)는 1942년부터 군 정보기관인 GRU를 포함한 전 조직망에 "핵 개발과 관련된 모든 첩보를 빼내라"는 특명을 내리고 '원자폭탄'의 원천기술 확보를 위한 총력전에 들어간다.

서방의 거대한 꿍꿍이 ⋯ 뭔가 있다!

1945년 7월 포츠담 회담에서 미국의 트루먼으로부터 본의 아니게 '원자폭탄' 개발 소식을 듣게 된 소련의 스탈린Joseph Stalin은 흡사 아무것도 모른다는 듯 무미건조한 반응만을 드러냈다. 하지만 이것은 미래의 적수를 속이기 위한 일종의 '포커페이스'였는데 실은 모스크바 지하 서고에는 이미 상당 분량의 핵 개발 정보들이 쌓여 있었다. 회담을 마치고 돌아온 스탈린은 자신의 오른팔이면서 당시 KGB 수장이었던 라브렌티 베리야Lavrentiy Beria: 1939~1953 재임, 1953년 사망에게 원폭 개발을 서두르도록 종용했고 그 결과 1949년 8월 29일 첫 핵실험에 성공하며 서방 세계를 충격에 빠뜨린다. 이는 당초 '소련의 핵무기 개발이 아무리 빨라도 5년은 더 걸릴 것'이라는 영국과 미국의 예상을 크게 앞선 것으로 이런 놀라운 성과의 배경에는 오래전부터 가동된 스파이들의 활약이 있었다.

독일에서 핵분열 연구가 있었던 1938년, 소련은 이른바 '대숙청'이라는 잔혹한 피의 터널을 지나고 있었기 때문에 당시에는 많은 관심을 기울이지 못했다. 그러나 여파가 진정되고 히틀러의 불장난이 본격화한 1939년 말부터는 한동안 멈췄던 지하조직과 첩보망이 재차 가동을 시작한다. 특히 본국과 달리 태풍에서 비켜나 있던 영국 등 서유럽의 조직망은 건재했고 이 가운데에는 영국인, 혹은 망명자로 이뤄진 공산주의자들의 활약이 두드러진다.

1940년 초 영국에서는 독일 출신 과학자들에 의해 우라늄의 핵분열 연구가 이뤄지면서 그 결과를 바탕으로 '모드위원회'라는 비밀회의가 만들어졌다. 이어 루돌프 파이어스Rudolf Peierls를 중심으로 연구팀을 꾸리고 '튜브 합금Tube Alloys 프로젝트'라는 위장 명칭을 붙여 원폭 연구를 본격화하기 시작한다. 바로 이 시기 이런 모든 움직임은 고스란히 소련의 첩보망에 노출돼 있었으며 여기에는 멜리타 노우드Melita Norwood와 앨런 넌 메이Alan Nunn May라는 두 남녀 공산주의자들이 있었다. 영국 비철금속非鐵金屬 협회에서 비서로 근무하던 노우드는 낮은 직급에도 협회장에게 전달되는 주요 보고서를 입수할 수 있었고 이 중 우라늄과 관련된 자료들을 KGB로 넘겼다. 또 총망 받는 젊은 물리학자였던 넌 메이는 튜브 합금 프로젝트에 참여하며 모드위원회로 제출되는 연구 결과를 일부 빼돌려 역시 소련에 전했다. 이때 이들의 활동이 소련의 핵 개발에 얼마나 많은 영향을 미쳤는지는 논란의 여지가 있다. 다만 서방에서 무언가 '거대한 꿍꿍이'가 진행 중이라는 사실을 KGB가 감지하는데 적지 않은 도움이 된 것만은 분명하다.

이와 함께 본국에서도 물리학자 게오르기 플요로프Georgy Flyorov 등이 주도하는 자체 연구가 이뤄져 우라늄의 위력을 확인하며 전담 위원회가 설치된다. 반면 이때까지도 '원자폭탄'의 개념이 일천한 시기였고 불분명한 성과에 비해 막대한 재원이 소요돼야 했던 만큼 활동은 매우 부진했다. 여기에 더해 1941년 6월에는 히틀러가 스탈린과 맺은 불가침 협정을 어기고 선전포고도 없이 불시에 소련을 침공한다. 이 전쟁은 그로부터 장장 4년간 이어지게 되며 그에 앞서 1941년 겨울 모스크바 근방에서 벌어진 치열한 공방전은 스탈린을 심각한 위기로 몰았다. 사정이 이렇다 보니 소련 입장에서는 즉시 전력이 가능한 무기 개발을 우선해야 했다. 따라서 가능성만 믿고 천문학적 재원이 소요될 핵무기 개발은 엄두를 낼 수 없는 것은 물론 그나마 우라늄 연구를 위해 설립했던 비밀위원회는 그대로 소멸되고 만다.

작전의 시작 … "만들 수 없다면, 훔쳐라"

그렇게 해가 바뀐 1942년 초 모스크바 공방전이 소강국면에 접어들자 소련에서 우라늄의 잠재성을 입증했던 게오르기 플요로프가 미심쩍은 서방의 동향을 스탈린에게 보고한다. 얼마 전까지 과학 잡지에 넘쳐나던 핵분열 실험과 이론이 어느 순간부터 자취를 감추기 시작했다는 것이다. 그는 이를 '강제로 봉인된 침묵'이라고 표현하며 실제로는 핵무기 연구가 물밑으로 활발하게 진행되는 역설적 증거라고 강조했다. 이때 플요로프의 이 분석은 매우 정확한 것으로 당시 미국으로 망명한 독일인 과학자들은 나치의 원폭 제작 가능성을 의식해 핵물리학자들에게 무분별한 논문발표를 자제해 달라고 호소하던 시기다. 아울러 플요로프는 당대 최고였던 독일 과학자들의 역량을 들어 가공할 원자폭탄이 히틀러의 손에 들어갈 경우 소련은 그날로 파국을 맞을 것이라는 경고도 덧붙였다.

스탈린이 이 경고를 얼마나 귀담아들었는지는 알려지지 않았으나 분명한 것은 소련에게는 당장 핵무기 연구에 투자할 여력이 없다는 것이었다. 수뇌부의 고민이 머문 곳도 이 지점이다. 그렇지만 이들은 자신들에게는 영국 등 서유럽과 미국에 정교하게 구축된 첩보망이 있다는 점을 들어 이것을 활용해 "만들 수 없다면, 훔쳐낼 수밖에 없다"는 결론에 이른다. 이것이 사실상 소련의 핵 개발 첩보작전인 '에노르므즈 ENORMOZ'의 시작이었고 이때부터 영국과 미국에서 핵 기밀을 빼내기 위한 필사적인 움직임이 시작됐다.

한편 작전 개시를 전후한 KGB의 최대 관심사는 나치 독일의 동향이었다. 그 이유는 플요로프의 경고처럼 동시대 독일 과학계에는 천재적 두뇌들이 대거 몰려 있었으며 무엇보다 그들이 핵분열을 가장 먼저 발견했기 때문이다. 하지만 영국에 암약하고 있던 앨런 넌 메이가 MI6에서 모드위원회로 제출된 극비 보고서를 분석한 결과 나치가 연구에 어려움을 겪고 있다는 사실을 알려오자 안도하게 된다. 여기서 넌 메이가 소련에 전한 이 보고서는 암호명 '그리핀GRIFFIN'으로 독일 내부에서 활동하던 과학자 겸 출판인 파울 로스바우트Paul Rosbaud: 제7화 그리핀 작전 편 참조가 MI6에 건넨 1급 기밀자료였기 때문에 매우 신뢰할만한 정보였다.

이어 KGB는 1942년 3월 미국 주요 도시에 파견된 공작원들에게 "미국이 우라늄 확보에 혈안이 돼 있고, 거대한 파괴력을 가진 폭탄에 사용할 것"이라며 "이와 관련된 첩보를 최우선으로 취급하라"고 독려했다. 당시 미국에는 워싱턴과 뉴욕, 샌프란시스코(서부지역 담당) 등에 걸쳐 정예요원들이 활동하고 있었으며 현지 공산주의자를 중심으로 포섭 공작에 열을 올리고 있었다. 이 과정에서 뉴욕지부 책임자였던 바실리 자루빈Vasily Zarubin이 한 미국인 공산당원을 통해 콜럼비아 대학에서 원자폭탄으로 추정되는 연구가 진행 중이라는 사실을 알아낸다. 그러나 이 공산주의자가 미 연방수사국FBI의 감시 끝에 강제 징집되는 바람에 더 이상의 첩보를 얻는 데는 실패했다. 또 샌프란시스코지부 책임자인 페테르 이바노프Peter Ivanov는 한때 공산주의자들의 회합에 참석한 전력이 있는 맨해튼 계획의 총책임자 로버트 오펜하이머를 '포섭 1순위'로 올려 접근했지만 이것도 무위에 그쳤다. 그렇게 몇 개월이 지나도록 미국에서 KGB 요원들은 어떠한 관련 첩보도 입수하지 못한 채 속만 태우고 있었고 FBI의 삼엄한 감시가 더해지면서 작전은 난관에 봉착한다.

침투 스파이들의 맹활약 … 푹스와 홀

그런데 같은 시기 돌파구 없이 막다른 길을 헤매던 KGB에게 한 줄기 빛과도 같은 인물이 나타난다. 영국에서 루돌프 파이어스가 주도한 '튜브 합금 프로젝트'에 참여해 온 독일계 물리학자면서 공산주의자인 클라우스 푹스Klaus Fuchs가 접선을 요청해 온 것이다. 나치의 탄압을 피해 독일을 탈출한 푹스는 파이어스와의 두터운 친분에 힘입어 1942년 8월 영국 국적을 취득하고 연구에 참여해 왔다. 그는 프로젝트에 참여한 직후 이것이 가공할 원자폭탄 개발이라는 사실을 직감했고 아울러 영국이 당시로써는 연합국이었던 소련에는 연구 일체를 극비로 하고 있다는 데 불만을 갖게 된다. 이후 '누설의 길'을 찾던 푹스는 수소문 끝에 같은 시기 영국에서 맹활약하고 있던 GRU의 전설적인 여성 스파이 루스 쿠친스키Ruth Kuczynski와 선이 닿아 기밀을 전하기에 이른다. 이렇게 시작된 푹스의 누설 행각은 이듬해 미국으로 옮겨 진행된 맨해튼 계획을 거쳐 1949년 5월까지 이어지면서 소련의 원폭 개발을 견인했다.

이와 함께 1943년 여름까지 모스크바, 스탈린그라드, 레닌그라드 등 주요 거점으로 진격해 온 독일군을 막아 내며 반격의 기회를 잡은 스탈린은 다소의 안도감 속에 본격적인 원폭 개발을 명령한다. 이에 이고르 쿠르차토프Igor Kurchatov를 총책임자로 안드레이 사하로프 등이 참여하는 연구팀이 출범했고 모스크바 동쪽 아자마스Arzamas 16, Sarov에 비밀 연구소를 지어 본격적인 폭탄개발에 나선다.

그 사이 소련에는 또 하나의 낭보가 날아들었다. 영국에서 기밀을 전해오던 클라우스 푹스가 '영국 · 미국 정부 간 협약'에 따라 뉴욕으로 옮겨 연구를 이어가게 된 것이다. 이는 그간 미국 방첩당국의 철저한 보안으로 고전을 면치 못하던 KGB가 비로소 맨해튼 계획 중심부에 첩보망을 심게 됐다는 의미다. 아니나 다를까 콜롬비아 대학에 둥지를 튼 푹스는 1944년 2월부터 미국의 공산주의자인 해리 골드Harry Gold를 접선책

이고르 쿠르차토프 그는 소련 원자폭탄 제작의 총책임자로 '소련 원자폭탄의 아버지'로 불리는 핵물리학자다.

으로 따끈따끈하고 가공할 기밀을 수차례 전했다. 상당한 분량의 자료 뭉치가 포함된 이 기밀들은 KGB 뉴욕지부의 일급 공작원 아나톨리 야츠코프Anatoli Yatskov를 거쳐 전량 모스크바로 보내진다. 더욱 푹스는 1944년 8월부터 루돌프 파이어스와 함께 맨해튼 계획의 심장부인 로스앨러모스 연구소로 들어가게 되는데 여기서 플루토늄 폭탄의 핵심기술인 '내파설계법'을 빼내 골드에게 전했다. 바로 이것이 소련이 서방의 자만을 비웃으며 단 시일 내에 원자폭탄을 자체 개발하게 되는 결정적 요인이 됐다.

이와 함께 이때 로스앨러모스에는 푹스 외에도 또 한 명의 소련 스파이가 활약하고 있었다. 당시 나이 19세로 연구소에서는 최연소 물리학자였던 하버드 출신의 시어도어 홀Theodore Hall: FOCUS 참조이 그 주인공이다. 일명 '테드 홀'이라고도 불렸던 그는 공산주의 사상을 바탕으로 미국의 핵무기 독점에 심각한 우려와 반감을 갖고 적극적으로 반역의 길을 걷게 된 인물이다. 홀은 하버드 동급생인 새빌 삭스Saville Sax와 공산주의자 로나 코헨Lona Cohen을 접선책으로 각종 기밀을 KGB에 넘겼다. 그의 이런 자료들은 클라우스 푹스가 보낸 정보의 가치를 검증하는 중요한 근거로 활용됐다. 아울러 비슷한 시기 캐나다에 파견돼 있던 앨런 넌 메이도 원자폭탄의 핵심 원료인 '우라늄 235' 샘플을 소련으로 빼돌린다.

이런 스파이들의 맹활약에 고무된 스탈린은 1944년 12월 핵 개발 프로젝트의 전권을 KGB에 넘겼다. 이후 베리야의 철권 아래 원자폭탄 개발은 가속도를 내기 시작한다. 베리야는 프로젝트에 필요한 대규모 연구 및 가동 시설을 건설하는 과정에 정치범 등 수십만 명의 수용자들을 강압적으로 동원해 사업을 일사천리로 진행시켰다. 그 결과 소련은 1949년 첫 핵 실험에 성공할 수 있었으며 동시에 진행된 '탄도미사일' 개발도 성공적으로 이끌어 냉전이 본격화되기에 앞서 핵무장을 완료할 수 있었다.

FOCUS 시어도어 홀 … 로스앨러모스 제2의 스파이

시어도어 홀Theodore Hall: 1925~1999은 미국의 물리학자로 클라우스 푹스와 더불어 소련의 핵무기 개발을 도운 스파이다. 전시 맨해튼 계획

에 참여해 미국의 원자폭탄 개발에 크게 공
헌했으나 이를 소련에 고스란히 넘기는 반
역을 저질렀다.

　홀은 1925년 뉴욕 퀸스 파 로커웨이Far
Rockaway 유대계 가정에서 태어났다. 태어
날 때의 성은 유대식 홀츠버그Holtzberg였
다. 얼마 후 그의 가족은 맨해튼 북부 워싱
턴 하이츠로 이사하게 되는데 이때 아버지가 반유대 감정을 피하기 위
해 성을 홀Hall로 바꿨다. 어려서부터 천재적 두뇌를 지녔던 홀은 14세
이던 1940년 고등학교를 졸업하고 퀸즈 칼리지를 거쳐 16세이던 1942
년 하버드 대학에 진학했다. 이어 하버드에서도 두각을 나타내면서 불
과 18세로 대학을 졸업한다.

　그러던 1944년 그에게 운명과도 같은 기회가 찾아온다. 미국의 원자
폭탄 개발 계획인 '맨해튼 계획'에 참여하게 된 것이다. 당시 19세였던
홀은 폭탄 제작의 주요 거점인 로스앨러모스 연구소에서 최연소 물리학
자였다. 로스앨러모스에서 그가 한 연구는 개발이 한창이던 우라늄탄의
임계 질량을 결정하는 것이었고 이후 플루토늄탄의 폭발 장치 개발에도
참여했다. 하지만 연구가 거듭되면서 가공할 핵무기의 위력을 깨닫는
동시에 미국의 핵 독점에 대해 심각한 우려와 반감을 갖기 시작했고 그
러면서 차츰 반역의 길을 찾게 된다. 이에 1944년 10월 휴가를 받아 고
향을 방문한 그는 로스앨러모스에서 밀반출한 보고서를 들고 미국 공산
당과 소련 영사관 등을 수소문하기 시작했다. 이 과정에서 언론인으로
위장해 암약하던 세르게이 쿠르나코프Sergei Kurnakov를 만나 기밀자료

를 넘기며 스파이 활동에 대한 의향을 전달한다.

이렇게 해서 소련을 위해 일하게 된 홀은 이때 KGB 뉴욕 책임자로 있던 아나톨리 야츠코프와도 만나 접선책과 접선방식 등을 전달받았다. 이와 함께 공산주의자이면서 하버드 동급생인 새빌 삭스Saville Sax를 주요 접선책으로 본격적인 활동에 들어간다. 그는 맨해튼 계획 막바지 미국 내 또 다른 공산주의자이면서 소련 측 공작원인 로나 코헨Lona Cohen에게 플루토늄탄의 내파 설계법 등 핵심기밀을 전달했으며 이런 자료들은 같은 시기 활동했던 클라우스 푹스의 정보 가치를 검증하는 주요 자료로 활용됐다. 활동 기간 슬라브어로 젊은이를 뜻하는 '믈라드MLAD', 혹은 '페르세우스'라는 암호명을 가졌던 홀은 맨해튼 계획 이후에는 시카고 대학에서 분야를 생물학으로 바꾸고 연구 활동을 계속했다.

한편 1951년 미국과 영국의 극비 암호해독 프로젝트인 '베노나 계획 Project VENONA: 제21화 베노나 계획편 참조'으로 그의 스파이 의혹이 불거져 FBI로부터 심문을 받았지만 증거 불충분으로 훈방된다. 그러던 1962년 FBI의 감시가 계속되자 케임브리지 대학으로 옮겨 줄곧 영국에서 지냈으며 1999년 11월 신장암으로 사망했다. 그는 사망 직전인 1997년 펴낸『폭탄: 미국의 알려지지 않은 핵 스파이의 비밀 이야기』를 통해 모종의 대가를 바라거나 강요에 의한 것이 아니라 '자발적 행동'이었다는 것을 전제로 스파이 행각을 시인했다.

13

거너사이드 작전

Operation GUNNERSIDE 1942~1944 −SOE−

거너사이드 작전Operation GUNNERSIDE은 제2차 세계대전 기간 영국의 비밀조직인 특수작전집행부SOE가 감행한 독일의 핵무기 개발 저지 공작이다. 이 작전은 나치가 점령한 노르웨이의 중수重水 공장을 파괴하는 것이 주목적이었으며 3차례의 집요한 시도 끝에 주요 설비를 폭파하는 데 성공했다. 이후에도 추가적 공격을 감행해 독일의 핵무기 개발을 완전히 무력화시켰다.

참고로 이 작전은 영국이 중수 공장이라는 '단일 거점'을 파괴하기 위해 시도한 여러 작전 중 하나로 그 중에서 가장 큰 성과를 올린 것으로 평가받고 있다.

영국의 대對나치 파괴공작 배경

1939년 9월 나치 독일이 폴란드를 침공해 2차 대전은 막을 올렸고 이틀 뒤 영국과 프랑스가 응전을 선포하며 전쟁은 장기화 조짐을 보이게 된다. 이에 나치 수뇌부는 노르웨이를 점령해 스웨덴 북부에서 들여오는 무기 원료인 '철광석' 수급을 원활히 해야 한다는 판단을 내렸다. 이어 1940년 4월 8일 히틀러는 전격적으로 노르웨이 침공을 감행해 하루 만에 북해 인근 주요 항구를 점령한다. 그러나 당시 나치가 노르웨이를 침공한 배경에는 철광석 수급 외에 또 하나의 숨겨진 노림수가 있었다. 그것은 장차 진행될 핵무기 개발에 필수 요소인 '중수重水 시설'을 확보하는 것이었다.

실제로 노르웨이 오슬로 서쪽 류칸에는 베모르크Vemork: 현재 수력발전소라는 화학공장이 있었고 이곳에서 핵 개발의 필수물질인 다량의 중수가 생산되고 있었다. 영국을 중심으로 연합군은 나치가 베모르크에서 중수를 생산하지 못하게 하거나 또는 생산하더라도 독일로 운반하지 못하도록 파괴와 타격을 수차례 시도하는 집요한 방해사보타주공작에 들어간다.

독일 vs. 프랑스 … "중수重水를 확보하라"

영국이, 나치가 점령한 노르웨이 중수 생산 시설을 파괴하려는 움직임을 본격화한 것은 1942년 중반 경부터다. 하지만 이런 움직임을 촉발시킨 사건들은 전쟁이 시작되기 전부터 일어났고 더욱 그 배경에는 아이러니하게도 눈부신 과학적 성과들이 있었다.

1938년 12월 독일 과학자 오토 한Otto Hahn과 프리츠 스트라스만Fritz Strassmann이 우라늄 235의 원자핵에 중성자를 충돌시켜 원자를 분열시키는 데 성공한다. 과학용어 중 일반적으로 알려진 '핵분열'이라는 것은 이것을 말한다. 또한 두 과학자는 이 분열 과정에서 엄청난 양의 에너지가 발생된다는 사실도 알아냈다. 다시 말해 측량이 불가능할 정도의 작은 크기인 원자 하나가 분열할 때 모래알 하나를 튀어 오르게 할 정도의 에너지를 방출하는데, 우라늄 235의 단 1그램에는 약 3백경京개의 원자가 포함돼 있는 것으로 알려졌다. 따라서 이것이 규모를 더해 수십 킬로그램으로 확대될 경우 도시 하나쯤은 쉽게 파괴되는 가공할 에너지를 방출한다는 것이다.

이 사실을 알게 된 나치는 그 즉시 무기화 가능성을 타진했고 1939년 9월부터 독일 국방군 무기국 지휘하에 '원자폭탄' 개발을 위한 연구를 시작하게 된다. 그렇지만 연구는 곧 난관에 봉착하는데 핵심 물질인 우라늄 235를 추출하기가 쉽지 않다는 결론을 얻었기 때문이다. 자연계에 존재하는 우라늄 원석에 '우라늄 235'는 약 0.7퍼센트만이 함유돼 있고 이마저도 중성자의 속도를 감속시키지 못할 경우 핵분열이 불가능한 우라늄 238에 잠식되는 것으로 나타났다.—우라늄 238이 또 하나의 핵물질인 플루토늄으로 변환된다는 것은 1941년에 와서야 밝혀진다—

반면 과학자들은 그리 오래지 않아 해답을 찾아냈다. 그것은 중성자의 속도를 저하시켜 잠식을 피하는 것으로 감속에 유용한 물질이 바로 '중수重水'라는 사실을 밝혀냈다. 우리말로는 '무거운 물'이라는 의미의 중수는 전기분해 과정을 거쳐 생성되며 중성자의 속도를 늦춰 핵물질인 우라늄 235의 추출을 용이하게 한다는 것이 확인됐다. 이때부터 나치는 중수를 확보하기 위한 비밀스런 움직임에 들어간다. 그런데 비슷한 시기 이런 사실을 알고 있던 곳은 독일만은 아니었다. 1939년 4월 프랑스의 과학자 그룹도 여러 차례의 실험을 통해 원자의 핵분열을 입증했고 이 원리로 가공할 폭탄 제작이 가능할 수 있다는 의견을 내놓는다. 또 1940년 초에는 중성자의 속도를 제어하는 물질로 '중수'가 유용하다는 것을 알게 되면서 프랑스 역시 중수를 확보하기 위한 은밀한 움직임을 시작했다. 다만 이때까지 프랑스와 독일은 서로 과학적으로 같은 결과를 도출하고 행동에 들어갔다는 사실을 알지 못했다.

그러던 1940년 4월 프랑스 정보국Deuxième Bureau은 당시로는 유럽에서 유일하게 중수를 생산하고 있던 노르웨이의 베모르크 화학공장에 재고량을 타진하게 된다. 이때 베모르크 공장이 중수를 생산한 데에는 특별한 이유가 있었던 것은 아니다. 비료 생산에 필요한 암모니아를 만드는 과정에서 물을 대량으로 전기분해 하다 보니 그 부산물로 중수가 만들어지고 있었다. 이 과정에서 프랑스 정보국은 대단히 미심쩍은 행적을 한 가지 발견한다. 공장 관계자로부터 중수 재고량을 이미 독일에 판매하기로 했다는 말을 들은 것이다. 프랑스는 이것을 독일이 자신들과 같은 결론을 내리고 소위 '원자폭탄' 개발에 나선 중대한 증거라고 판단했다. 이에 프랑스 정보국은 노르웨이 정부와 비밀리에 접촉해 중수의 잠재적 중요성을 설명했고 노르웨이는 독일에 팔기로 했던 중수 전량을 프랑스로 밀반출한다. 이것이 히틀러가 노르웨이를 침공하기 직전인 1940년 4월 초순이었으며 이후 공장은 독일군에 점령당했다. 독일은 점령과 함께 중수 생산에 착수해 사실상 핵 개발 프로그램을 가동하

베모르크 중수공장 이곳은 핵(원자폭탄) 개발의 핵심 시설 중 하나로 2차 대전 기간 나치 독일과 영국 등 연합국 간의 소리 없는 각축장이었다. 사진은 1935년 경으로 알려져 있다.

기 시작했으며 이어 한 달 뒤인 5월에는 프랑스를 침공한다. 다급해진 프랑스 과학자 그룹은 입수한 중수를 갖고 영국으로 탈출해 캠브리지 대학에서 연구를 이어갔다.

작전의 시작, 참담한 시행착오

그러나 이 같은 독일과 프랑스의 치열한 물밑전이 벌어지던 상황에서도 영국은 원자 분열의 무기화 가능성을 매우 낮게 보고 있었기 때문에 나치의 핵 개발이 얼마나 큰 위협인지를 미처 깨닫지 못했다. 무엇보다 핵분열 발견 이후 몇몇 과학자들의 격한 우려에도 불구하고 정치인들의 원폭에 대한 무관심은 심각한 수준이었다.

그러다 1940년 2월 영국에 망명 중이던 오토 프리슈Otto Frisch와 루돌프 파이어스Rudolf Peierls라는 두 독일인 과학자가 기존 핵분열 과정을 실험으로 입증하면서 경각심을 갖기 시작한다. 특히 이 실험 결과는 '원자폭탄'이라는 가공할 무기의 실현 근거로 제시되면서 영국을 충격에 빠뜨렸고 6월 윈스턴 처칠의 특명으로 '모드MAUD 위원회'라는 비밀회의가 만들어져 대책 마련에 들어갔다. 이후 영국은 나치의 핵 개발에 대응해 큰 틀에서 '연구와 파괴'라는 투트랙 전략을 수립한다. 영국은 먼저 루돌프 파이어스를 중심으로 버밍엄 대학에 연구팀을 꾸리고 '튜브 합금Tube Alloys 프로젝트'라는 위장 명칭으로 원폭 연구를 구체화한다. 이 프로젝트는 후에 미국으로 옮겨져 '맨해튼 계획'에 합류했다. 이와 함께 MI6와 특수작전집행부SOE를 동원해 나치의 핵 개발에 대한 첩보수집 및 집요한 방해공작에도 돌입한다. 이처럼 영국이 원폭의 가공할 위협을 자각하고 대독일 저지 공작을 준비한 것은 개전 초반이었다.

반면 이것이 실행에 옮겨지기까지는 상당한 시간이 소요된다. 그 사이 모드 위원회는 우라늄 235의 폭탄 제조 가능성을 보다 명확히 하는 보고서를 처칠에게 제출했고, 미국에서는 또 하나의 원자폭탄 원료이면서 우라늄 235보다 상대적으로 추출이 쉬운 '플루토늄'이 확인된다. 이는 가공할 핵무기를 만들기가 한결 수월해졌다는 뜻이다. 사정이 이쯤되자 영국은 나치의 핵 개발 저지 공작을 더 이상 늦출 수 없었다. 이에 처칠은 자신의 전위조직이나 다름없는 SOE를 앞세워 독일의 핵시설에 대한 타격을 지시했고, 그 핵심 시설로 노르웨이 베모르크 중수 공장이 첫손에 꼽힌다.

이어 SOE는 1942년 10월 존 윌슨John Wilson 대령을 작전 책임자로 노르웨이에서 레지스탕스 활동을 벌이다 게슈타포를 피해 탈출한 노르웨이 청년들을 끌어모았다. 나치의 핵 개발 저지 공작 중 첫 번째에 해당하는 이른바 '그로스 작전Operations Grouse'이 시작된 것이다. 베모르크 인근 류칸 태생의 옌스 폴슨Jens Poulsson을 현장팀장으로 총 4명으로 구성된 작전팀에게는 제비Swallow라는 암호명이 붙여졌고 침투, 위장, 정찰 같은 강도 높은 특수훈련이 이어졌다. 또 작전의 특성상 간단한 물리와 화학 교육도 이뤄졌다. 이렇게 준비를 마친 그로스팀은 10월 19일 영국 공군의 폭격기를 타고 베모르크 부근 하르당게르Hardanger 고원지대에 침투한다.

전체 작전 중 가장 먼저 현장에 침투한 이들의 임무는 당장 공장을 폭파하는 것은 아니었으며 약 한달 뒤 추가 도착할 공격조를 위해 독일 수비군의 동향을 파악하고 진로와 퇴로를 확보하는 것이었다. 보급품도 그에 맞춰 약 30일치가 준비됐다. 그렇게 4주가 흘러 11월 19일 기다리던 공격조가 영국을 출발한다. SOE는 이 공격 작전을 그로스팀과 구별하기 위해 '플레쉬맨 작전Operation Freshman'으로 명명했다. 플레쉬맨팀은 정예요원과 과학자 등 총 34명으로 구성됐고 침투 방법은 폭격기에 각각 무동력 글라이더 2개를 매달아 그로스팀이 인도하는 지점에 착륙시키는 것이었다.

그런데 작전 당일 예기치 않은 불행한 일이 벌어진다. 날씨는 맑았지만 구름이 많은 관계로 폭격기 조종사가 낙하지점을 찾지 못했다. 엎친데 덮친 격으로 폭격기와 글라이더를 잇고 있던 밧줄이 끊어지면서 글라이더가 그대로 추락하고 만다. 이 사고로 대원 중 8명이 즉사하고 나머지 9명은 심한 부상을 입었다. 또한 생존한 대원이 주변 마을에 도움을 요청하러 갔다가 신고를 받고 출동한 게슈타포에 모두 체포됐다. 나머지 1대의 글라이더 역시 비슷한 사고로 실종됐고 생존 대원들이 게슈타포에 체포돼 모진 고문 끝에 총살됐다는 이야기가 들렸다. 지상에서 이 소식을 전해들은 그로스팀은 크게 낙심했을 뿐만 아니라 지원도 받을 수 없는 처지에 놓인다. 이들은 눈과 이끼에 의존해 한겨울을 보내야 했는데 간혹 산속에서 순록을 사냥하며 근근이 식량난을 해결했다.

연이은 맹타, 거너사이드와 페리 작전

이런 참담한 실패에도 불구하고 영국은 나치의 핵무기 개발을 반드시 막아야 한다는 생각에는 변함이 없었다. SOE는 1943년 2월 17일 나치에 대한 증오심에 불타는 6명의 노르웨이 요원을 선발해 '거너사이드 작전Operation GUNNERSIDE'을 맡긴다. 이들은 그로스팀의 경우처럼 폭격기에 실려 낙하산으로 하르당게르에 침투했고 고원지대를 샅샅이 수색한 끝에 그로스팀을 찾아냈다. 이렇게 해서 10명이 된 작전팀은 폭파조와 엄호조로 나뉘어 공장 침투를 시도하게 된다.

작전팀은 독일군의 눈을 피하기 위해 경계가 허술한 깎아지듯 가파른 협곡을 올라 공장에 접근해야 했다. 협곡과 공장을 이어주는 교량이 있기는 했으나 워낙 삼엄한 경계 탓에 엄두도 내지 못했다. 천신만고 끝에 협곡을 무사히 오른 팀원들은 이어 환풍구로 중수 농축실에 잠입, 다량의 폭발물을 설치하고 타이머를 가동한 뒤 재빠르게 현장을 빠져 나왔다. 이들이 나오자마자 농축실에서는 폭발음이 들렸고 밖에서 대기하고 있던 엄호조와 함께 올라 왔던 협곡으로 거슬러 내려갔다. 이후 요란한 사이렌 소리와 독일군이 출동하는 소리가 들렸다.

작전팀은 서둘러 현장을 탈출해 은신처로 돌아왔고 그 즉시 SOE 본부가 있는 런던으로 무전을 송신한다. 이때 이들은 "27일에서 28일로 넘어가는 밤 베모르크의 고농축 시설이 완전히 파괴됐다. 거너사이드 팀은 스웨덴으로 떠난다"는 내용으로 작전 성공을 알렸다. 작전팀의 무전처럼 거너사이드 작전은 참담한 희생이 뒤따른 시행착오 끝에 마침내 성공하며 나치 핵 개발에 타격을 입혔다. 그럼에도 이 성공은 얼마가지 않았다. 나치가 파괴된 시설을 빠르게 복구해 8월부터 다시 중수를 생산하기 시작한 것이다. 이에 대해서도 연합군은 11월 B-24 등 100대 이상의 폭격기를 동원해 공장 부근 협곡으로 700개가 넘는 폭탄을 투하하며 방해 공격을 계속했다.

해를 넘겨 1944년 2월 베모르크에서 중수 생산이 여의치 않다고 판단한 나치는 그때까지 생산된 드럼통 약 40개 분량의 중수 전량을 독일 본토로 옮기기로 결정한다. 이 첩보는 거너사이드 작전을 성공시키고 현지에 남아 저항조직과 활동하던 크눗 하우켈리드Knut Haukelid와 아르네 셀스트룹Arne Kjelstrup의 귀에도 들어갔다. 이들은 현지 조직원 중 한 명인 크눗 리에르 한센Knut Lier-Hansen을 합류시켜 후속 작전을 기획한다.

이때 나치 독일이 중수를 본토로 옮기기 위해서는 최대 수심 400미터가 넘는 틴Tinn 호수를 건너야 하고 그러려면 페리Ferry 부두를 오가는 수송선 겸 연락선인 히드로라는 배를 이용해야 했다. 3인의 작전팀은 2월 20일 새벽, 어둠을 틈타 히드로에 침투해 타이머가 부착된 약 8.6킬로그램의 플라스틱 폭탄을 설치하고 빠져 나왔다. 얼마 후 이런 사실을 까맣게 몰랐던 독일은 드럼통을 히드로로 옮겨 싣고는 호수를 건너기 시작해 호수 중간쯤에 도착했을 때 커다란 폭발음과 함께 수면 아래로 가라앉았다. 이른바 '페리 작전'으로 불리는 이 파괴공작으로 나치 독일의 핵무기 개발 의지는 급속도로 꺾여 버린다. 실제로 유럽 전선에서 종전을 목전에 둔 1945년 4월 연합군이 독일 본토로 들이닥쳤을 때 나치 과학자들은 원자로 형태의 시설물을 만드는 데까지는 성공했다. 하지만 생포된 물리학자 쿠르트 디프너Krut Diebner는 "노르웨이에서의 중수 생산 중단으로 인해 핵반응을 유지시키는 실험은 일체 하지 못했다"고 밝혀, 작전은 참혹한 희생이 헛되지 않게 값진 성과를 거뒀다는 평가를 받고 있다.

14

베른하르트 작전

Operation BERNHARD 1942~1945 ─국가보안본부(RSHA)─

베른하르트 작전Operation BERNHARD은 제2차 세계대전 당시 나치 독일의 정보 기관인 국가보안본부RSHA가 영국을 상대로 실행한 비밀공작이다. 1942년 시작된 이 작전은 영국의 경제를 붕괴시킬 목적으로 '파운드화Pound sterling' 지폐를 위조해 공중에서 무차별 살포하거나 은밀히 유통시키려던 계획이다.

작전은 종전을 목전에 둔 1945년 봄까지 이어졌고 위조지폐 제작에도 성공해 일부는 나치 스파이들에 의해 유럽 각지에서 유통됐다. 반면 다량의 무차별 살포 계획은 전세가 급속히 위축되면서 실행되지 못했다.

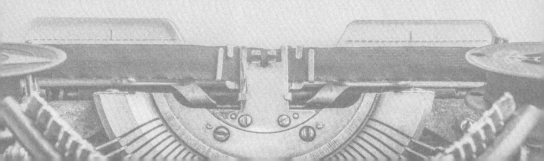

나치의 대영對英 화폐 교란작전 배경

2차 대전 개전과 함께 나치 독일은 파죽지세로 주변국을 점령하고 1940년 6월에는 파리를 함락하며 프랑스를 굴복시켰다. 이로써 중립국을 제외한 사실상 서유럽 전역이 히틀러의 수중에 들어간다. 또 이듬해 6월에는 스탈린과 맺은 불가침협정을 어기고 소련을 불시에 침공하며 단숨에 모스크바 턱밑까지 진격했다. 특별한 변수가 생기지 않는 이상 동서 유럽이 모두 히틀러의 발아래 떨어질 위기에 놓인 것이다.

하지만 히틀러는 이때까지 군사적 우위와 집요한 도전에도 불구하고 유독 영국만은 점령하지 못하고 있었다. 이에 더해 1941년 12월 이후 '미국'이라는 천군만마를 얻은 영국은 히틀러의 야망을 좌절시키겠다는 속내를 강하게 드러내며 반격의 칼을 갈기 시작한다. 따라서 나치 수뇌부는 군 작전과는 별개로 영국을 무력화할 공략법을 찾으려 했고 이 과정에서 국가보안본부를 중심으로 막대한 양의 위조지폐를 발행해 인플레이션을 유도하려는 화폐 교란작전을 기획한다.

보물을 품은 호수의 전설

베른하르트 작전의 실체가 세상에 알려진 것은 2차 대전이 끝나고 난 뒤 나돌았던 어떤 풍문 때문이었다. 1945년 전쟁이 끝나고 어느 날부터 오스트리아의 토플리츠Toplitz라는 호수에 나치가 숨겨둔 막대한 양의 '보물상자'가 있다는 소문이 돈다. 그 보물이라는 것은 나치가 전쟁 기간 유럽 각지에서 약탈한 엄청난 양의 황금과 옛 러시아 제국의 보석, 그리고 가격으로 헤아릴 수 없는 진귀한 물건들이고 패전과 함께 독일군이 퇴각하면서 호수에 숨기고 갔다는 것이다. 소문이 돌자 보물을 찾겠다고 찾아온 소위 '보물 사냥꾼'들이 넘쳐났지만 주변의 험준한 지형과 호수 수심이 1백 미터를 넘었기 때문에 모두 보물을 찾는 데는 실패했다. 일확천금의 꿈에 부풀어 찾아왔지만 빈손으로 돌아가는 사례가 이어지면서 점차 발길도 끊겼고 '보물을 품은 호수의 전설'은 사람들 뇌리에서 잊혀져 갔다.

그렇게 시간이 흘러 1959년 독일의 한 유력 언론―슈테른Stern지로 알려져 있음―이 막대한 비용을 들인 잠수장비와 인력을 동원해 소문의 진상을 파헤쳤다. 그리고 얼마 후 발굴에 투입된 잠수부들이 전설의 보물로 추정되는 철제 상자 여러 개를 건져 올린다. 이어 상자를 여는 순간 조사팀은 눈을 의심해야 했다. 상자 안에는 황금과 보석은 아니더라도 어마어마한 양의 영국 화폐인 '파운드화'가 가득 채워져 있었기 때문이다. 전설로만 여겨지던 풍문이 현실로 모습을 드러내자 사람들의 관심도 집중됐다. 정밀 조사를 벌인 결과 화폐들은 모두 정교하게 위조된 가짜로 판명됐고 그 출처도 전쟁 중 나치에 의해 운영된 한 비밀공작팀인 것으로 밝혀졌다. 나치의 대영 화폐 교란작전인 이른바 '베른하르트 작전'의 전모가 확인되는 순간이다. 그러나 베른하르트 작전에 앞서 나치는 이에 기원이 될 만한 작전을 추진한 적이 있는데, 그 이야기는 1939년 9월로 거슬러 올라간다.

폴란드를 침공한 독일은 약 2주 후인 9월 18일 수뇌부들이 모여 향후 상황을 관리하기 위한 회의를 갖는다. 여기서는 '숙적' 영국의 힘을 뺄 수 있는 조치들도 논의됐다. 이 과정에서 당시 범죄수사국RKPA 책임자였던 아르투르 네베Arthur Nebe가 파운드화를 위조해 공중에서 살포하자는 아이디어를 제안한다. 당초 제안과 관련해 나치 내부에서 반대가 없었던 것은 아니다. 경제장관이던 발터 풍크Walther Funk는 국제법을 심각하게 훼손한다는 이유로 반대했고 히틀러의 입을 자처한 괴벨스Joseph Goebbels조차 작전의 잠재성은 인정하면서도 "괴상한 계획이다"며 탐탁잖게 여겼다.

그럼에도 이 아이디어는 SS보안대SD 수장이던 라인하르트 하이드리히Reinhard Heydrich의 마음을 사로잡으면서 최종적으로 히틀러의 승인을 얻어낸다. 승인 직후 하이드리히는 세부 실행을 심복이면서 조직의 해결사 격인 알프레드 나우요크스Alfred Naujocks에게 일임했다. 하이드리히와 나우요크스는 지난 '히믈러 작전Operation HIMMLER: 제4화 참조'에서도 한차례 소개한 바 있고 그 작전에서 호흡을 맞췄던 인물들이다. 본래 요인암살이나 파괴공작 외에 문서위조에도 일가견이 있던 나우요크스는 1940년 초 이 작전을 '안드레아스 작전Operation ANDREAS'으로 명명하고 실행에 옮긴다. 이어 알버트 랭거Albert Langer라는 수학자 겸 암호 전문가를 합류시켜 연구에 들어갔다. 하지만 1940년 말부터 하이드리히와 나우요크스 사이에 갈등이 불거져 균열이 생겼고 이후 나우요크스가 SD를 떠나는 상황이 발생해 작전은 더 이상 진척되지 못했다. 책임자를 잃고 명맥만 유지하던 안드레아스 작전은 이런 사정으로 1942년 초까지 큰 성과를 거두지 못했으며 6월에는 하이드리히가 영국 SOE 공작원들에게 암살제10화 유인원 작전편 참조 당하면서 이렇다 할 행동도 성과도 거두지 못한 채 폐기되는 듯 했다.

그렇게 무기력하게 사장될 것 같았던 작전은 같은 해 7월 친위대 지도자 하인리히 히믈러Heinrich Himmler에 의해 생명력을 얻는다. 히믈러는 안드레아스 작전의 목적과 내용을 일부 변경해 SD에서 확대 개편된 국가보안본부RSHA에 실행을 지시한다. 이때 히믈러는 작전과 관련해 '위조지폐를 대량 살포해 영국의 경제를 붕괴시킨다'는 본래의 목적에 더해 위폐를 나치 스파이들의 활동자금으로 사용하겠다는 또 하나의 노림수도 갖고 있었다. 이에 국가보안본부 내 대외첩보부Ausland SD를 이끌던 발터 쉘렌베르크는 조직을 떠난 나우요크스를 대신해 문서위조를 담당하고 있던 베른하르트 크루거Bernhard Kruger 소령에게 임무를 맡긴다.

작센하우젠과 유대인 위폐 기술자들

이렇게 해서 국가가 주도하는 전대미문의 대대적인 화폐위조 공작이 시작됐다. 이후 작전명은 책임자의 이름을 따서 '베른하르트 작전'으로 명명됐으며 9월에는 베를린 근교에 있는 작센하우젠Sachsenhausen 수용소에 공작본부가 차려진다.

그런데 준비 단계에서 베른하르트는 뜻밖의 인물들을 작전에 참여시키게 되는데 그들은 바로 아우슈비츠 등의 수용소에서 죽음을 기다리고 있던 유대인들이었다. 그는 전쟁 이전에 인쇄공, 화가, 사진가, 금융가 등으로 활동하던 유대인 20여 명을 선별해 공작팀에 합류시켰다. 또 12월에는 80여 명의 유대인 전문가를 더 선발해 작센하우젠으로 데려왔다. 이렇게 종전까지 공작에 동원된 유대인은 총 142명인 것으로 파악되고 있다. 당시 베른하르트가 유대인들을 동원한 이유는 이들의 기술력이 매우 정교하고 훌륭하기도 했으나 혹시라도 작전이 탄로 나거나 반대로 성공적으로 완료될 경우 기술자들을 일거에 제거해 흔적을 지우기가 수월했기 때문인 것으로 짐작된다.

이런 식으로 작센하우젠에 합류한 1백여 명의 유대인들에게는 다른 수용소와는 비교도 할 수 없는 쾌적하고 호화로운 근무여건이 주어졌다. 보통의 수용소에서 수백 명이 공동으로 사용하는 세면대와 화장실 대신 깨끗한 욕실이 마련됐고 3, 4명이 구겨서 지내야 했던 침대에 비해 1인용 침대와 개인사물함이 공급됐다. 무엇보다 유대인 탄압의 상징인 줄무늬 죄수복을 입지 않고 깔끔한 사복을 입을 수 있게 했다. 다만 이 옷에는 유대인을 표시하는 작고 붉은 줄무늬와 십자가가 표시돼 있었다. 아울러 음식도 독일군이 배급받는 수준의 빵과 스프, 오트밀 등이 제공됐고 크림과 설탕이 곁들여진 커피가 후식으로 나왔다. 휴일에는 어김없이 휴식이 주어졌으며 체스와 탁구, 연극 관람 등의 여가활동도 보장됐다.

이처럼 베른하르트는 유대인들에게 당시로서는 파격적인 처우를 제공하며 본격적인 화폐위조 작업에 들어가 먼저 지폐 단위로는 가장 작은 5파운드짜리 지폐를 위조하기로 한다. 그렇지만 제아무리 근로 여건이 좋고 내로라하는 재주꾼들이 모였다고 해도 이때는 파운드화가 오늘날의 달러화와 같은 세계적인 통용 화폐였기 때문에 이것을 위조한다는 것은 그리 쉬운 일이 아니었다.

그럼에도 베른하르트는 인력을 하루 12시간씩 2교대로 나눠 전력을 쏟았고 종이도 제지 전문가들의 심사숙고를 거쳐 진본에 가장 근접한 재질을 들여와 인쇄 작업에 사용했다. 이와 함께 파운드화에 사용되는 유사한 잉크를 개발하는 데도 성공해 위폐 제작은 급물살을 탄다. 이후 전체 도안과 일련번호, 서명 등에 대해서도 차례로 위조를 시도했고 이 것을 동판으로 만들어 여러 차례 찍어 보며 시행착오를 거듭했다. 특히 당시 5파운드 지폐 좌측 상단에는 영국을 상징하는 브리타니아 여신상 Vignette of Britannia이 그려져 있었는데 공작팀은 단순하지만 정교하게 새겨진 이 삽화를 복제하는데 많은 시간과 노력을 할애해야 했다.

밤낮을 가리지 않은 이런 노력(?)에 힘입어 1943년 들어 작전은 조금 씩 성과를 보이기 시작한다. 이 시기 베른하르트는 자신들이 만든 5파 운드짜리 위조지폐 소량을 영국으로 유입시켜 완성도와 안전성을 확 인하게 된다. 이에 영국은행이 위조지폐임을 식별하지 못하면서 지폐 는 그대로 통용됐다. 이 소식에 고무된 베른하르트는 단위를 점차 높여 10, 20, 50파운드에 이르는 고액권 위조에도 착수했다. 이어 그해 여름 부터는 한 번에 6장을 찍어낼 수 있는 평판 인쇄기를 사용해 한 달 평균 6만 5천여 장씩을 찍어낸 것으로 알려졌고 1944년 여름까지 1년간 약 65만여 장이 발행된 것으로 추정되고 있다.

그렇다고 해서 이 기간 생산된 지폐들이 모두 완벽했던 것은 아니다. 위폐의 워터마크가 진본과 비교해 투명도가 떨어지거나 특수 조명을 비 췄을 때 도안 색상이 다르게 보이는 등 상당량은 허점이 있었다. 이에 따라 베른하르트는 각 위폐를 완성도에 따라 4등급으로 분류한 뒤 용도 를 달리해 사용토록 했다. 여기에는 우선 전문가들조차 식별이 불가능 할 정도의 완벽한 위폐를 1등급으로 분류해 중립국에 침투해 있는 나치 스파이들의 공작금으로 활용하게 했다. 이 1등급 위폐는 작센하우젠에 서 생산된 총량의 약 10퍼센트 가량 됐던 것으로 알려졌으며 완성도에서 일반인을 속여 넘길 정도의 위폐는 2등급으로 분류해 협력국이나 중립국과의 무역에 주로 사용했고 다소 질이 떨어지는 3등급 위폐는 영국 상공에서 무차별 살포 용도로 계획됐다. 나머지 결함이 많은 4등급 위폐는 거의 폐기 처분됐다. 사용이 가능할 정도의 위폐들은 남티롤South Tyrol에서 활동하던 밀수업자 겸 암거래상인 프리드리히 슈웬트Friedrich Schwend에 의해 세탁돼 일선에 뿌려졌다.

패전의 그림자 … 수장된 진실

공작팀은 이러한 여세를 몰아 1944년 5월부터는 100파운드짜리 최고액권 위조에 나섰고 이와 동시에 미국 달러화 위조도 시도한다. 특히 베른하르트는 달러화 위조를 위해 러시아 태생의 살로몬 스몰리아노프Salomon Smolianoff라는 위조범 출신의 유대인을 합류시키는 등 공을 들였다. 그러나 100파운드 지폐는 영국은행의 철저한 검증을 거친 뒤 발행되는 것이라 훨씬 까다로운 과정이 요구됐으며 달러화 역시 복잡한 디자인과 특수재질로 인해 두 지폐 모두 위조에 성공하지 못했다. 지폐 위조가 완료될 경우 그 즉시 제거될 수 있다는 유대인 기술자들의 우려도 작전이 지연되거나 성공하지 못한 이유 중 하나로 꼽힌다.

한편 베른하르트 작전의 본래 목적은 파운드화를 영국 상공에서 무차별 살포해 내부 혼란과 화폐 교란을 가져오는 것이었다. 반면 독일은 1944년 초반부터 전황에서 급격히 밀리고 있었기 때문에 당초 계획한 지폐 살포계획은 기약 없이 지연된다. 여기에 시간이 갈수록 비축했던 자원이 바닥을 드러내면서 연합군의 공습에 맞서 자국에서조차 항공기를 띄울 수 없는 난감한 상황이 연출됐다. 사정이 이렇다 보니 영국에 대한 공습은 꿈도 꿀 수 없었고 나아가 지폐 살포계획은 자연스레 없던 것이 돼버렸다.

1945년 3월 들어 상황은 더 악화된다. 연합군이 독일 본토로 진격하자 베른하르트는 작센하우젠 본부를 폐쇄하고는 장비 일체와 위폐 전량을 챙겨 유대인 기술자들과 함께 오스트리아로 도피했다. 이후 패전을 직감한 그는 인쇄기, 동판 등의 장비와 지폐 전량을 철제 상자에 담아 독일 해군이 무기 시험장으로 사용해 온 토플리츠 호수에 그대로 수장시켰다. 그리고는 수뇌부로부터 위조에 참여했던 유대인 기술자들을 제거하라는 명령이 떨어졌지만 때마침 기갑부대를 앞세운 연합군이 수용소를 점령하면서 모두 목숨을 구할 수 있었다. 종전이 되고 작전을 지휘했던 베른하르트는 영국에서 2년, 프랑스에서 1년 간 구금됐다가 뉘른베르크 전범재판에 회부됐다. 그러나 재판에서 작전이 철저히 은폐된 데다 유대인 학살에 관여하지 않았다는 점이 참작돼 석방됐다. 석방된 후에는 작전 기간 종이를 공급했던 제지회사에서 근무하다 1989년 사망했다.

베른하르트 작전이 실행되는 동안 비밀공작팀은 적게는 1억 3천만 파운드에서 많게는 3억 파운드에 이르는 위조지폐를 생산한 것으로 알려졌다. 이로 인해 영국으로 유입되거나 유통된 위폐의 양은 상대적으로 많지 않았음에도 불구하고 지폐에 대한 불신이 유럽 전역으로 확산되면서 파운드화의 가치를 떨어뜨리는 원인이 됐다. 이에 전후 영국 정부는 도안을 바꾸고 보안성을 강화한 새로운 지폐를 도입하는 번거로운 과정을 거쳐야 했다.

반대로 유대인들은 전후 팔레스타인에 정착하는 과정에서 작전에 참여했던 기술자들과 밀수업자들에 의해 위조지폐가 비밀리에 유입돼 이스라엘 건국 이전까지 방위조직 하가나에 무기 구입비용 등으로 유용하게 사용됐다는 말이 전해진다. 실제 엄청난 자원이 동원된 거대한 음모에도 불구하고 작전의 실체가 뒤늦게 확인된 배경에는 당시 참여했던 유대인 기술자들의 '함구'도 한 몫 한 것으로 추정된다. 이 작전을 모티브로 1981년 BBC가 드라마를 제작했으며, 2007년에는 영화 「카운터페이터The Counterfeiter」가 만들어져 일반에 일부 내용이 알려졌다.

15

민스미트 작전

Operation MINCEMEAT 1942~1943 —MI5 / NID—

'다진 고기Mincemeat'라는 용어에서 따온 민스미트 작전Operation MINCEMEAT은 제2차 세계대전 기간 영국의 MI5와 해군정보국NID이 공동으로 수행한 사체 기만 공작이다. 1943년 연합군은 시칠리아 상륙을 위해 '바클레이Operation Barclay'라는 전방위 위장계획을 실행하고 있었는데 민스미트는 그 안에 포함된 기만술 중 하나다.

작전의 성공으로 독일을 속인 연합군은 시칠리아를 점령하고 지중해 제해권과 더불어 대륙으로 향하는 발판을 마련하게 된다.

영국 정보당국의 사체 기만작전 배경

1942년 11월 횃불 작전Operation Torch의 성공으로 북아프리카를 점령한 연합군은 다음 목표로 유럽 대륙을 노린다. 하지만 교두보를 두고는 프랑스와 이탈리아, 그리스 등으로 나뉘어 이견을 보였다. 격론 끝에 연합군은 대륙 공격의 교두보를 마련하는 동시에 지중해 제해권 확보를 위해 최종적으로 시칠리아섬을 상륙 지점으로 결정한다. 이어 이른바 '허스키 작전Operation Huskey'으로 명명된 침공 계획을 수립하고 대규모 병력을 집결시키고 있었다.

그러나 당시 전황과 지리적 특성을 감안하면 연합군의 목표는 누가 봐도 '시칠리아Sicily'일 가능성이 높았고 독일군이 이를 간파하는 것도 어렵지 않아 보였다. 실제로 발칸 반도를 노려 그리스 침공을 주장했던 윈스턴 처칠은 "바보가 아니고서는 누구라도 다음 목표가 시칠리아라는 것쯤은 알 것"이라고 말했을 정도다. 따라서 연합군은 독일군을 감쪽같이 속여 전력을 분산시킬 필요가 있었으며 이를 위한 회심의 기만작전에 돌입한다.

성동격서聲東擊西 … 바클레이 가동

민스미트 작전의 요지는 시칠리아로 결정한 연합군의 상륙 예정지를 나치 독일 수뇌부가 그리스나 지중해 서쪽 사르디니아Sardinia 섬으로 여기도록 만드는 것이었다. 이를 위해 연합군은 영국군 장교로 위장된 사체에 기밀문서를 넣어 스페인 해안에 닿도록 투기하고 이 문서를 독일이 우연히 본 것으로 믿게 하는데, 목적이 있었다. 그렇지만 이런 형태의 계획이 이때 처음 등장한 것은 아니다. 영국은 이미 제1차 세계대전 당시 한 차례 소위 '사체 기만술'을 이용한 전례가 있으며 앞선 1942년 8월 이집트 엘 알라메인에서 벌어진 알람 엘 할파 전투Battle of Alam el Halfa에서도 버나드 몽고메리가 에르빈 롬멜을 상대로 소규모로 실행해 독일군 기갑부대의 발을 묶은 사례도 있다.

이와 함께 같은 해 9월에는 영국에서 연합군 수뇌부간 전달되는 기밀문서를 싣고 스페인 지브롤타 카디스Cadiz로 향하던 항공기가 추락해 탑승자들이 사망한 적이 있다. 당시 영국은 사고 직후 스페인으로부터 사체를 인도 받았으나 이들이 소지한 기밀문서가 독일 측으로 넘어갔다는 첩보가 입수된다. 이로 인해 영국은 암암리에 스페인이 독일에 협력하고 있다는 사실을 알 수 있었다.

그로부터 얼마가 지난 11월 20일 런던에서 정보회의가 열린다. 이 회의는 MI5의 주도하에 MI6, 해군정보국NID 등이 이중스파이를 관리하기 위해 구성한 이른바 '더블크로스 위원회Twenty Committee'였다. 회의에서 MI5 소속의 공군 중위 찰스 콜몬델리Charles Cholmondeley는 "죽은 사람에게 군복과 낙하산, 무전기, 암호표 등을 착용시켜 프랑스에 투하하자"는 아이디어를 내놓는다. 무전기와 암호표를 독일군이 노획하도록 유도해 연합군 정보를 몰래 엿듣는 것으로 착각하게 하고, 그 사이 가짜 교신으로 허위 정보를 흘려 적진을 교란하자는 것이 골자다. 그러나 이 회의에서는 작전의 실효성에 의문이 제기돼 공식적으로는 기각됐다.

반면 위원회를 이끌던 존 마스터맨John Masterman의 생각은 좀 달랐다. 그는 회의가 끝난 뒤 콜몬델리에게 해군정보국NID 방첩 책임자였던 이웬 몬태규Ewen Montagu 소령과 함께 아이디어를 더 발전시키고 구체화할 것을 주문한다. 마침 콜몬델리와 친분이 있었던 몬태규도 다른 위원들과 달리 계획에 잠재성이 있을 것으로 보고 내심 전시 활용 가능성을 염두에 두고 있던 터였다.

한편 횃불 작전으로 북아프리카를 점령한 연합군은 1943년 1월 시칠리아섬 상륙에 합의하고 이를 위한 '허스키 작전'을 7월까지 실행하기로 결정한다. 이와 함께 전방위 위장계획인 바클레이 작전Operation Barclay도 가동에 들어갔다. 이때 바클레이의 핵심은 연합군이 시칠리아가 아닌 그리스로 침공할 것이라는 징후를 독일군에게 '그럴듯하게' 흘리는 것이었다. 이를 위해 연합군은 가상의 육군 제12군을 만들어 시리아에서 기동훈련을 수행하도록 했고 독일군 스파이들의 눈을 속이기 위해 전차와 장갑차 등의 수를 부풀렸다. 또 연합국과 그리스 간의 교신량을 늘렸으며 그리스인 통역사 모집과 지도 수집 등을 비밀리에 수행하는 척 하면서 곳곳에 흔적을 남겼다. 여기에 더해 침공이 임박했다는 것을 알리기 위해 그리스 내부에서 교량, 철도 등에 대한 파괴공작도 종종 감행해 독일군의 경계심을 자극했다. 반대로 튀니지에 본부를 둔 시칠리아 상륙부대는 통신량을 급격히 줄이고 육로로 통신을 주고받는 등 고도의 보안을 유지하며 준비에 박차를 가한다.

이러한 연합군의 속임수에 독일도 점차 '그리스 침공'을 기정사실화하는 듯 보였다. 무엇보다 이때 히틀러 등 나치 수뇌부는 연합군이 원유, 철광석, 크롬 같은 풍부한 광물자원을 가진 발칸 반도를 노릴 것이라는 불안감을 늘상 갖고 있었는데 그리스 침공 조짐은 이러한 불안감을 증폭시키는 촉매제였다. 이에 연합군은 독일의 증폭된 불안감을 폭발시키면서도 또 다른 혼란에 빠뜨릴 '필살기'를 준비 중이었다.

작전의 시작 … 유령요원 '윌리엄 마틴'

전선에서 바클레이 작전이 실행될 무렵 런던에서는 NID의 몬태규 소령이 콜몬델리가 제안한 '사체 기만술'을 응용한 새로운 작전 준비에 여념이 없었다. 그는 작전과 관련해 MI6의 프랭크 폴리Frank Foley: 제7화 그리핀 작전에서 독일 스파이 '그리핀'을 도운 인물의 도움을 받아 가능성을 면밀히 분석한 결과 '실행해도 좋다'는 결론을 얻는다. 그리고는 당시 영국의 저명한 의사인 버나드 스필즈버리Bernard Spilsbury의 조언을 받아 '연합군 장교가 기밀문서를 소지한 채 비행기 사고로 바다에 빠져 익사했고 며칠간의 표류 끝에 스페인 해안에서 발견 된다'는 것으로 각본을 짰다. 문제는 이 작전에 들어맞는 적합한 사체를 찾기가 힘들고 설령 찾았다 해도 극비 작전인 관계로 유족들에게 사체를 인도받는 이유를 설명하기가 곤란하다는 것이었다. 이로 인해 작전은 준비단계에서부터 많은 시일이 소요된다.

그렇게 여러 날을 보내던 몬태규는 런던 북부의 한 검시관을 통해 34세로 추정되는 신원 미상의 무연고 남성 사체—사체의 신원과 관련해서는 현재까지 알려진 바에 따르면 웨일즈 태생으로 34세 노숙자였던 그린도어 마이클Glyndwr Michael이라는 주장이 가장 유력하다—를 입수할 수 있었다. 이 남성은 본래 폐렴에 의해 사망한 것이지만 숨지기 전에 폐 속에 체액이 쌓여 익사로 보기에 충분했고 만약 의심을 품더라도 스페인에는 이를 구분해 낼만한 의사가 없다는 스필즈버리의 소견에 따라 작전은 급물살을 탄다.

이렇게 유령요원 선발에 성공한 몬태규는 더블크로스 위원회의 승인을 거쳐 작전명을 '민스미트'라 짓고 다음 단계로 위장 신분 만들기에 착수한다. 그는 사체를 1907년 웨일즈 카디프 태생으로, 신분은 영국군 통합작전사령부COH 소속의 해병 윌리엄 마틴William Martin 소령으로 정했다. 이 이름을 선택한 이유는 당시 해병대에 동일 계급 중 '마틴'이라는 성을 가진 장교들이 여러 명 있어 사실성을 부여하기가 수월했기 때문이다. 이어 생김새가 흡사한 MI5의 로니 리드Ronnie Reed라는 요원의 사진으로 가짜 신분증을 만들었다. 그러나 오랜 기간 복무한 장교의 신분증이 너무 새것 같다는 의심을 받을 것으로 여겨 분실 이후 재발급된 것으로 꾸몄으며 이것을 몬태규가 몇 주간 들고 다니며 바지에 문지르는 등의 과정으로 손 때를 묻혔다. 또한 사체가 입을 군복은 체형이 비슷한 콜몬델리가 얼마간 입고 다니며 길을 들이는 등 세세한 부분까지 치밀하게 대비했다. 이에 더해 팸Pam이라는 가상의 약혼자도 만들어 사진 1장과 2통의 러브레터, 약혼반지 구매 청구서를 소지품에 끼워 넣었다. 팸으로 명명된 여성의 사진은 실제로는 진 레슬리Jean Leslie라는 MI5 여직원의 것이었다. 아울러 마틴이 아버지에게서 받은 편지와 은행 대출금 독촉장, 런던 극장의 티켓, 해군 클럽 숙박권, 그리고 가톨릭 신자로 보이도록 은銀 십자가와 성 크리스토퍼 메달 등을 소지품에 포함시켰다. 몬태규는 이런 편지와 문서에 적힌 글자가 바닷물에 잠긴 후에도 읽힐 수 있도록 MI5 과학자들에게 잉크 테스트를 요청하는 등 만전을 기한다.

이렇듯 치밀하게 위장 신분이 만들어지는 동안 유령요원이 소지할 기밀문서 제작도 함께 진행됐다. 특히 몬태규는 기밀문서로 독일군 수뇌부를 속여야 하기 때문에 더 사실적인 상황을 연출해야 했다. 이를 위해 먼저 마틴 소령이 인편으로 기밀을 전하는 배경이 될 만한 상황을 편지에 끼워 넣는다. 편지는 영국군 참모본부의 아치볼드 나이Archibald Nye 부참모장이, 알제리와 튀지니에 주둔한 해럴드 알렉산더Harold Alexander 사령관에게 보내는 친서로 꾸몄다. 편지에서 나이 부참모장은 "미군이 연합군이라고는 해도, 영국군에게 미군의 상이훈장인 '퍼플하트 훈장'을 수여하는 것은 바람직하지 않다"는 개인 의견을 삽입했다. 또한 근위 여단Brigade of Guards에 새로운 지휘관을 임명한다는 등의 사소하지만 미묘한 문제를 포함시켜 편지가 정규 통신이 아니라 인편으로 전달되는 이유를 독일군이 유추하도록 했다.

배경을 설정한 후에는 본론으로 들어가 독일 수뇌부가 주목할 작전계획을 기술한다. 그 내용은 이집트와 리비아에 주둔한 연합군이 향후 그리스를 침공할 것이며 작전명은 '허스키 작전'이고 지휘관은 헨리 윌슨 장군이 내정됐다는 것이었다. 이와 함께 2곳의 공격 목표가 되는 해안과 이에 할당된 부대 이름도 일부 첨부했다. 특히 그리스 침공을 독일이 알지 못하도록 '브림스톤Brimstone'이라는 기만작전을 쓸 것이며, 그 핵심은 시칠리아를 침공하는 것처럼 혼란을 줄 것이라는 내용이었다. 이에 더해 알렉산더 사령관의 튀니지 부대가 지중해 서쪽 사르디니아Sardinia를 침공할 것처럼 암시해 놓기도 했다. 편지에는 이를 강조하기 위해 정어리를 뜻하는 '사르딘스sardines'에 관한 다소 익살스런 농담도 담았는데 이는 독일군이 사르디니아 침공 계획을 자연스럽게 연상하도록 하기 위한 조치였다.

몬태규는 편지와 기밀문서를 가방에 넣고 유령요원의 겉옷 벨트 부분에 은행원이나 보석상들이 사용하는 가죽 커버로 된 사슬을 연결해 분실되지 않도록 했다. 이렇게 해서 본래부터 현실에는 존재하지 않았던 윌리엄 마틴 소령이라는 '유령요원'의 창조 과정은 마무리됐고 남은 일은 사체가 스페인 해안에 무사히 닿도록 적당한 곳에 흘려보내는 것이었다.

미끼 문 히틀러 ⋯ 무솔리니 의견도 묵살

여기에는 해군 잠수함인 세라프HMS Seraph함이 동원돼 목적지인 스페인 카디스만의 우엘바Huelva로 향했다. 영국 정보당국이 사체 투기 지점으로 우엘바를 택한 이유는 이곳에 스페인과 친분이 깊은 독일 군 정보국 압베르Abwehr 요원들이 활동하고 있다는 사실을 미리 알고 있었기 때문이다. 우엘바에 도착한 세라프함은 4월 30일 새벽 4시 30분경 수면으로 부상해 간단한 장례 절차를 거친 후 유령요원을 바다로 내보냈다. 해류를 탄 요원은 기밀을 품은 채 해안으로 밀려갔고 다음날 오전 인근의 한 어부에 의해 발견된다.

그로부터 3일 뒤 사체 발견 소식이 스페인 주재 영국 해군 무관을 통해 본국으로 전해졌으며 사체는 부영사였던 F. K. 헤이즐덴Haselden에게 넘겨졌다. 마틴 소령은 5월 4일 군 의례를 거친 뒤 우엘바에 안장됐다. 사체를 인계 받을 당시 헤이즐덴은 스페인 측 검시관에게 마틴 소령이 생존한 상태로 바다에 추락했다가 익사했고 사후 약 3일에서 5일 정도 경과됐다는 소견을 들었다. 이 검시관은 마틴 소령의 목에 걸린 은십자가와 지갑 안에 있던 성직자의 초상을 보고 가톨릭 신자로 판단해 정밀 부검은 하지 않았다고 말했다. 이는 애초부터 몬태규 등 영국 정보 당국이 의도했던 바다.

그러나 사체가 인도된 뒤에도 기밀을 담았던 가방은 되돌려지지 않았다. 이에 영국 측은 해군 무관에게 이 사실을 알려 가방의 소재를 파악하도록 했고 만약 스페인 수중에 있을 경우 얼마만큼의 비용과 대가를 치르더라도 되찾으라고 지시했다. 다만 그 가방 속의 문서들이 중요하다는 인상을 절대 줘서는 안 된다는 점을 애써 강조했다. 이때 영국은 이런 내용들을 외교 전문으로 주고받고 있었으며 독일 측이 도청하고 있다는 사실도 잘 알고 있었다. 해군 무관의 확인 결과 가방과 문서, 소지품 일체는 스페인 해군이 보관하고 있었고 5월 13일 참모총장의 보증하에 영국으로 넘겨진다. 영국은 스페인 당국이 문서를 조사했으며 그 내용이 독일에 넘겨졌을 것으로 짐작하고 있었다.

실제로 나치에 우호적이었던 당시 프랑코 정권은 사체를 발견한 즉시 독일 측에 통보했으며 압베르는 이 지역에서 활동하던 아돌프 클라우스Adolf Clauss에게 확인을 명령한다. 클라우스는 스페인의 협조를 받아 문서의 소재를 확인해 보고했고 현지 지휘관이었던 칼 에리히 퀠헨탈Karl Erich Kuhlenthal이 스페인 경찰 고위층과 접촉해 문서의 내용을 확인했다. 여기서 드러난 기밀문서의 텍스트는 무선으로, 소지품 일체는 사진으로 촬영돼 베를린에 보내진다. 얼마 후 런던에서 가방을 전달받은 몬태규는 편지의 봉인이 해제됐다가 다시 봉인된 것을 알아챘다. 본래 편지 속에는 주의를 기울이지 않으면 알 수 없는 가느다란 속눈썹 한 가닥을 넣어뒀는데 돌려받은 편지에는 이것이 사라지고 없었다. 블리첼리파크Bletchley Park에서도 암호해독 작전인 '울트라'를 통해 문서가 베를린에 도착했다는 사실을 최종 확인하면서 영국은 독일이 미끼를 제대로 물었다고 확신한다.

아니나 다를까 독일은 내부적으로 이 문서를 철저히 조사해 상당한 신뢰성이 있는 것으로 판단했다.—이 사실은 전후 영국이 압베르 문서를 압수해 조사한 결과에서도 드러난다—베를린으로 보내진 문서는 군 최고사령관인 빌헬름 카이텔Wilhelm Keitel과 해군 총사령관 칼 되니츠 Karl Dönitz의 동의서로 작성돼 히틀러에게 보고됐다. 이에 따라 이후 독일의 군사 동향은 크게 바뀌게 된다.

히틀러는 사르디니아와 코르시카섬에 병력 증강을 명령했고 그리스 앞바다에 추가로 기뢰지대를 설정해 대량의 기뢰를 부설했다. 또 시칠리아 연안을 방어하던 소해정R-Boote 부대를 그리스로 이동시켰다. 이뿐 아니라 신형 전차 판저Panzer로 구성된 2개 기갑사단도 동부전선에서 그리스로 재배치했고 에르빈 롬멜을 아테네로 보내 연합군 침공에 대비하게 했다. 같은 시기 히틀러는 연합군이 시칠리아를 침공할 것이라는 무솔리니의 의견도 묵살하면서 이탈리아 해군의 주요 전력이 아드리아 해로 집중하도록 했다. 그 결과 독일의 시칠리아 방어력은 크게 약화됐고 7월 연합군이 시칠리아를 공격할 때까지도 나치 수뇌부는 본공격을 그리스나 사르디니아로 여겼을 만큼 기만에 깊이 빠져 있었다. 이에 힘입어 연합군은 8월 독일군을 내쫓고 시칠리아섬을 완전 장악하며 이탈리아 본토로 향할 수 있는 교두보를 확보한다.

한편 몬태규는 '민스미트 작전'의 공로가 인정돼 1944년 대영제국 훈장을 받았고 유령요원으로 임무를 훌륭히 수행한 마틴 소령의 묘비에는 실제 인물로 추정되는 그린도어 마이클의 이름이 추가로 새겨졌다. 그

기만과 침공 시칠리아를 공격하는 연합군과 MI5에 의해 창조된 윌리엄 마틴(원내: 본명 그린도어 마이클) 소령. 전방위 기만에 성공한 연합군은 시칠리아섬을 장악하고 이탈리아 본토로 향하는 교두보를 확보하게 된다.

린도어 마이클의 정체는 아마추어 사학자 로저 모건Roger Morgan에 의해 1996년 처음 밝혀졌으며 영국 전몰자 묘지위원회는 이를 1998년 공식적으로 인정했다. 다만 2004년 유령요원이 사망 당시 37세의 영국 해군 존 멜빌John Melville이라는 또 다른 주장이 제기돼 한동안 논쟁에 휘말린 바 있다.

16

벤전스 작전

Operation VENGEANCE ~1943 −ONI−

벤전스 작전Operation VENGEANCE은 태평양 전쟁 중이던 1943년 미 해군정보국 ONI이 일본 연합함대 사령관인 야마모토 이소로쿠山本五十六의 탑승기를 격추한 일종의 요인 '제거작전'이다. 야마모토 이소로쿠는 진주만 기습을 기획하고 주도한 인물로 태평양 전선을 항공기로 시찰하던 중 ONI에 의해 경로가 파악되면서 솔로몬 제도 부건빌섬Bougainville Island 근처에서 격추돼 사망했다.

미국이 미드웨이 해전 승리에 이어 전격적으로 단행한 보복전으로 일본의 기세를 꺾고 태평양 전선에서 사실상 승기를 잡게 되는 결정적 사건 중 하나다.

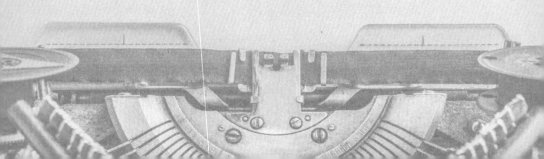

ONI의 야마모토 제거작전 배경

1941년 12월 일본이 진주만을 기습하면서 미국이 참전하는 이른바 '태평양 전쟁'이 시작됐다. 이와 함께 일본 연합함대는 괌에서 솔로몬 제도(과달카날)에 이르는 중남부 태평양 일대를 속전속결로 점령하며 기세를 올린다. 반면에 이듬해인 1942년 6월 경계망 확대를 위해 단행한 미드웨이Midway 공격이 도리어 이를 눈치챈 미 해군의 역습으로 참담하게 실패했고 이어진 과달카날 공방전에서도 패하며 전쟁의 주도권을 빼앗긴다.

이 과정에서 연합함대 사령관이던 야마모토 이소로쿠는 1943년 4월 점령지 중 최남단 방어선인 솔로몬 제도 주변 섬들에 대한 시찰을 계획했다. 이런 야마모토의 시찰 계획은 일본 해군의 통신망을 엿듣고 있던 미 해군정보국ONI에 의해 암호가 해독됐고, 그 결과는 태평양 함대 사령관이던 체스터 니미츠Chester Nimitz에게 보고된다. 니미츠는 야마모토를 제거할 경우 가져올 전략적 유·불리를 면밀히 따져본 끝에 마침내 제거의 칼을 빼든다.

일본의 기습과 미국의 매직작전

벤전스 작전은 결과적으로 대서양과 태평양으로 전력이 분산, 약화된 미 해군의 입장에서 전쟁의 판도를 뒤집어 버린 결정적 '한방'이 됐다. 그러나 이런 전략적 배경 외에도 작전의 명칭인 벤전스Vengeance에는 '복수' 혹은 '앙갚음'이라는 의미가 담겨있듯 미국은 야마모토 이소로쿠에게 반드시 되갚아 줘야 할 빚이 있었다. 이런 이유에서 이 작전은 사실상 '복수전'이었는데 미국이 왜? 야마모토에게 복수심을 갖게 됐는지는 그의 지난 전력을 살펴보면 알 수 있다.

1884년 일본 니가타현新潟県에서 태어난 야마모토는 어려서부터 예사롭지 않은 성품의 소유자로 알려져 있다. 한번은 친구들과 '먹기食' 내기를 하던 중 "연필은 먹을 수 없다"는 말에 오기가 발동해, 그 자리에서 연필을 집어 삼켰다는 일화가 전해질 정도로 강한 승부욕을 갖고 있었다. 이러한 성품을 갖고 성장한 그는 해군사관학교에 진학해서는 러·일 전쟁에 참전하며 일찌감치 실전 경험을 쌓았고 이후 해군대학에 진학 하는 등 전형적인 엘리트 코스를 밟게 된다. 이어 1919년에는 미국 주재 대사관에 무관으로 파견됐는데 야마모토는 이 기간 하버드에서 공부하며 미국의 석유, 자동차, 항공기 등 대규모 산업 동원력에 강한 인상을 받고 귀국한다.

1936년에는 해군차관에 오르며 권력 핵심부에 진입했으나 독일·이탈리아·일본으로 이어지는 삼국동맹에 반대하는 등 전시 지휘부인 대본영大本營 주류와 다른 의견을 갖고 있었고 '거함거포巨艦巨砲' 중심의 해군력 강화에도 줄곧 부정적 시각을 드러냈다. 그는 이때 기동력과 제공권 확보가 가능한 항공모함을 미래의 무기로 여기고 있었기 때문에 야마토大和, 무사시武蔵 같은 당대 최대의 전함을 건조하는 것에 줄곧 반발했다. 이 같은 이견은 그가 일본 연합함대 사령관에 오른 1939년부터 표면화해 대본영 내 최대 권력을 형성하고 있던 도조 히데키東條英機 등 육군과 극심한 갈등을 벌인다. 야마모토는 당시 미국과의 전쟁을 주장하는 육군에 맞서 유학시절 직접 체험한 미국의 막강한 산업 동원력을 들어 "무조건 패배한다"며 끝까지 개전을 반대했다.

그렇지만 1941년 초 대본영이 미국과의 전쟁을 결정한 뒤부터는 기존 입장을 완전히 바꿔 선봉에 선다. 그는 직접 입안한 공격계획을 바탕으로 항공모함 6척과 항공기 4백여 대 등의 주요 전력을 이끌고 미 태평양 함대가 있는 진주만을 기습한다. 또 이틀 뒤 중앙태평양의 괌 등 미국의 전초기지도 급습해 점령했다. 갑작스런 일본의 공격으로 미국은 삽시간에 3천여 명이 넘는 인명피해를 입었으며 전함 애리조나USS Arizona, BB-39 등의 상당 전력이 바다 밑으로 수장됐다. 사정이 이렇다 보니 프랭클린 루스벨트 대통령은 이날을 '치욕의 날'로 규정하며 분노했고 미국은 기습작전의 지휘자였던 야마모토 이소로쿠를 제거 1순위로 올려 복수의 칼을 갈게 된다.

당시 미국이 받은 충격과 분노는 이만저만이 아니었으나 그렇다고 바라던 대로 복수가 금방 이뤄진 것은 아니었다. 개전 초기 일본은 버마와 말레이 반도, 동인도 제도 등을 점령한데 이어 여세를 몰아 필리핀마저 함락하며 서남태평양 대부분을 손아귀에 넣었을 만큼 기세는 대단했다. 여기에 더해 1942년 5월까지 일본의 해군 전력은 미국을 압도하고 있었다. 이 시기 일본은 바다의 전초기지인 항공모함 전력에서 미국을 약 10 대 3정도로 크게 앞서는 양상이었다. 적어도 외형적인 전력 면에서 미국은 복수는커녕 남은 전력마저 궤멸당하지 않는 것이 다행일 정도였다.

그러나 미국에는 이때까지 단 한 번도 세상 밖으로 모습을 드러내지 않은 미지의 전력이 있었고 이것은 장차 전쟁의 판도를 바꾸는 동시에 절대 우위에 있던 일본을 패망에 이르도록 하는 마법(매직)과도 같은 힘을 발휘한다.

야마모토 이소로쿠 그는 태평양 전쟁 당시 일본 연합함대 사령관으로 진주만 기습을 진두지휘해 미국에 막대한 피해와 씻기 힘든 치욕을 안겼다. 참모들과 작전회의 중인 야마모토(중앙).

복수의 서막, 미드웨이 해전

1942년 초 미 해군정보국ONI은 일본 해군의 통신망을 상당부분 엿들을 수 있었다. 이는 이미 오래전부터 실행돼 온 이른바 '매직MAGIC'이라 불린 암호해독 작전 덕분이다. 본래 1930년대 미 육군의 통신정보국SIS에 의해 시작된 이 매직작전은 일본의 대사관이나 영사관 등 주로 외교통신 암호를 해독하던 것이다. 특히 민간인 신분으로 육군 통신정보국을 이끌며 암호해독 분야를 개척한 윌리엄 프리드먼William Friedman의 헌신에 힘입어 미국은 평소 독일과 가까이 지내던 일본을 줄곧 감시할 수 있었다. 프리드먼은 1940년 8월 일본이 독일의 에니그마를 본떠 만든 퍼플Purple이라는 암호 생성기를 복제하며 절정의 성과를 올렸고, 12월부터는 해군정보국 내 통신감청국OP-20-G이 가세하면서 매직작전은 한층 활기를 띠게 된다.

그렇지만 일본 해군은 외교 공관들과 달리 퍼플 암호기 대신 자체 제작한 'JN-25'라는 암호기를 사용하고 있었는데 미국은 진주만 기습 직전까지도 이 암호에 대해서는 해독하지 못하고 있었다. 이에 따라 해군정보국은 기습을 허용한 직후부터 JN-25 해독에 필사적으로 매달려 수개월을 보낸 끝에 1942년 3월 13일 마침내 수수께끼를 푸는데 성공한다. 이처럼 매직작전을 통해 적국의 '암호해독'이라는 마법의 지팡이를 갖게 된 미국은 곧이어 그 위력을 실감케 하는 대반전의 기회를 맞이한다. 바로 2차 대전에서 유럽과 태평양 전선을 통틀어 최고의 명승부 중 하나로 꼽히는 미드웨이 해전Battle of Midway이 그것이다.

1942년 4월 미 육군항공대 소속의 제임스 두리틀James Doolittle 대령이 대담하고 기지 넘치는 작전으로 일본의 심장부인 도쿄를 공습하는데 성공한다. 이 일로 도쿄는 그다지 큰 피해는 입지 않았지만 태평양 전선에서 경계망을 확대해야 한다는 필요성이 제기됐다. 이런 이유로 일본 해군은 당시 미 해군의 전초기지가 있던 북태평양의 미드웨이를 공격하기로 결정한다. 이후 5월 5일 야마모토는 알레스카 부근 베링해의 알루샨 열도Aleutian Islands를 공격하는 척 하면서 실제로는 미드웨이를 공격하는 것으로 작전계획을 수립하고 함대에 전파했다.

일본 해군의 통신망을 엿듣고 있던 미 해군정보국도 같은 시기 공격계획을 입수한다. 하지만 일본이 암호체계를 변경하는 바람에 정확한 위치를 파악하는 데 애를 먹었다. 미국은 일본이 5월말에서 6월초 사이에 'AF'라는 지점을 공격할 것이라는 사실을 알았지만 그 지점이 어디인지는 정확히 알지 못했다. 미 합동참모본부 내에서도 공격 예상지점으로 알루샨 열도를 포함해 알레스카, 미드웨이, 하와이, 샌프란시스코 등으로 의견이 분분했다.

그러다 하와이 기지국HYPO에 있던 조셉 로슈포르Joseph Rochefort와 제스퍼 홈즈Jasper Holmes가 아이디어를 내놓는다. 본래 로슈포르는 일본이 미드웨이를 공격할 것으로 가정하고 정보를 수집 중이었다. 여기에 홈즈가 미드웨이에서 '담수장치 고장으로 식수가 부족하다'는 긴급 전문을 보낼 것을 제안한다. 이들은 일본이 통신망을 엿듣고 있다는 사실을 알고 있었다. 이 계획대로 미드웨이 기지에서 식수 부족을 호소하는 전문이 영어 평문으로 전송된다. 이 전문은 태평양 한가운데 웨이크섬Wake Island에 진을 치고 있던 일본 통신대에 걸려들었다. 통신대는 "AF에서 물 부족, 공격 계획에 이를 고려해야"라는 짤막한 전문을 함대로 보냈고 다시 이 전문을 로슈포르의 하와이 기지국에서 가로채면서 'AF'가 미드웨이라는 사실을 알아낸다. 또한 후속 작업을 통해 공격 개시일도 6월 4일로 특정됐다.

이처럼 '매직'을 통해 일본의 공격 지점과 시기를 알아낸 태평양 함대 체스터 니미츠 사령관은 자신이 가진 모든 전력을 동원하는 소위 '올인 전략'으로 승부수를 던진다. 이때 니미츠는 앞서 벌어진 해전에서 심각하게 파손됐던 항공모함CV-5 요크타운까지 긴급히 전투에 투입해야 할 정도로 사정이 매우 좋지 않았다. 그럼에도 첩보전의 우위와 광범위한 정찰, 그리고 허를 찌르는 선제공격으로 교전 당일부터 일본의 항공모함에 치명타를 입히며 기적적인 승리의 발판을 마련하게 된다. 이후 7

일까지 벌어진 해전에서 일본 해군은 항공모함 4척이 침몰하고 3천여 명이 사망하는 참패를 당하며 퇴각했다. 이 승리로 미국은 개전 이후 처음으로 태평양 전선에서 상승일로에 있던 일본의 기세를 꺾었고 아울러 진주만에서 당한 치욕도 씻을 수 있었다.

반면 이런 참패에도 불구하고 일본의 경계망은 크게 흐트러지지 않았다. 이에 미국 등 연합군은 여세를 몰아 일본의 최남단 전초기지인 솔로몬 제도 과달카날섬을 집중 공략해 승리를 따내며 전쟁의 주도권을 완전히 가져온다. 여기에 더해 이때부터 일본이 개전 초기 속전속결로 점령했던 남태평양섬들에 대한 연합군의 대공세가 이어졌다. 그러나 일본은 뉴기니 방면 연합군 함대와의 교전에서 승리해 뉴브리튼섬New Britain을 중심으로 비스마르크 제도 일대에 대한 제해권과 제공권만큼은 여전히 손에 쥐고 있었다.

'복수의 칼' 빼든 니미츠 … 벤전스 가동

그러던 1943년 4월 14일 일본 해군의 통신망을 감시하던 미 해군정보국이 한통의 '천금' 같은 통신전문을 가로챈다. 이 전문은 연합함대 야마모토 사령관이 방어선 시찰과 병사들을 격려하기 위해 남단 솔로몬 제도 일대를 둘러볼 것이라는 내용이었다. 또한 전문에는 '야마모토 사령관이 18일 뉴브리튼섬의 라바울을 출발해 부건빌섬 근처에 있는 발라라에Balalae섬에 도착할 것'이라는 매우 구체적인 계획이 암호화돼 있었다. 이 암호문은 매직작전을 수행해 온 마법사미국의 암호 해독가들에 의해 즉각적으로 해독됐고 개괄적 제거 계획이 니미츠 사령관에게 보고됐다.

　이것을 보고 받은 니미츠는 한동안 깊은 고민에 빠진다. 적장을 제거함으로써 적군의 사기를 떨어뜨릴 수도 있지만 반대로 결사항전의 빌미가 될 수도 있었기 때문이다. 더욱 야마모토를 제거한 뒤 후임으로 그보다 뛰어난 지휘관이 임명될 수 있다는 가정도 니미츠의 고민을 깊게 했다. 그러나 야마모토는 일본 해군에서 현역 최고 지휘관으로 인정받고 있었으며 무엇보다 많은 인명이 희생된 진주만 기습의 원흉이라는 점에서 살려둘 수 없다는 결론에 이르게 된다. 마침내 니미츠는 백악관의 제가를 거쳐 야마모토 제거계획인 '벤전스 작전'을 승인하며 복수의 칼을 빼들었다.

　이후 세부적인 작전의 입안과 실행은 남태평양 사령관인 윌리엄 홀시William Halsey에게 맡겨진다. 홀시는 암호 해독문을 토대로 비행거리가 길다는 점, 그리고 시간과 약속을 비교적 정확히 지키는 일본인의 습성을 고려해 공중 격추로 작전을 짰다. 이와 함께 일상 정찰 과정에서 격추한 것처럼 속이기 위해 작전에 앞서 섬 주변에 정찰기를 상습적으로 노출시켜 경계심을 누그러뜨리는 등 치밀한 사전 작업을 벌인다. 그리고는 얼마가 지나 작전 당일인 18일 아침 5시 25분 미 육군항공대 소속의 P-38 전투기 18대가 공격조와 전투조로 나뉘어 과달카날 비행장을 출발한다. 이런 미국의 움직임을 까맣게 몰랐던 야마모토는 잠시 후인 6시 5분 전투기A6M3 9대의 호위를 받으며 라바울을 출발했다. 이어 7시 33분경 양측은 부건빌섬 근처에서 맞닥뜨렸고 미 육군항공대 전투조가 일본 호위대와 공중전을 펼치는 사이 공격조가 야마모토의 탑승기를 발견해 격추시켰다. 부건빌섬 숲속에 추락한 야마모토는 그 자리에서 사망하며 작전은 성공적으로 마무리된다.

일본은 야마모토의 사망에도 불구하고 전군의 사기를 고려해 비보를 즉각 알리지 않았고 5월 21일 시신을 수습해 도쿄로 옮겨온 뒤에야 이 사실을 발표했다. 미국도 오랜 기간 벼르던 복수전에 성공했다는 기쁨은 감춘 채 암호해독을 의심받지 않도록 야마모토의 탑승기인 줄 모르고 우연히 격추한 것처럼 발표했으며 작전 이후 부건빌섬에 대한 대규모 폭격을 감행해 격추가 주변 지역에 대한 공격의 일부인 것처럼 위장했다.

한편 전쟁이 끝나고 시간이 지나 야마모토의 죽음과 관련해 여러 의혹이 불거진 바 있는데 이 가운데에는 일종의 음모론도 포함돼 있다. 일각에 따르면 야마모토의 검시 기록에는 총탄이 눈 부위를 관통해 즉사한 것으로 기록돼 있지만 미군 전투기에는 12.7밀리와 20밀리 기관총포이 장착돼 있었기 때문에 이 정도 타격이면 머리 부위가 거의 형체 없이 사라져야 한다는 주장이다. 이에 야마모토를 죽음에 이르게 한 것은 기관총포이 아니라 권총 등의 소구경 총탄이었을 가능성이 제기됐다. 이는 앞선 잇단 전투에서 주도권을 빼앗긴데 대한 자책으로 자결을 택했다는 설과 살해당했을 것이라는 추정으로 증폭됐다. 또 추락 지점에서 최초 발견 당시 '다른 사망자들의 시신이 부패해 구더기가 들끓었으나 야마모토의 시신은 비교적 온전한 상태였다'거나 '총상이 없는 상태로 사망한 채 발견됐다'라는 말까지 있었다. 심지어 사후 외상으로 보이기 위해 권총 등으로 앞면을 쏘아 흔적을 만들었다는 주장도 제기됐지만 모두 시간이 지나 불거진 추정이라 사실로 받아들여지지는 않았다.

17

콘플레이크 작전

Operation CORNFLAKES 1944~1945 —OSS—

콘플레이크 작전Operation CORNFLAKES은 제2차 세계대전 후반 미국의 전략사무국OSS이 독일인들을 대상으로 실행한 기만, 심리전이다. 작전은 나치가 수세에 몰린 점을 이용해 독일 민심을 이반離反시키려는 의도에서 실행됐으나 각종 변수와 미숙한 진행으로 소기의 성과를 거두는 데 실패했다.

첩보사에서 정보기관들이 벌인 작전들을 살피다 보면 목숨을 담보로 한 위험하고 진지한 작전이 있는가 하면 때로는 황당무계한 해프닝으로 끝난 작전들도 여럿 있는데 이 작전은 그중에서도 '가장 대표적인 해프닝'이라는 혹평을 받아 왔다. 다만 FBI, ONI, G-2 등 기존 거대 기관의 틈바구니에서 신생 정보기관인 OSS가 조직의 역할을 찾기 위해 부단히 노력한 측면은 평가할 만하다.

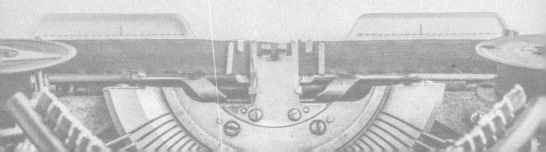

OSS의 대對나치 기만, 심리전 배경

미국의 전략사무국OSS이 전쟁 막바지에 독일인들을 상대로 심리전을 기획한 배경은 대략 두 가지로 볼 수 있다.

첫 번째는 1944년 초반까지의 전황이다. 당시 서부전선에서는 미국 등의 연합군이 시칠리아 상륙작전Operation Huskey에 성공한 이후 이탈리아 본토로 진격해 일단 나치의 기세를 꺾는데 성공했다. 또한 동부전선에서도 소련이 스몰렌스크와 레닌그라드 등지에서 승리하며 주도권을 가져온다. 반면 히틀러는 전쟁 중반까지 이어진 파죽지세를 이어가지 못하고 수세에 몰린 채 반격을 걱정해야 하는 입장에 놓였다. 때를 같이해 OSS는 독일 본토에 대한 대대적인 심리전을 펼쳐 히틀러의 신뢰를 떨어뜨리고, 나아가 독일인들의 전의를 꺾을 필요가 있다고 판단한다.

두 번째는 OSS의 내부 사정이다. 이들은 2차 대전 참전과 함께 야심차게 창설됐지만 일천한 경험과 미숙한 작전 능력으로 이때까지 존재감을 드러내는 데는 실패하고 있었다. 본래 윌리엄 도노번William Donovan 장군은 OSS가 전쟁 승리에 크게 기여해 전후 공식적인 정보기구로 안착하는 것을 목표로 했기 때문에 그에 적합한 성과를 절실히 원했다. 이에 조직의 발전 모델로 여겨온 영국 MI6의 과거 작전을 모방한 대독일 '심리전PSYOP'에 돌입한다.

작전의 기원과 OSS의 모방

콘플레이크 작전의 골자는 '서유럽 중립국에서 독일 본토로 허위나 기만 정보를 유입해 독일인들의 사기를 떨어뜨리고 패배의식을 갖게 하자는 것'으로 1944년 초 OSS에 의해 시작됐다. 그러나 이것은 애초부터 미국의 독창적인 기획은 아니었으며 전쟁 초기 영국의 대외기관인 MI6가 실행했던 심리전을 고스란히 모방한 것이었다.

정확한 시점은 불분명하지만 대략적으로 1941년 경 MI6는 독일 내부를 상대로 대규모 정치전이 필요하다는 생각을 하게 됐고 그 방안으로 우편물을 활용하자는 주장이 제기된다. 이어 해외 공작원을 시켜 중립국에서 발행되는 신문을 구독하는 본토의 독일인 명단을 입수하도록 했다. 이때 MI6가 정한 우편물의 성격은 '중립국에 있는 어떤 회사로부터 수신자에게 전해지는 홍보성 우편'인 것으로 꾸밀 계획이었다. 여기에 등장하는 회사는 물론 가상으로 만든 유령회사였고 홍보 내용에도 간혹 히틀러와 나치를 조롱하거나 음해하는 내용을 교묘하게 끼워 넣었다.

그렇지만 이 공작에서 특별히 공을 들인 부분은 따로 있었는데 그것은 우편물 겉봉투에 붙이는 '우표'였다. MI6는 이를 위해 위조 전문가를 고용해 당시 통용되던 약 4종류의 우표를 정교하게 위조했다. 더욱 이 가운데는 얼핏 봐서는 일반 우표와 크게 다르지 않지만 자세히 보면 히틀러의 머리모양에 히믈러의 얼굴을 합성해 놓은 미묘한 디자인의 우표도 있었다. 이는 나치 정권 내에서 각각 1, 2인자를 차지하고 있는 히틀러와 히믈러 사이에 심한 알력이 있고 조만간 히믈러에 의해 히틀러 정권이 붕괴될지 모른다는 불안감을 조장하기 위한 MI6의 노림수였다. 이렇게 공들여 제작된 우편물은 삼엄한 감시를 뚫고 독일 우정국을 무사히 통과해 본토로 전해지는 데까지는 성공한다.

반면 당시에는 전세가 독일에 그다지 나쁘지 않았던 이유로 수신자의 심리에 큰 영향을 미치지 못했고 또 대부분은 알지도 못하는 기업에서 보낸 우편물에 흥미를 갖지 않으면서 그대로 버려지기 일쑤였다. 무엇보다 이 시기는 게슈타포의 철권이 하늘을 찌르고 있었기 때문에 우편물의 의도를 파악한 다른 많은 수신자들은 혹시나 모를 의심을 두려워하며 서둘러 우편물을 불태우거나 찢어 없애기에 바빴다. 결국 전쟁 중반까지 유럽을 뒤덮었던 히틀러의 기세를 꺾고자 MI6가 단행한 심리전 공작은 허무한 실패로 막을 내리고 만다.

그런데 이처럼 아무런 성과도 없이 사라진 듯 보였던 작전은 전쟁 후반 들어 얼토당토않은 생명력으로 되살아나며 종전 무렵 한편의 해프닝을 연출한다. 1944년 초 OSS는, 1941년에 MI6가 그랬던 것처럼 본토에 있는 독일인들에게 패배주의를 주입하는 정치전이 필요하다는 판단을 내린다. 이는 과거와 달리 당시 전세에서 나치의 기세가 한풀 꺾였다는 점에서 일면 타당한 전략이긴 했다. 다만 방법이 문제였다. 도노번 장군을 비롯한 OSS 수뇌부는 그 방안으로 MI6의 작전을 모방해 '우편물'을 이용한 심리전을 실행하기로 결정한다.

이후 작전 명칭을 '콘플레이크우편물들이 뒤섞인 모양을 연상해 작명'로 정하고 수용소를 샅샅이 훑어 독일군 포로 중 전쟁 이전 우편업무에 종사한 경험이 있는 사람들을 찾아냈다. 그리고는 이들에게 후한 식사와 술 등을 대접하며 독일 우편체계에 관한 정보를 긁어모았다. 모처럼 좋은 음식과 처우를 제공받은 포로들도 자신들이 하찮게 여겨온 업무에 미군이 지대한 관심을 갖자 불필요한 설명까지 곁들이며 적극적으로 협조한다. 또 OSS는 독일 본토에서 어렵게 입수한 전화번호부를 추려 약 2백만 명에 달하는 수취 대상자를 정했고 수천 명의 망명자들을 동원해 실재하지 않는 친척이나 친구들의 이야기를 편지에 쓰도록 했다. 이 편지에는 '엘가의 남자친구는 잘 있느냐?'거나, '프리드리히 삼촌은 건강하시냐?' 같은 일상적인 안부글이 주를 이뤘으며 간혹 정부 고위 관리에게 들었다며 '정부가 식량 지원을 줄이면 큰일 난다'는 등의 불안 심리를 자극할 만한 내용도 담았다.

작전의 거점이었던 OSS 로마Rome지부에서는 이런 편지를 일주일에 1만 5천 통씩 생산했고 주변 도시와의 분업을 통해 우편물들을 완성했다. 그럼에도 편지는 혹시나 있을지 모를 검열에 대비한 일종의 위장이었을 뿐 OSS가 준비 중이었던 '회심의 카드'는 따로 있었다. 그것은 MI6의 작전에서처럼 우편물에 붙일 우표를 위조하는 것이었다. 이를 위해 OSS도 위조 전문가를 고용해 당시 독일에서 유통되던 정품 우표를 정교하게 위조하는가 하면 독일군 포로들의 도움으로 우정당국이 사용하는 우편물 소인을 위조하는 데도 성공했다. 나아가 OSS는 우표를 위조하는 과정에서 또 하나의 독특한 디자인을 고안한다. 본래의 정품 우표에는 히틀러의 옆모습과 그 아래에 발행처로 '독일 제국Deutsches Reich'이라는 글자가 쓰여 있는데 이것을 히틀러의 머리에 얼굴에는 해골 모양을 그려 넣고 '끝장난 제국 Futsches Reich'이라는 글자를 삽입한 것이다. 현대적 의미로 일종의 '패러디Parody: 특정 작품을 흉내 내 익살스럽

끝장난 제국 OSS가 심혈을 기울여 제작해 실전에 사용했던 우표. 히틀러를 닮은 해골 문양이 선명하다. 사진=CIA

게 표현하는 수법'라 할 수 있는 이 우표는 독일인들이 "이제 우리 제국도 끝장이구나!"라는 체념과 패배의식을 갖도록 하기 위해 OSS가 심혈을 기울인 모종의 필살기였다.

아울러 우편물 안에는 편지 외에도 반나치 망명자들이 중립국에서 발행하는 '다스 노이에 도이칠란드신독일: Das Neue Deutschland'라는 반체제 신문을 일부 오려 넣었다. 이 신문에는 히틀러 암살미수사건에 대한 상세한 전모나 식량 부족에 허덕이는 일반 국민들의 참상, 이와 대비되는 나치당 간부들의 호화로운 생활상 등이 자극적인 삽화와 함께 실려 있었다. 당초 OSS는 우편물 겉봉투에는 정상적으로 위조된 우표를 붙이고 그 안에 히틀러를 닮은 해골 모양의 우표가 붙여진 반체제 신문을 넣어 불안에 휩싸인 민심을 사정없이 뒤흔들겠다는 계획이었다.

기대와 실망, 주인 잃은 우편물

그런데 모든 준비가 완료되어 갈 무렵 전혀 예상치 못한 날벼락이 떨어진다. 1944년 8월 독일 우정당국이 기존 소인을 바꿔 새로운 소인으로 우편업무를 시작한 것이다. 이미 수만 통의 기만 우편물에 소인을 찍어 본토로 들여보낼 궁리에 여념이 없던 OSS는 당혹감을 감추지 못한 채 작전을 원점에서 다시 시작해야 했다. 이후 새로운 소인을 위조해 작업에 들어갔지만 다시 한 달 뒤 독일 우정당국이 전시戰時라는 이유를 들어 이번에는 '사업과 관련된 우편물만 배달한다'는 법령을 발표하며 본의 아니게 OSS를 곤경에 빠뜨렸다. 이렇게 작전은 실행을 눈앞에 두고 번번이 예기치 못한 난관에 봉착한다.

그렇지만 여기서 포기할 도노번 장군과 OSS가 아니었다. 이들은 다시 전화번호부를 샅샅이 훑어 사업가만을 추려내는 번거로운 작업을 감수했고 편지를 비롯한 우편물의 내용도 상당수 바꿨다. 이런 우여곡절을 거친 끝에 작전에 돌입한지 거의 1년이 돼서야 준비가 완료됐고, 그토록 바라던 대독 심리전을 펼치기에 이른다.

당시 독일은 국내 우편물에 대해서는 특별한 경우를 제외하곤 거의 검열을 거치지 않았기 때문에 OSS는 자신들이 만든 기만 우편물을 국내 우편물에 끼워 넣고자 했고, 그 첫 번째 작전은 1945년 1월 실행된다. 이때 이들이 구상한 작전 계획을 보면 대략 이렇다. 기만 우편물을 미리 만들어 둔 독일 우정당국의 우편물 자루에 담아 이것을 특별 제작한 폭탄에 넣는다. 그리고는 공군기를 이용해 독일의 우편물이 실린 열차를 공격하고 그 주변에 폭탄을 떨군다. 그러면 폭탄이 터지면서 실려있던 우편물 자루가 열차 주위에 흩어져 독일 우편물과 뒤섞이게 되는데 이를 독일 우정당국이 수거해 국내 주소지로 배달하기만 하면 살포 작전은 마무리되는 것이다. 물론 여기에 사용된 폭탄은 우편물이 손상되지 않도록 세심한 주의를 기울여 제작한 것이고 우편물 자루도 독일이 사용하는 것과 거의 동일하게 만들어져 어지간해서는 들킬 염려도 없었다.

이렇게 해서 OSS는 1월 5일 독일에서 오스트리아 린츠Linz로 향하는 열차를 공격해 우편물 3천 8백통이 담긴 우편물 자루를 투하하는 데 성공했으며 이후 320개 이상의 자루에 대략 10만여 통의 편지를 독일로 유입시킨 것으로 알려졌다. 이에 OSS는 독일이 전의를 상실하고 패배주의에 젖어 조만간 총구를 내려놓으리라는 기대에 부풀었다. 그러나 이런 기대는 전쟁 말기, 독일 내부의 참혹함과 삼엄함을 전혀 모르고 가진 한낱 백일몽(헛된 꿈)에 지나지 않았다.

1945년 독일 본토는 연합군의 연이은 폭격으로 거의 모든 공식 업무가 마비될 정도로 파괴돼 있었다. 따라서 우편업무 역시 많은 차질을 빚고 있었기 때문에 편지가 정상적으로 배달되지 못했다. 가장 심각했던 것은 이어진 폭격으로 건물이 파괴되고 도시가 폐허로 변하면서 대부분의 주소지가 사라졌다는 점이다. 이로 인해 수백만 명이 주소 불명의 이재민이 됐고 다른 많은 사람들이 이사를 가거나 친척집에서 지내고 있었다. 이런 상황에서 대부분의 독일인들은 정부에 주소지 이전을 신고할 이유가 없었고 이렇게 주인을 잃어버린 우편물은 그대로 버려질 수밖에 없었다. 설령 우편물이 수취인에게 전달돼 편지 내용을 읽었다 하더라도 알지도 못하는 친구나 친척의 이야기가 들어 있어 편지가 잘못 배달된 것으로 여기는 경우가 허다했으며 조작된 우표와 선전물을 보고는 친위대나 게슈타포에 반정부주의자로 낙인찍힐 것을 두려워해 그대로 불태워 없애는 사례도 많았다.

사정이 이렇다 보니 OSS가 본래 의도한 소기의 성과는 고사하고 작전에 투입한 막대한 자금만 날린 꼴이 되고 말았다. 그럼에도 이 작전이 아무런 효과가 없었던 것은 아니다. 다소 엉뚱하기는 하지만 전쟁 기간 광적으로 나치를 지지했던 골수분자들이 전후 처리 과정에서 OSS의 우편물을 근거로 자신이 '반나치주의자'라고 주장하는 일이 벌어졌고 이 중 일부는 주장이 받아들여진 것으로 추정되고 있다. 아울러 전쟁이 끝나고 온전한 상태로 발견된 해골우표가 단 2장에 불과해 희소성이 매우 높았기 때문에 우표 수집가들 사이에서 대단한 가치로 인정받으며 엄청

윌리엄 도노번 콘플레이크 작전 등의 실패로 전쟁 기간 OSS의 활약은 당초 목표와 기대에 크게 미치지 못했다는 평가
가 지배적이다. 그러나 '창설자' 도노번의 모험심과 도전 정신에 힘입어 미국은 통합적 대외정보기관의 중요성을 절감
했고 유전자를 이어받은 CIA도 이런 점을 들어 그의 정신과 업적을 기리고 있다.

난 가격으로 유통됐다는 말도 있다. 이 때문에 우편물을 받은 즉시 소각
했거나 없앤 사람들은 땅을 치고 후회했다는 후문이다.

그러나 이런 효과들은 어디까지나 전쟁이 끝난 뒤의 일이고 의도와도
별개다. 결과적으로 작전은 히틀러를 굴복시키는 데 아무런 영향을 미
치지 못했다는 혹평 속에 당시에는 사람들의 뇌리에서 잊혀졌다. OSS
와 미국 정부도 '멍청한 작전'에 막대한 세금을 쏟아 부었다는 국민들의
비난을 우려하며 작전 일체를 극비에 부친 채 일반에 공개하지 않았다.

봉인된 작전 … 우연히 밝혀진 전모

하지만 '세상에 비밀은 없다'는 말처럼 이 어처구니없는 작전은 아주 우연한 기회를 통해 전모가 드러난다. 종전을 얼마 남겨두지 않은 1945년 4월 연합군의 큰 축이었던 프랭클린 루즈벨트 대통령이 갑작스럽게 사망한다. 이어 해리 트루먼이 뒤를 이어 대통령에 올랐고 6월에는 독일이 항복하며 유럽 전선에서 전쟁은 막을 내렸다. 전후 미국은 루즈벨트의 유품을 정리하게 되는데 루즈벨트는 평소 "학교에서 배운 것보다 우표에서 배운 것이 더 많았다"고 말할 정도로 지독한 우표 수집광이었다. 이런 지론에 힘입어 그의 유품에는 진귀한 우표들이 굉장히 많았고 이에 그 가치를 평가할 수 있는 전문가가 고용돼 감정작업에 들어간다.

그러던 어느 날 수많은 우표들 사이에서 아주 '독특한' 모양의 우표 몇 장이 발견됐다. 하나는 히틀러의 머리모양에 히틀러의 얼굴이 새겨진 것이었고 또 하나는 히틀러의 머리모양에 해골이 그려진 우표였다. 전문가는 이 미스터리한 우표들에 대해 조판 상태와 종이 재질, 인쇄 기술에 이르기까지 정밀 분석을 벌여 일류 조판공이 최고급 종이에 실제 인쇄 장비를 사용해 제작했다는 사실을 알아낸다. 이 우표 외에도 몇 장을 더 정밀 분석한 결과 겉보기에는 전시 독일이 발행한 정품과 유사하지만 역시 최고 기술을 동원한 위조품이라는 것도 밝혀냈다.

그렇지만 당시에는 누가, 왜? 고작 2센트 수준의 우표를 위조하려 막대한 비용이 소요되는 최고 기술을 동원했는지에 대해서는 알지 못했고 의문만 꼬리를 물었다. 이런 기술과 자금을 동원할 수 있는 곳은 "정부 밖에 없다"는 의혹도 제기됐으나 위조 범죄를 엄하게 처벌하는 미국에서는 상상도 할 수 없다는 반박이 나오면서 이 역시 추측에 머문다. 의혹이 수그러들 때쯤 이번에는 루즈벨트 대통령이 OSS 도노번 장군과 주고받은 서신이 발견된다. 여기에는 OSS가 '콘플레이크 작전'을 실행했다는 구체적인 내용이 나와 있지는 않았으나 이를 추정해 볼 수 있는 대화가 있었던 것으로 알려졌다.

이런 근거에 힘입어 '루즈벨트가 우표 수집광이라는 사실을 알고 있던 도노번이 작전을 위해 제작된 우표들을 비밀리에 백악관에 보냈을 것'이라는 제법 신빙성 있는 추정이 제시되면서 전모가 꼬리를 드러냈다. 이와 함께 이 시기는 트루먼 대통령과 FBI 수장인 존 에드거 후버가 OSS를 '눈엣 가시'로 여기고 있던 터라 논란은 증폭됐다. 이들은 '엉터리 작전'에 국민들의 막대한 세금을 쏟아 부었다는 점을 강조하며 OSS를 궁지로 몰았다. 반드시 이 논란 때문만은 아니었지만 트루먼은 막대한 예산이 소요되는 OSS를 부담스럽게 여기며 곧바로 조직을 해체하라고 명령한다. 당시 정치적 상황과 별개로 이 작전에 대해서는 전후 전문가들도 혹평을 쏟아 내기에 주저하지 않는다. 그중 세계적인 첩보사 전문가인 어니스트 볼크먼은 이 작전에 대해 "바다에 떨어지는 눈송이 같았다"고 비유할 정도로 '전쟁에 아무런 영향을 미치지 못했고 인력과 예산만 낭비한 실패한 작전'이라는 평가를 내놨다.

이처럼 성과가 불투명한 데다가 이미 다른 기관이 실패한 작전을 도노번 장군이 왜 스스럼없이 모방했는지에 대해서는 알려진 바가 없다. 다만 평소 MI6를 OSS의 발전 모델로 삼아왔고 비슷한 유형의 작전을 앞서 헝가리에서 '소규모'로 실행한 적이 있다는 말이 있어 막대한 자금을 바탕으로 작전을 정교하게 설계하면 성공할 수 있으리라 여겼던 것으로 추측된다. 여기에 더해 도노번 장군 특유의 모험심과 도전정신이 지나치게 앞선 탓도 있어 보인다. 실례로 도노번은 전쟁 내내 OSS만의 독보적인 작전들을 만들기 위해 안간힘을 쓴 바 있는데 이 가운데에는 '박쥐에 소이탄을 매달아 적진으로 날려 보낸다'는 다소 만화 같은 상상을 하기도 했다. 또한 전쟁 후반기 OSS가 특수공작 외에 대독 선전전에 많은 비중을 두고 있었던 점도 콘플레이크 작전을 실행한 이유로 꼽을 수 있다. 이때 OSS는 전신 기관인 정보조정국OCI 시절부터 중추적 역할을 해온 대외홍보팀의 로버트 셔우드Robert Sherwood가 단파라디오로 독일 본토에 대한 정치전을 활발히 전개하던 시기다. 반면 이것 역시 정치전의 성격상 성과를 측정하기에는 한계가 있기 때문에 얼마나 효과가 있었는지는 의문으로 남아 있다.

그럼에도 불구하고 작전의 성과와 상관없이 당시 제작된 위조 우표들은 훗날 거래시장에서 고가로 거래되며 암암리에 놀라운 존재감을 발휘했고 심지어 위조 우표를 다시 위조한 우표들까지 등장하는 상황도 연출돼 질긴 생명력을 과시했다. 한편 현재 CIA는 콘플레이크 작전과 관련한 기밀 자료들을 속속 내놓으며 이를 OSS의 공식 작전으로 인정하고 있다.

18

그라이프 작전

Operation GREIF 1944~1945 -나치 SS공작대-

그라이프 작전Operation GREIF은 제2차 세계대전 막판 최대 고비가 됐던 이른바 '아르덴 공세(벌지 전투)'에서 나치의 친위SS 공작대가 연합군을 상대로 실행한 위장, 기만작전이다. 작전의 내용은 공작원들이 미군 복장으로 위장하고 후방에 침투해 연합군을 교란한다는 것이었다. 작전 계획을 히틀러가 직접 입안해 공작대에 맡겼지만 참담한 실패로 끝나면서 나치 독일의 패전을 알리는 신호탄이 되고 만다.

공작대 가운데 일부 공작원은 헤이그 육전조약을 어긴 것으로 간주돼 연합군 방첩대에 체포된 즉시 '스파이 혐의'로 총살형을 당하는 불행한 결과로 이어졌다.

친위대의 대對연합군 기만작전 배경

1944년 6월 노르망디 상륙작전에 이은 연합군의 대반격은 마침내 8월 프랑스 파리를 탈환하며 전세가 역전된다. 이어 연합군은 9월 벨기에로 진격해 브뤼셀을 점령하며 기세를 올렸고 곧바로 항구도시인 안트베르펜Antwerpen: 앤트워프까지 장악해 잠재적 병참보급항을 확보했다. 반면 내륙 전투 병력이 갑작스레 증강돼 보급량이 급격히 늘어난데 비해 취약한 보급로로 인해 전진속도는 크게 느려졌다.

전열을 정비하고 기회를 엿보던 히틀러는 독일 서부 진출입의 요충지인 아르덴Ardennes 삼림지대를 반격의 거점으로 삼아 소위 '라인강 파수작전후에 가을안개 작전으로 변경'이라 불리는 대공세를 계획한다. 이와 함께 진격의 활로를 확보할 요량으로 당시 친위대에서 모략과 특수전의 대가로 떠오른 오토 스코르체니Otto Skorzeny에게 '연합군 후방을 교란하라'는 특명을 내리며 사실상 2차 대전 최후의 기만작전에 돌입한다.

코너에 몰린 히틀러, 믿을맨의 등판

1944년 가을 경 나치 독일은 노르망디 패퇴에 따라 전쟁의 주도권을 이미 연합군에 내준 상황이었다. 그럼에도 불구하고 히틀러는 독일 서쪽 국경 부근을 남북으로 잇는 '서부 방벽'을 마지노선으로 후방 사령부와 보충대에서 징집한 약 15만 명으로 병력을 보강했고 군수장관 알베르트 슈페어Albert Speer의 활약에 힘입어 돌격포 1만여 문과 중전차 5천여 대를 배치하며 전열을 정비해 나갔다. 아울러 독일군은 영국의 버나드 몽고메리Bernard Montgomery 장군이 서부 방벽을 우회해 북쪽으로 교두보를 확보하려 단행한 '마켓가든 작전Operation Market Garden'을 사실상 좌절시키며 사기를 끌어올린 데 이어 미국의 오마 브래들리Omar Bradley 장군이 지휘하는 진격부대의 국경도시 공격도 선방해 전선을 교착상태에 빠뜨린다.

반면 노르망디 상륙 이후 내륙부대의 병참 수요가 급증한 데 비해 보급량이 충분하지 않았던 연합군은 라인강을 얼마 남겨두지 않은 곳곳에서 고전을 거듭 중이었다. 이에 고무된 히틀러는 9월 16일 일명 '늑대굴'로 불리던 총통본부로 군 지휘부를 소집해 반격의 일환으로 자신이 구상한 이른바 '라인강 파수작전Watch am Rhine'을 발표한다. 라인강 파수작전은 독일, 벨기에, 프랑스에 걸쳐 있는 아르덴 삼림지대에서 출발해 장차 연합군의 병참보급항이 될 것이 분명한 안트베르펜까지 일거에 돌파하는 전격전이었다. 이 작전에는 안트베르펜을 점령해 연합군의 보급로를 봉쇄하겠다는 의도 외에도 영국과 캐나다, 미국 등의 진영을 배후에서 갈라 괴멸시킨 뒤 빼앗겼던 전략적 우위를 회복하겠다는 계산도 깔려 있었다.

코너에 몰린 히틀러 입장에서는 사실상 최후의 반격 카드인 셈인데 이렇듯 중대한 작전에서 기습의 거점을 아르덴으로 택한 배경에도 그만한 이유가 있다. 이곳은 전쟁 초기 자신들이 프랑스를 침공할 때 가장 먼저 택했던 진격 루트라는 상징적 의미가 있는 장소다. 또한 빼곡한 삼림과 좁은 골짜기에 둘러싸여 항공정찰이 거의 불가능하다는 지형적 이점에, 연합군이 이곳을 부차적 전선으로 여겨 병력을 집중시키지 않고 있다는 점이 주요하게 고려됐다. 그러나 제아무리 지형적 이점이 있고 상대의 방어가 취약하다 해도 속도가 생명인 전격전이 성공하기 위해서는 반드시 풀어야할 문제가 하나 있었다. 아르덴 삼림지대를 벗어난 평원에는 뮤즈Meuse라는 강이 버티고 있었고 기갑부대가 여기를 통과하기 위해서는 교량을 확보해야만 했다. 이때 뮤즈강에는 3개의 다리가 있어 적어도 이중 2개를 온전히 확보해야 작전이 가능했던 상황이다.

그렇다고 소규모 전투부대를 보내기엔 연합군의 반격이 우려되고 자칫하다가는 작전의 의도가 파악될 위험이 있었다. 또 작전 돌입 이후에 교량 확보에 나설 경우 진격이 지연될 것은 분명하고 최악에는 목표지점에 이르기도 전에 전방위적 파상공세에 놓일 가능성도 짙었다. 이에 히틀러는 깊은 고민을 거듭한 끝에 얼마 뒤 묘안을 짜내게 된다. 그 묘안이란 당시 뮤즈강 일대는 연합군의 입장에서 진격부대의 후방에 해당하는 배후 공간이었다. 따라서 무모하게 전투부대를 보내기 보다는 연합군으로 가장한 공작부대를 침투시켜 교량을 확보하는 동시에 통신선을 끊거나 유언비어를 퍼뜨려 적의 후방을 교란하자는 것이었다.

이렇게 해서 나치 최후의 기만작전이라 할 수 있는 '그라이프 작전'이 탄생했고 그 임무는 10월 21일을 기해 친위대에서 두각을 나타내며 '히틀러의 믿을맨'으로 급부상한 오토 스코르체니 중령에게 맡겨진다. 오스트리아 태생으로 192센티미터의 키에 90킬로그램이 넘는 거구였던 스코르체니는 1931년 친위대 돌격대에 입대하며 나치와 인연을 맺은 인물이다. 전쟁 초반에는 전투부대 일원으로 동부전선에 투입돼 실전 경험을 쌓았고 1943년부터는 총통 직속으로 창설된 'SS 구축전대 Friedenthal'라는 약 3백 명 규모의 전위부대 지휘관으로 발탁돼 특수전을 이끌기 시작했다. 그는 부대 창설 직후 국왕에 의해 실각하고 연금 상태에 있던 이탈리아의 독재자 베니토 무솔리니Benito Mussolini를 구출하는 참나무 작전Operation Oak을 진두지휘해 일체의 무력충돌이나 사상자 없이 무사히 무솔리니를 구해내면서 실력을 입증한다. 또 1944년 5월에는 유고슬라비아에 파견돼 공산주의 저항세력을 일망타진하는데 일조했고 7월에는 히틀러 암살(미수)사건에 따라 베를린의 주요거점을 장악하려던 반란세력을 제압하며 충성심을 과시하기도 했다.

그라이프 작전에 앞서 10월 실행된 판저파우스트 작전Operation Panzerfaust에서도 소련과의 평화협정을 비밀리에 추진하던 헝가리 섭정 미클로스 호르티와 그의 아들을 붙잡아 동맹국에 붙들어 두는 공적을 세우기도 한다. 전적이 이렇다 보니 절체절명의 위기에 놓인 히틀러가 사활을 건 기만작전 책임자로 그를 선택한 것은 너무나 당연했다.

준비부터 삐걱 ⋯ 작전에 드리운 암운

그러나 이런 혁혁한 전공을 쌓아온 스코르체니도 그라이프 작전에 대해서만큼은 의구심을 갖지 않을 수 없었다. 우선 작전 개시가 12월 중순으로 예정돼 있어 복장과 장비, 병력을 완벽하게 갖춘 공작부대를 꾸리기에는 시일이 너무 촉박했다. 더욱 전쟁이라고는 해도 적대국 병사의 복장으로 적진을 휘젓는 행위는 국제 규약을 어기는 것으로 발각된 공작원은 스파이로 간주돼 그 즉시 죽임을 당할 수밖에 없는 위험한 작전이었다. 실제로 1907년 헤이그 평화회의에서 체결된 육전조약에 따르면 적대국 간에도 피아 식별 의무가 있는데 이를 어기고 적 복장을 하고 있다 체포될 경우 '무조건 총살형'에 처해지도록 돼 있다. 이처럼 빠듯한 시일과 생사를 건 위험에도 불구하고 극도로 불리해진 전황을 잘 알고 있던 스코르체니는 히틀러의 간곡한 당부가 더해진 '명령'에 따라 임무를 맡을 수밖에 없었다.

당시 히틀러는 스코르체니에게 보낸 친서를 통해 "나는 연합군의 군복을 입은 특수부대를 제군에게 맡긴다. 연합군에게서 노획한 전차도 맡긴다. 제군이라면 (연합군 진영에서) 혼란을 일으킬 수 있을 것이라고 확신한다. 작전계획을 만들어 연합군의 지휘와 통신을 꺾어라"고 명령했다. 이후 그는 베를린 인근 그라펜베르Grafenwohr라는 비밀장소에 본부를 차리고 준비에 들어간다. 그리고는 공작부대 명칭을 '150 기갑여단'으로 짓고 3천 3백 명의 병력과 전차 15대, 장갑차 20대, 이동차량 100대 등의 소요 장비를 요구했다. 아울러 부대 전면을 미군으로 위장하기 위해 전투 당시 노획한 M4 셔먼 전차 20대와 미제 장갑차 30대, 그 외 미군 철모와 군복도 추가로 주문했다. 특히 10월 26일 스코르체니는 최고사령부를 통해 서부 전선의 모든 야전사령부에 '영어가 가능한 병사를 모으라'는 명령을 하달한다.

하지만 역시나 크게 기울어진 전세와 촉박한 시일 탓에 준비는 순조롭지 않았다. 병력은 각 부대에서 가까스로 징발한 2천 5백여 명 수준으로 어렵게 꾸려졌고 지원된 전차, 장갑차 등 중화기는 요구 수량의 절반에도 미치지 못했다. 또한 셔먼 전차도 고작 1대만 지원됐으며 미군 철모와 군복은 턱없이 부족했다. 여기에 지원된 군복마저도 대부분 여름용이었다. 그렇지만 이보다 더 심각한 것은 모집된 병사들 중에 '영어 가능자'가 극소수였다는 점이다. 이들 중 단 10명만이 관용어나 은어를 사용할 정도였고 나머지 150여 명도 학교에서 배운 것이 전부였다. 크게 낙심한 스코르체니는 부대를 3개 대대에서 2개 대대로 축소하고 판저 전차와 돌격포 주위를 철판으로 덧씌워 미군의 M10 자주포로 보이도록 했으며, 독일제 트럭을 미군용인 것처럼 도색하는 고육지책을 동원해야 했다.

이렇게 작전은 준비단계에서부터 난항이 거듭됐지만 더 심각한 문제가 진행 중이었다. 바로 작전 초기 '영어가 가능한 병사를 모으라'는 사령부의 무선통신이 연합군 측 첩보부대에 감지된 것이다. 이 사실을 꿈에도 몰랐던 스코르체니는 부대원 중 기초적 수준이라도 영어가 가능한 150명을 따로 선발해 슈티로우Einheit Stielau라는 별도 공작대를 조직하고는 9개 조로 나눠 유언비어 살포, 통신선 절단, 도로 표지판 조작, 지뢰밭 경고판 제거 등의 각종 사보타주 임무를 할당하며 준비에 박차를 가했다.

준비 과정이 순조롭지 않았던 만큼 실전도 녹록지 않았다. 독일군이 아르덴 공격을 시작한 12월 16일 스코르체니가 이끄는 '150 기갑여단'도 작전지점을 향해 출발한다. 그런데 출발하고 얼마 후 로스하임이라는 협곡 부근 좁은 외길에서 어처구니없는 변수를 만나게 된다. 전격전을 위해 대규모 부대가 한꺼번에 이동하다 보니 각 기갑부대의 전차, 자주포 등 중화기와 지프, 트럭 등 이동 차량이 한데 뒤섞이면서 극심한 병목 현상을 보인 것이다. 몇몇 지휘관들이 나서서 병목을 해소해 보려 했지만 외길에 워낙 많은 병력이 순식간에 몰리다 보니 정체는 쉽게 풀리지 않았다. 이런 난감한 상황은 다음날까지 계속됐고 17일 밤 스코르체니는 친위대 지휘관회의에 참석해 임무가 크게 어그러진 것을 토로하며 자신의 150여단을 정규기갑부대에 편입하기로 결정한다.

그렇다고 그라이프 작전이 이 자리에서 폐기된 것은 아니며 그에게는

최후의 승부수 일명 '벌지 전투', 혹은 '아르덴 대공세'로 알려진 라인강 파수작전은 2차 대전 말기 히틀러가 던진 마지막 승부수였다. 이와 함께 히틀러는 연합군의 배후를 노린 그라이프 작전을 동시에 실행해 불리해진 전황을 뒤집고자 했다. 아르덴 삼림지대로 진격하는 독일군 병사들.

여전히 미군으로 위장해 사보타주를 펼칠 수 있는 150명의 슈티로우 공작대가 있었다. 이들은 공격이 개시됨과 동시에 적진으로 침투할 만반의 준비를 갖춘 상태였다.

반칙의 대가代價 ··· 실패로 끝난 승부수

스코르체니는 이 가운데 최정예요원 44명을 9대의 미군 지프로 위장한 차량에 나눠 태워 연합군 진영으로 침투시켰다. 위축된 전세와 미흡한 준비에도 불구하고 이후 연합군에 침투한 공작대는 나름대로 의미 있는 활약을 펼치게 된다. 이들은 스코르체니의 명령대로 도로 표지판을 돌려놓거나 훼손해 미군의 병력 이동을 방해했고 지뢰밭 경고판도 없애 연합군을 곤경에 빠뜨렸다. 하지만 통신 감청과 극비문서 입수 등 여러 루트를 통해 독일 스파이들의 침투를 감지한 미군 헌병대가 곧장 방첩 활동에 나선다.

사전에 입수된 첩보를 바탕으로 기민하게 움직인 방첩대는 얼마 지나지 않아 빌헬름 슈미트 등 3명의 공작원을 체포했다. 그런데 이들을 체포한 직후 연합군은 예상치 못한 혼란에 휩싸인다. 슈미트가 심문 과정에서 허위진술을 하게 되는데 이것을 연합군 측이 그대로 믿어 버린 것이다. 이때 슈미트는 "스코르체니가 파리에 있는 연합군 사령부를 급습해 아이젠하워와 휘하 장군들을 납치, 암살할 계획"이라고 말했다. 스코르체니의 명성에 대해서는 연합군도 익히 무솔리니 구출과 판저파우스트 작전을 통해 알고 있었던 만큼 이 진술은 지극히 신빙성 있게 받아들여졌다. 이로 인해 아이젠하워 장군은 몇 주에 걸쳐 사령부 외출을 금해야 했고 그해 크리스마스를 매우 지루하고 우울하게 보냈다는 후문이다.

한편 이 3명의 스파이는 헤이그 육전조약에 따라 12월 23일 전원 총살형에 처해진다. 그러나 이 사건을 통해 연합군 진영 내에 '가짜 미군'이 더 있다는 말이 퍼지면서 사고도 끊이지 않았다. 심지어 브래들리 장군은 검문 도중 답변을 오인한 한 병사에 의해 구류를 당하는 수모를 겪었고, "몽고메리 장군을 닮은 독일 스파이가 있다"는 말이 퍼지면서 진짜 몽고메리도 곤욕을 치러야 했다. 또 한 대위는 노획한 독일 장교의 부츠를 신고 있다 체포됐으며 추위를 피하기 위해 독일군 겉옷을 걸치고 있던 미군 병사가 스파이로 오인돼 살해됐다는 말도 있다.

그렇지만 공작대의 활약도 여기까지였다. 이후 미군 방첩대에 13명의 공작원이 더 체포돼 처형됐고 핵심 계획인 교량확보에는 실패한 채 44명의 침투 요원 중 8명만이 연합군 진영을 탈출해 독일 군영으로 귀환했다. 이처럼 그라이프 작전은 히틀러의 마지막 승부수였던 아르덴 공세의 실패와 함께 빛을 잃으며 종전 후에는 반칙이 동반된 무모한 스파이 작전으로 기록되는 불명예까지 안았다.

공작대를 지휘했던 스코르체니는 작전 실패와 함께 소련군의 대대적인 반격에 따라 동부전선으로 이동해 전투 병력을 지휘하다 1945년 5월 연합군에 투항, 수용소에 감금됐다. 그러나 1948년 탈출해 프랑코 정권의 도움을 받아 스페인에서 엔지니어로 변신한다. 이후에는 이집트 나세르, 아르헨티나 페론 정권의 컨설턴트로 활약하며 나치 주요 인물들을 해외로 빼돌리는 이른바 '오데사ODESSA'에 깊숙이 관여했고 '반공'을 명분으로 남아메리카에서 미국과 우익정권을 도왔다. 또 이를 바탕으로 스페인 마드리드를 거점으로 한동안 22개국에 걸쳐 10만 명에 이르는 'SS동지회'라는 비밀조직을 이끌기도 했다. 특히 1960년대 들어 이스라엘은 이집트가 개발 중인 전투기, 로켓 등 첨단무기 개발계획을 방해하는 공작을 벌인 바 있는데 이 공작에서 스코르체니는 모사드에 자신의 '안위를 보장하라'는 조건을 제시하며 협력한다. 이때 스코르체니는 모사드의 정예요원 라피 에이탄Rafi Eitan과 접촉해 이집트에서 무기개발의 중추적 역할을 하던 하인츠 크루거Heinz Krug 등 전 나치 출신 인물들의 신상을 넘겨 이들이 죽거나 이집트를 떠나도록 도왔다. 말년에는 아르헨티나에서 시멘트 사업을 벌이며 활동하다 1975년 마드리드에서 암으로 사망했다.

19

독수리 계획

EAGLE Project ~1945 −한국광복군 / OSS−

　독수리 계획EAGLE Project은 태평양 전쟁 말기 대한민국 임시정부의 광복군과 미국의 전략사무국OSS이 기획한 '한미연합작전'이다. 일명 '독수리 작전'이라고도 불린다. 이 계획은 광복군 소속의 한국인 요원들이 OSS의 지원을 받아 국내 각 거점에 침투한 뒤 첩보 수집 및 사보타주 등으로 한반도 진공의 고두보를 확보하는 것이 주된 목적이었다. 그러나 계획이 실행될 무렵 일제가 무조건 항복을 선언해 구체적인 행동으로 이어지지는 못했다.

　그럼에도 한국인의 강한 독립 의지가 투영된 역사적 사례로 기록되고 있으며 현대적 의미의 첩보(특수)전이 상당부분 구체화 된 기념비적 작전으로 평가받고 있다.

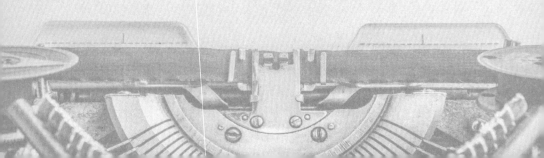

한국광복군과 OSS의 연합작전 배경

1940년 9월 광복군을 창설하고 정규군으로 군사 체계를 정비한 임시정부는 일본이 진주만을 기습한 직후인 1941년 12월 '대일선전포고문'을 발표한다. 이때 임시정부 수장이었던 김구金九 주석의 목표는 한국의 광복군이 중국이나 미국, 영국 등 연합국의 일원으로 대일항전에 참여해 전후 당당한 독립국의 지위를 확보하는 것이었다. 하지만 광복군은 미국과 영국의 복잡한 식민지 정책과 중국의 지속된 간섭으로 독자적인 작전 수행에 많은 어려움을 겪는다. 이에 김구 주석은 1944년 10월부터 광복군을 정규전보다는 공작활동에 투입하는 것으로 활로를 찾아 나갔다.

같은 시기 태평양 전쟁을 기폭제로 창설된 미국의 전략사무국OSS은 기대에 못 미쳤던 유럽에서 활약을 만회하고 조직의 가치를 증명하기 위해 일본과의 전쟁에 승부수를 던진다. 마침내 이러한 양측의 이해는 1945년 4월 OSS가 지원하고 한국광복군이 실행하는 '독수리 계획'으로 구체화됐고 이때부터 한미 양국은 한반도 침투를 위한 역사적인 첫 연합작전에 돌입한다.

백범과 도노번 ⋯ 바다 건넌 동병상련

1940년 중국에서 이른바 '중경重慶 시대'를 열게 된 대한민국 임시정부는 헌법 개정을 시작으로 지도체계도 백범 김구 주석 중심의 단일지도체제로 정비하는 등 커다란 변화를 꾀한다. 이 시기 임시정부가 단행한 변화 중 가장 두드러진 것으로는 한국 국민당 당군黨軍과 만주 독립군으로 분산돼 있던 군 체계를 군무부 산하로 흡수해 '광복군'이라는 명실상부한 정규군으로 재편했다는 것이다. 그렇지만 나라 잃은 민족이 남의 나라 영토에서 군대를 갖는다는 것은 결코 쉬운 일이 아니었는데 난관은 창설 단계에서부터 드러난다.

1940년 5월 김구 주석은 한국광복군 창설과 관련된 계획안을 마련해 중국 국민당 군사위원회에 협조를 요청한다. 이때 계획안의 골자는 '임시정부가 군대(정규군)를 편성해 중국군과 함께 일제에 맞서겠다'는 내용이었다. 이에 국민당 정부를 이끌고 있던 장개석蔣介石은 김구의 제안을 반기면서도 '광복군이 중국 군사위원회에 예속돼야 한다'는 입장을 강하게 피력했다. 이는 결국 광복군에 독립성과 자주성을 주지 않겠다는 것으로 해석되며 임시정부 요인들을 분노케 한다. 생각다 못한 김구 주석은 광복군을 먼저 조직한 뒤 국민당과 협상에 나서기로 방침을 정하고 실무 작업에 착수해 9월 17일 마침내 만주 독립군 출신의 지청천을 사령관으로 이범석을 참모장으로 하는 '광복군 총사령부光復軍 總司令部' 창설을 선언했다.

반면 애초부터 광복군의 독립성을 인정하지 않았던 중국 군사위원회는 임시정부의 모병 과정을 문제 삼아 제동을 건데 이어 자금, 무기, 식량에 이르는 일체의 지원도 끊으며 간섭을 한층 강화했다. 심지어 중국은 '한국광복군은 중국군이 장악해 운영한다'는 등 9개 항의 행동준칙 준승을 마련해 임시정부에 일방적으로 통보했다. 이를 받아 본 김 주석과 군 수뇌부는 굴욕감을 감출 수 없었지만 중국의 지원 없이는 대일항전은 고사하고 병력이 당장 혹한과 식량난에 직면해야 했기 때문에 요구를 수용할 수밖에 없었다. 중국의 이러한 간섭은 1944년까지 이어졌고 김 주석은 광복군에 채워진 족쇄를 풀기 위한 비책을 모색해야 했다. 아울러 대외정세에서도 미국 등 연합국이 한국을 전후 아시아의 식민지 정책에 변수가 될 것으로 보고 독립을 반대하거나 미온적인 입장을 취하며 임시정부는 안팎으로 근심의 나날을 보내고 있었다.

한편 백범이 중국에서 광복군의 독립성 확보를 위해 노심초사 고군분투하던 시기 태평양 건너 미국에서도 신생 조직의 사활을 두고 깊은 고민에 빠진 인물이 있었다. 그는 바로 미국 최초의 통합 대외정보기관인 전략사무국OSS을 창설하고 이끌던 윌리엄 도노번William Donovan 장군이다.

본래 제1차 세계대전의 전쟁 영웅이면서 뉴욕 월가에서도 유능한 변호사로 활약했던 도노번은 타의추종을 불허하는 모험심과 도전정신으로 개전 이전부터 줄곧 통합기관의 창설을 주도해 왔다. 그러다 일본의 진주만 기습 이후인 1942년 6월 전격적으로 OSS를 창설하며 공식적인 활동을 시작한다. 그러나 당시 미국은 이미 대외 첩보에서 국무부와 육군MID/ G-2, 해군ONI, 연방수사국FBI 등으로 나뉘어 제각각 활동하고 있었고 획득한 정보도 거의 공유하지 않았을 정도로 배타적이었다. 여기에 존 에드거 후버, 더글러스 맥아더, 체스터 니미츠 등 거물들의 심한 견제가 더해지면서 OSS는 출발부터 난항을 겪었다. 도노번은 이런 난국에서 영국 MI6와 SOE의 도움을 받아 가까스로 유럽 전선에 진출하며 그나마 숨통을 틀 수 있었다.

이렇게 시작된 OSS는 활동기간 조사분석R&A, 비밀첩보SI, 특수공작SO 등을 주요 부서로 약 6백여 명이 활동했고 이 중 대외홍보팀FIS은 독일 본토에 대해 단파라디오를 이용해 집중적인 정치전을 전개하기도 했다. 하지만 주요 첩보들을 손아귀에 쥔 기존 정보기관들의 비협조와 일천한 경험 탓에 유럽 전선에서의 활약은 그다지 두드러지지 못했다. 이런 OSS의 상황은 태평양 전선에서도 크게 다르지 않았는데 특히 중국 진출 과정에서는 육군과 해군의 극심한 견제에 부딪힌다. 아울러 첩보활동과 특수작전에서 장개석의 오른팔이며 중국 대륙 '정보통 1인자'로 군림하고 있던 대립戴笠의 반대로 역시 활동이 수월하지 않았다. 사정이 이렇다 보니 종전으로 갈수록 도노번은 조직의 사활을 건 돌파구를 찾아야 했고 전쟁의 마지막 고비가 될 것으로 여겨진 일본과의 일전에 승부수를 던지게 된다.

두 노장의 '의기투합' … 일본과의 한판 승부

그러던 1944년 들어 태평양을 사이에 두고 고민에 빠져 있던 두 노장의 상황은 마치 약속이라도 한 것처럼 조금씩 나아지기 시작한다. 먼저 그해 8월 한국 임시정부는 중국으로부터 광복군의 통수권을 이양 받아 독자적인 작전을 펴는 것이 가능해졌다. 다만 자금, 병력, 무기 등에서 턱없이 부족한 상황이었기 때문에 일본과의 전면전은 꿈도 꿀 수 없었다. 이런 이유로 김 주석은 광복군을 정규전에 참여시키기보다는 주로 공작활동에 투입하는 쪽으로 방향을 잡는다. 이에 따라 10월부터 만주, 부양, 노하구 등 일본군 점령지와 최전선에 공작원 50여 명씩을 투입시켜 첩보, 선전, 조직 활동을 벌이도록 했고 주석 직속의 국내공작위원회도 설치해 몇몇 정예 요원을 국내에 잠입시키기도 했다.

김 주석은 이와 함께 광복군 참모장이면서 제2지대장이었던 이범석에게 미국과의 교섭에 나서도록 지시한다. 이어 이범석은 "미군이 광복군의 인적자원을 활용해 한국인 요원들을 훈련시킨 뒤 한반도와 일본에 각각 침투시켜 첩보활동을 벌이자"고 OSS에 제안했다. 그렇지 않아도 유럽 전선에서 이렇다 할 존재감을 드러내지 못해 속을 태우던 OSS도 태평양 전선에서 만큼은 성과를 내야 했기 때문에 임시정부의 제안을 긍정적으로 받아들였다. 때를 같이해 OSS에 우호적 입장을 갖고 있던 알버트 웨드메이어Albert Wedemeyer가 주중 미군총사령관에 부임하면서 중국에서 OSS의 입지는 한결 탄탄해지게 된다. 이후 김 주석의 지시를 받아 임시정부를 대표한 이범석과 도노번 장군의 신임을 얻어 OSS 중국 책임자로 임명된 리처드 헤프너Richard Heppner의 물밑 교섭이 시작됐다. 양측의 교섭은 서로의 이해가 절묘하게 맞닿아 있었기 때문에 큰 어려움이 없었고 광복군 제3지대도 독자적인 한미합작 공작을 타진하는 등 활발한 움직임이 이어졌다.

여기에 임시정부에는 또 하나의 경사가 겹친다. 1945년 1월 일본군에 학병으로 끌려갔다 탈출한 50여 명의 젊은이가 임시정부를 찾아 '중경'에 온 것이다. 이 중에는 일본군의 체포망을 피해 장장 6천리2천 3백 킬로미터 길을 달려온 장준하를 비롯해 김준엽, 윤경빈 등이 있었으며 이들 대부분은 그 즉시 광복군에 합류했다. 이 소식은 중국을 비롯한 해외 언론에 연일 대서특필 되면서 연합국의 비상한 관심을 끌었고 마침 진행 중이던 한미 교섭이 급물살을 타는 촉매제로 작용한다. 이후 OSS 중국 지부는 2월 24일 '한국으로의 비밀첩보 침투를 위한 독수리 계획The Eagle Project for SI Penetration of Korea'이라는 이름의 1급 기밀계획을 워싱턴 본부로 보내 도노번 장군의 제가를 거쳐 확정했다. 그리고 4월에는 임시정부 · 광복군과 주중미군사령부 · OSS 등 관계 4자가 접촉해 계획에 최종 합의하면서 마침내 그토록 염원하던 한반도 진공작전의 서막을 열게 된다.

이때부터 이범석의 광복군 제2지대가 주둔하고 있던 서안 두곡杜曲에 훈련장을 차리고 OSS의 클라이드 싸전트Clyde Sargent 소령을 훈련책임자로 20여 명의 미군 장교와 하사관이 합류했다. 광복군에서는 이범석을 한국군 지휘관으로 장준하, 김준엽 등 2지대 소속 50명이 선발돼 제1기 훈련에 돌입한다. 본래 OSS는 광복군 훈련병들에 대해 약 3개월의 훈련을 실시한 후 이 중 45명의 정예요원을 선발해 1945년 여름까지 서울, 부산, 평양, 신의주, 청진 등 한반도 5대 거점에 침투시킬 계획이었다. 침투 요원들의 임무는 연합군 상륙에 대비해 해군 기지나 비행장 등 주요 군사 및 산업시설 등을 파악하고 반일 지하운동을 지원하거나 봉기를 돕는 역할을 하도록 했다. 또한 파괴공작 등의 후방 교란작전도 계획됐다. 독립에 대한 열망으로 교육에 참여한 훈련병들의 각오도 남달랐다. 이 시기 훈련장을 시찰했던 정보장교 존 휘태커John Whitaker 대령은 OSS 워싱턴 본부에 제출한 공식 보고서를 통해 "훈련병들은 강인한 인상에 교육수준도 높았고 충성심도 검증됐다"며 "그들의 캠프를 방문했을 때 기강, 예절, 단정함, 훈련에 열중하는 모습에 깊이 감명 받았다"고 기록한 바 있다.

역사적 첫 한미연합작전 … 아쉬움 속 종결

하지만 정작 1기 훈련이 종료된 7월 말까지 미군 측의 사정으로 침투경로와 방법 등 세부방안이 확정되지 못하면서 임시정부와 광복군은 속이 타들어 갔다. 훈련이 끝나는 즉시 침투가 이뤄질 것이라는 기대에 부풀어 있었기 때문이다. 당시 제기된 침투 방안으로는 먼저 화북과 만주를 거치는 육로가 주요하게 검토됐다. 그러나 이는 당시 일본과 손잡고 남경에서 화북 일대를 세력권에 넣고 있던 왕정위汪精衛 괴뢰정권의 감시망에 노출될 것이라는 우려로 단행되지 못했다. 이어 잠수함으로 해안에 상륙하는 방안도 논의됐으나 OSS의 잠수함 징발 요구에 미 해군이 분명한 이유를 밝히지 않은 채 묵묵부답으로 일관, 사실상 거부하면서 역시 이뤄지지 않았다. OSS는 이 일로 이 시기 가장 중요했던 7월 한 달을 소요하고 만다.

이처럼 작전이 차일피일 미뤄지자 김구 주석도 손 놓고 있을 수만은 없었다. 그는 OSS에 '연합군의 최종 목표가 일본 본토 진출인 만큼 제주도에 전초기지를 만들어 한반도와 일본에 동시 침투하자'는 자체 구상안을 내놓으며 작전 결행을 종용했다. 침투 방법이 결정되지 않아 작전이 미뤄지고 있었기 때문에 이 제안은 보기에 따라서는 상황에 맞지 않은 것일 수도 있으나 어떤 식으로든 논의를 진척시켜 광복군을 한반도에 침투시키고자 한 김 주석의 애끓는 절박감이 묻어나는 대목이기도 하다.

그럼에도 OSS는 좀처럼 침투 방안을 확정하지 못했고 결국 8월 4일 38명의 광복군 소속 훈련병들에 대한 수료식이 열린다. 수료식에는 김 주석과 지청천 사령관 등 임시정부 요인을 비롯해 윌리엄 도노번 장군이 직접 서안을 찾아 요원들을 격려했다. 이 자리에서 도노번 장군을 만난 김구 주석은 한미연합작전의 감격을 피력하며 백악관에 친서를 전달하기도 했다. 반면 친서는 당시 트루먼 대통령으로부터 환영은커녕 "미국이 인정하지 않은 자칭 정부 메시지"라는 핀잔을 들은 것으로 알려져 이때 임시정부의 활동이 얼마나 서럽고 외로운 여정이었는지를 여실히 보여 준다.

김구와 도노번 1945년 8월 4일 광복군의 OSS 훈련 수료식에 참석한 두 노장. 일본의 갑작스런 항복 선언으로 이들의 구상은 실현되지 못했으나 작전 기간 한국인의 독립의지가 녹아든 최초의 한미 연합훈련이 실시됐다는 점에서 역사적 의미가 크다.

그렇게 수료식이 있고 며칠 후 OSS는 어렵게 C-47 수송기 한 대를 징발하는 데 성공하며 비로소 공중침투로 작전을 실행할 수 있게 됐다. 다만 이것마저도 가용한 낙하산이 6개뿐이라 낙하 작전은 별도로 수립해야 했다. 사정이 어떻건 작전 실행을 손꼽아 기다리던 임시정부와 OSS 수뇌부에는 숨통이 트이는 순간이다.

그런데 침투 준비에 박차를 가하던 10일 서안에 머물던 김 주석과 임정 요인들에게 황망한 소식이 날아든다. 앞서 미국이 6일과 9일 각각 히로시마와 나가사키에 원자폭탄을 투하한 바 있는데 이로 인해 일본이 무조건적으로 연합국의 항복 요구를 받아들이기로 했다는 것이다. 이는 광복군을 통해 당당한 연합국의 일원임을 천명하려던 임시정부에는 큰 충격이 아닐 수 없었다. 이처럼 커다란 아쉬움은 있었으나 국내에는 여전히 일본군이 진주해 있었으며 광복군과 OSS는 이들의 무장을 해제하고 항복을 받아 내는 일이 남아 있었다. 지청천 사령관은 이범석, 김준엽, 장준하, 노능서 등 4명을 한국 정진대로 선발해 OSS 윌리스 버드 Willis Bird 대령과 함께 C-47기를 이용해 국내 진공을 시도하게 된다.

이렇게 해서 8월 18일 여의도 비행장에 착륙한 이들은 일본 조선군사령관인 고즈키 요시오上月良夫를 만나 담판을 벌였다. 하지만 협상에서 일본군은 "항복과 관련해 대본영의 어떠한 지시도 받지 못했다"며 투항을 거부했고 장검을 앞세운 1개 중대 병력의 위협으로 분위기는 험악해졌다. 이에 한국 정진대와 OSS 대표단은 이곳에서 하루를 묵은 뒤 별다른 성과 없이 중국으로 되돌아가야 했다. 이후 9월 9일 일본 조선군사령부가 최종 항복 의사를 밝히면서 길고 긴 암흑의 강점기도 끝을 맺는다. 이와 함께 실행단계에서 일본의 급작스런 항복 선언으로 결실을 맺지 못한 독수리 계획은 종전 직후 OSS의 해체와 함께 미완의 아쉬움을 짙게 남기며 그대로 종결되고 말았다.

냉전, 소리 없는 전쟁

20

페이퍼클립 작전

Operation PAPERCLIP 1945~1959 −JCS(JIOA)−

페이퍼클립 작전Operation PAPERCLIP은 제2차 세계대전 말기부터 종전 이후까지 미 합동참모본부JCS 내 OSS 등이 결합한 합동정보목적국JIOA이 실행한 비밀작전으로 독일의 나치 출신 전범 과학자들을 미국으로 빼돌린 공작이다. 작전은 미 육군정보참모부G-2 주도로 1945년 시작됐으나 곧이어 각 기관을 포괄해 창설된 JIOA에서 지속 추진, 관리하며 기계공학, 화학, 생물학을 중심으로 다방면에 걸쳐 나치 두뇌들을 미국 주요 기관에 유입시켰다.

CIA가 창설돼 개입한 후에는 기밀의 농도가 한층 더 짙어져 일부 폭로로 알려진 사실을 제외하고 작전의 상당 전모는 여전히 베일에 싸여 있다.

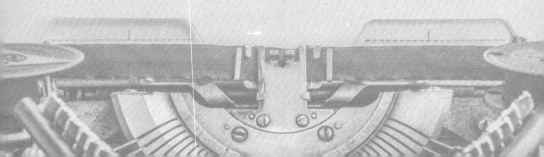

미국의 나치 전범 비밀유입 배경

2차 대전이라는 전대미문의 살육전에도 불구하고 미국이 적대 세력이었던 나치 출신의 과학자들을 비밀리에 자국으로 빼돌리고자 했던 데는 크게 두 가지 이유가 있었다. 첫 번째는 당시 독일이 보유하고 있던 첨단무기 등 우수한 과학기술과 인재를 선점하려는 의도다. 1945년 4월 30일 패전을 직감한 히틀러가 자살하고 얼마 뒤 독일이 항복을 선언한다. 미국 등 연합군은 베를린 점령을 전후해 나치 고위인물들을 체포하고 기밀 자료를 압수했다. 이 과정에서 미국은 전쟁 기간 나치가 개발한 첨단무기들의 우수성을 눈으로 확인하면서 관련 기술 및 인재 확보의 필요성을 절감하게 된다.

두 번째는 종전과 함께 도래한 미·소 냉전의 영향이었다. 미국이 나치의 첨단기술에 눈독을 들이던 시기, 소련 역시 공안정보기관인 NKVD 주도로 독일 과학자와 기술자 등 인재 확보에 열을 올렸다. 히틀러에 이어 스탈린을 잠재적 적수로 보고 있던 미국의 입장에서는 우수한 인재들이 소련으로 넘어가는 것을 막아야 했다. 이로 인해 종전과 함께 미국과 소련은 저마다 나치의 두뇌를 하나라도 더 확보하기 위해 치열한 경쟁에 돌입하며 장차 닥쳐올 첨예한 냉전의 신호탄을 쏘았다.

화장실에 버려진 기밀 ⋯ 오젠베르크 리스트

페이퍼클립 작전은 2차 대전 말기 연합군 정보라인을 거쳐 미군 당국과 백악관이 합세하는 범정부 차원의 조직적인 비밀작전으로 발전한다.

또한 작전의 성공으로 미국은 전후 첨단기술을 바탕으로 세계 패권국의 지위를 얻는데 커다란 동력을 확보하게 된다. 하지만 이렇듯 거대한 작전이 시작된 곳은 예상 밖으로 독일 어떤 대학의 어둡고 지저분한 한 화장실이었다.

1945년 3월 독일 본Bonn 대학의 화장실 구석에서 한 무더기의 색인카드 형태의 문서 더미가 발견된다. 이 대학 연구소에서 조교로 일하던 폴란드인에 의해 발견된 이 문서에는 당시 독일에서 내로라하는 과학자들의 이름과 신상정보가 일목요연하게 정리돼 있었다. 이것을 수상하게 여긴 폴란드인은 문서들을 비밀리에 영국 MI6에 전달했고 MI6는 이를 미국의 정보당국과 공유한다. 다만 이 문서가 구체적으로 누구에 의해 미국 측 어느 기관에 넘겨졌는지는 불분명하다. 이때 이 지역에서 활동하던 미국의 정보 및 보안기관은 전략사무국OSS과 육군정보참모부G-2, 육군방첩대CIC가 있었다. 이에 더해 전쟁 막판 미국과 영국은 연합군사령부 산하에 정보목적소위원회CIOS라는 합동과학정보부를 운영했으며 이들과 별도로 미 육군을 중심으로 알소스ALSOS 과학첩보팀이 활동 중이었다. 이 밖에도 미 해군ONI 및 후에 공군으로 발전하는 육군항공대에서도 비밀조직에 관여하며 협력과 경쟁을 반복했다.

이와 관련해 미국의 저널리스트 겸 첩보사 연구가인 애니 제이콥슨Annie Jacobson은 문서가 이들 가운데 ALSOS의 과학부장 새무엘 구드스미트Samuel Goudsmit에게 전달됐다고 주장했는데 이것이 현재까지 알려진 것 중 가장 구체적인 정황이다. 이렇게 넘겨진 문서 더미에 대해 미국은 용도와 내용을 밝히기 위한 정밀 분석에 들어갔고 그 결과 문서가 전쟁 기간 나치 정권에서 작성된 것이 분명하며 내용도 과학자들의 전문분야나 정치성향 등 상세 정보가 담긴 것으로 보아 상당한 정보가 치가 있다는 결론을 내린다.

실제로 문서의 정체는 연합군의 대대적인 반격으로 전세가 독일에는 급격히 불리해지던 1943년 작성된 것이었다. 당시 히틀러는 불리해진 전세를 반전시키고자 전선에 투입했던 과학자와 기술자를 후방으로 불러들이라고 명령한다. 이 명령은 헤르만 괴링을 거쳐 꼼꼼하기로 소문난 기계 공학자이면서 독일 군사연구협회를 이끌던 베르너 오젠베르크 Werner Osenberg에게 맡겨졌다. 평소 독일 과학계를 손바닥 보듯 했던 그는 속전속결로 1만 5천여 명의 과학자와 1천 4백여 곳의 실험소를 담은 목록을 만들어낸다. 여기에는 과학자들의 성향 분석과 주소 등이 포함된 간략한 신상 정보도 담았고 이들을 기술 숙련도에 따라 본토 내 연구 시설에 배치해 무기 개발 프로그램에 투입했다. 문서에는 어떤 과학자가 어떤 프로그램을 맡고 있는지도 기록됐다. 후에 이 목록은 작성자의 이름을 따서 '오젠베르크 리스트Osenberg List'라는 이름으로 알려진다.

이렇듯 주요 정보가 어째서 일개 대학 화장실에 처박혀 그대로 방치됐는지는 여전히 의문으로 남아 있다. 그렇지만 그 덕분에 미국은 전후 처리 과정에서 옥석을 가려야 하는 번거로움을 크게 덜었으며 나아가 당대 최고의 두뇌들을 족집게로 집어내는 식의 포섭공작에 즉각적으로 착수할 수 있었다. 이를 바탕으로 연합군사령부는 신원이 확인된 나치 과학자 1천 5백여 명을 체포해 독일 곳곳에 퍼져있는 수용소에 분리 감금한다. 이 가운데에는 나치 첨단과학의 대표적 산물인 V-2 로켓 개발자 베르너 폰 브라운Wernher von Braun을 비롯해 쿠르트 데부스Kurt Debus, 아르투르 루돌프Arthur Rudolph 등이 있었고 목록을 작성한 오젠베르크도 포함됐다. 그러나 당시까지 미국 정부는 전후 처리에 골몰하느라 이들을 단순 전범 혐의자로 취급했을 뿐 두뇌들을 달리 활용하겠다는 계획을 갖고 있지는 않았다.

작전의 시작, 첨단두뇌를 확보하라

반면 미군 내부에는 일찌감치 두뇌의 가치를 알아보고 내심 활용을 염두에 둔 이들도 적지 않았는데 그중 가장 적극적이었던 곳은 육군 병기국Ordnance Corps이었다. 특히 병기국에는 전쟁 기간부터 독일의 V 시리즈 로켓을 전담한 특무부가 있었고 스탠포드대학에서 기계공학을 전공한 로버트 스타버Robert Staver 소령이 유럽 책임자였다. 일부에서는 미 육군 병기국과 스타버 소령에 의해 페이퍼클립 작전이 시작됐다고 주장하는 이들도 있으나 이는 작전을 지극히 단순화한 것으로 이 시기 나치의 두뇌를 활용하자는 견해가 암암리에 곳곳에 있었던 만큼 작전이 오로지 이들에 의해 시작됐다고는 할 수 없다. 그럼에도 이후 병기국과 스타버가 작전에 미친 영향은 실로 막대하다는 점은 분명한 사실이다.

전장에서 특수임무를 수행하며 V-2 로켓의 위력을 직접 체험한 바 있는 스타버는 병기국으로 '오젠베르크 리스트'가 공유됨과 동시에 행동을 개시해 나치의 로켓 분야를 집요하게 파고들었다. 본토 점령 이후 그는 완제품 형태의 V-2 로켓과 부품들을 상당량 회수해 미국으로 보내기도 했지만 설계도와 설비도면 등 주요 문서들을 찾는 데는 실패했다. 이에 지하 로켓공장이 있던 하르츠Harz산맥 일대를 샅샅이 훑었고 폰 브라운과 그의 부하들이 노르트하우젠Nordhausen 수용소 인근 광산에 설계도 및 부품, 설비 등 약 14톤 분량의 기밀을 은닉했다는 것을 알아낸다. 스타버는 이 사실을 소련은 물론이고 영국에도 숨긴 채 은밀히 기밀자료 일체를 미군 측 병기본부로 옮겼다. 이어 노르트하우젠 일대가 소련 점령지로 확정됨에 따라 잔여 로켓 과학자 및 기술자, 그리고 그들의 가족들까지 탈출시켰다. 그리고 스타버는 본국 육군부에 "나치 과학자가 이들의 기술력을 노리는 제3국으로 유출돼서는 안 된다"며 "이들을 미국으로 데려오는 긴급조치가 필요하다"는 취지의 보고서를 제출한다. 또 그는 보고서에 나름대로 오젠베르크 리스트에서 추려낸 약 4백여 명의 주요 과학자 목록도 첨부했다.

이에 육군부 차관이던 로버트 패터슨Robert Patterson은 전쟁이 종료된 유럽 전선과 달리 여전히 격전 중이던 태평양 전선을 언급하며 "대일본전에서 승리하기 위해서는 독일 및 그 밖의 국가에서 얻은 정보를 활용해야 한다"면서 나치 과학자 활용방안을 백악관에 제시했다. 백악관도 처음에는 여러 우려를 들어 이 발상에 난색을 표했으나 태평양 전선의 시급성에 비춰 '임시 조치'임을 내세워 계획을 승인한다. 다만 이 결정은 해리 트루먼 대통령의 개입 없이 육군부가 결정한 것을 묵인하는 형식이었으며 임무가 종료되면 과학자들을 복귀시킨다는 조건이 달려 있었다.

같은 시기 육군 병기국 만큼이나 나치 두뇌 확보에 혈안이 돼 있던 조직은 육군 화학전국이었다. 화학전국은 타분, 사린 같은 소위 '독가스'를 개발, 생산한 IG파르벤 이사 오토 암브로스Otto Ambros와 세균전 전문가인 쿠르트 블로메Kurt Blome 등을 빼돌릴 목적으로 연합국의 다른 첩보부대를 기만하기까지 했다. 암브로스와 블로메는 모두 친위대 출신으로 각각 아우슈비츠 학살에 책임이 있거나 인간생체실험 의혹을 받는 전범 혐의자들이다.

한편 백악관의 암묵적 승인을 얻어낸 육군은 정보참모부G-2를 주무기관으로 하는 '미국 과학기술을 위한 독일 전문가 이용'이라는 계획안을 마련해 1945년 7월 6일 합동참모본부JCS의 승인을 얻는다. 이렇게 승인된 계획에 G-2는 처음에는 '오버캐스트 작전Operation Overcast'이라는 암호명을 붙이고 로켓 과학자 115명을 우선 대상자로 추려 밀입국 공작에 나섰다. 그런데 이와 함께 미국을 서두르게 만드는 상황이 연이어 연출된다. 이때는 나치 두뇌들에 대해 미국뿐 아니라 영국, 프랑스, 소련도 군침을 흘리던 시기다. 영국은 미국이 오버캐스트 작전을 시작할 즈음 '백파이어Operation Backfire'라는 비밀공작을 통해 미군이 구금하고 있던 로켓 과학자 발터 도른베르거Walter Dornberger를 빼돌려 웨일즈에 감금했고 프랑스도 골수 나치당원으로 히틀러의 군수산업에서 핵심적 역할을 했던 알베르트 파틴Albert Patin 등을 확보하기 위해 안간힘을 쓰고 있었다. 그렇지만 누구보다 미국에 위협적인 존재는 역시 소련이었고 그 조짐은 종전을 앞두고 눈에 띄게 나타난다.

미 · 소 경쟁, 페이퍼클립 vs. 오소아비아힘

1945년 5월 독일 북부 뮈리츠Muritz를 점령한 소련은 그곳에 있던 나치 공군Luftwaffe의 항공관제 장비 일체를 자국으로 옮긴 것을 시작으로 V 시리즈 로켓 개발의 핵심기지였던 페네뮌데Peenemuende에서는 아예 로켓 공장을 통째로 뜯어 스탈린그라드 인근으로 옮겨 놓기도 했다. 또 미 육군 병기국과 스타버 소령 일행이 철수한 직후 노르트하우젠 수용시설도 점령해 그곳에 남겨진 V-2 로켓 설비와 잔류 과학자들을 체포했으며 유도 미사일 개발에 관여한 과학자 10명 중 8명도 확보해 자국으로 데려갔다. 이런 과정을 거치면서 나치 두뇌들의 우수성을 확인한 소련은 장차 NKVD 주도하에 '오소아비아힘Operation Osoaviakhim'이라는 비밀작전을 가동, 독일인 과학자 및 기술자 확보에 본격적으로 뛰어들게 된다.

그러나 이때는 이미 미국이 '오젠베르크 리스트'를 기반으로 상당수 과학자들을 구금한 뒤였고 히틀러의 소련 침공에 대한 보복을 두려워한 독일 과학자들이 자진해 미국에 투항하면서 상대적으로 큰 소득을 올리지는 못했다. 그럼에도 불구하고 소련은 V-2 로켓의 핵심 개발자 중 한 명인 헬무트 그로트루프Helmut Grottrup를 비롯한 약 2천여 명의 두뇌와 기술진을 확보하며 훗날 소련 최초의 탄도미사일인 R-1을 만들어 내는 기반을 마련하게 된다. 그 기술력은 1957년 세계 최초의 인공위성 '스푸트니크 1호'를 개발하는 단초가 됐다.

소련의 이런 파상적 움직임에 '전범 처리'와 '인재 확보'라는 상반된 가치 사이에서 고민하던 미국도 작전 규모를 확대하고 속도를 붙이기 시작한다. 특히 태평양 전선에서 일본을 무릎 꿇리며 큰 짐을 덜어낸 미 합동참모본부JCS는 1945년 8월 말 산하에 OSS, ONI, 국무부 및 민간 관료가 참여하는 합동정보목적국JIOA을 새로이 창설해 오버캐스트 작전을 맡겼다. 그리고는 당초의 목적대로 두뇌들을 체포하거나 관리하는 것에 그치지 않고 미국으로 빼돌리는 공작에 들어간다.

여기에는 미 육군이 앞장섰다. 병기국에서 로켓무기 책임자로 있던 홀거 토프토이Holger Toftoy 대령이 독일 과학자 127명을 1년 계약의 특

별직원으로 채용하며 비밀공작의 물꼬를 터줬다. 이후 약 한 달 뒤인 1945년 9월 폰 브라운 등 7명의 로켓 과학자 1진을 보스턴의 포트 스트롱으로 비밀리에 입국시킨다. 입국 직후 과학자들을 3개 그룹으로 나누고 텍사스의 포트 블리스Fort Bliss와 뉴멕시코의 화이트 샌드 시험장 White Sands Proving Grounds에 각각 배치해 즉각적으로 연구 활동에 들어가도록 했다. 또 육군 통신국도 물리, 화학, 전자공학 분야에 걸쳐 24명의 과학자를 비밀리에 채용했고 미 에너지국도 전시 나치의 주요 에너지원이었던 합성연료 관련 7명의 화학자를 루이지애나 합성연료 공장에 고용했다. 아울러 항공대의 도움을 받아 메서슈미트 등 제트 전투

페이퍼클립 과학자들 미국으로 건너온 나치 과학자들. 사진은 1946년 텍사스 포트 블리스에서 찍은 것으로 알려져 있다.

기 개발에 공헌했던 항공기 공학자들도 속속 미국 땅을 밟았다. 이렇게 들어온 나치 전력의 독일 과학자는 1946년 1월 160명으로 늘었고 하반기에는 233명까지 불어난다.

하지만 그사이 작전에 장애가 될 만한 두 가지의 변수가 도출되면서 위기가 닥친다. 하나는 뉘른베르크Nuremberg에서 전범재판이 시작된 것이고 또 하나는 국무부가 독일 과학자들의 미국 체류에 반대하며 비자 발급을 거부한 것이다. 이와 관련해 합동참모본부JCS 내 합동정보위원회JIC는 전후 소련의 위험성을 경고하며 "주요 독일 과학자들이 소련 점령지로 유입되는 것을 막지 않으면 소련은 이른 시간 내에 원자폭탄 및 유도미사일 연구에서 미국을 따라 잡을 것이며 군사적으로도 앞지를 것이다"는 보고서를 제출해 경각심을 던졌다. 이런 인식에는 소련에 대한 막연한 적대감이 주된 요인이었으나 때마침 NKVD가 독일 과학자와 기술자들을 닥치는 대로 흡수하는 '오소아비아힘 작전'을 본격화하는 데 따른 위기감도 반영됐다. 이와 함께 모스크바에 주재하던 국무부 소속 조지 케넌George Kennan이 "장기적 관점에서 소련과의 영구적 평화공존은 있을 수 없다"는 요지의 이른바 '케넌 보고서'를 제출하는데 이는 장차 미·소를 넘어 동·서 냉전이라는 극단적 대립상의 바탕이 된다.

일련의 동향과 보고를 바탕으로 국무부는 입장을 바꿔 JCS가 주장한 "소련의 군사력에 대비해야 한다"는 것에 의견을 같이했고 JIOA는 "독일 과학자들이 소련으로 넘어가지 않도록 모든 방안을 강구하라"며 육군에 미국으로 데려와야 할 과학자 1천명의 명단을 작성하도록 명령했다. 단 육군은 명단에 올린 과학자 중 나치 전력으로 문제가 될 만한 인물을 선별해 인사카드에 '클립'을 끼워놓는 방식으로 특별 관리하기로 한다. 이와 함께 독일 과학자와 가족들이 살고 있는 곳이 '캠프 오버캐스트Camp Overcast'로 불리는 데 부담을 느끼며 작전명을 '페이퍼클립'으로 변경했다. 이로써 최초 1백여 명에 불과했던 나치 전력의 미국 유입 대상자는 1천여 명으로 늘어났고, 1946년 8월 30일 트루먼 대통령의 공식 승인을 거쳐 범정부적 비밀작전으로 확대된다.

비밀과 거짓말, 이미지 세탁 … 은폐공작들

그렇지만 이러한 거대 작전이 시종 비밀로 유지될 것이라고 여긴 이는 많지 않았다. 이런 점을 우려한 JIOA는 앞서 페이퍼클립 작전 대상 과학자들을 전쟁 범죄자나 열혈 나치주의자가 아니라 '독일의 군사적 재기를 기획하거나 시도하지 않는 자'라는 매우 순화된 표현으로 규정했고 육군은 국무부를 상대로 한 비자 발급 과정에서 클립으로 표시된 기밀은 일절 넘겨주지 않는 철저한 비밀주의로 일관한다. 작전과 관련해 언론의 폭로 기사도 잇달았지만 육군은 "미국에 온 독일 과학자 중에 나치는 없으며 국가안보에 필요한 재능과 도덕적 사람들이다"라고 반박하는 등 적극적으로 대응했다. 더욱 육군은 1947년 8월 시작된 노르트하우젠 수용소 재판과 관련해 재판기록 일체를 기밀에 부쳐 외부인의 접근을 원천봉쇄한다. 다만 이 재판에서 패터슨 공군기지에 배치됐던 로켓 과학자 게오르그 리크하이Georg Rickhey만은 수용소에서 12명의 수용자를 잔혹하게 살해한 혐의가 드러나 독일로 재송환됐다.

그럼에도 JIOA와 육군은 과학자들에 의해 구현될 미래 제트 전투기 시대 등의 긍정적 측면을 집중 부각하는가 하면 이들의 가정적이고 인간적 면모를 소개하며 이미지 세탁에 열을 올렸다. 그러다가도 공학자 헤르베르트 악스터Herbert Axster 같은 진성 나치주의자의 전력이 드러날 때면 "히틀러의 위협으로 어쩔 수 없이 협조했다"는 거짓 해명을 내놓거나, "극소수 열혈 나치들이 프로그램에 잠입했다"는 식의 회피성 시인을 늘어놓으며 비난을 피해간다. 아울러 전범 색출에 책임이 있던 FBI는 엄연히 일부 과학자의 나치 전력을 파악하고도 "과학에만 관심있는 기회주의자"라는 일탈적인 면만 강조해 면죄부를 주는 등 은폐 공작에 힘을 보탰다.

이처럼 페이퍼클립 작전은 법정부적 비호 속에 시간이 갈수록 견고

한 비밀의 장벽을 쌓아갔고 CIA가 창설돼 개입하면서 은밀함의 농도
는 한층 짙어진다. CIA는 창설 직후 JIOA와 협력체계를 구축하고 오젠
베르크 리스트를 포함한 관련 정보를 넘겨받아 8개 분과로 구성된 과학
정보위원회SIC라는 별도 기구를 신설, 작전의 체계화를 꾀했다. JIOA
는 1962년 해체되지만 CIA는 SIC, 특수작전부SO를 통해 군과 협력 혹
은 반목을 지속하며 작전을 줄곧 관리했다. CIA는 8개 분과에서도 자신
들의 활동에 유용한 신경작용제나 암살제 개발에 각별한 관심을 기울여
화학과 의학, 생물학 분야에서 관련 전문가들을 대거 유입시킨다. 여기
에는 전시 인간생체실험을 직접 실행한 것으로 알려진 바이러스 전문가
에리히 트라우프Erich Traub 같은 인물도 있었다.

이와 함께 1948년 초 미국에 밀입국한 독일 과학자가 상당수였음에
도 국무부의 까다로운 입국 심사로 인해 비자가 발급되지 않자 FBI에
긴급지원을 요청한다. 이들은 FBI 수장 존 에드거 후버John E. Hoover와
의 물밑 거래를 통해 7명의 과학자를 멕시코나 캐나다로 빼돌린 뒤 현
지 공관에서 비자를 발급받는 방식으로 문제를 해결했다. 이때 심사 서
류에는 합동참모본부JCS가 보증하는 '국익증진을 위해 입국이 절실히
요구되는 자'라는 증빙이 첨부됐다. 이것은 종전 무렵 '오버캐스트'로
작전이 시작된 이래 처음으로 이뤄진 비자발급 사례로 기존 밀입국자들
은 물론이고 1950년대 이후 추가적으로 들어온 전범 혐의 과학자들이
미국에 안착하는 주된 루트가 된다.

단 애초부터 JIOA는 1천 명의 과학자들을 데려오고자 했고 최종적
으로 그 이상이 유입된 것으로 알려졌지만 1952년까지 밀입국자가 6백
명 규모였다는 것을 제외하고 이후 대부분의 작전 내용이 기밀로 묶여

있거나 또한 많은 양이 파기돼 지금도 정확한 규모 및 전모를 파악하는데는 한계가 있다. 이 기간과 관련해 확인된 내용으로는 1959년 94명에 이르는 두뇌들이 무더기로 유입됐다는 것, 그리고 앞서 미 항공우주국NASA 창설에 따라 1960년 120명의 독일 과학자들이 NASA에 합류했다는 것 정도가 주목할 만한 동향이다. 미 당국은 이와 별도로 '프로젝트 63'이라는 파생작전도 병행해 이들을 록히드현 록히드 마틴, 노스 아메리카現 보잉, 벨 항공사Bell Aircraft 등에 취업시켜 군수산업 발전에도 활용했다.

두뇌 보호 vs. 전범 면죄부 … 빛과 그림자

이렇듯 페이퍼클립 작전은 냉전이 한층 심화된 1960년대 이후에도 지속됐으며 이를 통해 독일이 갖고 있던 특허나 신기술 등 당시로써는 약 1백억 달러 이상의 지적 재산을 흡수한 것으로 추산되고 있다. 이를 기반으로 미국은 전후 항공우주, 전자공학, 기계, 화학 등에서 눈부신 발전을 이뤄냈고 이것은 고스란히 막대한 경제효과로 이어졌다. 반면 줄곧 "나치 전범들에게 면죄부를 주는 꼴"이라는 비난 여론이 끊이지 않았으며 상당수 과학자들의 전시 범죄기록이 밝혀져 극심한 논란에 휘말렸다. 1949년 게오르그 리크하이가 독일로 송환되고 얼마 지나지 않아 전시 나치 정권에서 세균전과 관련, 백신개발을 주도했던 발터 슈라이버Walter Schreiber는 강제수용소에서 인간생체실험에 관여한 혐의가 불거져 1952년 5월 남미로 급히 피신했다.

그렇지만 작전과 관련해 가장 큰 논란을 야기한 인물은 단연 베르너

폰 브라운과 연구팀 베르너 폰 브라운은 미국의 아폴로 우주선을 달에 보내는데 공헌했으나 전시 나치부역과 잔혹행위 등이 폭로돼 심각한 논란을 야기한 바 있다. 사진은 1961년 그의 로켓팀이 협의를 하는 장면. 중앙에 앉은 인물이 폰 브라운이다.

폰 브라운, 아르투르 루돌프, 쿠르트 데부스 등 이른바 '로켓 3인방'이다.

이 가운데 폰 브라운은 V-2 로켓 개발의 경험을 살려 미국에 밀입국한 뒤 육군 탄도미사일국 책임자에 올랐고 1958년에는 미국 최초의 인공위성 익스플로러 1호Explorer 1의 발사체 개발을 주도하며 명성을 쌓았다. 또한 미 항공우주국NASA 창설에도 깊숙이 관여해 훗날 아폴로 11호를 달에 보낸 새턴 5호Saturn V 로켓 개발을 성공시키며 대중적 스타로 각광 받는다. 하지만 전시 페네뮌데와 노르트하우젠에서 수용자들을 강제노동에 동원해 죽음에 이르게 했으며 V-2 로켓으로 영국과 벨기에를 공습해 3천여 명의 사상자를 냈다. 그는 이런 공로를 인정받아 히틀러에게 기사십자 철십자훈장Knight's Cross of the Iron Cross을 받은 사실상 전범이었다. 이로 인해 '아폴로 계획Project Apollo' 성공 등 항공우주 발전에 공헌한 점을 들어 1976년 포드Gerald Ford 행정부에서 수여하려던 대통령자유훈장이 취소되기도 했다.

아르투르 루돌프 역시 익스플로러 1호와 새턴 로켓 개발에서 핵심 설계자로 활약했으나 게오르그 리크하이와 같은 노르트하우젠 수용소에서 수용자 12명을 잔혹하게 살해한 전력이 1984년 법무부 특별수사에서 밝혀져 쫓겨나듯 미국을 떠났다. 이들과 함께 로켓 개발에 참여하고 케네디우주센터Kennedy Space Center 초대 소장을 지내기도 했던 쿠르트 데부스도 전시 히틀러에 대한 충성심이 떨어진다는 이유로 동료를 밀고하는 등 골수 나치당원으로 활약한 전력이 폭로됐다. 이외에 육군 화학전단에서 화학무기 방호능력 향상에 기여했던 쿠르트 블로메와 미국 항공의학의 선구자라는 칭송을 받던 후베르투스 슈트루크홀트Hubertus Strughold는 각각 나치 부역과 인간생체실험에 관여한 사실이 알려져 전후 쌓아올린 명성을 하루아침에 날려버렸다.

이처럼 '페이퍼클립 작전'으로 대표되는 미국의 전후 처리에 대해서는 첨단 두뇌들이 공산진영으로 넘어가는 것을 막고 과학기술 및 서방의 발전에 기여했다는 긍정적 평가가 있는가 하면 반대로 인류애를 저버리고 도덕적 가치를 심각하게 훼손했다는 부정적 평가가 공존하고 있다.

21

베노나 계획

Project VENONA 1943~1980 –SIS / NSA–

베노나 계획Project VENONA은 미국이 소련의 외교 및 군사, 첩보 암호를 해독하기 위해 약 37년 간 벌인 비밀작전이다. 작전은 제2차 세계대전 중이던 1943년 시작돼 냉전이 절정으로 치닫던 1980년까지 이어졌고 이 기간 약 2천 9백여 건의 암호가 해독됐다. 당초에는 미 육군에서 암호해독을 전담했던 통신정보국SIS에 의해 시작된 한시적이고 소규모 작전이었지만 영국, 호주가 결합하면서 국제적 작전으로 확대된 데 이어 미 연방수사국FBI이 합류하면서 대규모 방첩작전으로 전환됐다. 1952년부터는 SIS를 확대 개편해 창설된 국가안보국NSA이 작전을 주도한다.

미국은 이 작전으로 소련의 암호 해독에 성공해 냉전기 방첩활동에서 부분적으로 성과를 거두기는 했으나 지나친 비밀주의와 정보기관 간의 알력으로 심각한 갈등을 야기하기도 했다.

미국의 대소對蘇 암호해독 배경

2차 대전이 개전될 당시 미국은 이미 히틀러만이 아니라 또 하나의 잠재적 적수에 주의를 기울이고 있었다. 이때 미국은 공식적으로는 중립적 입장을 표방했지만 루즈벨트 대통령을 비롯한 군 정보당국은 전황과 함께 줄곧 스탈린의 일거수일투족에도 촉각을 세운다. 그 이유는 전쟁이 시작되기 불과 한 달 전(1939년 8월 23일) 소련이 나치 독일과 불가침 협정을 맺은데 이어 발트해Baltic Sea 인근 국가들과 폴란드 일부를 차례로 병합하며 팽창주의 노선을 취했기 때문이다.

개전 초기 미국은 내심 소련이 독일을 도와 서방국가를 공격하는 소위 '비밀협정'을 맺은 것이 아닌가 하는 의혹을 갖고 있었다. 이로 인해 루즈벨트는 미국과 해외를 오가는 통신검열 대상에 소련도 포함시켰고 육군 정보참모부G-2도 자체 첩보망을 가동해 모니터링을 강화했다. 물론 이런 의혹은 1941년 6월 독일이 소련을 침공하면서 기우杞憂로 드러났지만 군을 중심으로 일각의 의심은 여전했다. 그러던 1943년 들어 또다시 독일과 소련이 비밀리에 평화협상에 나섰다는 확인되지 않은 소문이 나돈다. 이에 G-2는 양국의 협상이 비밀리에 진행 중인지에 대한 사실관계를 확인할 필요가 있었고 이것을 알아보는 방법 중 하나로 소련의 대사관과 영사관을 드나드는 외교 전문을 가로채 해독하는 비밀작전이 필요하다는 판단을 내린다. 바로 이것이 냉전기를 관통하며 37년 간 이어진 '거대한 작전'의 시작이었다.

작전의 시작 … 스탈린을 의심한 미국

1939년 9월 독일이 폴란드를 침공하며 2차 대전이 발발한다. 미국은 당시에는 중립국을 표방하며 전쟁에는 개입하지 않겠다는 입장을 분명히 했지만 그렇다고 해서 이 시기에 미국이 아무것도 하지 않은 것은 아니다. 미국 정부는 개전과 함께 본토를 드나드는 국제 전보 사본을 수집하며 촉각을 곤두세웠고 1940년에는 루즈벨트 대통령이 행정명령을 통해 별도 검열국Office of Censorship을 신설해 미국과 해외를 오가는 전보, 우편, 라디오 등 각종 통신 수단에 대한 감시를 강화했다.

백악관의 이러한 움직임에 맞춰 미 육군도 감시 체계를 가동한다. 육군 정보참모부G-2는 당시 국제 통신 및 전보를 취급하던 RCA 글로벌Global, ITT 월드 커뮤니케이션World Communications, 웨스턴 유니온 인터내셔널Western Union International 같은 회사들과 협정을 맺고 독일, 일본 등의 적성국뿐만 아니라 소련을 포함한 거의 모든 국제 전보를 감시하기 시작한다. 이 가운데서도 G-2 소속 정보 담당관이었던 카터 클라크Carter Clark 장군당시 대령의 경우 스탈린의 행보를 줄곧 못미더워하며 내심 불안감을 갖고 있었는데 그의 이런 불신에는 그만한 이유가 있었다. 소련은 2차 대전이 일어나기 한 달 전 독일과 불가침 협정을 맺은 직후부터 에스토니아, 라트비아, 리투아니아 등 발트해 인근 국가들을 비롯해 폴란드, 핀란드, 루마니아 일부 등을 속전속결로 강제 병합하며 영향력을 확대해 나갔다. 사정이 이렇다 보니 클라크 장군은 소련이 독일과 비밀협정을 맺고 연합국을 공격할 수 있다는 우려에 사로잡힌다.

그러나 1941년 6월 독일이 협정을 어기고 소련을 전격적으로 침공바

바로사 작전하면서 클라크의 우려는 기우에 머물렀다. 또한 루즈벨트 역시 스탈린에 대한 경계심을 풀고 소련에 대한 지원을 강화하게 된다. 이때부터 미국은 종전에 이르기까지 스탈린과 미 · 영 · 소 3국 동맹을 형성하며 항공기 1만 4천여 대와 전차 1만 3천여 대 등의 군수지원을 비롯해 철강, 식량 등의 막대한 경제지원을 단행했다. 더욱 루즈벨트는 여러 지원과 관련해 별다른 조건도 달지 않으면서 스탈린에게 나름대로의 신뢰를 보냈다. 그럼에도 불구하고 클라크의 의심은 풀리지 않았고 설상가상으로 1943년 들어 소련이 비밀리에 독일과 평화협상에 들어갔다는 '괴소문'이 나돌기 시작한다. 이에 클라크는 그에 대한 진위를 알아볼 필요가 있다는 판단을 내리며 임무를 육군에서 암호해독을 전담해 온 통신정보국SIS: Signal Intelligence Service에 맡겼다.

여기서 임무를 맡은 미 육군 통신정보국SIS을 잠시 소개하면 지난 '벤전스 작전Operation VENGEANCE: 제16화 참조' 편에서도 살펴본 바 있는 신호정보SIGINT 기관이다. SIS는 민간인이면서 미국의 암호해독 분야를 개척한 윌리엄 프리드먼William Friedman에 의해 1929년 육군 내에 창설된 최상위 극비조직이었다. 1930년대부터는 일본의 외교암호를 해독하는 이른바 '매직MAGIC 작전'을 수행해 대성공을 거뒀고 1940년에는 일본이 쓰던 퍼플PURPLE이라는 암호생성기를 복제하는 데 성공했을 정도로 절정의 기량을 과시한 바 있다. 당시 본부를 버지니아주 과거 '앨링턴 홀 여자대학'이었던 건물에 두고 있었기 때문에 줄곧 '앨링턴 홀Arlington Hall'이라는 별칭으로 불렸지만 공식적으로는 법률이나 직제 어디에도 존재하지 않는 베일의 기관이었다. SIS는 1952년 미 국가안보국NSA으로 확대 개편돼 현재는 전 세계 모든 통신정보를 감시, 혹은 관리하는 막강한 정보기관으로 성장해 있다.—참고로 SIS라는 기관의 이니셜과 관련해서는 현 영국의 대외정보기관인 MI6가 공식적으로 SISSecret Intelligence Service를 사용하고 있다. 하지만 MI6가 표기하는 첫 글자 S는 비밀Secret을 의미하고 여기에서 소개한 통신정보국의 S는 신호Signal를 의미한다—

SIS의 실패, 전후로 이어진 해독작전

한편 이처럼 일본의 외교암호를 해독해 낸 경험을 바탕으로 카터 클라크의 명령을 받은 SIS는 이번에는 소련의 외교암호를 해독하는 비밀 작전에 돌입하면서 이후 1980년까지 장장 37년 간 지속된 '베노나 계획'의 대장정을 시작한다. 이때 이 조직은 미국의 참전과 함께 인력이 당초 19명이었던 것에서 4백여 명으로 대폭 증원된 상태였고 법적으로도 루즈벨트의 전쟁권한법War Powers Act 1941이 의회를 통과한 뒤였기 때문에 소련의 외교 전문을 가로채는 데는 아무런 걸림돌이 없었다. 이에 따라 본래 클라크의 생각은 미국 내 소련 외교관과 본국 사이에 오간 전문을 입수해 해독하기만 하면 스탈린이 히틀러와 나눈 비밀협상의 진위를 파악할 수 있을 것이라 믿었다. 그렇지만 작전이 진행될수록 암호 해독 분야에서 높은 자부심을 가져온 SIS는 좌절의 늪에 빠지게 되는데 이유는 자신들의 예상과 달리 소련의 외교암호를 해독하기가 쉽지 않았기 때문이다.

그럴 수밖에 없었던 것이 일정한 기간을 정해 같은 암호를 반복적으로 사용하는 일본과 달리 소련은 소위 '일회용 암호패드One time pad'를 사용하고 있어 해독이 거의 불가능했다. 이는 암호생성에서 전달에 이르기까지 막대한 노동력이 소요되는 무척이나 번거로운 작업이긴 했으나 사실상 해독이 불가능하다는 점에서 더없이 안전한 체계였다. 이런 이유로 SIS는 전쟁 기간 내내 알다가도 모를 의문의 코드들과 무의미한 씨름을 벌여야 했고 스탈린을 의심할 만한 혐의점을 찾기는커녕 단 하나의 의미조차 제대로 파악하지 못한 채 종전을 맞기에 이른다. 이와 함께 미국은 종전을 앞둔 1944년 소련과 전쟁을 벌였던 핀란드가 페트사모Petsamo를 탈환하는 과정에서 노획한 이른바 '타다 남은 암호책자Partially burned code book'를 OSS로부터 입수하기도 했지만 해독에는 거의 도움이 되지 않았다.—일부에서는 이 암호책자 입수로 부터 베노나 계획이 시작됐다고 주장하기도 하나 이는 잘못 알려진 것이다—따라서 작전은 애초의 목표를 달성하지 못한 채 사실상 참담한 실패로 끝났다고 할 수 있다.

반면 그렇다고 해서 전혀 소득이 없었던 것은 아니다. 비록 해독에는 실패했지만 SIS는 작전 기간 상당량의 소련 외교 전문을 축적해 놓은 상태였고 때를 같이해 공산진영의 팽창이 눈에 띄게 확대된다. 미국의 입장에서는 새로운 적수로 부상한 스탈린의 속내를 알아야 했기 때문에 해독작전은 전후에도 계속됐다.

그러던 1946년 어느 날(시점은 불분명), 축적된 암호전문을 바탕으로 소련의 산업 분야에 대해 물동량을 살피던 육군 중위 리처드 홀락Richard Hallock이 매우 특이한 흔적을 발견한다. 원래는 한 번 쓰고 버려지는 것으로 여겼던 일회용 암호패드가 시간이 지나서도 재사용됐다는 사실을 발견한 것이다. 이후 홀락의 동료들인 제네비브 페인스테인Genevieve Feinstein과 프랭크 루이스Frank Lewis 등이 먼지더미에 쌓여있던 전문

을 다시 분석해 암호패드의 비밀키를 차례로 복구하며 실마리를 찾아나
갔다. 그러나 이때도 패드에 적힌 부호를 '의미 있는 텍스트'로 변환하는
방법은 밝혀내지 못했다. 이에 언어학자 겸 암호해독가인 메레디스 가
드너Meredith Gardner가 복구된 비밀키 패드를 이용해 텍스트를 숫자로
변환하기 위해 사용한 암호를 재구성하면서 마침내 1946년이 저물어가
던 12월 20일, 작전 개시 3년 만에 소련의 외교 전문을 해독해 내는 데
성공한다.

이후 소강국면으로 치닫던 해독작전은 다시 활기를 띠게 됐고 요원들
은 내친 김에 전문 전량에 대한 전수조사에 들어갔다. 이렇게 해서 이들
은 1942년에 오간 전문 중에서 1.8퍼센트를 해독한 데 이어 1943년 전
문에서는 15퍼센트를, 1944년 전문에서는 무려 49퍼센트를 해독했다.
또 1945년 전문에서도 1.5퍼센트를 해독해 냈다. 이 중 유난히 해독 빈
도가 높았던 '1944년 전문'의 경우 어째서 당시 소련이 일회용 암호패드
를 집중적으로 재사용했는지는 현재까지도 수수께끼로 남아 있다. 다만
독일과의 전투가 급박해짐에 따라 수요가 급증한 데 비해 암호를 담당
하는 인력이 이것을 감당하지 못했기 때문인 것으로 추정된다.

소련의 내부 사정이 어쨌건 그 덕분에 난맥에 허덕이던 미국의 해독
작전에는 서광이 비춘다. 이들은 다시 해독된 암호를 바탕으로 퍼즐 조
각을 맞춰갔고 그 결과 암호문이 미국의 주요 인물과 거점, 동향 등을
뜻한다는 사실을 밝혀낸다. 이 가운데 루즈벨트를 캐피탄KAPITAN으
로, 샌프란시스코를 바빌론BABYLON으로, 국방부를 무기고ARSENAL로
각각 표기했다는 것을 알아낸다. 또한 핵 개발 프로젝트를 에노르모즈
ENORMOZ로 부르고 있다는 사실도 알게 된다.

가드너와 해독팀 베노나 계획이 시작된 이후 처음으로 소련의 암호를 해독해 낸 메레디스 가드너(좌측 남성)와 SIS 해독팀.

해독된 암호 ⋯ 드러나는 충격적 사실

그런데 이처럼 암호가 해독되고 전문에 언급된 사실들이 실체를 드러낼수록 SIS는 격한 충격에 휩싸인다. 전쟁 기간 나치 독일과의 전투에 여념이 없을 줄 알았던 소련이 실은 미국과 영국에 상당수의 스파이를 침투시키며 방대한 조직을 운영 중이었기 때문이다. 더 놀라운 사실은 소련이 당시로서는 최상위 보안등급의 '맨해튼 계획Project MANHATTAN'에까지 스파이를 침투시켰다는 것이다. 실제로 1946년 12월 메레디스 가드너가 가장 먼저 해독해 낸 것은 뉴욕에 있던 소련 측 관리관이 모스크바로 보낸 1944년 전문으로, 여기에는 '자신들의 정보원이 미국의 핵 개발 계획에 성공적으로 침투했다'는 내용이 담겨 있었다.

그렇지만 SIS가 전문 전체를 해독한 것은 아니고 문맥 가운데 몇몇 눈에 띄는 용어들을 변환하는 데 성공한 것이라 이것만으로 스파이를 특정하기는 힘들었다. 또 설령 특정 스파이의 암호를 해독했다 해도 한 명이 여러 개의 암호명을 사용한다거나 혹은 여러 명이 하나의 암호명으로 활동하는 사례도 있어 실체를 규명하기란 여간해서는 쉽지 않았다. 덧붙여 이것이 바로 베노나 계획의 최대 맹점이었는데 이로 인해 훗날 미국 사회는 극심한 혼란을 겪게 된다.

무엇보다 SIS가 암호 해독에서 드러난 스파이와 그들의 활동을 보다 명확히 밝히기 위해서는 추가적 수사가 뒤따라야 했지만 이들에게는 그럴만한 권한이 없었다. 이에 전후에도 SIS를 배후에서 지휘한 카터 클라크 장군은 1947년 은밀히 FBI에 협조를 요청했고 때마침 CIA 창설로 궁지에 몰려 있던 존 에드거 후버는 1948년 10월 소련분과에서 두각을 나타내던 로버트 램프레Robert Lamphere를 전담요원으로 점찍어 교류토록 했다. 이렇게 FBI의 합류로 해독작전은 추가 수사와 체포가 가능한 방첩작전으로 전환됐으며 같은 해 영국 정부통신본부GCHQ가 합세(영국 내 수사는 MI5가 맡음)하면서 국제적 규모로 몸집을 불린다.

이와 함께 FBI는 SIS가 해독한 암호를 바탕으로 처음으로 정부기관에 암약하던 쥬디스 코플론Judith Coplon이라는 여성 스파이를 적발하는 성과를 올린다. 미 법무부에 근무하며 1944년부터 시마SIMA라는 암호명으로 활동해 온 코플론은 1949년 KGB 관리관과 접선을 시도하는 과정에서 체포돼 재판에 넘겨졌다. 그녀는 대학 시절 청년 공산주의자 연맹에서 활동하다 미국 공산당CPUSA을 돕는다는 취지로 KGB에 협력하기 시작했다. 이 기간 방첩자료실Counterintelligence archive을 드나들며 법무부로 들어오는 OSS, 해군 및 육군 정보국의 수집 자료를 포함해 미국 내 소련 조직망, 공산당 지도자에 관한 FBI 조사 자료 등을 빼돌렸다.

그러나 이 '코플론 사건'은 전혀 예상치 못한 방향으로 흘러가면서 향후 전개되는 베노나 계획의 암울한 운명을 극명하게 보여 준다. SIS와 FBI는 해독된 소련의 암호문을 토대로 1948년부터 코플론이 KGB 스파이라는 확신을 굳힌다. 그렇지만 당시 베노나 계획은 이전의 맨해튼 계획에 버금가는 최상위 보안등급의 극비작전이었기 때문에 해독문을 증거자료로 법원에 제출할 수 없었다. 설사 자료를 제출한다 해도 해독이 매우 불완전한 이유로 증거로 채택될 가능성도 낮았다.

따라서 FBI는 코플론의 스파이 혐의를 입증하는 단서를 별도로 찾아야 했으며 이 과정에서 '함정수사'라는 무리수를 두면서 일이 틀어진다. 실제 그녀가 체포된 이유도 FBI가 미끼로 던진 비밀문서를 KGB 관리관에게 전달하는 과정에서 일어난 것이다. 여기에 더해 그녀와 담당 변호인에 대한 FBI의 불법도청 논란이 불거지면서 말썽이 일었다. 기회를 포착한 코플론과 변호인 측은 수사의 부당성을 집중적으로 공격해 법원으로부터 무죄판결을 이끌어낸다. 결국 FBI는 자신들에게 결정적 실마리를 제공했던 베노나 해독문을 고스란히 손에 쥐고도 1967년 소송을 취하하며 사건은 일단락됐다. 하지만 오랜 시일이 흐른 1990년 소련이 공개한 극비자료에 따르면 코플론은 KGB가 인정한 명백한 스파이였다.

정체 드러난 세기의 스파이들

이처럼 당시 베노나 계획은 위력은 있으되 결코 과시할 수 없는 작전이었다. 그럼에도 불구하고 초창기 베노나 해독문에 기반한 미국과 영국의 방첩활동은 암암리에 활기를 띠었고 여러 개의 주목할 만한 성과를 내기도 했다. 이 가운데 특별히 눈에 띄는 성과로는 미국과 영국의 핵무기 제작 기술을 소련으로 빼돌린 클라우스 푹스Klaus Fuchs와 영국 외무부의 고위직에 암약하던 도널드 맥클린Donald Maclean을 적발한 것이다.

독일 태생의 물리학자였던 푹스는 나치의 탄압을 피해 영국으로 망명한 이후 1942년부터 원자폭탄 개발에 참여해 계획을 속속들이 알고 있던 인물이다. 1943년에는 미국으로 건너가 '맨해튼 계획'에 합류했고 이어 계획의 심장부인 뉴멕시코주 로스앨러모스 연구소에서 원자폭탄 제작 전 과정에 관여하며 능력을 인정받았다. 그렇지만 그의 실제 정체는 마르크스주의로 무장한 공산주의자인 동시에 나아가 소련의 GRU, KGB 등과 접선해 원자폭탄의 핵심기술을 넘긴 세기의 스파이 중 한 명이다. 푹스의 스파이 행각은 공식적으로 1949년 5월까지로 알려져 있으며 이 시기 미국과 영국의 방첩당국은 베노나 해독문을 통해 이미 그의 행적을 감지하고 있었다. 이에 영국의 방첩기관인 MI5는 소련이 첫 핵실험에 성공하고 한 달 뒤 푹스를 긴급 체포해 범행 일체를 자백받았다.

또한 캠브리지 대학 재학 시절 KGB(당시 NKVD)에 포섭돼 '호머Homer'라는 암호명으로 활동해 온 도널드 맥클린도 베노나 계획으로 정체가 탄로 난 거물 스파이다. 그는 대학 졸업 후 줄곧 영국 외무부에 근무하며 워싱턴 주재 1등 서기관과 미국 과장 등 요직에서 다량의 기밀정보를 소련으로 넘겼다. 특히 한국 전쟁이 일어나기에 앞서 미국의 핵무기 등 군사 동향을 전달해 스탈린과 김일성의 판단을 도운 것으로 의심되는 인물 중 한 명이다. 맥클린은 헤럴드 '킴' 필비Harold 'Kim' Philby, 가이 버지스Guy Burgess 등으로 이뤄진 '캠브리지 5인조Cambridge Five'의 일원으로, 조직적인 스파이 행각을 통해 막대한 기밀을 빼돌린 것으로 유명하다. 그러나 그는 1951년 4월 베노나 해독문에 의해 암호명이 노출됐고 미영 방첩당국의 끈질긴 추적으로 정체가 밝혀진다.

도널드 맥클린 사건에서 또 하나 주목할 점은 그의 정체가 밝혀짐으로써 '캠브리지 5인조'의 활동도 잠정 중단됐다는 점이다. 비록 당시에는 누구도 알지 못한 간접 효과이긴 하지만 베노나 계획으로 얻어낸 성과라 할 수 있다. 다만 맥클린은 신분이 노출된 직후 내부에 암약하던 또 다른 이중스파이의 도움을 받아 무사히 소련으로 탈출했다. 이런 사례들에서 드러나 듯 베노나 계획은 암호전문이 해독된 뒤부터 미국과 영국의 방첩활동에 중대한 근거자료가 됐고 이를 바탕으로 소련의 스파이망에도 부분적으로 타격을 입힌 것은 사실이다. 그렇다고 소련이 넋 놓고 당하고만 있었던 것은 아니다. 이때 베노나 계획은 SIS와 FBI 두 기관 소속 담당자 몇몇을 제외한 모든 외부자의 눈을 피하는 데는 성공하고 있었으나 내부에 숨은 두더지Mole: 이중스파이까지 피하지는 못했다.

소련이 베노나의 존재를 감지하기 시작한 것은 1948년 2월 무렵으로 당시 SIS 소련부문에서 일하던 윌리엄 웨이스밴드William Weisband라는 비밀요원에 의해서였다. 본래 러시아제국 시절 오데사Odessa에서 태어난 웨이스밴드는 암호 해독가는 아니지만 유창한 러시아어를 바탕으로 메레디스 가드너 등의 암호전문가들과 친분이 두터웠던 인물이다. 그렇지만 그는 1934년부터 소련의 스파이로 일하기 시작했고 1942년 SIS에 들어와 암호명 '즈베노ZVENO'로 활동하며 주요 정보를 KGB에 넘겼다. 이때 웨이스밴드는 모스크바에 "미국 정보기관이 소련의 통신전문을 가로채 군대의 배치나 산업 생산능력, 원자력에 관한 데이터를 수집하고 있다"는 전문을 타전한다. 이를 받아본 KGB는 이후 여러 방어조치를 취해 미국의 해독능력을 현저히 떨어뜨린 것으로 알려졌다.

이런 활동 외에도 웨이스밴드는 한국전쟁과 관련이 깊은 인물이라는 특징이 있다. 2차 대전 종전 이후 미국은 동아시아 첩보를 주로 SIS에 의존하며 스탈린, 모택동, 김일성으로 이어지는 통신이나 외교 전문을 탐지하고 있었다. 그런데 6.25 전쟁이 발발하기 얼마 전부터 탐지 능력이 현저하게 떨어지기 시작해 급기야 전쟁이 일어나기 전날 밤에는 SIS의 심장부인 앨링턴 홀의 통신망이 파괴되는 사건이 벌어진다. 이로 인해 미국의 첩보망이 삽시간에 무력화된 것은 물론이고 소련의 움직임과 북한의 기습에 적절히 대처하지 못하는 결과를 가져왔다. 이때 앨링턴 홀의 통신을 파괴해 첩보망을 암흑으로 만든 인물이 바로 웨이스밴드라는 사실이 후에 밝혀진다. 당시에는 이 사실까지 알지 못했지만 이와 비슷한 시기 FBI는 암호문 속에서 '즈베노'로 활동하던 두더지의 행방을 쫓았고 1950년 후반 그가 작전에 관여해 온 내부자라는 사실을 알게 된다. 그러나 앞서 언급했듯 베노나 해독문을 통해 입수된 정보는 입증이 난해하고 공개할 수도 없는 것이어서 그는 간첩 혐의에도 불구하고 법정모독죄라는 턱없이 가벼운 혐의로 고작 1년형을 선고 받았다.

웨이스밴드와 함께 베노나 계획의 실체를 소련에 알린 또 한 명의 내부자가 있었는데 그는 다름 아닌 희대의 이중스파이 해럴드 '킴' 필비다. 도널드 맥클린 등과 함께 캠브리지 5인조의 일원이었던 필비는 1949년 워싱턴 주재 1등 서기관 신분의 정보책임자로 미국에 파견된다. 당시 베노나 계획은 영국에 이어 호주도 합세한 국제적인 작전으로 확대돼 있었으며 필비는 영국 측 책임자로 SIS를 수시로 방문해 해독문의 요약본을 정기적으로 보고받았다. 여기서 그는 자신의 동료인 맥클린의 신분이 노출돼 FBI가 비밀리에 수사를 진행 중이라는 것을 알게 된다. 필비는 이밖에도 평소 친분이 두터웠던 CIA 방첩담당 제임스 앵글턴 James Angleton에게도 같은 사실을 전해 들었고 메레디스 가드너에게도 접근해 해독 작전의 전모를 상세히 파악하고 있었다. 이에 KGB 관리관이던 유리 모딘Yuri Modin에게 이 소식을 전해 맥클린을 소련으로 탈출하도록 돕는다. 이것 역시 다른 사건들과 마찬가지로 당시에는 아무도 알지 못했고 한참 뒤에나 밝혀진 사실이다.

앨저 히스와 매카시즘 … 로젠버그 사건

한편 이렇게 암호해독 작전과 방첩당국의 수사, 그리고 후에 진행된 전문가들의 추가 연구에 의해 당대 활동했던 스파이들의 정체 및 사건의 진위 여부는 상당 부분 확인됐다. 그럼에도 여전히 베노나 계획은 첩보사를 통틀어 가장 논란이 많았던 '문제적 작전'으로 분류되고 있고 아직도 풀리지 않은 의문들이 많다. 그 대표적인 사례로 앨저 히스 스파이 논란과 이후 이어진 매카시즘 광풍, 그리고 로젠버그 부부 사건이 꼽힌다.

1948년 미 국무부의 고위급 간부였던 앨저 히스Alger Hiss가 소련의 스파이라는 폭로가 나온다. 이는 1938년까지 소련의 스파이로 활동하다 전향해 FBI에 협력해 온 휘태커 챔버스Whittaker Chambers의 증언에 따른 것이었다. 챔버스는 "스파이 활동 기간 미국의 접선책에게서 육필로 적힌 메모와 타자로 작성된 국무부의 비밀문서들을 전달받았다"고 밝힌다. 또 "육필 메모는 히스의 것이고 타이핑은 그의 아내가 작성한 것"이라며 보관하고 있던 문서일명: 볼티모어 문서 일체를 증거물로 제시했다. 이와 동시에 FBI는 앨저 히스를 간첩 혐의로 기소한다.

이때 FBI는 챔버스의 증언 외에도 히스가 스파이라는 심증을 가질만한 근거로 베노나 해독문을 손에 쥐고 있었다. 이들이 갖고 있던 해독문은 '1945년 3월 30일에 소련의 워싱턴 주재 대표부가 모스크바로 보낸 전문 메시지'로, 1948년에 해독된 것이다. 이 메시지에는 암호명 '알레스ALES'라 불린 인물이 "얄타회담에 참석한 뒤에 모스크바로 갔다"고 적혀 있었다. 실제로 앨저 히스는 이 시기에 얄타 회담에 참석했고 국무장관의 지시로 모스크바를 다녀온 것으로 알려졌다. 이에 따라 FBI는 알레스가 바로 앨저 히스라는 심증을 굳힌다. 이런 식으로 암호전문 속 수수께끼의 인물과 동선이 겹친 유력 용의자가 파악된 데다 전직 스파이의 증언까지 확보하면서 FBI 수사는 급물살을 타는 듯 했다.

하지만 이것은 엄청난 파장의 시작이었고 이때부터 미국 사회는 이전까지 한 번도 경험해보지 못한 심각한 후폭풍을 겪게 된다. 우선 앨저 히스가 챔버스를 알기는 하나 만난 적은 없다고 전면 부인했다. 이와 함께 FBI도 추가 수사에서 히스와 챔버스의 접선 사실을 밝히지 못했고 히스의 전보, 우편, 통화 내역 등을 샅샅이 훑었지만 스파이 혐의를 입

앨저 히스와 해독문 베노나 계획으로 촉발된 최대 논란의 주인공인 앨저 히스(좌)와 '1945년 3월 30일자' 해독문(우). 해독문에는 알레스라는 인물이 얄타회담 이후 모스크바로 향했다고 돼 있지만 그가 알레스인지 여부와 해독문의 신뢰성은 명쾌하게 입증되지 않았다. 사진=FBI, CIA

증할 결정적 증거를 확보하는데 실패했다. 단 육필 메모가 히스가 쓴 것이 맞다는 것은 확인됐다. 그렇지만 이마저도 챔버스에게 전달된 경위는 명쾌하게 밝히지 못했다. 이후에는 오히려 히스가 챔버스를 명예훼손으로 고소하며 사건은 진실 공방으로 치달았다. 이들의 이러한 공방전은 자연히 대중의 관심을 집중시켰고 여론은 히스를 믿는 쪽과 챔버스를 믿는 쪽으로 양분돼 치열한 사회적 논쟁으로 확대된다. 사정이 이렇다 보니 법원도 신중해질 수밖에 없었다. 법원은 1950년 초 히스에게 간첩죄 대신 위증죄로 5년 형을 선고했다.

논란이 이렇게 일단락되려는 순간 또 다른 문제적 사건들이 연이어 발생한다. 히스에 대한 법원 판결이 내려진 직후 공화당의 조셉 매카시

Joseph McCarthy 의원이 히스를 포함한 유력 정치인과 유명인을 거론해 "모두 공산주의자다"라고 주장했다. 이른바 '매카시즘McCarthyism' 광풍이 미국 사회를 덮친 것이다. 이런 분위기에 편승해 FBI는 이번에도 자신들만의 심증이 담긴 베노나 해독문과 일부 증언을 토대로 줄리어스Julius와 에델 로젠버그Ethel Rosenberg 부부를 핵무기 스파이로 체포해 논란을 가중시켰다.

그러나 후에 이들 사건과 관련해 '앨저 히스와 알레스'의 동선이 서로 다른 또 하나의 베노나 해독문이 발견돼 의문이 이어졌고 전직 KGB 요원으로 모스크바의 서고를 드나들었던 알렉산더 바실리에브Alexander Vassiliev는 2003년 미국 법정에서 "앨저 히스를 알레스로 단정할 만한 근거를 발견하지 못했다"고 밝혀 진실은 아직도 미궁에 빠져 있다. 이에 더해 매카시 의원이 무엇을 근거로 매카시즘을 제기했으며 그가 당시로써는 극비 문서인 베노나 해독문을 보았는지도 쟁점이다.

훗날 확인된 바에 따르면 이때 매카시가 제기한 소위 '공산주의자' 명단은 베노나 계획에서 추출된 소련 스파이들의 명단과 상당 부분 일치한다. 이에 전문가들은 이것을 초창기 미국 정보체계에서 중대한 오류라고 지적하고 있다. 그 이유는 카터 클라크, 존 에드거 후버로 대표되는 당대 정보 당국자들이 소련의 암호가 속속 해독되는 상황에서 정보를 매카시(그가 해독본을 봤다고 단정할 경우)에게는 흘리면서도 비밀주의를 들어 정작 백악관의 주인인 트루먼 대통령에게는 보고하지 않았고 CIA도 계획의 전모를 1952년이 돼서야 알게 되는 등 여러 문제점을 노출했다는 것이다. 이로 인해 앨저 히스 논란이 촉발됐을 당시 트루먼 대통령과 딘 애치슨Dean Acheson 국무장관은 히스를 적극 옹호하며 매카시와 정면 대립하는가 하면 월터 베델 스미스, 앨런 덜레스 등 CIA 수장들도 부하직원이면서 히스의 변호사 비용을 지불하는 등 재정적으로 지원한 윌리엄 번디William Bundy를 향한 후버와 FBI의 공격을 막아 내느라 역공작을 펴야 했을 정도로 정부, 정보기관 간에 심각한 난맥상도 초래됐다.

아울러 로젠버그 부부 사건도 극심한 사회적 갈등을 양산한 채 체포 3년 만에 듣기에도 가혹한 '전기의자 사형'이라는 비극으로 막을 내리면서 미국인들에게 씻을 수 없는 상처를 남긴다. 남편 줄리어스가 소련 스파이라는 사실은 비교적 명확해졌지만 부인 에델의 스파이 혐의를 비롯해 부부가 정말 핵무기 스파이였는지에 대한 의문은 지금도 풀리지 않고 있다. 다만 앨저 히스에 대해서만큼은 현재 전문가들은 여러 정황을 볼 때 그가 실제 소련의 스파이였을 '가능성'에 무게를 두는 양상이다. 그럼에도 이것 역시 가능성일 뿐 논란은 진행 중이다.

이처럼 당초 스탈린의 속내를 알기 위해 시작된 베노나 계획은 장기간 지속되며 전대미문의 암호해독 및 방첩작전으로 발전했다. 반면 기관 간 알력에 기반한 지나친 비밀주의와 난해하고 방대한 자료에 따른 불충분한 근거로 인해 소모적 이념 갈등과 사회적 분열, 불신 등 숱한 문제점을 노출한 채 지극히 불완전한 상태로 1980년 마무리됐다.

22

정글 작전

Operation JUNGLE 1948~1956 −MI6 / 겔렌 조직−

　정글 작전Operation JUNGLE은 영국 MI6가 1948년부터 1956년까지 벌인 비밀공작으로 소련의 팽창과 동구권의 공산화를 저지하기 위한 작전이었다. 작전은 주로 폴란드와 발트해 연안 3개국(발트 3국)에서 이뤄졌으며 당시 서독에서 미국의 지원을 받은 겔렌 조직Gehlen Organization이 합류해 장기간 실행됐다.

　그러나 영국에 침투해 있던 이중스파이와 소련 정보당국의 기민한 방첩활동에 걸려들어 실패하면서 공산 진영의 확장을 막지 못했다.

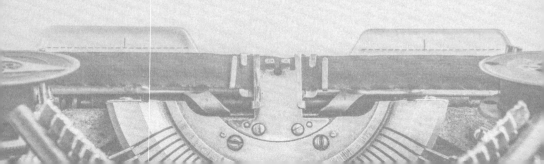

영국의 대소對蘇 비밀공작 배경

전후 영국이 사실상의 소련 점령지라 할 수 있는 '적지'에서 위험스러운 반체제 성격의 작전을 펴기로 한 것에는 직간접적인 두 가지 이유가 있었다. 직접적으로는 종전 이후 분출된 폴란드, 에스토니아, 라트비아, 리투아니아 등 발트해 연안 국가들의 강렬한 독립 의지였다. 전쟁 기간 나치에 점령당해 핍박에 시달렸던 이들 국가들은 종전 직후에는 동구권의 맹주를 꿈꾸며 무력을 앞세운 스탈린의 야심에 희생될 처지에 놓인다. 특히 폴란드는 전시 런던에 근거지를 두고 있던 망명 정부가 무시되고 공산 정권이 수립되자 여기에 반발했고 발트 3국도 소련의 지배에 반대하는 민족주의 성향의 무장단체가 등장해 독립을 요구한다. 이에 MI6는 소련과 대립하는 저항 세력을 은밀히 지원하기로 결정한다.

간접적인 이유로는 서방 진영이 전후 보여 준 소련의 무서운 팽창 속도에 제동을 걸기 위해서였다. 실제로 스탈린은 전쟁이 끝나기 전부터 이미 폴란드와 발트 3국뿐만 아니라 헝가리, 불가리아, 체코슬로바키아 등을 소련의 위성국으로 만드는 이른바 '동유럽의 스탈린화化'라는 거대한 야심을 품고 있었다. 스탈린은 1948년 폴란드와 체코슬로바키아에 공산 정권을 세우면서 구상을 실현시켰고 이와 함께 1949년 독일 점령지에도 동독이라는 위성 정권을 수립하며 자유 진영과 확실한 선을 그었다. 이에 영국은 폴란드 망명 정부를 비롯해 발트 3국 망명자들을 자국에 침투시켜 반소, 반스탈린 저항활동을 지원하고자 했고 1948년 후반부터 순차적으로 실행에 들어간다.

폴란드와 발트 3국, 그 기구한 운명

영국이 정글 작전을 구상한 배경에는 이제 막 시작된 '냉전'이라는 세계 질서의 재편이 주요하게 작용했다. 하지만 작전을 실행시킨 동력은 소련의 영향권에서 벗어나 독립국가의 지위를 얻고자 한 발트해 인근 약소국들의 뜨거운 열망이 있었다.

실제로 2차 대전을 전후한 폴란드와 발트 3국의 운명은 공통적으로 '안쓰럽다'라는 말이 적합할 정도로 기구하고 불행했다. 1차 대전 이후 독일과 러시아 제국이 붕괴돼 폴란드와 발트 3국은 독립한다. 그러나 곧이어 나치 독일과 소련이 군비를 증강하고 패권 다툼에 나서면서 다시 전운이 감돌았다. 그 사이 폴란드가 리투아니아를 침공하는 일도 있었으나 이는 히틀러와 스탈린이라는 희대의 철권 통치자들이 존재감을 드러내면서 자연스럽게 정리된다. 이후 두 권력자는 1939년 8월 독·소 불가침 협정을 맺는데 이들은 이때 밀약을 통해 폴란드를 중심으로 서쪽과 리투아니아는 독일이, 동쪽과 에스토니아, 라트비아는 소련이 각각 분할 점령하기로 약속한다. 여기에는 본래 핀란드도 포함돼 있었지만 소련이 일부 영토를 할양받는 조건으로 본토 점령을 피했다.

이렇게 협정을 맺은 독일과 소련은 한 달 뒤 폴란드 침공을 시작으로 각기 점찍은 국가에 자국 군대를 주둔시켰다. 그렇지만 1941년 6월 독일이 소련을 침공해 발트 3국까지 점령하자 이들은 스탈린을 도와 히틀러에 맞섰다. 그리고 전세가 역전된 1944년부터 다시 소련군이 진주하기 시작했는데 바로 이것이 종전을 지나 공산권으로 편입되는 단초가 된다. 이는 복잡한 정세 속에서도 독립 의지를 불태우던 발트해 국가들에게는 받아들이기 힘든 것이었고 각국의 민족주의자들을 중심으로 폴란드에서는 '저주받은 용사단Cursed soldiers'이, 발트 3국에서는 '숲의 형제들Forest Brothers'이라는 반공, 반소 저항단체가 게릴라전에 돌입한다. 당시 이들의 규모와 전투력은 막강한 화력으로 무장한 소련에는 비교도 되지 않았으나 저항 활동이 거듭될수록 게릴라 수는 늘어나 리투아니아의 경우 최대 3만 명에 이르렀던 것으로 알려졌다.

한편 전쟁 기간 독일과 소련이 번갈아 자행한 학살과 전사로 6백만 명이상의 국민이 목숨을 잃은 폴란드는 전쟁 막판 스탈린의 영향력 하에 종전을 맞으면서 서방에 가까운 민족주의자들 대부분이 추방되거나 처형, 혹은 숙청됐다. 이 시기 스탈린은 KGB(당시 NKVD) 출신의 볼레스와프 비에루트Bolesław Bierut라는 인물을 내세워 민족주의 진영을 탄압하며 공산화를 주도해 나간다. 사정이 이렇게 돌아가자 이들 국가의 저항세력들은 "스탈린은 히틀러만큼이나 위험한 적수다"라고 입을 모았고 영국에 개입을 요청한다. 전쟁 기간부터 발트해 주변 상황을 주의 깊게 살펴온 영국도 스탈린의 팽창 속도에 경계심을 갖고 신경을 곤두세우기는 마찬가지였다. 그렇지만 불행히도 당시 영국의 입장에서 발트해 연안국의 독립은 핵심적 관심사항이 아니었다. 다만 영국은 이들 국가에서 무슨 일이 일어나고 있고 소련의 속내가 무엇인지는 알고 싶었다. 이에 MI6는 몇 차례의 정찰팀을 보냈으나 만족할 만한 결과를 얻지 못한다.

그렇게 시일이 지난 1947년 폴란드에 공산정권이 들어섰고 1948년 초에는 체코슬로바키아까지 소련의 위성국으로 흡수된다. 이때부터 영국과 미국은 소련을 상대로 내부 저항 활동 지원과 난민 탈출, 사보타주, 선전선동 나아가 공산정권 전복에 이르는 반스탈린 활동을 공식화하고 계획 일체를 MI6와 CIA 등 각 정보기관에 일임했다. 이런 가운데 영국은 그간 저항세력의 끊임없는 개입 요구가 있었고 선박이나 항공기의 접근이 쉬워 지형적으로도 소련의 동향을 엿보기에 이상적이라는 판단 아래 발트해 연안 침투를 구상하기 시작한다.

작전의 시작 "스탈린을 분쇄하라"

이에 따라 우선 MI6는 발트 지역 담당관으로 스웨덴 스톡홀름에서 활동하던 알렉산더 맥키빈Alexander McKibbin을 시켜 반소련 저항세력과 접촉하도록 했다. 이어 MI6에서 유럽 북동부를 담당하던 헨리 카Henry Carr를 작전 총책임자로 작전명을 '정글JUNGLE'이라 짓고 첼시의 올드 처치가 110번지라는 비밀 장소에 특별훈련소를 마련해 침투요원 양성에 들어간다. 여기에는 나치 침공 이후 런던에 둥지를 틀고 명맥을 유지해 온 폴란드의 망명 정부도 가세했다. 아울러 미국도 CIA를 통해 이와는 별도의 작전을 진행했지만 실행은 당시 서독 지역에서 정보활동을 주도하던 라인하르트 겔렌Reinhard Gehlen이 이끄는 겔렌 조직이 도맡았던 것으로 알려졌다. 이들은 뮌헨 서쪽 카우프보이렌Kaufbeuren에 자체 캠프를 차려 침투요원을 교육시키며 작전의 서막을 올린다.

작전에서 요원 교육은 MI6의 맥키빈이 실무 총책을 맡았고 각 국가별로 담당자를 나누어 실시됐다. 특히 작전에는 발트해 지형을 잘 아는 서독의 겔렌 조직이 연계돼 있었기 때문에 전직 나치 장교들이 상당수 참여하게 된다. 이에 따라 에스토니아는 나치 무장 친위대 출신의 알폰소 레바네Alfons Rebane가 맡았고 라트비아는 나치 공군 출신의 루돌프 실라예스Rudolfs Silarajs가, 리투아니아는 스타시스 치만타스Stasys Zymantas라는 역사학자가 각각 담당했다. 교육 기간 요원들에게는 무기 사용법을 기본으로 소형 보트 및 무전기 사용법, 낙하, 비무장 전투 등에 이르기까지 강도 높은 훈련이 진행됐다. 또 MI6는 용이한 침투를 위해 독일 점령지에 '영국 발트해 어업보호국BBFPS'이라는 위장조직을 만들고 2차 대전 당시 나치가 사용했던 E−보트독일명 S−보트를 개조했다. 이 작업은 해군정보국NID이 맡아 보유 중이던 P5230, P5208 정艇에 대한 개조작업을 통해 2척의 고정 침투선을 확보한다. 보트 운영은 소련의 의심을 피하기 위해 독일인으로 전직 E−보트 함장을 지낸 바 있는 한스 클로제Hans Helmut Klose와 휘하 부대원들에게 맡겼다. 이때 클로제는 겔렌 조직과 선이 닿아 있던 인물이다.

1950년 들어서 이들에게는 함부르크 핀켄베르더Finkenwerder를 거점으로 광대역 안테나를 장착하고 정찰선으로 개조된 E−보트로 에스토니아 사레마아에서 동독 뤼겐에 이르는 발트해 전역에 걸친 통신정찰 임무가 추가로 부여됐다. 그리고는 발트해 진출입의 요충지인 덴마크 보른홀름Bornholm섬에 사실상 최전방 지휘소를 만들어 요원들을 침투시키거나 무전을 수신하도록 한다. 당시 영국과 미국은 소련과의 극단적 대립 상황을 우려해 작전을 철저히 극비에 부쳤으며 실제로 그렇게 되고 있다고 믿었다.

반면에 이것은 이들의 착각과 자만이었을 뿐 같은 시각 소련은 이미 영국의 속셈을 간파하고 '손님'을 맞이할 준비에 여념이 없었다. 이 중에는 특별히 영국의 물밑 움직임에 주목해 온 인물이 있었는데 그는 바로 KGB 소속으로 라트비아에서 활동하던 야니스 루카세비치Janis Lukasevics

저주받은 용사단 폴란드에서 2차 대전 후반 결성된 이 무장단체는 MI6의 정글 작전과 연계해 반소 저항활동을 펼쳤다.

였다. 루카세비치는 서방 국가들이 발트 연안국을 상대로 비밀공작을 벌이고 있다는 낌새를 알아차리고 선수先手를 친다.

1948년 말 루카세비치는 라트비아인 비드부스 스베익스Vidvuds Sveics 라는 인물을 반공주의자로 위장시켜 서유럽으로 탈출하도록 했다. 이어 스베익스는 MI6에 자신을 '저항세력 멤버'라고 속였다. 그 징표로 그는 라트비아에 KGB가 체포하려는 동조자들이 있다면서 탈출할 때 가지고 나온 관련자들의 명단을 내놨고 MI6는 이것을 곧이곧대로 믿어 버렸다. 그리고는 현지 동조자들을 탈출시킬 요량으로 훈련 중인 라트비아 요원 중 정예 멤버로 팀을 꾸려 스베익스와 함께 침투시킨다. 그러나 해안에 도착하자마자 스베익스는 돌변해 그대로 달아났고 나머지 요원들은 경비대에 붙잡혀 모두 살해된 것으로 추정되고 있다. 스베익스는 무전으로 MI6에 작전 실패를 알리는 동시에 허위 사실을 곁들여 자신의 탈출과 생존이라는 긴박했던 상황을 생생하게 전하며 의심을 피했다. 현지 사정을 알 리 없었던 MI6는 이번에도 그의 말을 그대로 믿고 말았다. 이후 1949년에도 작전팀이 발트 해안으로 침투하는 데까지는 성공했지만 미리 덫을 놓고 기다리던 KGB에 속속 체포된다.

KGB 루카세비치의 민완과 MI6 배반자

침투했다가 붙잡힌 요원 중에는 저항이나 고문으로 사망하는 경우도 있었으며 기밀을 누설하지 않기 위해 준비해 간 독극물을 삼키고 스스로 목숨을 끊은 사례도 있다. 이와 달리 일부 요원들은 체포된 뒤 KGB의 모진 고문과 회유를 못 이겨 오히려 MI6에 거짓 정보를 전하며 작전을 교란하기도 했다. 이렇게 KGB는 루카세비치의 기민한 활약에 힘입어 MI6의 허를 찌르면서 비밀작전을 초기부터 무력화시켜 나갔고 작전이 진행되는 내내 거짓 정보를 흘려 서방의 판단을 흐려 놓았다. 이런 사실을 꿈에도 몰랐던 영국과 미국은 작전의 진척이 더디다는 것을 직감하면서도 저항 활동 자체만으로도 소련의 지도자들이 골머리를 썩고 두려움에 사로잡힐 것이라는 심각한 자아도취에 빠져 있었다. 따라서 작전은 종결되기 직전까지도 MI6가 당초에 바라던 스탈린의 야심을 분쇄하는 데 아무런 영향을 미치지 못했다.

하지만 작전이 성과를 거두지 못한 배경에는 루카세비치의 민첩함과 서방 정보당국자들의 자만, 혹은 자아도취 외에도 또 다른 치명적 이유가 도사리고 있었다. 그것은 내부에 암약하며 MI6의 일거수일투족을 KGB에 조목조목 전달해 온 이중스파이가 있었기 때문이다. 물론 당시에는 아무도 그 사실을 알지 못했고 더욱 그가 소련을 상대로 벌이는 작전 전체를 관장하는 부서의 책임자라는 것을 아는 사람은 없었다. 후에 알려진 바에 따르면 당시 MI6의 정글 작전을 비롯한 대소련 공작활동을 주관한 부서는 섹션9Section Ⅸ으로 불리던 소련담당부서였는데 이곳의 책임자는 서방 역사상 최악의 이중스파이로 악명을 떨친 헤럴드 '킴' 필비Harold 'Kim' Philby였다.

캠브리지 대학 시절 또 다른 4명의 친구들과 함께 KGB에 포섭된 필비는 2차 대전 기간 MI6에 들어가 주로 방첩 업무를 담당했고 종전 직전 섹션9의 재건과 함께 책임자에 오른 인물이다. 이를 전후로 그는 막대한 정보를 소련으로 빼돌렸는데 정글 작전 역시 그중 하나였다. 라트비아에서 루카세비치가 침투요원들을 빗자루로 쓸어 담듯 체포할 수 있었던 배후에도 담당 부서 책임자인 필비의 정보유출이 결정적이었을 것으로 짐작된다. 또한 필비는 MI6가 '스탈린 분쇄'라는 같은 목적으로 1951년 알바니아에서 실행한 밸류어블 작전Operation Valuable도 일찌감치 KGB에 누설해 많은 희생자를 내며 실패하도록 했다. 이처럼 MI6 내부에서 악질 배반자가 고위직을 꿰차고 KGB와 비밀리에 내통하고 있었으니 작전이 성공할리 만무했던 것이다.

그럼에도 MI6는 조만간 소련의 기세가 꺾일 것이라는 일말의 기대를 가진 채 해군 및 해군정보국NID과 함께 발트 연안 침투에 상당 전력을 집중한다. 이들은 1950년 이후 매년 2, 3회에 이르는 침투 작전을 전개하며 의욕을 보였다. 그러나 시간이 갈수록 침투 요원들의 생존, 생환율

이 현저히 낮다는 것이 눈에 띄게 드러나면서 부정적 견해가 담긴 분석 보고서가 쌓여갔고 급기야 1954년에는 미국이 발을 빼면서 작전에 먹구름이 드리워진다.

이런 상황에서도 영국은 독자적으로 작전팀을 침투시켜 반스탈린 의지를 불태웠으나 그때마다 요원들은 실종되고 들리는 것은 저항활동이 위축됐다는 암울한 소식뿐이었다. MI6는 1955년 4월 1차례의 에스토니아 사레마아 침투작전을 마지막으로 행동을 잠정 중단했고 1956년 6월 30일 폴란드와 발트 3국 저항세력에게 "우리는 더 이상 당신들을 도울 수 없다. 신의 가호가 있기를 바란다"는 교신을 끝으로 작전을 종결한다. 다만 작전 과정에서 구체적으로 어떤 내용들이 채집됐는지는 알려지지 않았으나 해군과 클로제 함장 휘하 부대원들이 벌인 통신정찰작전만큼은 성공적이었다는 평가다.

23

트루디잭슨 작전

Operation TRUDY JACKSON ~1950 −한국 해군첩보대 / G · 2−

대한민국해군
REPUBLIC OF KOREA NAVY

　트루디잭슨 작전Operation TRUDY JACKSON은 1950년 6.25 전쟁 초기에 한국 해군첩보대와 미군 정보참모부G-2가 공동으로 수행한 정찰 및 교두보 확보작전이다. 인천상륙작전Operation Chromite에 앞서 실행된 여러 첩보전 가운데 가장 대표적인 것으로 인천만 부근에 대한 광범위한 정보수집과 중앙에 위치해 길잡이 역할을 할 것으로 여겨진 팔미도의 등댓불을 밝히는 임무였다.

　이 시기 한미 연합군은 인천 연안을 무대로 전방위적 기습과 첩보전을 다수 감행하는데 이것이 대부분 성공하면서 전쟁의 양상을 뒤집는 발판을 마련했다.

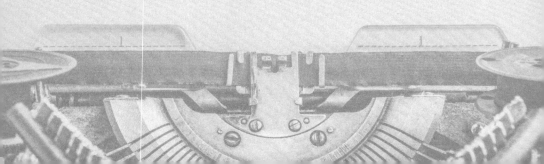

한미 연합, 인천 연안 첩보전 배경

6.25 전쟁 발발 3일 만에 북한군은 당시 서울의 심장부인 한강 이북을 점령하는 무서운 기세를 보였다. 이후에도 북한군의 남하는 계속돼 8월 초를 전후한 시점에는 한미 연합군을 낙동강 전선까지 몰아붙인다. 연합군총사령관이었던 더글러스 맥아더Douglas MacArthur는 특단의 조치로 전쟁 초기부터 구상했던 인천상륙작전을 실행하기로 결정한다.

그런데 인천에 대규모 병력이 진입하기 위해서는 덕적도, 영흥도, 대부도, 영종도 등이 버티고 있는 비좁고 촘촘한 비어수로Flying Fish Channel를 지나야 했다. 반면 당시 연합군이 갖고 있던 인천 연안과 관련된 정보는 1945년 8월 이전인 일제 강점기에 조사된 것이 전부였다. 사정이 이렇다 보니 맥아더는 상륙에 앞서 인천 일대의 북한군 배치 및 해안 방어 현황, 기뢰부설 여부, 상륙지점의 지형, 조수간만의 차이, 해안의 길이 등에 이르기까지 많은 것을 알고자 했다. 이에 연합군은 한국 해군을 주력으로 미군 정보참모부G-2가 결합한 가운데 인천 연안과 그 일대에 대한 침투, 점령, 첩보수집 등 전방위적 작전을 잇달아 감행하게 된다.

작전의 시작, 벼랑 끝에서 던진 승부수

인천상륙작전은 6.25 전쟁 당시 한국군을 포함한 연합군이 낙동강 전선까지 후퇴하는 등 극도의 수세적 전황을 풀기 위해 단행한 성공확률 5천대 1의 거대한 승부수였다. 그러나 작전은 규모와 위험성에 비해 '입안에서 실행까지' 예상 밖으로 빠르게 진척됐는데 그 이유는 계획의 대강이 전쟁 초기에 이미 구상돼 있었기 때문이다.

전쟁이 발발하고 3일 만에 서울의 심장부를 내준 한국군은 한강 이남으로 철수해 방어선을 구축했다. 이때 미 극동군사령관이던 더글러스 맥아더가 방어선을 시찰한다. 여기서 맥아더는 2차 대전 당시 일본을 상대로 서남태평양 전선에서 구사했던 이른바 '섬 건너뛰기Island Hopping 작전'에 착안해 북한군의 후방을 공격하는 상륙전을 구상한다. 인천 일대에 사단 규모의 병력을 투입해 서울로 진입한 뒤 북한군 주력부대의 병참선을 끊어 놓겠다는 것이 계획의 골자로 이것이 인천상륙작전의 원형인 이른바 '블루하츠 작전Operation Blue Hearts'이다. 맥아더는 블루하츠 작전이 입안된 즉시 참모회의를 열어 D-데이를 '7월 22일'로 못 박는 등 세부안을 확정한다. 그렇지만 이런 결정에도 불구하고 당시 북한군의 기세가 워낙 압도적이었기 때문에 작전은 차일피일 미뤄졌고 결국 낙동강까지 후퇴하면서 계획은 사실상 없던 것이 되고 말았다.

이런 와중에 최후 방어선이던 낙동강 전선에서 일진일퇴의 공방전이 이어져 교착상태가 지속되자 맥아더는 당초 구상했던 승부수를 꺼내들게 된다. 블루하츠 작전을 기초로 한층 진화된 '크로마이트 작전Operation Chromite', 즉 인천상륙작전이 그것이다. 1950년 7월 23일 미 극동군사령부 합동전략기획단JSPOG에 의해 입안된 이 계획은 처음에는 인천뿐 아니라 평택, 군산, 해주 등 상륙 가능한 모든 지역이 검토됐으나 인천이 서울의 관문이라는 점을 들어 강행을 고수한 맥아더의 명령에 따라 8월 12일 '작전계획 100-B'로 작성됐고 D-데이는 '9월 15일'

로 결정된다.

그런데 이렇게 계획을 수립하고도 맥아더에게는 두 가지 큰 고민이 있었다. 하나는 보안문제였다. 당시 극동군사령부FECOM가 있던 일본 도쿄를 거점으로 북한 측 스파이들이 활발한 첩보활동을 벌이고 있었다. 맥아더는 군 방첩대CIC를 동원해 18명에 이르는 북파 및 고정 스파이들을 일제히 검거해 일단 보안문제를 해결했다. 맥아더의 고민 중 또 하나는 상륙 예정지역에 대한 정보부족이었다. 이때 미군은 상륙 예정지로 잡은 인천 연안과 그 일대에 대한 정보로 1945년 토머스 브리테인 Thomas Brittain이 작성한 이른바 '브리테인 보고서Brittain's Report'를 갖고 있었다. 하지만 일시에 대규모 병력과 장비가 진입할 수 있는지에 대해서는 심각한 의문이 제기됐고 더욱 주변이 북한군 수중에 들어가 있었기 때문에 정찰은 필수였다.

여기에 한국 해군이 나선다. 당시 맥아더 사령부와 작전계획을 공유한 손원일 해군참모총장은 비밀리에 서해지구 작전사령관 겸 PC-702 함장이던 이희정 중령을 불러 육전대를 조직할 것을 명령한다. 이 육전대의 임무는 첩보부대를 투입하기에 앞서 인천 연안에 퍼져 있는 덕적도 등 교두보가 될 만한 몇 개의 섬들을 확보해 두는 것이었다. 이후 이 중령은 각 함정에서 차출한 최정예 111명의 육전대를 이끌고 짧은 기간 놀라운 활약으로 덕적도는 물론 인천과 가까운 영흥도 일대까지 장악하며 임무를 완벽하게 수행한다. 이 작전은 당시 연합군이 덕적도와 영흥도, 인천을 잇는 뱃길을 확보했다는 점에서 전략적으로도 매우 높은 평가를 받는다. 이로 인해 미군도 이 작전을 지휘관인 이희정 중령의 성을 따서 '리Lee 작전'이라고 부르며 공로를 인정했다.

"인천을 투시하라" … 엑스레이 작전

이처럼 이희정 육전대의 활약에 힘입어 연합군은 비로소 첩보부대를 침투시킬 수 있는 교두보를 확보한다. 여기에 이어진 작전은 2016년 영화 「인천상륙작전」으로 널리 알려져 있는 이른바 '엑스레이 작전 Operation X-Ray'이다. 작전명과 관련해 작명 이유에 대해서는 별도로 알려진 바는 없지만 해안을 포함한 인천 전역을 'X-선으로 투시하듯 샅샅이 염탐한다'는 의미가 담겨있는 것으로 보인다. 이 작전 역시 손원일 휘하 한국 해군이 주력을 담당한다. 8월 13일 손원일 총장은 함명수 소령(훗날 해군참모총장)을 부산항 제1부두로 비밀리에 불러 첩보대를 편성할 것과 덕적도에 상륙해 연락기지를 차릴 것, 그리고 첩보대를 인천으로 침투시킬 것을 각각 지시한다.

참고로 이 글에서는 엑스레이 작전을 리 작전에 이어 시작되는 형식으로 소개하고 있지만 사실 한국 해군이 두 작전에 착수한 시점은 거의 같다. 다만 엑스레이팀은 부산에서 출발해 인천 근해에 도착해야 했던 이유로 약 일주일이 더 소요됐다. 절묘한 것은 이희정 육전대가 영흥도를 완전 장악해 치안권을 확보한 직후 함명수 첩보대가 도착해 곧바로 엑스레이 작전이 가동됐다는 점이다.

손원일 총장의 지시에 함 소령은 1개 팀당 4, 5명으로 구성된 3개 팀의 첩보대를 꾸렸다. 특히 이 중에는 당시 정보국에 있던 김순기 중위를 차출하는데 그는 정보 전문가이면서 전쟁 이전에는 인천경비사령부에 근무한 경력이 있어 지역 사정에도 밝은 인물이었다. 또 임병래, 장정택 소위도 차출해 팀을 맡겼다. 이렇게 17명으로 꾸려진 함명수 첩보대는 무기와 장비, 식량, 활동자금으로 쓸 북한 화폐 등을 준비해 떠날 채비를 마쳤다. 그리고는 8월 17일 대원들은 작전을 끝내고도 돌아오지 못할 것에 대비하며 각자 머리카락과 손발톱을 조금씩 깎아 사물함에 넣고는 비장한 각오로 자갈치 시장 앞에 정박해 있던 백구호라는 어선을 타고 부산항을 떠난다. 영화「인천상륙작전」에서는 함명수 첩보대의 임무와 관련해 극적 효과를 높이기 위해 주로 '북한군의 기뢰 부설 여부'에 초점을 맞춰 이야기를 진행했지만 실제로 첩보대의 임무는 기뢰부설 여부를 포함해 인천지역 북한군의 병력 배치 현황 및 보급로, 상륙지점의 지형, 암벽의 높이, 해안의 길이에 이르기까지 매우 방대하고 광범위한 정보들을 수집하는 것이었다.

이후 8월 24일 인천 근해에 도착한 첩보대는 해군본부와 긴급 연락을 취해 당초 연락기지로 예정했던 덕적도보다 인천과 가까운 영흥도가 적합하다는 판단에 따라 영흥도에 기지를 차리고 임무에 착수한다. 바로 이때가 이희정 육전대가 영흥도를 성공적으로 점령한 시점이다. 이와 함께 김순기 중위와 임병래 소위 등은 기동선을 타고 인천에 잠입한다. 여기서 김 중위는 인천 근무시절 친분이 있던 현지 접선책의 도움을 받아 통행증을 발급받고 은신처를 마련하며 본격적인 활동에 들어갔다. 이 활동에서 첩보대가 특별히 공을 들인 장소로는 월미도를 꼽을 수 있다. 월미도는 소위 '감제고지瞰制高地'라고 해서 주변 일대를 두루 전망할 수 있는 곳으로 상대의 동태를 살피기에 최적의 장소였다. 만약 상륙전이 벌어질 경우 가장 먼저 확보해야 하는 전략적 요충지였다. 그런 만큼 북한군의 경계도 삼엄했다. 그렇다고 미군이 쓰는 첨단 첩보장비 등은 엄두도 낼 수 없는 상황이라 첩보대는 오로지 인적정보HUMINT에만 의존해야 했다. 간혹 준비해간 북한 돈으로 주변 인부를 매수해 정보를 입수하는 일도 있었지만 이는 흔치 않았다. 이들은 북한군의 진지 구축이나 철도 보수 노무자로 위장해 주둔 현황을 파악했으며 때로는 북한군 복장으로 변장하고 지형지물 등을 탐색하는 등 오로지 맨몸으로 첩보수집에 총력을 기울였다.

이렇게 얼마간의 시간이 흘러 상당량의 정보가 모아진다. 당시 첩보대가 파악한 동향에 따르면 북한군은 월미도 정면에 약 20문의 해안포와 주변 해안에 4문의 고사포를 각각 구축하고 4백여 명의 병력이 주둔해 있었다. 또한 인천항 부두 참호에는 1개 중대 병력이 있었고 보병용 참호는 해안선에서 몇 피트 뒤에 구축돼 있었다. 이 정보들은 모두 해군본부를 거쳐 맥아더 사령부에 보고돼 상륙계획을 구체화하는 밑거름이 된다.

"등대를 밝혀라" … 트루디잭슨 작전

한편 함명수 첩보대가 인천에 침투해 북한군의 현황을 엑스레이로 투시하듯 훑고 있는 동안 맥아더 사령부에서는 또 하나의 작전이 준비 중이었다. 미군 측 정보참모부G-2가 현지 사정을 직접 눈으로 확인하고자 별도의 첩보부대를 보내기로 한 것이다.

이에 8월 26일 G-2는 미 해군에서 정보 임무를 맡아온 유진 클라크 Eugene Clark 대위를 현장 책임자로 팔미도 정보작전, 일명 '트루디잭슨 작전Operation Trudy Jackson'을 입안해 실행에 들어간다. 클라크 첩보대의 암호명을 따서 붙여진 것으로 알려진 이 작전에는 미 극동군사령부 소속 한인 첩보부대인 켈로KLO: Korea Liaison Office 소속의 연정과 계인주 등 약 10여 명의 한국인들이 합류했다. 이들은 8월 31일 일본 사세

보쿈世保항에서 영국 순양함 자메이카Jamaica함의 엄호를 받으며 구축함 채리티Charity함을 타고 인천으로 향했다. 이어 9월 1일 덕적도 근해에 도착해 한국 해군 PC-703으로 영흥도에 상륙한다. 여기서 함명수 첩보대와 조우했다. 이와 관련해 부대의 지휘체계가 어떤 식으로 이뤄졌는지는 알 수 없지만 함명수는 훗날 회고록에서 "이후 클라크 대위를 통해 모든 정보가 미군 측에 전달됐다"고 밝혔다.

클라크 첩보대는 영흥도에 상륙한 즉시 활동을 개시한다. 우선 클라크 대위는 북한군이 이웃 섬인 대부도에 주둔하고 있었기 때문에 영흥도 청년단을 조직해 경계태세를 강화하도록 했다. 그리고 함명수 첩보대가 수행해 온 엑스레이 작전을 그대로 이어 주변 정찰에 나선다. 이들은 인근 북한군의 주둔 현황을 면밀히 관찰했고 늘어난 인력을 활용해 인천 일대뿐만 아니라 서울 시내까지 요원을 파견해 정보를 수집했다. 또 북한 측 선박도 나포해 정보를 더한다.

특히 이 기간 클라크 대위는 인천만 한가운데 위치한 팔미도를 유심히 살폈다. 팔미도는 무의도와 영종도, 대부도와 영흥도에 둘러싸인 아주 작은 섬이지만 전략적 요충지인 월미도에 진입하기 위해서는 반드시 지나야 하는 곳이다. 이에 더해 팔미도에는 일제 강점기에 지어진 한국 최초의 등대가 있어 활용 여부에 따라 대규모 상륙부대가 진입하는데 길잡이 역할을 할 수도 있었다. 이에 9월 3일 클라크는 대원들과 기동선을 타고 팔미도에 잠입해 등대 활용 가능성을 점검했다. 점검 결과 활용이 가능하다는 판단에 따라 9일 맥아더 사령부에 "등대 상황이 온전해 상륙할 때 필요하다면 점화할 수 있다"고 보고했고, 사령부에서는 "9월 15일 0시에 등대를 점화하라"는 명령을 내린다.

크로마이트 작전 1950년 9월 15일 인천 앞바다를 점령한 연합군. 이에 앞선 한미연합 첩보부대의 맹활약은 상륙전을 성공으로 이끄는 견인차가 됐다.

실제로 팔미도 등대는 상륙작전이 실행되던 순간 점화돼 대규모 상륙 부대의 길잡이 역할을 톡톡히 했다는 견해가 많다. 트루디잭슨 작전이 인천상륙작전에 앞서 이뤄진 대표적 첩보전으로 평가받는 이유도 이 때문이다. 다만 이 상황과 관련해서는 당시 작전에 참가했던 인물들 간에 증언이 엇갈려 등댓불을 누가 밝혔는지가 불분명하고 심지어 맥아더가 사전에 첩보대에 의해 등대가 점화될 것을 모르고 있었다는 주장도 있어 다소 논란과 의문을 안고 있다.

상륙작전 직전 팔미도에 접근한 클라크 첩보대가 어떻게 역할을 구분했는지는 불분명한데, 작전에 참가했던 한국인 요원들은 저마다 자신이 이끄는 팀이 등댓불을 밝혔다고 증언했다. 이 가운데 켈로 소속이었던 것으로 알려진 한 인물은 "등대를 밝히려는 순간 점화에 필요한 나사못이 빠져 지연됐고 우여곡절 끝에 장비를 찾아 점화할 수 있었다"고 말하는 등 당시 상황을 구체적으로 증언했다. 그렇지만 현장 책임자였던 클라크 대위는 훗날 회고록 등에 이와 관련해서는 아무런 언급을 하지 않아 주장에 의문이 제기된 바 있다.

또한 재미 작가인 조화유 씨는 작전이 성공한 얼마 후 「타임TIME」지에 실린 기사를 근거로 '맥아더가 팔미도 등대 점화를 첩보대 활약으로 인지하지 못하고 있었다'고 주장했다. 조 씨는 '1950년 9월 25일자' 칼 마이던 기자가 쓴 기사에 "인천 항구 쪽에서 깜박거리는 불빛이 보였다. 그것을 보고 도일 해군 제독이 맥아더 사령관에게 '적이 (고맙게도) 항해등까지 켜놓았군요'라고 말하자 맥아더 사령관은 '(그놈들) 예의 한번 바르군'이라고 말했다"는 보도문을 발췌해 이러한 주장을 내놨다. 아울러 1965년 출간된 맥아더 회고록 '회상Reminiscences'에도 "멀리 바다 위에서 불이 하나 반짝거리는 게 보였다. (인천항구로 들어가는 길목인) 비어수로에 항해등이 켜져 있었다. 적은 우리에게 완전히 기습을 당한 것이다. 적은 항해등도 끄지 않았다"는 대목도 언급해 의문을 증폭시켰다.

이외에 작전명 트루디잭슨Trudy Jackson과 관련해서도 일각에서는 클라크 첩보대의 침투에 앞서 CIA 소속 클럭 혼Kluck Hohn의 주도하에 G-2와 켈로가 수행했다는 조금 다른 의견도 있으나 CIA가 이에 대해 공식적으로 밝힌 내용은 없다. 반면 여러 논란과 의문에도 불구하고 분명한 사실은 당시 한국 해군 및 첩보대 그리고 미군 측 첩보부대의 활약에 힘입어 인천상륙작전이 적은 사상자를 내면서도 전세를 일거에 뒤집는 커다란 결과를 가져왔다는 데에는 이견이 없다.

24

아작스 작전

Operation AJAX 1952~1953 -CIA-

아작스 작전Operation AJAX은 1953년 미국 CIA가 이란을 상대로 실행한 정부 전복顛覆공작으로 민족주의 성향의 모사데 정권을 몰아내고 친서방 정권을 수립하기 위해 단행한 비밀작전이다. 작전의 성공으로 당시 총리였던 모하마드 모사덱은 축출됐으며 미국이 중동에서 막강한 영향력을 갖게 되는 중대한 분기점이 된다. 아울러 CIA가 창설 이후 주도한 작전 중 사실상 첫 번째 성공작이라는 점에서 미국 첩보사에는 상당한 의미가 있는 작전이다.

반면에 외부세력이 개입된 인위적 정권 교체에 따른 부작용으로 중동에서 극단적 민족주의가 창궐하는 배경으로 작용했으며 이것이 끝을 알 수 없는 중동 분쟁으로 이어져 현재에 이르는 '불행의 단초'가 됐다는 견해가 많다.

미국의 대對이란 전복작전 배경

1950년을 전후로 이란의 내부 정세는 매우 복잡했다. 이 복잡한 정세의 핵심은 당시 검은 황금이라 불리던 '석유石油'를 둘러싼 영국과 이란의 갈등이었다. 20세기 초반 무렵 이란에서 유전을 발견한 영국은 명목상 합작회사AIOC: Anglo-Iranian Oil Company를 만들어 순이익의 대부분을 가져가며 막대한 이득을 챙겼고 제2차 세계대전 중에는 아예 이란을 점령해 국왕을 퇴위시키고 그의 아들을 새로운 국왕으로 앉힌다. 하지만 영국이 당초 이란과 약속한 유전의 이익 배분율을 지속적으로 어기면서 반영反英 감정이 싹트기 시작했으며 이 과정에서 모하마드 모사덱 Mohammad Mosaddegh이라는 민족주의 성향의 정치인이 총리에 올랐다. 이후 모사덱은 '석유 국유화'를 주장하며 민심을 얻어 나가는 동시에 영국에 대한 압박을 가속화한다.

영국도 해군 등 군사력을 동원해 무역항을 봉쇄하며 강경하게 대응했지만 이란의 반영 감정을 누그러뜨리지는 못했다. 사면초가에 놓인 영국은 전통적 혈맹관계를 들어 미국의 지원을 요구했으나 미국도 처음에는 섣불리 나서려 하지 않았다. 이런 상황에서 영국의 봉쇄 조치로 어려움을 겪던 모사덱이 공산주의 계열의 정당과 연합전선을 구축한 데 이어 소련과도 접촉을 시도한다는 첩보가 입수된다. 그렇지 않아도 소련의 확장에 신경이 곤두서 있던 미국은 '이란의 공산화는 곧 중동의 공산화로 이어질 것'이라는 우려를 드러내며 CIA를 동원해 모사덱을 축출할 은밀한 작전에 들어간다.

영국 vs. 모사덱 ··· '검은 황금' 쟁탈전

아작스 작전은 미국이 이란의 당대 최고 권력자를 몰아내고 중동 질서를 새로 쓴 역사적 사건이지만 그 저변에는 당시 최대 이권으로 등장한 '석유'를 둘러싼 산유국과 강대국 간의 이른바 '자원 전쟁'의 성격이 짙다. 또한 본래 미국은 이 물밑 전쟁에서 당사국은 아니었고 위기에 빠진 영국이 도움을 요청하면서 개입하게 되는데 분쟁의 불씨는 20세기 초입에 지펴졌다.

1901년 윌리엄 다씨William DArcy를 내세워 이란에서 유전 개발권을 따낸 영국은 1908년 남부지방에서 유전지대를 발견한다. 이후 영국·이란 석유회사AIOC라는 명목뿐인 회사를 만들어 이익의 상당 부분을 차지했다. 이때 이란에게 돌아간 이익은 전체 순익의 약 16퍼센트에 지나지 않았고 이에 더해 1925년 영국이 이란을 식민지화하려 하자 군부 실력자였던 레자 칸Reza Khan이 쿠데타를 일으켜 이를 저지하며 스스로 왕위에 오른다. 그럼에도 영국은 석유 이권을 독점하며 막대한 이득을 지속적으로 챙겼고 2차 대전 중이던 1941년에는 나치 독일의 침공이 우려된다며 유전지대를 무력으로 점령해 버렸다. 이후에도 이란 국왕 레자 칸이 영국의 뜻대로 움직이지 않자 그를 퇴위시키고 아들 레자 팔라비Reza Pahlavi를 새로운 왕으로 옹립한다. 이렇게 해서 탄생한 것이 바로 팔라비 왕조다.

이처럼 영국이 이권을 독식하는 사이 이란 국민들의 생활은 갈수록 피폐해졌는데 식량이 부족해 굶어 죽는 사람이 속출하는가 하면 명색이 산유국임에도 난방용으로 쓸 기름이 없어서 겨울에는 얼어 죽는 사람도 허다했다고 한다. 사정이 이렇다 보니 이란 내에서 영국에 대한 반감이 급속히 확산되기 시작했으며 때를 같이해 유전 개발에 의한 이익 배분율이 현저히 낮다—양국은 1933년 계약에서 이란의 배분율을 20퍼센트로 하기로 했지만 영국은 이것을 지키지 않았다—는 사실이 알려져 석유 자원을 국유화해야 한다는 주장이 대두된다. 또 이런 여파로 인해 그동안 영국의 입장을 대변해오던 당시 알리 라즈마라Ali Razmara 총리가 암살당하면서 정치적 격변도 예고됐다. 이어 1951년 치러진 선거에서 민족주의 계열의 국민전선을 이끌던 모하마드 모사덱이 급부상해 총리에 오른다. 그는 취임 직후부터 유전 개발계약 파기를 포함한 석유 국유화를 본격적으로 추진하며 영국을 압박했다. 위기에 직면한 영국도 해상 봉쇄를 통해 이란의 석유 수출길을 틀어막고 생필품에 대한 금수 조치를 취하는 한편 '혈맹' 미국에 긴급지원을 요청하기에 이른다. 이때 영국은 모사덱 정권의 성향이 공산주의에 가깝다고 강조하며 미국에 무력 사용을 포함한 적극 개입을 요구했다.

그렇지만 처음에는 미국도 영국의 요구를 들어주지 않았다. 반대로 백악관은 모사덱이 공산주의자가 아니며 도리어 그가 사라질 경우 빈자리를 진짜 공산주의자들이 채울 것이라는 판이한 시각을 갖고 있었다. 무엇보다 이 시기 해리 트루먼Harry Truman은 한반도에서 수행 중이던 한국전쟁으로 인해, 이란 문제에 눈을 돌릴 겨를이 없었고 이란 석유에 대한 영국의 독점에 대해서도 불만을 갖고 있었다. 이와 함께 미국은 이란이 석유를 국유화할 경우 자신들이 수혜를 입을 수 있다는 손익 계산도 끝내 놓은 뒤라 영국의 지원 요청을 사실상 거부한다. 이에 전후에 총리로 재선된 윈스턴 처칠Winston Churchill은 분노를 드러내며 "영국이 한국전쟁에서 미국을 도와 군사적 지원을 다하고 있다는 점을 트루먼이 알아야 한다"라면서 "이란에서 미국이 영국을 도와야 하지 않느냐"고 말하며 집요하게 지원을 요구했다.

그러나 같은 시기 어려움에 직면한 것은 영국만이 아니었다. 해상 봉쇄 및 금수 조치로 활로가 막힌 이란도 극심한 생필품 부족과 물가 상승 등을 겪게 되는데 이것은 고스란히 모사덱 정권에 부담으로 돌아왔다. 결국 1952년 모사덱은 이러한 정치적 위기를 돌파할 요량으로 공산주의 정당인 투데당Tudeh Party과 연합전선을 구축한다. 이 과정에서 모사덱이 소련과의 접촉을 시도했다는 확인되지 않은 말이 나도는가 하면 모사덱 지지 집회에 공산주의자들이 다수 참여하면서 내부에서도 갈등과 의혹이 증폭된다. 이런 이유로 모사덱의 든든한 지지 기반이었던 이슬람 시아파도 등을 돌렸다. 정세가 삽시간에 급변하자 마침내 미국은 이전까지 가져왔던 이란에 대한 입장을 완전히 바꾸며 영국을 적극 지원하기로 결정한다.

모하마드 모사덱 그는 영국의 이권 독식에 반발한 국민적 여론을 등에 업고 이란 최고 정치지도자로 등극했으나 재임 내내 견제와 축출 시도에 시달려야 했다.

작전의 시작, 영국의 SOS … CIA의 등판

1953년 3월, 한 달 전 CIA 수장이 된 앨런 덜레스Allen Dulles: 1953~1961 재임, 1969년 사망는 "이란이 공산주의자들 손에 넘어가면 중동 국가들은 도미노처럼 무너져 석유의 60퍼센트를 모스크바가 장악하게 된다"면서 모사덱을 축출하기로 하고 비밀작전을 지시한다. 여기서 특징적인 것은 당시 백악관의 주인이 트루먼에서 아이젠하워Dwight Eisenhower로 바뀌던 시기로 이런 정치적 진공상태를 이용해 이란에 대한 입장 변화와 모사덱 축출 결정에 이르는 전 과정을 CIA가 주도했다는 점이다. 또한 그 배후에는 궁지에 몰린 영국의 MI6가 있었다. 두 기관은 모사덱에 대한 축출 논의를 1952년 중반부터 물밑으로 진행하며 교감을 쌓아 왔다. 이런 상황에서 강경 반공주의를 내세운 아이젠하워가 백악관의 주인이 되자 작전은 급물살을 탄다.

덜레스의 명령이 떨어지자 CIA는 4월 중동지역 작전 책임자인 커밋 루즈벨트Kermit Roosevelt를 총책으로 반정부 쿠데타를 일으켜 모사덱을 총리에서 끌어내리는 이른바 '아작스 작전'을 입안하고 착수 공작금 1백만 달러를 테헤란으로 보내 행동에 들어가도록 했다.

여기서 작전 총책을 맡은 커밋 루즈벨트는 미국의 제26대 대통령을 지낸 시어도어 루즈벨트Theodore Roosevelt의 손자다. 그는 이전까지 소련 침공에 대비해 이란 현지에서 부족전사들을 훈련시키고 정치전과 선전전을 지휘해 온 인물이었기 때문에 미국의 입장에서는 더할 나위없는 적임자였다. 루즈벨트는 총책에 임명된 직후부터 행동에 들어갔는데 1차적 목표는 모사덱의 정치적 기반을 허무는 것이었다. 이를 위해 그는 CIA의 막강한 자금력을 이용해 빠르게 조직망을 구축했고 친서방파 인물들인 라시드 형제를 끌어들여 정관계 및 언론, 군부, 심지어 암흑가에 이르기까지 막대한 금품을 쏟아 부었다. 이들 라시드 형제는 이란에서 선박과 금융, 부동산을 지배해 온 거물들로 본래는 MI6가 관리하던 조직망이었지만 반영 감정이 심화되면서 CIA가 인계 받아 주류층 공략의 주요 루트로 활용했다. 이처럼 검은돈으로 주요 인물들을 포섭한 루즈벨트는 이어 거액을 들여 모사덱을 음해하는 대량의 유인물을 제작한다. 이 유인물은 쿠데타에 앞서 선전전을 펼치기 위한 것으로 내용도 "모사덱은 부패했고 공산주의자와 소련의 편이다"라는 등의 시종 원색적 비난이 주를 이뤘다.

그렇지만 이런 일련의 활동은 단순히 선동을 위한 부수적 작업에 지나지 않았다. 당시 CIA가 궁극적으로 쿠데타에 성공하기 위해서는 두 가지의 중대한 조건이 필요했다. 하나는 아무리 실권이 약하다 하더라도 엄연히 버티고 있는 팔라비 국왕의 마음을 사로잡는 것이고 또 하나는 모사덱을 대체할 중량감 있는 유력자를 내세우는 것이었다. 이를 위해 루즈벨트는 왕궁을 제집처럼 드나들며 팔라비를 설득하기에 전력을 다한다. 반면 국왕은 쿠데타가 일어날 경우 군부가 자신을 지지할 것인지에 확신이 없었기 때문에 마음을 정하지 못하고 있었다. 이에 CIA는 프랑스에 머물고 있던 국왕의 쌍둥이 남매인 아쉬랍 공주를 내세워 설득전을 펼쳤고 만약 쿠데타가 실패하면 왕가에 거액의 사업자금을 대주겠다는 약속까지 했다. 팔라비는 CIA와 루즈벨트의 설득과 협박이 뒤섞인 요구에 쿠데타가 임박한 8월이 될 쯤 '울며 겨자 먹기식'으로 협조의사를 밝히게 된다.

아울러 모사덱을 대체할 유력인물로는 파졸라 자헤디Fazlollah Zahedi라는 퇴역 장성을 내세웠다. 당초 미국은 자헤디가 심약하고 우유부단하다는 이유에서 그를 반대했지만 영국의 완강한 입장에 부딪혀 수용했다. 이어 CIA는 테헤란에 군사고문단을 이끌고 와 있던 미군의 로버트 맥클루어Robert McClure 장군의 도움을 받아 거사에 동원할 무장 세력도 갖추면서 모사덱을 축출하기 위한 만반의 준비를 마쳤다.

이렇게 준비를 끝낸 작전은 1953년 8월 12일 팔라비 국왕이 모사덱을 해임하고 자헤디를 새로운 총리로 임명한다는 칙령을 발표하면서 시작된다. 이와 함께 루즈벨트는 준비해 둔 유인물을 살포하기 시작했고 투데당의 당원으로 위장한 암흑가 조직원들이 사원에 난입해 종교 지도자들에게 폭력을 휘두르며 난동을 부렸다. 이런 일사불란한 쿠데타 세력의 움직임에 얼핏 작전은 성공하는 듯 보였다. 하지만 이것은 미국이 모사덱의 관록을 지나치게 얕잡아 본데서 비롯된 오판이었다. 70세에 접어든 노련한 정치가는 이미 자체 첩보망을 통해 CIA의 움직임을 감지하고 있었고 공격이 시작되자 곧바로 반격에 나선다.

작전 실패 … 예상 못한 '극적 반전'

먼저 국왕의 칙령은 국회 의결을 거치지 않으면 그 자체로는 효력이 없는 사문서死文書: 죽은 문서에 불과했다. 이를 잘 알고 있던 모사덱은 칙령이 도착하기에 앞서 국회를 해산시켜 버렸다. 자연히 루즈벨트가 라시드 형제를 통해 매수한 국회의원들은 무용지물이 되고 만다. 일이 꼬여간다는 것을 직감한 루즈벨트는 이번에는 초강수를 내놓는다. 국왕의 근위대를 시켜 칙령을 전하고 모사덱이 저항할 경우 체포하도록 한 것이다. 그러나 모사덱을 체포하러 갔던 근위대 대령 네마톨라 나시리 Nematollah Nassiri가 오히려 인질로 붙잡히는 어처구니없는 일이 벌어지면서 쿠데타 세력은 위기에 빠진다. 이후에도 모사덱의 대응은 발 빠르게 이어졌다. 그는 테헤란의 라디오를 통해 "반란은 실패했다"고 공개적으로 발표하면서 상대의 전의를 꺾었다. 발표 직후 기세가 눌린 쿠데타 세력은 사분오열된다. 국왕은 이미 칙령을 발표해 놓고 카스피 해로 떠난 뒤였으며 신임 총리로 지명됐던 자혜디는 모처의 안가로 숨어들었다. 소식을 접한 본국의 CIA도 당황하며 마땅한 대비책 없이 전전긍긍했다.

작전 개시 4일이 지난 16일에도 루즈벨트는 팔라비 국왕을 '폭압에 추방된 군주'로 세계 언론이 주목하도록 로마로 보냈고 상당한 액수의 자금을 풀어 폭력 시위를 조장하며 무정부 상태를 유도했다. 그렇지만 이것도 청부 시위대임을 알아본 모사덱 측 시위대에 의해 무력화된다. 현지 사정이 이렇게 돌아가자 17일 밤 CIA는 사실상 '작전이 실패했다'는 판단 아래 테헤란 지부에 "아작스 작전을 중단하고 미국의 개입을 은폐하라"는 전문을 보내기에 이른다. 이때는 백악관도 모사덱에 대한 지지로 입장을 바꿀지 여부를 두고 깊은 고민에 빠져 있었다. 실제 아이젠하워는 자신의 안보 보좌관이면서 전 CIA 수장이었던 월터 베델 스미스Walter Bedell Smith: 1950~1953 재임, 1961년 사망를 불러 이 문제를 심각하게 논의했다.

그럼에도 루즈벨트는 포기하지 않았다. 그는 본국에서 추가로 받은 5백만 달러를 무차별적으로 풀어 또다시 시위대를 조직했고 맥클루어 장군의 도움으로 이란 군 장교들로부터 쿠데타 지지를 이끌어냈다. 동시에 노선갈등으로 모사덱과 사이가 벌어진 시아파 지도자 중 한 명인 모하마드 베바하니Mohammad Behbahani에게 밀사를 보내 협력을 요청했다. 그러던 중 정국의 판도가 일거에 바뀔만한 변수가 발생한다. 이때까

반모사덱 시위 실패한 줄 알았던 CIA의 축출작전은 모사덱의 치명적 실수와 루즈벨트의 끈질긴 시도로 극적인 반전 스토리를 쓰게 된다.

지 상황을 완벽하게 통제하고 있던 모사덱이 쿠데타에 대해 '완전 진압'을 확신하고는 자신을 지지하기 위해 거리로 쏟아져 나왔던 시위대와 자택을 호위하려 모여든 지지자들에게 일상으로 돌아갈 것을 당부하며 해산시키는 치명적 실수를 범한 것이다.

그렇게 상반된 움직임 속에 운명의 8월 19일이 밝았고 루즈벨트는 마지막이 될 수도 있는 반정부 시위에 나섰다. 시위에는 돈으로 매수한 건장한 운동선수들과 차력사들이 앞장섰으나 점차 시간이 지나면서 그동안의 경제난에 불만이 쌓인 시민들이 기하급수적으로 늘어났다. 여기에는 베바하니가 규합한 대규모 이슬람 시위대도 합류하게 되는데 이 중에는 당대 시아파 최고 지도자였던 아야톨라 카샤니Ayatollah Abol

Kashani 세력을 비롯해 훗날 이슬람 혁명을 이끌게 되는 젊은 성직자 루홀라 호메이니Ruhollah Khomeini도 있었다. 이어 거리를 메운 사람들이 "국왕 만세, 모사덱 반대"를 외치면서 반전이 시작된다. 급기야 폭력적으로 돌변한 시위대는 정부 청사와 투데당의 당사 등을 닥치는 대로 부수고 불태웠다. 또 시위대와 모사덱 지지자들 간에도 충돌이 일어나 희생자가 발생한다. 기회를 엿보던 루즈벨트는 시위 진압을 명분으로 기갑부대를 앞세운 군대를 출동시켜 모사덱을 체포하며 아작스 작전을 극적인 성공으로 마무리했다. 이후 모사덱은 감옥에서 3년을 복역한 후 고향으로 내려가 사망할 때까지 연금 상태로 지냈다.

반면 팔라비 국왕은 미국을 등에 업고 약 26년간 철권통치 하게 되고 미국은 이란 유전의 약 40퍼센트에 달하는 막대한 지분을 챙겼다. 하지만 한참 뒤인 1979년 팔라비는 루홀라 호메이니를 정신적 지도자로 한 이슬람 혁명으로 권좌에서 쫓겨났으며 미국도 호메이니에 이어 사담 후세인Saddam Hussein, 오사마 빈라덴Osama bin Laden, ISISThe Islamic State of Iraq and Syria로 이어지는 '분쟁의 늪'에 깊이 빠져드는 결과를 초래했다.

한편 CIA는 작전에 대해 '공공연한 개입설'에도 불구하고 오랜 기간 관련성을 부인해오다 지난 2013년 비로소 "당시 모사덱을 공격하는 선전 활동을 펼치고 팔라비 왕조와 공모해 이란 국회의원을 매수하거나 대중 시위를 선동하는 등의 공작활동을 지시했다"며 개입 사실을 공식적으로 인정했다.

25

로미오 작전

Operation ROMEO 1953~1990 −슈타지 HVA−

　로미오 작전Operation ROMEO은 냉전기 동독 정보기관인 슈타지의 대외첩보총국 HVA이 서독을 상대로 1950년대 초반부터 실행한 기만 및 침투공작이다. 작전은 인류 역사에서도 전통적 기만술 중 하나로 여겨지는 '미인계美人計'를 뒤집은 것으로 동독 출신의 젊은 남성들을 서독에 침투시켜 정부기관에 근무하는 미혼의 중년 여성들을 집중 공략하는 소위 '미남계'였다.

　'역발상 전략'으로 소련의 KGB마저 탐을 낼 만큼 커다란 성공을 거뒀고 1979년 전모가 드러났지만 그 후에도 동독이 붕괴되기 전까지 암암리에 지속됐다.

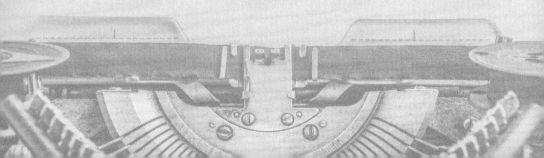

슈타지의 서독 여심女心 공략작전 배경

슈타지의 대외첩보총국Stasi HVA이 젊은 남성들을 동원해 대서독 첩보전에 나선 이유는 냉전이라는 시대적 상황도 있었지만 당시 HVA 수장이던 마르쿠스 볼프Markus Wolf의 필요에 의한 측면이 강하다. 볼프는 불과 30세의 나이인 1952년 동독 최고위층의 권력 투쟁으로 공석이 된 대외정보기관의 수장에 오르면서 일찌감치 날개를 달았다. 그러나 미숙한 지휘력으로 침투공작에서는 연이어 실패를 맛본다.

이에 볼프는 새로운 첩보술 고안에 주력했고 그 결과 셰익스피어의 『로미오와 줄리엣』에서 보통의 사람들이 주로 '줄리엣'에 관심을 기울인다는 것에 착안해 로미오라는 일종의 '공백의 캐릭터'를 응용하기로 한다. 또 당시 서독은 앞선 2차 대전의 여파로 많은 남성들이 전쟁에서 희생되면서 인구 비율에서 여성이 훨씬 높은 심각한 여초현상女超現象에 시달리고 있었는데 이 역시 볼프가 로미오 작전을 구상하는 중요한 바탕이었다.

절박감이 잉태한 역발상 미학

로미오 작전은 같은 시기, 같은 기관에서 실행된 '귄터 기욤Günter Guillaume 스파이 작전'과 함께 동독의 슈타지Stasi를 세계적인 정보기관으로 이끄는 견인차가 된다. 그만큼 성공적이었고 당시로서는 혁신적이기까지 했다. 또한 이 작전은 재임 내내 극도의 비밀스런 행보로 소위 '얼굴 없는 스파이'로 불리며 맹위를 떨친 볼프를 첩보사에 기리 남는 명장으로 각인시키는 걸작이라는 평가를 받기에도 손색이 없다. 반면 이런 평가들은 어디까지나 먼 훗날에 내려진 것일 뿐 작전이 태동하게 된 배경은 그다지 유쾌하지 않다.

실제로 작전의 설계자이면서 연출자였던 볼프는 겨우 30세에 정보기관의 지휘를 맡은 신출내기 기관장에 지나지 않았고 더욱 그가 취임한 직후 실행된 거의 모든 대서독 침투공작이 참담한 실패로 막을 내린다. 이 시기 그는 경험 많고 노련한 경험자들을 제쳐두고 첩보학교까지 설립하는 의욕을 보이며 약 30여 명의 신입요원을 선발해 서독으로 침투시켰다. 하지만 하나같이 미숙하고 어리석은 행각으로 침투 즉시 방첩당국에 체포되면서 쓴맛을 봐야 했다. 이에 볼프는 이 경험을 곱씹으며 절치부심, 반전의 칼을 갈게 되고 본래부터 태생이 긍정적이고 재능이 많았던 그는 얼마 지나지 않아 첩보사를 뒤흔드는 절묘하고 혁신적인 술수를 고안하기에 이른다.

서독의 정부기관에 첩자를 침투시키거나 관련 인물을 포섭하는 것이 가장 효과적이라는 사실을 알지만 이미 쓰디 쓴 실패를 맛본 터라 발상의 전환이 절실했다. 장고 끝에 볼프의 머리를 스친 것이 있었는데 그것은 세익스피어의 『로미오와 줄리엣』이었다. 그는 대부분의 사람들이 줄리엣에 로망을 갖고 있다는 점에 주의를 기울이면서도 머릿속으로는 온통 줄리엣의 그늘에 가린 로미오를 주목하고 있었다. 여기에 미인계라는 전통적 첩보술을 결합시킨 뒤 살짝 뒤집어 소위 '미남계'를 착안하기에 이른다. 이렇게 해서 일명 '로미오 작전'이라 불리는 역발상 공작이 기획됐고 그는 세부 계획이 수립됨과 동시에 대학과 청년조직의 인사카드를 샅샅이 훑으며 로미오들을 찾기 시작한다.

이와 함께 서류만으로는 정보가 부족하다는 판단 아래 전국을 돌며 진흙에 묻혀있는 숨은 로미오들을 직접 발굴했다. 이때 볼프가 찾고 있던 로미오의 면면은 우선 젊고 미남인 데다 총명한 두뇌를 갖고 있어야 했다. 그러나 이 조건에 부합한다고 해서 모두 로미오가 될 수 있었던 것은 아니다. 그는 인사카드와 발로 뛰어 물색한 후보들 중에 약 10퍼센트 정도만을 추려 재검증을 실시했으며 이 과정에서 비로소 1퍼센트만을 진정한 로미오로 선발하는 까다로운 절차를 진행했다. 이처럼 본래 출중한 남성들 가운데서도 '최고의 남성'을 선발한 것이다 보니 작전은 일찌감치 성공을 예감케 한다.

그렇지만 첩보전 특유의 비밀주의에 남성이 여성을 유혹한다는 독특한 컨셉으로 인해 작전에 참여한 로미오들의 정체를 포함한 세부 전모는 아직도 명확히 밝혀지지 않고 있다. 이런 이유로 작전이 최초로 실행된 시점도 매우 불명확하며 현재까지 알려진 바에 따르면 대략 1953년 후반경─일부 1952년 말 시작됐다는 말도 있으나 이는 볼프가 HVA 수장으로 취임하던 시기와 겹치기 때문에 설득력이 떨어진다─으로 추정된다.

작전의 시작 … "총리실을 염탐하라"

이때 첫 번째로 현장에 투입된 로미오는 실명이나 나이, 출신지가 불분명한 단지 '펠릭스Felix'라는 암호명을 쓰는 베일의 인물로 전해진다. 펠릭스는 동독의 남동쪽 어딘가에 있는 작은 마을 출신으로 공학을 전공한 총명한 대학생이었고 볼프의 집요한 설득에 넘어가 수개월간 스파이 양성교육을 받았다. 이후 겨울 쯤 미용 용품을 파는 영업사원으로 위장해 서독에 침투한 것으로 알려져 있는데 첫 번째 로미오 펠릭스에게 맡겨진 임무는 매우 막중한 것이었다. 당시 슈타지는 명색이 한 나라의 정보기관임에도 불구하고 경쟁국인 서독의 정부기관, 그 중 최고의 핵심인 총리실의 내부 조직망조차 파악하지 못하고 있었다.

따라서 펠릭스의 임무는 백지상태의 총리실에 침투하라는 것이었으며 방법은 출중한 외모와 세련된 매너를 활용한 미남계였다. 이에 그는 며칠에 걸쳐 총리실 주변을 염탐했고 얼마 후 총리실에서 사무직으로 근무하는 중년의 미혼 여성에게 접근하는 데 성공한다. 이렇게 접근한 뒤에는 외모와 매너, 배려심 등으로 여성의 마음을 사로잡아 나갔다. 여성의 입장에서도 자신의 특별할 것 없는 외모와 적지 않은 나이, 무엇보다 전쟁에서 비롯된 여초현상으로 심한 외로움을 느끼고 있었기 때문에 젊고 잘생긴 로미오 '펠릭스'의 접근을 거부할 이유가 없었다. 결국 두 사람은 연인관계로 발전했고 이때부터 펠릭스의 애정행각에 기반한 첩보활동은 마치 '물 만난 고기'처럼 거침이 없었다.

당시 여성을 통해 펠릭스가 슈타지에 어떤 정보들을 전달했는지는 자세히 알려져 있지 않다. 그럼에도 슈타지가 그토록 바라던 총리실의 내부 조직망을 시작으로 서독의 주요 정책이나 서방국가들의 군사동향 같은 정보들이 주로 빠져 나갔을 것이라는 짐작은 가능하다. 이런 식으로 펠릭스는 수년간 서독의 총리실을 제집처럼 들여다볼 수 있었다. 하지만 그의 활동에도 위기가 닥친다. 여성이 연인관계를 넘어 결혼을 요구하면서 일이 틀어지기 시작한 것이다. 작전 기간 로미오들의 신분은 서독에 살다 이민을 갔거나 사망한 사람의 기록을 도용한 것이기 때문에 신분이 탄로 나지 않기 위해 결혼은 절대로 피해야 하는 것이었고 이는 펠릭스도 마찬가지였다. 다시 말해 이것은 그가 작전을 중단하고 철수해야 한다는 암묵적 시그널이었던 것이다. 그로부터 얼마 후 펠릭스는 여성을 서독에 남겨둔 채 홀연히 사라져 동독으로 돌아왔다. 비록 비밀작전을 위해 만났지만 이 일로 한동안 그는 깊은 상심에 빠져 있었던 것으로 전해진다.

개인 사정이 어떻건 로미오 작전의 물꼬를 튼 펠릭스의 활약이 예상 밖의 성과로 나타나자 슈타지와 지휘관 볼프는 매우 고무된 채 연이어 제2, 제3의 로미오들을 속속 서독으로 침투시킨다. 아울러 이후에는 총리실뿐만 아니라 각 부처의 정부기관 및 군 사령부 등을 상대로 광범위하게 작전을 감행했다. 여기에는 소련과 동구권에 맞서 서방의 전초기지 역할을 하던 나토NATO 사령부도 예외는 아니었다.

1961년경 슈타지는 지방의 작은 극단에서 연극배우 겸 연출가로 활동하던 롤랜드Roland라는 인물을 로미오로 선발한다. 그렇지만 그 역시 펠릭스처럼 실명이나 출생지 같은 개인 신상은 알려진 바가 없고 다만 괴테의『파우스트』를 훌륭하게 해석하는 것으로 유명했다고 한다. 이후 밀봉교육을 거쳐 서독 본Bonn으로 파견된 롤랜드는 이곳에서 마르가레테라는 여성에게 접근하라는 명령을 받는다. 마르가레테는 프랑스를 오가며 나토군 사령부에서 통역을 담당하던 터라 슈타지는 그녀를 통해 서방의 군사 동향을 세세하게 파악할 속셈이었다. 이에 롤랜드는 연극배우 출신답게 덴마크 언론인으로 위장해 접근했고 출중한 외모와 빼어난 연기력으로 여심女心을 사로잡는 데 성공한다. 이윽고 두 사람은 서로의 속내를 털어놓을 만큼 친분을 쌓으며 연인관계로 발전했다. 때를 맞춰 기회를 엿보던 롤랜드는 본래의 임무를 시작한다. 그는 마르가레테에게 유럽의 약소국인 덴마크의 사정을 상세히 설명하며 통역 등의 업무과정에서 알게 된 사실들을 전해달라고 부탁했고 그녀도 연인의 부탁에 흔쾌히 화답한다. 이때부터 마르가레테는 나토군의 작전이나 병참계획 및 육해공군의 동향을 자세히 알려줬다. 이에 더해 나토와 경쟁 관계에 있는 동구권의 바르샤바 조약기구Warsaw Pact 산하 동맹군과의 비교분석 자료 같은 최고 기밀문서도 건네졌다. 이것은 롤랜드의 손을 거쳐 곧바로 슈타지로 전달된다.

그런데 같은 시기에 롤랜드 등 로미오들의 활약에 힘입은 이러한 양질의 정보에 음흉한 눈빛으로 군침을 흘리는 이들이 있었으니, 그들은 바로 소련의 KGB였다. 나토 등 서방의 주요 정보를 받아본 KGB는 슈타지의 정보력에 놀라움과 감탄을 금치 못하면서도 더 많은 정보를 요구하며 동독을 압박했다. 반면 최고의 연기력을 소유한 로미오 롤랜드에게도 위기는 닥친다. 서독의 방첩당국이 마르가레타를 주시하기 시작했다는 제보가 다른 침투 스파이들로부터 슈타지에 도착한 것이다. 이로 인해 롤랜드도 최초의 로미오 펠릭스와 마찬가지로 커다란 아쉬움을 남기며 여성을 그대로 남겨 둔 채 홀연히 사라져 동독으로 귀환할 수밖에 없었다.

절정의 로미오 작전 … BND를 농락하다

이후에도 슈타지는 로미오들을 대거 동원해 서독의 외교부 및 공관, 국방부 등에 이르는 주요기관까지 닥치는 대로 염탐하며 막대한 기밀을 빼냈다. 이 과정에서 슈타지가 로미오 작전으로 얻은 최고의 성과는 단연 첨예한 경쟁관계에 있던 서독의 연방정보국BND을 손바닥 보듯 들여다볼 수 있었다는 점이다.

1968년경 서독의 평범한 여대생이었던 가브리엘 가스트는 지도교수의 연구를 도와주기 위해 동독의 한 작은 마을을 방문한다. 논문에 필요한 조사를 하기 위해서였다. 여기서 그녀는 칼 하인츠 슈미트라는 청년을 만나게 되고 그의 거칠지만 순박하고 자상한 매력에 빠지고 말았다. 이어 두 사람은 마을 구석구석을 다니며 밀애를 나누는 사이로 발전한다. 그러던 어느 날 가스트는 느닷없이 동독의 공안당국에 체포됐다. 공안당국은 그녀에게 "슈미트에 접근한 서독의 정보요원 아니냐"며 으름장을 놓았고 자신들에게 "협조하지 않는다면 앞으로 슈미트를 만나지 못하게 하겠다"고 협박했다. 그녀는 적성국에서 꼼짝없이 누명을 쓰게 된 것에 극심한 두려움을 느꼈지만 이 보다는 자칫 슈미트를 다시는 못 만날 수도 있다는 불안감에 슈타지에 협조하기로 약속한다. 이 모든 과정을 당시 가스트는 우연히 벌어진 일로 여겼는지 모르겠으나 실제로는 슈타지가 그녀의 방문 사실을 미리 알고 계획적으로 슈미트를 접근시켜 마음을 빼앗은 또 다른 형태의 로미오 작전이었다.

이렇게 스파이가 되기로 하고 서독으로 돌아온 가스트는 대학에 다니면서도 수개월에 한 번씩 동독을 방문해 슈미트를 만나고 밀봉교육을 받았다. 그리고는 1973년경 박사과정을 밟던 중 평소 그녀의 총명함을 알아본 서독의 연방정보국BND이 스카우트 제안을 하면서 이중스파이의 길에 들어서게 된다. 처음에 가스트는 BND가 운영하는 연구소에 들어가 연구 활동을 벌이게 되는데 뛰어난 분석력이 인정돼 1986년에는 BND 내에 소련 담당 2인자에까지 오르며 승승장구했다. 그 사이에도 약속된 안전가옥에서 슈미트와 밀애를 즐기며 주요 기밀문서를 다량으로 전달한다. 이런 가스트의 이중 행각은 1990년 9월까지 이어졌으며 통독 이후 슈타지 서고에서 나온 비밀문서에 따르면 가스트는 BND에 있는 동안 3개의 암호명으로 활동했고 약 3천여 건의 기밀문서를 슈타지에 전달한 것으로 밝혀졌다. 이처럼 볼프의 로미오 작전은 동독이 붕괴되기 직전까지 무려 30년 넘게 지속되는 놀라운 생명력으로 슈타지의 핵심 첩보루트로 자리했다.

그렇다고 작전이 서독의 아무런 방해도 없이 순조롭게만 이뤄진 것은 아니다. 작전은 1979년 서독의 방첩기관인 연방헌법보호청Bfv에 의해 한차례 전모가 드러나면서 크게 위축된다. 특히 당시 Bfv의 수사 내용이 서독 유력지인 빌트BILD 등을 통해 낱낱이 공개되면서 국민들을 충격에 빠뜨렸다. 이때 언론에 공개된 내용에 따르면 벨기에 브뤼셀의 나토 주재 서독 대표부에서 통역을 담당하던 잉그리드 가르베를 비롯해 역시 나토 사무국에 근무하던 우르젤 로렌첸, 이멜다 페렙트 등이 로미오에 포섭된 줄리엣으로 드러났다. 또 집권당이던 기민당 사무국의 우어줄라 휩스와 당 국방, 외교 연구 책임자의 비서 잉게 골리앗, 당 의장 비서 크리스텔 브로체이 등도 동독을 위해 일한 줄리엣이었으며 재무부 고위 관리의 비서 헬가 뢰디거도 슈타지가 남몰래 자랑하던 줄리엣으로 밝혀지면서 반역의 마수가 서독 정부기관 및 정당, 단체, 그리고 나토에 이르기까지 광범위하고 뿌리 깊게 뻗어 있었음을 여실히 보여 줬다.

한편 통독 이후 작전의 전모가 일부 드러난 데다 불법 체포와 감금 등의 혐의로 재판에 출석한 마르쿠스 볼프를 향해 '여성을 이용한 스파이 행위에 죄책감이 없느냐'는 지적이 이어지자, 그는 "첩보기관은 규율에 따라 움직이는 곳이 아니다"면서 기관과 임무의 특수성 및 자신의 창의성을 강조하며 작전의 정당성을 주장했다.

26

황금 작전

Operation GOLD 1953~1956 -CIA / MI6-

황금 작전Operation GOLD은 냉전이 본격화한 1950년대 중반 미국 CIA 주도하에 영국 MI6와 공동으로 벌인 비밀공작이다. 영국에서는 스톱워치 작전Operation Stopwatch으로, 후에 합류한 미 국가안보국NSA에서는 리갈 작전Operation Regal으로 각각 달리 부르고 있다. 주요 내용은 미국과 영국 정보당국이 독일 베를린에서 소련 등 공산진영의 통신을 엿듣기 위해 대규모 터널(땅굴)을 만들어 도청을 시도한 작전이다.

반면 소련은 MI6에 심어둔 이중스파이를 통해 계획을 사전에 파악했고 도청이 시작된 얼마 후 우연을 가장해 무력화시켰다.

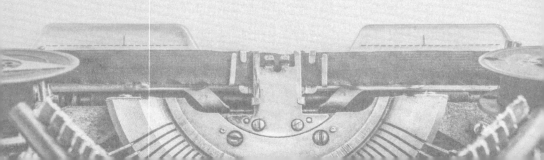

미국과 영국의 대소對蘇 도청작전 배경

1945년 8월까지 독일과 일본이 차례로 항복을 선언하며 제2차 세계 대전은 막을 내렸다. 그러나 비록 무력을 앞세운 열전은 끝이 났지만 세계는 이때부터 또 '하나의 소리 없는 전쟁'을 시작한다. 바로 미국을 중심으로 하는 자유 진영과 소련을 맹주로 하는 공산 진영의 이른바 '냉전 Cold War'이 도래한 것이다. 특히 전범국으로 낙인찍힌 독일은 미국, 영국, 프랑스 그리고 소련에 의해 분할 점령됐고 수도 베를린은 양대 진영이 공동으로 관리하는 완충지대로 결정된다. 그러던 1948년 6월 미국이 서방 국가들과 독일에 새로운 통화제도를 도입하기로 합의하게 되는데 여기에 대항해 소련이 이른바 '베를린 봉쇄 조치(서베를린으로 향하는 육로, 수로, 철도를 모두 막아 버린 사건)'로 맞불을 놓으면서 긴장이 고조됐다. 당시 베를린은 소련의 점령지에 둘러싸여 있었기 때문에 미국은 이 사건으로 심각한 위협을 느끼지 않을 수 없었으며 몇 해 뒤 한반도에서는 한국전쟁이 발발하면서 양대 진영의 대립은 극단으로 치닫는다.

이에 CIA는 소련의 의도와 동향을 면밀히 파악할 필요가 있다고 판단했고 마침 동베를린이 동구권의 전화, 전보가 집결하는 통신의 요충지라는 사실을 알게 된다. 아울러 영국 MI6가 독자적으로 오스트리아 빈에서 벌인 지하 도청작전에 착안해 이것을 확대 모방한 블록버스터급 비밀작전에 돌입한다.

작전의 시작 … MI6의 '실버 작전'

황금 작전은 미국과 영국의 정보당국이 공동으로 실행한 작전이긴 하지만 CIA가 당시로서는 천문학적 재원을 대부분 쏟아 부었다는 점에서 사실상 미국이 주도한 작전이었다. 실제로 작전에는 현재 가치로 따져 미화 약 6천만 달러에 육박하는 거대한 비용이 소요됐고 최고인력과 첨단장비들이 총동원된 메가톤급 프로젝트로 진행됐다. 그러나 이러한 거대한 계획은 애초부터 CIA의 독창적인 기획은 아니었다. 초창기 미국 정보기관들이 그랬던 것처럼 이 역시 영국 MI6의 노하우를 본뜬 일종의 모방 작전이었으며, 그 시작은 1949년으로 거슬러간다.

종전 이후 오스트리아는 독일처럼 연합국에 의해 분할 점령됐고 수도인 빈Vienna도 베를린과 마찬가지로 미국, 영국, 프랑스, 소련의 공동 관리구역으로 설정된다. 이에 따라 각 국은 저마다 주요 정보를 하나라도 더 얻기 위해 살인과 납치까지 불사하며 치열한 첩보전을 벌이는 등 매우 복잡한 양상을 띠고 있었다. 이 가운데에는 당연히 영국 MI6도 있었고 피터 런Peter Lunn이라는 인물이 지역 책임자였다. 본래 전직 스키선수 출신인 그는 일대에서는 이미 뚝심과 배짱이 남다르기로 소문이 자자했다. 일상적 첩보 활동을 벌이던 피터 런은 1949년 빈의 어떤 한 지점에 소련 등 공산 진영의 통신 케이블이 집결하고 있다는 것을 알아낸다. 이에 목표 지점 맞은편에 있던 상점을 매입해 그 아래로 약 20미터 길이의 터널을 뚫고 통신 케이블에 접근하는 대담한 작전을 구상한다.

후에 벌어지는 황금 작전에 비해 규모가 작다고 해서 '실버銀: Operation Silver 작전'으로 불리게 되는 이 작전에서 MI6팀은 목표하던 케이블에 접근해 도청선을 연결하는 데 성공한다. 이어 상점에 마련한 비밀 도청실에서 통신을 엿듣게 되고 이를 통해 동구권으로 흘러가는 막대한 기밀정보들을 중간에서 가로챌 수 있었다. 영국은 이 작전을 연합국이 오스트리아 점령을 마무리한 1955년까지 실행했으며 때를 같이해 시작된 황금 작전에 합류하면서 종결지었다.

한편 실버 작전이 한창이던 1951년 소련과의 대립구도에서 대척점에서 있던 미국은 특단의 대책을 강구해야 했다. 특히 미국은 이전에 베를린 봉쇄로 한차례 충격을 받은 데 이어 한반도에서도 소련과의 대리전이라 할 수 있는 한국전쟁을 벌이고 있었기 때문에 다량의 대소련 정보가 절실했다. 그렇지만 마땅한 방안이 강구되지 않아 정보에 목이 말라 있던 상황에서 MI6의 실버 작전을 전해 듣게 됐고 때를 같이해 라인하르트 겔렌Reinhard Gehlen이 이끌던 겔렌조직(BND의 전신)으로부터 "동베를린이 소련, 폴란드, 루마니아 등의 전화와 전보를 이어주는 동구권의 통신 요충지며 통신 케이블이 매설돼 있다"는 말을 듣게 된다. 이와 함께 월터 오브라이언이라는 CIA 요원에 의해 추가적인 정보가 입수된다. 전직 농구선수 출신에서 변호사로 전업했다가 CIA 요원이 된 오브라이언은 줄곧 동독 우체국을 상대로 기밀문서를 빼내 마이크로필름으로 찍어 두는 임무를 수행해 왔는데 이 기밀문서 중에는 소련과 동독 고위층이 사용하는 3개의 통신 케이블 매설 위치가 담긴 세부 문서가 있었다. 더욱 당시 문서에 따르면 미국이 마주보고 있는 동베를린의 특정 지점이 바로 그 케이블 매설 지점으로 그곳까지의 거리는 불과 6백 미터에 지나지 않았다.

이때부터 CIA는 MI6의 실버 작전을 본뜬 특수전을 심도 있게 고려하기 시작해 토목, 통신 등에 걸쳐 기술적 가능성을 상당 시일 동안 검토한다. 그 결과 토목 전문가들의 견해는 시간과 비용이 문제일 뿐 언제든, 어디든 터널을 뚫는 것은 가능하다는 결론을 내렸고 통신에서도 영국이 소련의 암호를 풀기 위해 사용해 온 특수 장비잡음을 제거하는 일종의 필터로 추정됨를 사용하면 문제가 없다는 결론에 이른다. 이런 검토 결과들은 가뜩이나 갈증에 허덕이고 있던 CIA에는 매우 희망적인 결과였지만 그래도 아직 확인해야 할 것이 남아 있었다. 그것은 자신들이 알고 있는 '그 거점으로 정말 양질의 통신이 집중되는가?'였다. 이에 1953년 초 동베를린 통신국 직원을 매수해 내역을 확인해본 결과 동독에 주둔하고 있는 소련군의 주요 동향이 일부 파악됐다.

정보에 목마른 CIA, 땅굴을 파다

마침내 돌파구를 찾았다고 판단한 CIA는 더 이상 머뭇거릴 이유가 없었다. 그해 여름 당시 수장이던 앨런 덜레스Allen Dulles는 통신정보 전문가이면서 서베를린 책임자인 윌리엄 하비William Harvey에게 작전 지휘를 맡기며 실행 계획을 수립하라고 지시한다. 이후 하비는 CIA 내 도청 및 암호 전문가와 건축 담당자 등을 합류시켜 터널 건설과 통신 케이블 접속, 발각을 피하기 위한 위장 및 기만술에 이르기까지 치밀한 작전을 세워 나갔다.

CIA는 이와 함께 작전의 원형을 MI6에서 가져온 만큼 영국에 적극적으로 협력을 요청한다. 이에 1953년 10월 윌리엄 하비를 중심으로 한 CIA팀과 조지 영George Young 부국장을 중심으로 한 MI6팀이 런던의 칼튼가든Carlton Gardens에서 만나 첫 회의를 열고 본격적인 합동작전에 들어간다. 이 회의에는 앞서 오스트리아 빈에서 실버 작전을 고안하고 지휘했던 피터 런이 서베를린 책임자로 발탁돼 합류해 있었기 때문에 많은 노하우가 공유됐다. 이들은 12월에도 만나 상세 계획을 논의하게 되는데 각각의 장점인 기술력과 경험이 결합되면서 작전은 일사천리로 진행된다. 이때 양대 기관의 호흡은 '환상적'이라는 말이 어울릴 정도로 장단이 잘 맞아서 전망은 매우 낙관적이었다. 반면 이 협력은 후에 작전이 소련 측에 발각되는 결정적 원인이 되지만 당시에는 이런 사실을 누구도 알지 못했다.

CIA와 MI6 합동팀은 협의에서 터널의 위치와 공법, 재질 그리고 도청 방식 등에 걸쳐 때로는 치열한 격론으로 열기를 뿜으며 준비에 박차를 가했다. 이런 여러 차례의 의견 교환 끝에 이들은 미국 점령지인 서베를린 근교에 인적이 드문 러도우Rudow를 시작 지점으로 소련 점령지인 동베를린의 알트글레니케Altglienicke까지 파고들어 가는 세부안을 확정한다. 또 터널의 모양과 크기는 사람이 드나들 수 있도록 알파벳 유(U)자형의 최소 직경은 2미터로 하고 벽의 재질은 강철관을 이어 붙이기로 결정한다. 아울러 양측은 이후 도청에서 얻어진 결과에 대해 전화는 영국에서, 전보는 미국에서 각각 분석하는 것으로 합의했다.

이에 1954년 1월 CIA 앨런 덜레스가 작전을 최종적으로 승인하면서 마침내 사상 최대 규모의 도청작전이 막을 올린다. 이때 CIA는 이 작전에 큰 기대를 걸고 있었으며 자부심도 대단했던 것으로 알려졌다. 오랜 세월이 흘러 공개된 내부 보고서에 따르면 "(이 작전으로) 전 세계 첩보계에서 초보자인 미국이 절대 강자 소련을 뒤엎는 쿠데타를 일으킬 수 있다"고 밝혔을 정도로 기세는 하늘을 찔렀다. 여기에 더해 대통령이던 드와이트 아이젠하워Dwight Eisenhower도 이 시기 국가 안보회의를 주재하며 CIA에 "다시는 진주만과 같은 사건이 반복되지 말아야 한다"면서 제3차 세계대전 개전 첫날 소련의 군사시설을 모조리 섬멸할 수 있는 일종의 '결정적 한방'을 주문했다. CIA는 이번 도청작전이 이 같은 백악관의 주문에 부응할 것이라 여겼으며 같은 맥락에서 U-2 정찰제27화 오버플라이트 작전편 참조 계획도 동시에 기획된다.

이런 주문과 기대 속에 8월 초 작전은 본격적인 실행에 들어갔다. 우선 외부에는 러도우 지역에 레이더 기지를 짓는다고 하면서 독일인 업자를 고용해 커다란 창고 형태의 건물을 지었다. 이것은 건물 지하에서 터널을 파기 위한 위장 조치로 입안 단계에서 하비가 심혈을 기울인 대목 중 하나다. 그렇게 한 달이 지나 위장용 레이더 기지가 완공됐고 9월 초부터 CIA는 본 계획에 돌입한다. 이들은 비밀유지를 위해 미 육군 공병대를 동원해 지하 6미터 깊이까지 수직으로 파내려간 뒤 직각으로 소련 점령지로 향하는 수평 갱도를 만들었다. 갱도를 파 들어간 후에는 5등분으로 나눈 강철관을 들여보내 시멘트로 고정시키고 군데군데 홈을 파서 빗물이나 지하수에 의한 침하를 막았다.

공사가 진행되는 동안 현장 맞은편 소련 점령지에서도 미국의 움직임을 예의주시했기 때문에, 경비병의 눈을 피해 막대한 양의 흙을 퍼낸다든가 강철관을 유입하는 것은 커다란 숙제였다. 이를 위해 CIA는 소련 측 경비병들의 주의를 돌릴만한 눈요깃거리들을 간간히 던져줬고 그 사이 퍼낸 흙을 옮기거나 강철관을 들여보내기를 반복했다. 여기서 퍼낸 흙은 조금이라도 의심을 피하기 위해 미국으로 보내는 일까지 있었으며 강철관은 군용이 아닌 일반 화물로 위장해 러도우까지 들여왔을 정도로 보안

베를린 터널 CIA가 공산권을 염탐하기 위해 당시로선 천문학적 자금을 투입해 만든 도청용 터널. 그러나 터널의 존재는 가동 직후 1년도 못돼 소련 측에 발각되고 말았다. 사진=CIA

에 각별한 신경을 썼다. 또한 혹시나 모를 소음에 대비하고 터널의 안전을 확보해야 했기 때문에 공사는 매우 더디게 진행된다. 이들은 하루에 약 2미터 가량을 전진하며 강철관을 연결해 나간 것으로 알려져 있다.

이렇게 공을 들인 공사는 시작 6개월 만인 1955년 2월 25일이 돼서야 목표하던 소련의 통신 케이블 인근 지점에 다다를 수 있었고 그곳에 고압과 고열에도 견딜 수 있는 강철판에 특수 환기 장치가 완비된 직경 2미터 크기의 도청실을 만들었다. 그리고는 도청실 상단에는 철제문을 만들고 동독 주재 소련군 사령관의 명의를 도용해 '이 문을 열지 말라'는 거짓 경고 문구를 새겨 넣으며 첩보사에서는 전무후무한 장장 450미터 길이의 도청용 지하 터널을 완공한다.

도청 개시에서 발각까지 … 두더지의 활약

이후 소련의 통신 회선에 도청용 케이블을 연결하거나 도청실에 장비를 설치하는 일은 MI6가 맡아 녹음장치를 설치하는 등 수개월간의 작업을 벌인 끝에 5월 11일 본격적인 도청 작전을 가동하게 된다. 이런 노력 끝에 작전팀은 8월까지 3개 회선 모두에 접속하면서 동구권으로 흘러가는 전화채널 1천여 개와 28개의 전보채널을 모두 감시할 수 있었다. 또 교대로 24시간 도청요원을 상주시켜 긴급 사태 등의 만약을 대비하도록 했다.

그렇지만 당시 CIA에는 러시아어나 독일어 전문가는 물론이고 소련의 암호를 해독할 수 있는 요원들이 많지 않았기 때문에 국가안보국NSA을 합류시켜 정밀 분석을 맡겼다. 이 과정에서 이들은 소련의 핵무기 관련 정보를 비롯해 동독과 폴란드 등에 배치된 재래식 무기와 병력, 이동, 훈련 실태 등의 주요 군사 정보를 파악할 수 있었으며 동서독 내에서 운영 중인 KGB의 비밀 거점 및 침투요원 수백 명의 가명도 알아냈다. 이뿐 아니라 모스크바에 있는 군 수뇌부들의 생각도 읽을 수 있었고 소련과 동독 내부의 정치적 상황과 관련해서도 상당한 동향이 파악됐다. 모스크바와 동독 주재 대사관 간의 대화, 소련과 동독 정부 간의 밀담까지 많은 것을 엿들었다.

작전 기간 이들은 한 번에 6시간짜리 릴 형태의 자기 테이프로 통화를 녹음했는데 그 수량이 무려 5만 9천여 개에 달할 만큼 방대한 것으로 알려져 있다. 이렇게 CIA와 MI6는 당시로써는 누구도 상상하기 힘든 자금력과 기술력을 바탕으로 '숙적' 소련의 일거수일투족을 감시할 수 있게 됐고 더욱 작전은 순풍에 돛을 단 듯 순조로웠다. 이대로라면 본래 CIA가 기대했던 것처럼 자신들이 KGB를 누르고 첩보계에서 새로운 강자로 우뚝 서는 날도 멀지 않았다고 여겼을 법하다.

하지만 작전이 11개월째에 접어든 1956년 4월 21일 예기치 못한 상황이 발생하면서 위기가 닥친다. 이날 베를린 전역에 걸쳐 많은 양의 폭우가 쏟아졌고 이로 인해 소련 측 통신망이 손상된다. 이에 소련군과 동독 통신국 관계자들이 복구 작업에 나서 매설된 케이블 주변을 파들어가던 중 땅속에서 강철로 된 정체불명의 구조물을 발견했다. 이어 전문가들을 동원해 조사를 벌인 결과 비밀 도청실이라는 사실이 밝혀진다. CIA는 도청실로 소련군이 진입하기 전에 관련 자료와 인력을 피신시켜 불상사는 일어나지 않았지만 비난까지 피하지는 못했다. 소련은 이를 "서방의 음험한 음모"라며 강도 높게 공격했다. 이처럼 3년여의 준비와 당시로는 천문학적 자금인 6백 50만 달러현재 가치로 대략 5천 8백만 달러가 소요된 블록버스터급 비밀작전은 불과 11개월 만에 '폭우暴雨'라는 돌발변수를 만나 좌초됐고 그 후로도 여러 해가 지날 때까지 모두가 그렇게 믿었다.

그러나 1961년 이와 관련해 충격적인 사실이 밝혀진다. 소련 KGB를 위해 일하던 폴란드인 미하일 골레니예프스키가 망명해 "MI6의 조지 블레이크George Blake에 의해 터널 작전황금 작전이 사전에 누설됐다"고 폭로한 것이다. 실제로 블레이크는 1953년 MI6에서 소련의 전화 회선을 도청하는 부서에 있었으며 10월 CIA와 가진 작전 회의에도 참석해 기록을 담당했던 인물이다. MI6 조사 결과 블레이크가 회의 직후 여기서 기록했던 모든 정보를 KGB에 넘긴 것으로 밝혀졌다. 나아가 계획을 전해들은 KGB는 조지 블레이크라는 이중스파이의 가치를 높이 평가해 "차라리 정보를 희생하는 편이 낫다"고 판단, 그 존재를 숨길 목적으로 자체 정보는 이곳 회선을 통하지 않도록 하면서 미국이 터널을 파도록 내버려 뒀다. 이와 함께 터널 발견도 경비병들이 폭우에 '우연히' 발견한 것으로 꾸며 CIA를 조롱했다.

반면 발각된 뒤에도 CIA는 1958년 9월까지 약 2년여에 걸친 분석 작업을 벌인 끝에 약 1천 7백여 개의 공식 보고서를 내놓으며 "터널에서의 도청으로 '황금GOLD' 같이 값진 정보들을 얻었다"고 자평했다. 비록 KGB의 치밀한 대처로 CIA는 전 세계적으로 웃음거리가 되긴 했으나 그렇다고 이들의 자평도 딱히 틀린 것은 아니다. 이유는 KGB가 극도의 보안 유지를 위해 터널과 관련된 일체의 정보를 군 당국이나 동독에 배치된 일선 사령부 및 경쟁 기관인 GRU와 동독 정보기관인 슈타지에도 알리지 않았고 외무부 등과도 공유하지 않았다. 따라서 이 기간 CIA가 **빼낸** 상당 부분의 군사 및 정치 동향은 사실이었던 것으로 보인다. 그럼에도 막대한 자금과 인력이 투입된 데 비해 작전 기간이 턱없이 짧아 CIA가 애초 바라던 KGB를 누를 만한 '결정적 한방'을 얻어내는 데는 미치지 못했다는 평가다.

27

오버플라이트 작전

Operation OVERFLIGHT 1954~1960 -CIA-

오버플라이트 작전Operation OVERFLIGHT은 미국의 CIA가 1950년대 중반부터 고고도高高度 정찰기인 U-2기를 이용해 소련 및 공산권을 염탐한 공중 정찰활동이다. 이 작전은 기존에 요원을 침투시켜 첩보를 캐내는 전통적 방식에서 벗어나 막대한 자본을 바탕으로 과학기술을 극대화해 상대를 염탐하는 야심차고 획기적인 것이었다.

그러나 이에 대응해 소련이 정찰기 격추 작전에 나서 우여곡절 끝에 격추에 성공하면서 냉전이 한층 심화되는 원인이 됐다.

땅속과 하늘, CIA의 원대한 꿈

1950년대 들어 미국과 소련의 대립은 극단적으로 치달았다. 이 시기 양측은 한반도에서 한국전쟁이라는 무력 충돌로 사실상의 대리전을 치렀고 유럽에서는 베를린을 양분해 서로의 진영에 첩자를 심거나 포섭하는 등의 방식으로 단 하나의 첩보라도 더 빼내기 위해 치열한 경쟁을 벌였다.

특히 1953년 2월 미 중앙정보국CIA 수장에 오른 앨런 덜레스Allen Dulles는 취임 직후 요원을 모스크바에 침투시켜 소련 핵심부의 생각을 알고자 했다. 그러나 이 요원이 가정부로 위장한 KGB 여성 장교의 유혹에 넘어가 도리어 망신스런 사진을 찍히고 협박을 당하면서 쫓겨났으며 이어 다른 요원도 잠입시켜봤지만 금세 스파이 행각이 들통나 역시 추방당했다. 이런 이유로 백악관과 CIA 안팎에서는 첩보활동에 일대 전환이 필요하다는 생각이 팽배하게 된다. 때를 맞춰 아이젠하워 대통령의 특명으로 CIA 및 첩보문제를 연구해오던 제임스 두리틀 James Doolittle이 "소련 등의 공격에 대비한 조기 경보가 필요하며, 그 방법으로 통신 및 전자 감시 체계를 마련하는 것이 절실하다"는 요지의 보고서를 제출한다. 이른바 「두리틀 보고서Doolittle Report」로 알려진 이 문서는 기존 휴민트HUMINT라 불리는 인적정보에 의존해 온 첩보수집 방식에 일대 변화를 요구하는 것이었다.

이러한 인식을 바탕으로 이후 CIA의 첩보활동은 커다란 변화를 겪게 되는데 그중 하나가 바로 앞서 '황금 작전Operation GOLD'이라는 이름으로 소개했던 베를린 터널작전이다. 이 작전은 당시로써는 천문학적 비용과 막대한 물량의 전자통신 장비를 동원해 상대의 정보를 빼낸다는 점에서 전통적 체계와는 확연히 구별된다. 아울러 이 시기 CIA는 또 다른 첩보 체계도 구상 중에 있었다. 황금작전이 지하를 뚫어 상대 통신망을 가로채는 것이라면 또 하나는 시야가 닿지 않는 공중에 정찰기나 위성을 띄워 공산권의 동향을 낱낱이 파악하자는 것이었다.

두 작전 모두 두리틀 보고서의 문제의식이 고스란히 반영된 것이지만 공중 정찰의 경우에는 이에 더해 CIA 정보담당DDI 부국장이었던 로프터스 베커Loftus Becker가 1952년 작성한 「정찰을 위한 위성 비행체 제작」이라는 보고서가 특별히 지대한 영향을 미쳤다. 베커 보고서는 "카메라를 장착한 로켓을 쏘아 올려 우주에서 소련을 감시하자"라는 내용이 골자로 현대적 의미의 스파이 위성을 운용해야 한다는 주장이 담겨 있었다. 이에 덜레스는 과학계와 산업계를 수소문해 구상의 실현 가능성을 검토한 결과 스파이 위성을 활용하기에는 기술적 한계가 크다는 결론을 얻는다.

실제 미국이 최초의 정찰 위성 계획인 코로나 프로그램Corona program을 본격화한 것이 그로부터 몇 해 뒤인 1959년이니 덜레스가 이때 꿈꾼 '스파이 위성'은 아이디어에 머물 수밖에 없던 시기다. 대신 전문가들은 정찰기를 제작해 띄우는 것은 당장이라도 가능할 것이라고 조언하며 그의 귀를 사로잡았다. 이후 MIT 총장이던 제임스 킬리언James Killian과 폴라로이드 카메라를 발명한 에드윈 랜드Edwin Land 등의 도움으로 항공기에 카메라를 달아 지상을 감시하는 정찰기 제작을 계획하게 되고 1954년 가을 경 백악관의 승인을 얻어내면서 냉전기 내내 말 많고 탈 많기로 소문난 U-2기 정찰작전, 즉 '오버플라이트 작전'이 시작됐다.

　더욱 작전이 승인될 당시 CIA는 영국 MI6와 공동으로 베를린 땅속을 뚫어 소련의 통신망을 엿듣는 황금 작전도 진행 중이었다. 이런 이유인지는 알 수 없지만 평소 오만한 태도로 권한 확대에 관심을 쏟아온 덜레스조차 당초 CIA가 '직접' 정찰기를 운용하는 것에는 부담을 느껴 난색을 표했다는 후문이다. 그렇지만 랜드 등 전문가들이 평시 군대에서 정찰기를 운용하다 발각이라도 된다면 전면전으로 비화될 위험성이 크다고 설득해 정찰기 운용을 CIA가 맡기로 마음을 바꾼 것으로 알려졌다. 애초 덜레스의 의중이 어떻건 이로써 땅속과 하늘을 새로운 영역으로 CIA는 20세기 신흥 첩보강자라는 원대한 꿈을 꾸게 된다.

U-2기 이 항공기는 창공의 스파이로 불리며 미국이 냉전기 소련과 공산진영을 염탐하는 데 주요 전력으로 활용됐다. 반면 격추 사건 등으로 양대 진영이 날카롭게 대립하는 원인이 되기도 했다. 사진=CIA

창공의 스파이, U-2기의 탄생

백악관의 승인 즉시 덜레스는 작전의 핵심인 '정찰기 제작'과 관련된 일체의 권한을 자신의 오른팔이면서 향후 작전담당 부국장DDP: Deputy Director for Plans에 오르게 되는 리처드 비셀Richard Bissell에게 맡기며 서막을 올린다.

여기서 작전을 맡은 비셀은 본래 첩보계 경력이 전무한 경제 전문가 출신이었고 무엇보다 항공기에 대해서는 아는 것이 없는 문외한이었다. 그는 예일대에서 역사학을, 런던 정경대학London School of E&P Science에서는 경제학을 각각 전공했으며 이전까지 마셜플랜Marshall Plan 수석 행정관 겸 대통령 직속의 경제협력국ECA을 맡아 활동한 것이 대외 업무의 전부였다. 비셀이 CIA와 인연을 맺은 것은 마셜플랜 추진에 투입된 약 137억 달러 규모의 유럽부흥기금 가운데 약 7억 달러 상당을 비밀리에 CIA 공작자금으로 전용하도록 하는 데 관여하면서 부터다. 이 과정에서 그는 당시 작전담당 부국장이던 프랭크 와이즈너Frank Wisner와 긴밀한 협력 관계를 구축하며 첩보계에 발을 담그기 시작해 이후 외곽조직인 포드재단을 거쳐 '덜레스의 그림자'로 활약했다. 그러던 1958년 와이즈너가 정신분열 증세로 전출되면서 비셀이 그 자리를 대신하게 됐고 덜레스의 지원에 힘입어 오버플라이트 작전을 주도하기에 이른다.

덧붙여 리처드 비셀은 세계 첩보사뿐만 아니라 CIA 역사에서도 그리 주목할 만한 인물이 아님에도 불구하고 이때 '오버플라이트 작전'과 함께 또 하나의 당대 최대작전으로 꼽히는 쿠바 카스트로 축출작전인 '사파타 작전Operation ZAPATA: 제30화 참조'도 책임지면서 당시 CIA에서 승승장구 중이었다. 이렇게 덜레스의 비호 아래 전권을 쥔 비셀은 극비리에 전담조직을 만들어 정찰기 제작에 들어간다. 특히 그는 요원들을 모아 놓은 자리에서 이 전담조직에 대해 "미국 정부가 의지할 수 있는 마지막 보안조직(최후 보루)"이라고 했을 정도로 강한 자부심과 의욕을 보였고 덩달아 작전도 일사천리로 진행된다.

CIA는 신형 정찰기의 성능 목표를 음속에 가까운 속도로 고도 2만 미터 이상에서 항속거리 5천 킬로미터 이상 비행할 수 있어야 한다는 결론을 내리고 1955년 7월 항공기 전문업체인 록히드Lockheed: 현 록히드 마틴사와 계약을 체결했다. 정찰기 개발은 앞서 P-38과 P-80 전투기를 설계해 최고 항공기술자로 명성을 날리던 클라렌스 '켈리' 존슨Clarence

'Kelly' Johnson이 이끈 스컹크 웍스Skunk Works라는 별도 부서에서 맡았다. 이들은 엔진을 끄고도 장시간 비행이 가능하도록 날개 길이가 길고 늘씬한 '글라이더' 형태의 디자인을 바탕으로 기체 아래 중앙 부분에는 고성능 카메라를 장착하는 등 개발에 박차를 가한다.

사실 이 시기 미 공군USAF에서는 '고고도 정찰기 계획'을 이미 추진 중이었는데 이 계획에 따라 록히드사는 자사의 F-104기를 개조한 신형 정찰기 개발을 거의 마친 상태였다. 이것이 CIA로 이관됐고 그 결과 계약 후 불과 한 달 뒤인 8월 시제기 CL-282기가 첫 선을 보인다. 이어 1956년 초 사상 초유의 스파이 항공기에 U-2라는 정식명칭을 부여했고 기체의 독특한 형상을 따서 드래곤 레이디Dragon Lady: '무자비하고 사악한 여인'이라는 의미가 있다고 함라는 위협적이면서도 우아한 별칭을 지어주며 마침내 첨단 정찰기를 완성한다.

이후 1957년 거의 은닉으로 표현될 만큼의 보안 수준을 유지하며 가장 먼저 서독에 배치해 동독과 폴란드 등 동유럽 공산국가들을 샅샅이 염탐했다. 그리고는 노르웨이(보되), 터키, 파키스탄, 이란 등에도 분산 배치하며 정찰 범위를 동쪽으로 넓혀 애초 목표하던 키예프, 민스크, 모스크바에 이르는 광활한 소련 땅까지 한눈에 담았다. 이렇게 이어진 U-2기의 활약은 작전이 거듭될수록 하나같이 첩보원을 투입해서는 얻을 수 없는 방대하고 귀중한 것들이었기 때문에 CIA는 자신들이 이룩한 업적에 한껏 고무된다. 그러나 CIA가 스파이 항공기의 정체를 쥐도 새도 모를 것이라고 자만하며 소리 없이 자축하는 사이 소련은 눈에 보이지는 않지만 분명 자신들을 지켜보고 감시하는 정체불명의 염탐꾼이 존재한다는 사실을 감지하고 대응에 나선다.

낌새 차린 소련 ··· "염탐꾼을 제거하라"

소련은 미국이 U-2기로 자국 영공을 휘젓고 다니던 초창기부터 이미 지상의 방공 레이더와 KGB, GRU 등의 첩보를 통해 그 존재를 일부 알고 있었다. 이 가운데에는 1948년부터 GRU에 포섭돼 나토NATO의 군사동향을 지속적으로 전달해 온 노르웨이인 셀머 닐센Selmer Nilsen도 있었으며 그는 이 시기 U-2기 비밀기지 중 한 곳인 보되Bodø기지에 대한 동향을 파악해 소련에 전한 바 있다.

그럼에도 이를 입증할만한 사진이나 영상 같은 명확한 증거는 확보하지 못했고 더욱 소련은 적기가 자국 영공을 뚫고 다니는 사실을 인정하는 것은 곧 취약한 방공망을 자인하는 꼴이기 때문에 대놓고 불만을 드러낼 수도 없었다. 그렇다고 무대응으로 일관할 수도 없는 처지라 간혹 비공식 루트를 통해 영공 침범에 항의도 해봤지만 그럴 때마다 미국은 "무슨 말을 하는지 모르겠고 그런 건 없다"며 도리어 핀잔을 주기 일쑤였다. 참다못한 소련은 최신예 전투기 MIG-19와 MIG-21기를 차례로 투입해 염탐꾼을 제거하려 나선다. 하지만 전투기들의 상승고도가 U-2기 절반 수준에 불과해 격추는커녕 매번 약만 오르고 철수하는 경우가 허다했다. 또한 최신예 공대공 미사일 AA-2까지 동원해 격추를 시도했으나 이 역시 명중률 부족으로 허공만 갈랐다. 사정이 이렇게 되자 소련은 약이 오를 대로 올랐고 얄미운 창공의 염탐꾼을 해치울 수 있는 가용한 아이디어를 모두 짜낸 끝에 한 가지 묘수를 찾아낸다.

반드시 U-2기를 겨냥한 것은 아니지만 소련은 1950년대 초부터 고고도 비행체를 격추할 수 있는 고고도 지대공 미사일 S-75나토명: SA-2

를 개발해 왔고 이 시기에 실전 배치했다. 그러나 당초 계획과 달리 미사일 고도는 1만 미터에 불과해 자체로는 격추가 불가능했다. 이에 U-2기가 지나가는 길목에서 지상보다 높은 산악 지대에 미사일을 촘촘히 배치했는데 이는 지형적 이점을 활용해 인위적으로 고도를 높이는 동시에 U-2기가 정찰을 위해 고도를 낮춘다면 얼마든지 격추가 가능하다는 계산에 따른 것이었다. 그간 소련 측의 반발을 유심히 살폈다면 CIA도 U-2기의 정찰 경로를 변경하거나 하는 등의 만약을 대비해야 했으나 잇단 성공에 도취된 나머지 돌발 변수는 염두에 두지 않았다.

다만 이 시기 미국과 소련의 정치 지도자들은 군비 확충과 팽창 일변도의 대립을 일시적으로 멈추고 긴장을 완화하려는 움직임에 들어간다. 이에 따라 1959년 7월 부통령이던 리처드 닉슨이 소련을 방문해 니키타 흐루시초프Nikita Khrushchev를 만났고 이어 9월에는 후루시초프가 미국을 방문해 아이젠하워와 캠프 데이비드에서 회담을 갖는다. 회담에서 두 지도자는 긴장 완화와 평화 공존에 원칙적으로 합의하고 1960년 5월 16일 프랑스 파리에서 개최되는 제2차 세계대전 승전 기념일을 기해 정상회담을 갖기로 하는 등 본격적인 데탕트Détente: 긴장 완화 시대를 열고자 했다. 특히 이때 아이젠하워는 재선 대통령으로 임기를 마무리하는 시기였기 때문에 이런 화해 무드에 이은 '냉전 종식'을 최대 업적으로 남기길 바라며 그 일환으로 흐루시초프가 미국을 다녀간 뒤 CIA에 특명을 내려 U-2기의 정찰활동을 잠정 중단하도록 명령한다.

이런 이유로 CIA도 얼마간은 정찰기를 띄우지 않았다. 하지만 퇴임을 앞둔 대통령의 영슈은 그리 오래가지 않는다. 계획의 주도권은 이미 CIA로 넘어가 있었으며 그 중 작전 책임자인 비셀은 정찰활동에 매료돼

U-2기의 두 주역 개발자 클라렌스 '켈리' 존슨(좌)과 조종사 중 한 명인 게리 파워스(우).

틈나는 대로 아이젠하워에 정찰 승인을 요구했다. 결국 비셀의 집요한 요구에 아이젠하워도 마지못해 '1960년 4월 25일자'로 정찰을 승인한다. 그런데 이 기간에 날씨가 좋지 않아 정찰기를 띄우기 어렵다는 보고가 들어오자 비셀은 '5월 1일자'로 바꿔 승인을 재차 요구했고 아이젠하워는 흐루시초프와의 정상회담 이전 마지막 정찰이라는 단서를 달아 승인한다. 당시 아이젠하워는 U-2기 정찰활동이 자칫 흐루시초프와의 회담을 망칠 것을 우려해 내심 노심초사하고 있었다.

매복에 걸려든 U-2기, 탄로 난 작전

아니나 다를까 전쟁영웅 출신 대통령의 불길한 예감은 고스란히 현실로 나타난다. 날씨가 화창해진 5월 1일, 작전 초기부터 조종사로 참여해 온 게리 파워스Gary Powers가 U-2기를 몰고 파키스탄의 페샤와르Peshawar 공군기지를 출발해 암호명 '그랜드 슬램GRAND SLAM'으로 명명된 정찰작전에 나선다. 그는 이때 소련에 속했던 카자흐스탄을 지나 우랄산맥 부근 체르야빈스크Chelyabinsk와 북단 무르만스크Murmansk를 거쳐 노르웨이 보되에 도착할 예정이었으며 이 항로에서 플루토늄 재처리시설이 있는 마야크Mayak와 바이코누르Baikonur 우주센터, 그리고 플레세츠크Plesetsk 미사일 발사장 등을 주된 정찰대상으로 삼아 비행할 예정이었다. 파워스는 그동안의 다른 비행들에서 소련의 여러 방해 시도가 무위로 그친 것을 상기하며 이날의 정찰도 무사히 끝날 것이라 여기며 가벼운 마음으로 날아올랐다.

반면 절치부심 끝에 묘수를 찾아낸 소련은 우랄산맥 고지대에 신형 S-75 미사일 부대를 매복시키고 U-2기가 나타나기만을 기다렸다. 얼마 후 파워스가 유유히 모습을 드러내 평소처럼 주변 마야크의 플루토늄 재처리시설인 체르야빈스크-65를 촬영하기 위해 한동안 고도를 낮추는 것이 보였고 이 순간을 기다려온 소련은 회심의 S-75 미사일 24발을 일제히 발사한다. 이 공격에서 비록 미사일들은 U-2기를 직접 타격하지는 못했으나 주변에서 차례로 폭발하며 충격을 가하기 시작해 마침내 폭발력이 기체의 후미를 강타하면서 동체를 두 동강 내는 데 성공했다. 갑작스런 공격에 당황한 파워스는 유사시 기체를 폭발시키고 정찰자료를 폐기해야 한다는 매뉴얼을 실행할 겨를도 없이 낙하산으로 비상 착륙한 뒤 스베들로프스크Sverdlovsk에서 소련군에 체포된다.

그러나 CIA는 소련이 U-2기를 격추했다는 사실을 모른 채 파워스가 예정 시간을 넘기고도 노르웨이에 도착하지 않은 것에만 의문을 가졌고 마지막 교신에서 기체 이상이 보고된 점 등으로 보아 매뉴얼에 따라 기체는 폭발하고 조종사는 숨졌을 것이라는 결론을 내렸다. 그리고는 5월 4일, 미리 짜놓은 각본대로 미 항공우주국NASA이 띄운 기상관측기가 터키에서 실종됐다는 거짓 발표를 내놓는다. 이에 하루가 지난 5월 5일 소련은 흐루시초프가 직접 나서 "미국의 첩보기가 소련 영공을 침범해 격추시켰다"고 밝혔다. 단 자신들이 기체 잔해와 정찰 증거를 확보했으며 조종사를 체포해 구금하고 있다는 등의 상세한 설명은 하지 않으면서 미국을 혼란에 빠뜨렸다. 이 사실을 꿈에도 몰랐던 미국은 거듭해 "비행체가 NASA 소속이며 록히드사의 민간인 조종사가 산소부족을 겪다 영공을 침범했다"는 거짓 해명을 늘어놨다. 그렇지만 이 해명은 고작 하루도 못가 미국의 도덕성에 치명상을 입힌다. 다음 날인 5월 6일 소련이 U-2기의 잔해와 미국에서는 사망했을 것이라 믿고 있던 조종사 파워스를 버젓이 공개한 것이다. 더욱 파워스는 KGB의 혹독한 심문에 못 이겨 자신이 록히드사 소속의 민간인으로 위장해 CIA를 위해 일하고 있다는 등의 작전 전모를 털어 놓으면서 창공의 스파이 작전은 만천하에 드러났다.

흐루시초프는 미국에 진상규명과 사과를 요구하며 압박했고 아이젠하워 행정부는 "자유세계 수호와 확고한 방위태세를 유지하기 위해 첩보활동을 실시했다"며 그간의 비밀 정찰작전을 시인했다. 일련의 과정에서 아이젠하워는 미·소 관계 악화 등을 우려해 처음에는 "비행 승인은 없었으며 계획 자체를 모른다"고 했다가 후에 말을 바꾸면서 자존심과 신뢰에 커다란 타격을 입는다. 아울러 사건의 여파로 당초 파리에서 예정됐던 미·소 정상회담이 취소돼 잠시 녹아내리던 양국 관계는 다시금 꽁꽁 얼어붙었고 이에 따라 당초 아이젠하워가 바라던 '냉전을 종식한 대통령'이라는 구상은 없던 것이 되고 만다.

한편 소련에 체포된 '창공의 스파이' 게리 파워즈는 그해 8월 모스크바에서 열린 재판에서 간첩죄가 인정돼 징역 10년형을 선고받아 시베리아로 송환됐다. 하지만 전 OSS 고문변호사로 활약한 바 있는 제임스 도노번James Donovan이 나서면서 시작된 양국 간 스파이 교환 협상에 따라 1년 9개월 후인 1962년 2월 10일 FBI가 체포한 소련의 거물 스파이 루돌프 아벨Rudolf Abel과 베를린 글리니케 다리Glienicke Bridge에서 맞교환돼 미국으로 돌아왔다. 엄혹한 냉전의 한가운데서 민간인 변호사 도노번의 끈질기고 헌신적 노력으로 성사된 이 교환 협상에 대해서는 2015년 국내에도 개봉된 바 있는 스티븐 스필버그 감독의 영화「스파이 브릿지Bridge of Spies」를 통해 전말이 상세히 전해진 바 있다.

파워즈는 귀국 후 사건의 체험을 책으로 엮은『오버플라이트 작전 Operation Overflight』을 출간하고 록히드사에서 테스트 파일럿 등으로 활동하다 1977년 방송용 헬리콥터를 몰던 중 추락해 사망했다.

28

코인텔프로 작전

COINTELPRO 1956~1971 -FBI-

코인텔프로COINTELPRO 작전은 미국의 연방수사국FBI이 1950년대 후반부터 실행한 비밀작전으로 내국인 반체제 인물이나 단체에 대한 불법적인 사찰공작이었다. 코인텔프로라는 명칭은 방첩프로그램Counter Intelligence Program을 압축한 용어다. 작전은 공식적으로는 1956년 시작돼 언론에 실체가 폭로된 1971년까지 실행된다. 이 기간 FBI는 미국 공산당 등 좌익에 대한 감시활동을 시작으로 점차 범위를 넓혀 흑인인권(민권)운동가와 단체, 반전운동가, 종교, 언론 및 문화예술인 등에 이르기까지 광범위한 사찰을 벌였다.

48년간 FBI를 지배했던 존 에드거 후버John E. Hoover의 막후 권력의 원천이 됐다는 시각이 많지만 미 의회의 특별조사에도 불구하고 사찰에서 얻어진 정보들 중 극히 일부만 확인됐을 뿐 정확한 규모와 내용은 여전히 베일에 싸여 있다.

FBI의 내국인 사찰공작 배경

코인텔프로 작전은 FBI가 내국인을 상대로 약 15년간 정치, 사회, 문화예술 등 전반에 걸쳐 벌인 비밀프로젝트였으나 이것은 결과적인 것이고 당초에는 미국 내 공산당과 공산주의자에 대한 감시와 색출, 와해를 주목적으로 하는 것이었다. 1950년대 들어 미국은 대외적으로는 세계 각지에서 소련과 치열한 이념경쟁을 벌이고 있었으며 국내적으로는 매카시즘McCarthyism으로 대표되는 반공주의 광풍이 몰아치면서 극심한 몸살을 앓았다. 또한 한국전쟁이 끝나고 매카시즘이 잦아들던 시기에도 미국 내 공산당CPUSA은 엄존했는데 기능적으로 공안방첩 임무를 맡고 있던 FBI는 이들에 대한 전방위적 감시를 강화하기 시작했다.

특히 후버는 1956년 8월부터 공산당에 대해 감시는 물론이고 내부분열, 파벌조장, 전향유도를 포함하는 이른바 '방첩프로그램'을 가동하라고 지시한다. 그렇게 시작된 작전은 시간이 흐르면서 점차 범위를 넓혀 이듬해인 1957년부터는 흑백 갈등이 고조됨에 따라 마틴 루터 킹 등이 창립한 대표적인 흑인인권단체 미 남부기독교지도자회의SCLC를 사찰 대상에 포함시킨다. 이후 사찰 범위는 갈수록 확대돼 반정부적 성향의 언론인이나 배우 등의 문화예술인, 나아가 베트남전을 반대하는 반전운동가 등에 대해서도 감시활동을 벌였다. 이와 함께 1960년대 중후반부터는 CIA가 주도한 쌍둥이 사찰공작인 '카오스 작전Operation CHAOS'과 연계해 내국인에 대한 감시 강도를 한층 높여 나간다.

FBI 습격사건 … 들통 난 세기의 음모

코인텔프로는 FBI가 오랜 기간에 걸쳐 벌인 최상위 극비작전이었지만 실체가 밝혀진 것은 예상치 않은 작은 사건 때문이었다. 작전이 시작되고 15년째가 되던 1971년 3월 9일 펜실베이니아주 델라웨어 카운티 미디어가에 있던 FBI 지국에서 아침부터 시끌벅적한 소동이 벌어진다. 직원이 출근했을 때 입구의 자물쇠는 파손된 채 뜯겨 있었고 사무실 캐비닛도 누군가에 의해 억지로 연 흔적이 있었다. 더욱 캐비닛에 보관됐던 기밀문서들이 모조리 사라지고 없었다. 희대의 흉악범들을 섬멸하고 대통령도 쥐고 흔들며 소위 '나는 새도 떨어뜨린다'는 말이 있었을 만큼 하늘 높은 위세를 자랑하던 FBI 사무실에 도둑이 들어 서류가 몽땅 털린 것이다. 평소 같아서는 도저히 일어날 수 없는 일이지만 절도가 벌어졌던 전날 밤에는 당대 최고의 복서들인 무하마드 알리Muhammad Ali와 조 프레이저Joe Frazier가 뉴욕 매디슨 스퀘어 가든에서 '세기의 대결'을 벌이고 있었다. 미국인뿐만 아니라 전 세계인의 눈과 귀가 링을 향할 당시 FBI 역시 경기에 한눈을 팔았고 의문의 도둑들은 이 기회를 놓치지 않았다.

FBI 수장 존 에드거 후버는 사건을 보고 받자마자 불같이 격노하며 정예요원 2백여 명을 투입해 겁 없는 도둑들을 검거하려 나섰다. 그러나 수사가 시작된 뒤에도 이렇다 할 단서는 나오지 않아 사건은 미궁에 빠진다. 유일한 단서로 며칠 전 "FBI 요원이 되고 싶다"며 사무실을 찾아온 한 여대생이 있었다는 말에 기억을 더듬어 몽타주까지 제작해 배포했지만 이마저도 성과를 거두지 못했다.

그렇게 10여 일이 지난 어느 날 「뉴욕타임즈」와 「LA타임즈」 「워싱턴포스트」 등 유력언론에 각각 한 통씩의 두툼한 서류 뭉치가 배달된다. 발송처에는 'FBI 시민감시단Citizens's Commission to Investigate the FBI'이라고 적혀 있었고 뭉치 속에는 눈으로 보고도 믿기 힘든 실로 충격적인 내용의 문서들이 잔뜩 들어 있었다. 언론사에 배달된 서류 뭉치는 모두 FBI가 십 수 년에 걸쳐 작성한 비밀문서들이었는데 공산주의자를 비롯해 흑인인권운동가, 시민단체, 정치세력, 종교인 등을 대상으로 한 감시 내역이 일목요연하게 기록돼 있었다. 또 문서 중에는 단순 감시 수준을 넘어 개인과 단체에 대한 협박과 이간, 기만 등이 동원된 음해 및 와해공작 등도 상세히 기술돼 있었다. 언론사 관계자들은 단번에 서류 뭉치가 예사로운 것이 아니라는 사실을 깨닫고 깊은 고민에 빠진다. 이때 FBI의 막후 권력은 백악관을 능가하는 것이었기 때문에 자칫 보도가 나갔다가는 어떤 보복 조치가 뒤따를지 모르는 상황이었다.

이에 「뉴욕타임즈」와 「LA타임즈」는 이 사실을 에드거 후버에게 알렸고 후버는 "사찰작전을 곧 종료할 예정이었으며 향후 실행하더라도 사안별로 축소할 계획이었다"고 협박이 섞인 변명을 늘어놓으며 문건을 회수했다. 그렇지만 이들과 달리 「워싱턴포스트」는 문서들이 갖는 사안의 심각성을 감안해 전격적으로 보도를 결정한다. 이 보도를 통해 그간 소문만 무성하던 FBI의 어둡고 추악한 이면이 낱낱이 폭로됐는데 그 음모는 1956년 시작됐다.

1950년대 미국 사회는 공산주의 확장과 매카시즘 광풍, 한국전쟁이 가져온 여파 등으로 인해 '적색공포Red Scare'라고 불렸을 정도로 매우 심각한 위기의식과 갈등 양상을 보이고 있었다. 이와 맥을 같이해 이 기간 많은 스파이 의혹, 내지는 사건들이 터지면서 혼란을 가중시킨다. 특징적인 것은 이때 소련에 협조한 상당수가 미국 내 존재하는 공산당원들이었다는 점이다. 이런 이유로 FBI는 줄곧 미국 공산당CPUSA을 감시하고 있었고 1956년 8월 존 에드거 후버는 이들에 대해 보다 체계적인 감시를 지시한다. 바로 이것이 코인텔프로Counter Intelligence Program 작전의 출발이었다. 이때부터 FBI는 공산당원들에 대한 미행 등의 밀착 감시나 우편물 검열은 물론이고 비장의 무기인 도·감청을 확대 했으며 국세청을 동원한 강도 높은 세무조사와 불법침입으로 증거를 확보하는 검은 가방 작전Black bag job도 적극적으로 실행했다.

　그러던 1957년 작전이 새로운 국면으로 치닫는 문제적 논란이 발생한다. 논란의 발단은 1955년 8월 미시시피주에서 발생한 한 흑인 소년을 둘러싼 살인사건이 원인이었다. 시카고에 살던 14세의 에멧 틸 Emmett Till이라는 소년이 친척이 있는 미시시피를 방문했다가 며칠 뒤 변사체로 발견된다. 변사체에는 심한 구타흔적이 역력했고 수사 결과 두 명의 백인 남성이 용의자로 지목돼 재판에 넘겨졌다. 그러나 이들은 얼마 후 전원 백인으로 구성된 배심원단에 의해 무죄로 풀려나면서 사건은 그대로 종결된다. 이에 흑인 외과의사 겸 인권운동가였던 시어도어 하워드Theodore Howard가 사건 처리에 강하게 반발하며 FBI의 인종차별적이고 소극적인 행태를 비판했다. 이런 비판은 강력한 막후 실력자로 입지를 굳힌 에드거 후버의 심기를 건드리기에 충분했고 양측은 공개 비난을 주고받으며 날카롭게 대립한다. 거의 같은 시기 미시시피주와 이웃한 앨러배머주 몽고메리에서도 버스에서 백인 남성에게 자리를 양보하지 않았다는 이유로 흑인 여성이 체포되는 이른바 '로자 파크

존 에드거 후버 '실존했던 빅브라더'로 불리는 그는 코인텔프로를 통해 당대 미국 사회의 주요 인물들에 대한 방대한 사찰활동을 벌이며 최강의 막후 실력자로 군림했다. 사진=FBI

스Rosa Parks 사건'이 터져 흑인들의 분노가 증폭됐다.

일련의 논란에 따라 1957년 10월 마틴 루터 킹Martin Luther King 목사를 중심으로 한 미 남부기독교지도자회의SCLC가 조직되면서 본격적인 흑인인권(민권)운동이 들불처럼 일어난다. 그렇지 않아도 에멧 틸 사건으로 흑인 측과 갈등을 벌여온 후버는 이들의 조직적 움직임에 불안을 느끼며 FBI 사찰대상에 흑인운동가와 단체를 포함시키는 등 작전 범위를 한층 확대했다. 또한 살아생전 내내 지속된 에드거 후버와 마틴 루터 킹의 질긴 악연도 이때부터 본격화한다.

안전지대는 없다 ··· FBI의 막강한 사찰권력

실제로 에드거 후버는 코인텔프로를 통해 냉전기 동안 반체제적 움직임에 촉각을 세웠지만 그중에서도 흑인운동의 상징인 킹 목사에 대해서는 집요할 정도로 사찰활동을 벌였던 것으로 드러났다. 이에 대해서는 2017년 11월 기밀이 해제된 「FBI 관련문서」가 있어서 이것을 포함해 소개해 보면 내용은 대략 이렇다.

우선 후버가 FBI 작전팀을 투입해 킹 목사를 본격적으로 사찰한 것은 1959년부터다. 명분은 "그가 공산주의자이기 때문에 감시가 필요하다"라는 것이었고 이와 함께 남부기독교회의에 대한 세무조사에도 착수했다. 이와 관련해 킹 목사의 일대기를 연구한 일각에서는 그의 측근들 가운데 일부가 대학 시절 청년공산당연맹YCL에 소속돼 활동한 전력이 있기 때문에 근거가 아주 없는 것은 아니라는 주장도 있으나 이것으로 킹 목사를 공산주의자로 단정하기에는 무리가 있어 보인다. 그럼에도 후버는 당대 대통령들인 존 F. 케네디와 뒤를 이은 린든 존슨에게 꾸준히 킹 목사의 정체를 '공산주의자'라고 강조하며 비밀사찰의 필요성을 강조했다. 이 시절 법무부 장관이었던 로버트 케네디Robert Kennedy도 사찰 허가를 내리고 FBI에서 정보를 얻은 사람 중 하나다. 그렇지만 킹 목사의 집과 사무실을 대상으로 1964년까지 이어진 약 20여 차례의 도청 등 삼엄한 감시에도 불구하고 그가 공산주의자라는 증거는 어디서도 발견할 수 없었다.

그 사이 1963년 킹 목사가 워싱턴 링컨기념관 앞에서 행한 연설이 사회적으로 커다란 반향을 부른다. 이때 그가 한 연설이 그 유명한 "나에게는 꿈이 있습니다. 그리고 미국이 위대한 나라가 되려면 이 꿈이 실현

돼야 합니다"였고 노벨평화상 후보에 오르면서 미국을 넘어 세계적인 명사로 발돋움한다.—마틴 루터 킹은 다음 해인 1964년 노벨평화상을 수상했다—이처럼 킹 목사가 범접하기 힘든 거물로 성장해 나가자 다급해진 후버는 사찰활동을 한층 강화할 것을 지시한다. 이 과정에서 FBI는 원하던—그가 공산주의자라는—증거를 찾지는 못했지만 뜻밖의 커다란 수확을 거둔다. 그것은 킹 목사가 외부에 알려진 것과 달리 심각한 여성 편력의 소유자였고 불륜을 일삼는 등 문란한 성관계를 갖고 있었다는 것이다. 이후 FBI는 감시를 넘어 그간의 도청에서 녹음한 테이프를 익명의 편지와 함께 킹 목사에게 보냈다. 편지에는 여러 협박성 멘트와 아울러 '자살'을 종용하는 내용이 담겨 있었던 것으로 전해지고 있다.

물론 기밀이 해제된 FBI 보고서에는 자신들이 킹 목사에게 협박이나 자살을 종용하는 편지를 보냈다는 것을 인정하는 내용은 담겨 있지 않다. 다만 FBI는 내부 보고서에 킹 목사를 '위선자'로 평가했고 LA의 치과의사 아내와 관계를 맺어 딸을 낳고 양육비를 제공해왔다는 등의 비행을 상세히 기록해 놓았다. 이 사실을 보도한 CNN은 "기밀 보고서가 진실인지는 불분명하지만 FBI가 당시 상징성이 컸던 킹 목사의 추문을 파헤치는 데 초점을 맞추고 명예를 훼손하기 위해 '최선을 다했던 것'은 분명해 보인다"라고 평했다.

이렇게 FBI는 좌익을 상대로 한 방첩활동이라는 명분으로 막강한 사찰권력을 휘두르며 요주의 인물들을 점찍어 그들의 일거수일투족을 감시하고 있었고 이는 비단 마틴 루터 킹 목사에만 그치지 않았다. 1960년대 중반 무렵 코인텔프로 작전은 보다 광범위하고 공격적으로 전개된다. 감시와 음해의 강도를 높이는 동시에 대상을 요주의 인물뿐 아니라

그를 돕거나 친분을 맺고 있는 주변인들로 확대한 것이다. 이 시기 FBI
는 또 다른 흑인인권운동가면서 이슬람운동가인 말콤 엑스Malcolm X와
그가 소속됐던 네이션 오브 이슬람Nation of Islam에 대해서도 감시와 내
부 분열공작을 벌인 것으로 알려졌으며 그와 친분을 맺고 이슬람으로
개종한 세기의 복서 무하마드 알리도 사찰 대상에 포함시켰다.

특히 1966년 창당한 흑인민권정당인 이른바 '흑표범당Black Panther
Party'과 이에 호응해 물심으로 후원한 유명 배우들에 대한 집요한 사찰
과 원색적 음해는 빼놓을 수 없는 사례로 꼽힌다. 휴이 뉴턴Huey Newton
이라는 아프리카계 미국인에 의해 창당된 흑표범당은 좌파적이면서 과
격성향으로 비폭력을 주창했던 마틴 루터 킹과도 구별된다. 하지만 이
들의 과격성이라는 것은 시위나 집회 도중에 백인 경찰의 폭력적 진압
에서 흑인들을 지키겠다는 방어적 성격이 강하다. 그럼에도 FBI는 이
들의 폭력성만을 부각해 정당을 이끈 휴이 뉴튼과 바비 실 같은 수뇌부
들에 대한 사찰에 많은 공을 들였다. 또한 이들에게 배후에서 재정적 지
원을 한다는 이유로 유명 영화배우인 제인 폰다Jane Fonda와 진 세버그
Jean Seberg도 요주의 대상에 올려 끈질기게 감시했다. 이중 세버그에
대해서는 남편을 두고도 흑표범당 간부와 관계를 맺어 임신을 했다는
악성 루머가 있었는데 이는 부도덕성을 강조해 이미지를 실추시키려는
모종의 음모라는 설이 설득력을 얻고 있다. 그 음모의 진원지가 FBI임
을 입증하는 메모가 공개돼 도마에 오르기도 했다. 다만 메모의 진위여
부는 여전히 논란거리다.

FBI는 코인텔프로를 실행하는 동안 과격파 백인우월 집단인 KKK단
과 미국의 나치당 등 극렬 우익에 대해서도 사찰을 벌여 일부 성과를 올

리기도 했다. 그렇지만 대부분은 좌파적 정치세력이나 흑인 및 여권운동가 등을 집중적으로 감시했다. 1967년부터는 베트남 전쟁에 대한 반전분위기가 고조되자 CIA가 기획하고 주도한 카오스 작전에 협력하며 절정의 사찰 솜씨를 과시한다. 아울러 1971년 작전의 실체를 보도한 「워싱턴포스트」에 대해서는 보복조치의 일환으로 국세청을 동원해 세무조사를 실시했고 담당 기자들에 대해서는 불법도청과 세무사찰 등을 벌여 말썽을 빚은 바 있다. 결국 이런 불법적 사찰 활동은 후버가 사망한 뒤인 1975년 미 의회 특별조사위원회(처치위원회: Church Committee)를 통해 진상이 파악됐고 이때 법무장관이었던 에드워드 레비Edward Levi 는 1976년 FBI의 과오를 인정해 정보수집 및 수사 활동을 제한하는 '가이드라인'을 만들어 권한을 대폭 축소시키기에 이른다.

한편 이런 떠들썩한 논란에도 불구하고 당대 최대 막후 권력을 휘두르던 FBI를 곤경에 빠뜨린 도둑들의 정체는 그 후로도 밝혀지지 않았고 절도사건은 1976년 미해결로 종결된다. 그렇게 시간이 흘러 사건 발생 43년이 지난 2014년에 와서야 당시 자신들을 FBI 시민감시단이라고 밝혔던 소위 '도둑들'이 모습을 드러냈다. 이들은 모두 8명으로 구성됐으며 이중 물리학 교수이면서 반전운동가인 윌리엄 데이비든William Davidon: 2013년 사망이 리더였다. 또 종교학 교수인 존 레인즈John Raines와 보니 레인즈Bonnie Raines 부부 등도 가담했다. 당시 사건이 일어나기 며칠 전 FBI를 찾아갔던 여대생은 보니 레인즈로 밝혀졌다. 8명은 약 3개월에 걸쳐 표적을 물색하고 사전답사를 벌이는 치밀한 준비 끝에 범행을 행동으로 옮겼다. 세월이 지나 모습을 드러낸 이들은 "진실을 위해서는 무언가 과감한 일을 해야 했다"며 범행 이유를 밝혔다.

29

아이히만 체포작전

Operation EICHMANN 1959~1960 -Mossad-

아이히만 체포작전Operation EICHMANN은 1960년 이스라엘의 모사드가 실행한 비밀작전이다. 나치 독일에서 유대인 학살을 주도하고 신분을 위장해 아르헨티나에 살고 있던 전범 아돌프 아이히만Adolf Eichmann을 체포한 손꼽히는 세기의 작전이다.

이 작전의 성공에 힘입어 건국 초기 주변 아랍국의 위협에 어려움을 겪던 이스라엘은 커다란 자부심을 가질 수 있었고 모사드는 세계적인 정보기관으로 발돋움하는 계기가 됐다.

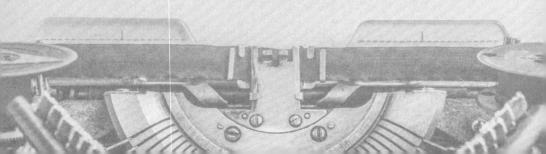

모사드의 아이히만 체포작전 배경

이스라엘은 1948년 건국 이래 유대인 학살의 실무를 총괄한 아돌프 아이히만의 실체를 확인하면서 그에 대한 단죄는 필수로 여겼다. 하지만 국가 체계가 정비되기도 전부터 주변 아랍국의 집요한 위협에 시달려야 했고 아이히만에 대한 첩보가 집중한 1950년대 중반 경부터는 이집트와 수에즈 운하를 둘러싼 분쟁이 가열된다. 급기야 이는 1956년 10월 제2차 중동전인 '수에즈 전쟁Suez Crisis'으로 비화됐다. 이어 미국과 소련이 유엔을 앞세워 이스라엘 측을 압박하면서 정세는 한층 복잡해진다. 여기에 더해 유럽을 중심으로 서서히 고개를 들기 시작한 반反유대주의, 신新나치즘 등 반이스라엘 정서는 큰 부담이었다.

오랜 핍박 끝에 어렵게 건국에 성공한 벤 구리온David Ben-Gurion 총리에게는 이 같은 불리한 정세를 불식할 돌파구가 필요했다. 이에 맞춰 모사드가 아이히만의 소재를 파악하자 벤 구리온은 외교적, 법률적 위험을 무릅쓰고 체포작전을 승인한다.

전범 아이히만은 누구? … 나치의 행동대장

아돌프 아이히만은 나치 독일의 친위대SS에서 제2차 세계대전 종전까지 중령에 오르며 유대인 약 6백만 명의 학살을 주도한 인물이다. 간단히 표현해 '지옥의 문'을 연 나치의 행동대장이라고 할 수 있다. 1906년 독일 태생의 그는 오스트리아에서 어린 시절을 보냈고 성인이 돼서는 전기와 석유 회사 등을 다니던 평범한 직장인이었다. 그러다 독일에서 시작된 히틀러 광풍이 유럽 전역으로 확산되면서 1932년 오스트리아 나치당에 입당했다. 이후 친위대에도 입대해 본격적인 SS대원으로 활동한다. 이 시절 아이히만은 '친위대 대장이 되겠다'는 출세에 대한 강한 열망을 불태우며 나치당에 무조건 복종을 맹세했다.

반면 친위대에서의 단조로운 생활에 금방 싫증을 느꼈고 때마침 라인하르트 하이드리히Reinhard Heydrich가 이끌던 보안대SD에 들어가면서 새로운 활로를 찾는다. 얼마 후 SD 내 '유대과課'에 배치돼 유대인 문제에 개입하기 시작했다. 그는 여기서 '유대인을 적'으로 규정하는 극단적 사고에 사로잡히게 됐고 팔레스타인을 비밀리에 방문해 유대인 이주민들을 정탐하는 등 체계적인 연구를 시작한다. 이어 소위로 진급한 1938년부터는 탄압 구상을 행동으로 옮기며 급습과 체포 등을 통해 오스트리아에서만 약 6개월간 5만여 명의 유대인을 추방시키며 나치당에서는 '유대인 문제 전문가'라는 명성을 얻었다.

이후 SD와 게슈타포가 통합된 국가보안본부RSHA에서 유대과 과장을 맡아 총괄 위치에 올랐으며 1942년 1월에는 하이드리히가 소집한 '반제 회의Wannsee Conference'에 참석해 '유대인 문제에 대한 최종 해결'이라는 대량학살 계획의 실무책임자를 맡는다. 이 반제 회의는 그해 3월과 10월에도 각각 열려 같은 문제를 집중 논의했는데 아이히만은 3월부터 회의 의장을 맡아 유대인들을 열차편에 실어 소위 '절멸 수용소'로 이송하는 프로젝트를 진두지휘한다. 이때 독일군은 점차 급박해져 가는 전선의 사정을 고려해 열차 한량이라도 더 병력 수송에 동원하려 했으나 아이히만은 이에 아랑곳하지 않고 열차를 유대인 수송에만 투입, 많은 사람들이 학살되도록 했다. 이와 관련해 그는 "5백만 명의 유대인을 열차에 태웠다"며 스스로 자랑하듯 말했고 헝가리에서만 약 40만 명을 아우슈비츠Auschwitz의 가스실로 보냈다. 더욱 독일의 패색이 짙어진 1945년 친위대 지도자 하인리히 히믈러Heinrich Himmler가 '학살중지'를 명령했음에도 그는 이에 불복하며 학살을 지속하는 광기를 드러내기도 했다.

종전 후에는 난민이나 하급 병사 등으로 신분을 위장해 숨어 지내다 1950년 나치 협력자들의 도움을 받아 아르헨티나로 도주한다. 후에 알려진 사실에 따르면 그는 당초 약 1천 1백만 명의 유대인을 살해할 계획이었던 것으로 밝혀져 충격을 던졌다. 이처럼 아이히만은 유대인들의 입장에서는 가슴에 맺힌 응어리였으며 반드시 처리해야 할 '악질 중의 악질 전범'이었다.

아돌프 아이히만 그는 유대인 학살의 실무 총책을 맡아 수백만 명을 가스실로 보냈다. 친위대 시절의 아이히만.

맹인의 제보 … 하렐의 어이없는 실책

모사드가 아돌프 아이히만의 소재를 인지하기 시작한 것은 1957년 말 경이다. 당시 독일 헤센주의 지방검사였던 프리츠 바우어Fritz Bauer는 "아이히만이 아르헨티나에 은둔해 있다"는 첩보를 입수해 모사드에 전했다. 유대계 독일인이면서 전시에는 수용소에서 고초를 겪기도 했던 바우어는 전후 나치 전범 처리에 적극적으로 나서 이미 이스라엘 정부에도 알려져 있던 인물이다. 그가 보낸 첩보의 골자는 '아르헨티나 부에

노스아이레스에 살고 있는 로타 헤르만Lothar Hermann이라는 유대계 이민자가 자신의 딸 실비아와 사귀는 남자 친구의 아버지가 아돌프 아이히만으로 여겨진다고 전해왔다'는 것이다. 바우어의 명성에 힘입어 이 첩보는 당시 모사드 수장이었던 이세르 하렐Isser Harel: 1952~1963 재임, 2003년 사망 등 이스라엘 수뇌부에 전달된다.

하지만 이때까지도 하렐은 이스라엘을 둘러싼 복잡한 정세에 골머리를 앓고 있었다. 무엇보다 뉘른베르크 전범 재판을 통해 '아이히만'이라는 이름이 알려진 후에는 곳곳에서 "그를 봤다"거나 "아르헨티나 혹은 쿠웨이트, 시리아에 있다"는 등등의 제보가 잇따르고 있었다. 실제 바우어의 첩보에 앞서 홀로코스트The Holocaust 연구가이면서 '나치 사냥꾼'이라는 별칭으로 명성을 날리고 있던 사이먼 비젠탈Simon Wiesenthal도 자신의 믿을만한 정보통을 통해 아이히만이 아르헨티나에 살고 있다는 사실을 모사드에 알린 바 있다. 그럼에도 모사드는 이를 출처가 불분명한 첩보라고 일축하며 섣불리 움직이지 않았고 이와 함께 수에즈 전쟁 등의 불안한 정세가 겹치면서 적극적으로 나설 수 없었다.

이러한 상황에서 바우어의 첩보가 전해진 것이다 보니 하렐도 특유의 사냥개 근성으로 '촉'을 세우지 않았다. 다만 바우어와의 신뢰관계를 감안해 하렐은 1958년 봄 현장 요원을 시켜 진위 파악에 나선다. 이후 부에노스아이레스Buenos Aires를 다녀온 요원의 보고는 하렐의 예상을 크게 빗나가지 않았다. 바우어에게 제보했던 로타 헤르만은 눈이 먼 맹인이며 아이히만이 살고 있다는 동네와 집을 확인한 결과 가난한 동네에 허름한 집이라는 것이었다. 또 집주인인 프란체스코 슈미트라는 사람을 조사했으나 아이히만과 관련이 없었으며 그 집에 살고 있던 클레멘트

Klement라는 사람 등도 가난한 세입자들에 불과하다고 보고했다. 이에 하렐은 맹인의 제보를 믿기 힘들고 아이히만이 도주하면서 막대한 재산을 은닉했을 것으로 추측되는 만큼 허름한 동네에서 가난하게 살 리가 없다는 판단에 따라 수사는 그대로 종결되고 만다. 당시 모사드의 대체적인 시각은 아이히만이 전시 막대한 부富를 축적해 제3국으로 도피했을 것으로 봤으며 이런 시각은 체포 직전까지 이어졌다. 반면 이때 모사드와 하렐의 판단은 철저히 선입견에서 비롯된 어이없는 착오였고 유대인 전체에게는 자칫 '천추의 한恨'으로 남을 뻔한 커다란 실책이었다.

그렇게 시간이 흘러 약 2년여가 다 돼 가던 1959년 말 모사드에 수사를 요구했던 바우어가 이번에도 새로운 첩보를 입수한다. 앞서 홀로코스트 연구가 비젠탈과 함께 아이히만의 뒤를 쫓던 협력자 한 명이 언론과의 인터뷰에서 "아이히만이 쿠웨이트에 있다"고 폭로했다. 이는 그렇지 않아도 신나치즘이 창궐하던 시점에서 그에 대한 반박으로 나치의 만행이 재조명되는 계기가 돼 많은 관심을 끌었고 덩달아 바우어의 눈을 사로잡았다. 그는 곧 이 협력자를 수소문해 진위를 파악한 결과 인터뷰 내용은 관심을 끌기 위한 기만술이며 "아이히만이 아르헨티나에 있는 것으로 추정된다"라는 답변을 얻는다. 이에 바우어도 이번에는 가만히 있지 않았다. 그는 그길로 이스라엘로 향했고 검찰총장을 만나 이 사실을 전한다. 이어 하렐에게도 종전 '로타 헤르만'과 '사이먼 비젠탈'이라는 전혀 다른 정보망에서 같은 결론이 나온 점을 들어 재수사를 요구했다. 아울러 아이히만이 '리카르도 클레멘트Richardo Klement'라는 이름으로 위장했을 가능성이 크다는 점도 알려줬다.

작전 승인 ··· "산 채로 잡아오라"

사실 바우어는 지난 헤르만의 제보를 무시한 하렐에게 마음이 크게 상해 있었으나 이때는 미국과 독일서독이 모두 알 수 없는 이유로 전범 처리에 소극적인 태도를 보이고 있었기 때문에 믿을 곳이라고는 이스라엘밖에 없다고 생각하며 모사드를 압박했다. 실제 2006년 기밀이 해제된 미국 「CIA 보고서」에 따르면 당시 CIA와 서독의 정보기관인 BND는 나치 잔당오데사. 친위대 동지회과 이들을 도왔던 우익단체카톨릭 행동 추정를 통해 이미 이전부터 아이히만이 아르헨티나에 도피해 있다는 사실을 알고 있었다. 그렇지만 당장은 공산진영의 확장을 저지하는 것이 급선무라는 판단 아래 이들과의 협력체계를 형성했고 이후에는 줄곧 전범들의 위장과 도피를 묵인한 것으로 드러났다.

한편 바우어의 말을 들은 하렐은 자신의 초기 대응에 실수가 있었다는 것을 직감한다. 바로 그 허름한 집의 세입자였던 '클레멘트'라는 이름이 떠오른 것이다. 문제는 이때부터였다. 하렐이 실수를 자인하고 샤바크의 최정예요원인 즈비 아하로니Zvi Aharoni를 급파해 재수사에 들어갔지만 클레멘트는 이미 행방을 감춘 뒤였다. 그러나 아하로니는 최정예요원답게 기지를 발휘한다. 이스라엘의 정보기관은 방대한 유대인 네트워크를 이용해 해외에 사야님Sayanim이라는 협력망을 구축하고 있는데 이를 활용해 현지에서 즉흥적인 공작을 벌인다. 사야님의 멤버를 호텔 직원으로 위장시켜 헤르만의 딸과 사귄다는 아이히만의 아들에게 택배를 배달토록 했고 택배를 전한다는 핑계를 들어 집을 수소문한 결과 우여곡절 끝에 '클레멘트'가 이사한 집을 알아낸 것이다.

그렇다고 문제가 해결된 것은 아니었다. 클레멘트를 천신만고 끝에 찾긴 했지만 그가 진짜 아이히만이라는 근거는 여전히 어디에도 없었다. 이때부터 아하로니는 공문서를 뒤져 집주인 여자가 '베라 리블 데 아이히만'이라는 사실을 알아내며 서서히 확신을 갖기 시작한다. 이어 본국에 요청해서 받는 첩보수집용 카메라(몰카) 장비를 들고 부동산 업체 직원으로 위장해 아이히만과 그의 집을 촬영하는 데 성공한다. 아하로니는 이 사진을 곧장 본국으로 보냈다. 며칠 뒤 이스라엘에서 사진을 분석한 전문가들은 모두 같은 의견을 내놓게 되는데 사진의 주인공이 바로 악질 전범 "아돌프 아이히만이 맞다"는 결론이었다. 이 분석 내용은 하렐을 통해 벤 구리온 총리에게 보고되기에 이른다. 이 자리에서 벤 구리온은 처음에는 "죽여서라도 데려오라"고 했다가 잠시 뒤 "산 채로 잡아오라"고 당부하며 전격적으로 작전을 승인한다.

이렇게 해서 세기의 작전은 급물살을 타기 시작했고 한 번의 뼈아픈 실책을 범했던 이세르 하렐은 본래의 사냥개 근성을 되찾으며 작전 전과정을 설계한다. 그는 작전을 체포와 감금, 탈출에 이르는 3단계로 나눴고 단계별로도 플랜 A와 B를 별도로 마련했다. 또 돌발 변수에 대비한 비상조치와 요원별 임기응변식 대처법에 이르기까지 치밀하게 계획을 수립한다. 이어 샤바크 시절부터 호흡을 맞췄던 라피 에이탄Rafi Eitan을 부대장으로 모사드와 샤바크의 최정예요원 중 11명을 선발해 작전팀을 꾸렸다. 사안의 중대성을 감안해 하렐도 현지 지휘가 필요하다고 판단하며 팀에 합류했다.

요원들에 대해서는 만약 작전이 실패할 경우 외교적 마찰을 피하기 위해 모사드는 물론 이스라엘 정부가 작전 일체를 부인할 것이라는 점을 주지시키며 철저히 지원자만을 선발한다. 이들은 작전이 탄로 났을

아우슈비츠의 유대인들 아이히만에 의해 아우슈비츠 수용소로 보내진 헝가리 유대인들. 이 중 상당수는 도착 즉시 가스실로 보내졌다. 사진은 1944년 5월 촬영된 것으로 알려져 있다.

때는 비젠탈 같은 혈기 넘치는 민간인의 일탈적 행위로 둘러댈 방침이었고 실제 작전 종료 후에 아르헨티나 정부가 외교적 문제를 제기하자 초기에는 같은 변명을 내놓기도 했다. 이후 작전팀은 1960년 5월 10일을 체포 디-데이D-day로 잡고 4월 말까지 각기 다른 루트로 부에노스아이레스에 도착하게 된다. 작전팀은 현지에서 작전회의와 숙소로 쓸 안가와 아이히만을 체포해 임시로 감금할 은신처 등 7곳의 시설과 12대의 차량을 동원하고 인력도 체포조와 지원조로 나누어 기민하게 움직였다. 아울러 이들 중에는 '샬롬 다니'라는 위조 전문요원도 포함돼 그를 통해 요원들은 수시로 신분을 바꿔가며 흔적을 지웠다.

덫에 걸린 사냥감 ··· '역사의 심판대'로

현지에 도착한 하렐은 한 번 간 장소는 다시 가지 않는 방식으로 위치를 옮겨 다니며 상황을 보고 받고 그때그때 작전을 지시했다. 또 체포조는 아이히만이 살고 있는 산 페르난도 가리발디가Garibaldi Street에 잠복하며 동선을 면밀히 살폈다. 이를 통해 그가 매일 저녁 7시 40분경 버스에서 내려 집까지 걸어간다는 사실을 파악했다. 이런 조사 내용을 바탕으로 하렐과 작전팀은 최종 작전 일시를 확정한다. 이들은 '5월 10일 저녁 7시 40분, 체포조가 버스에서 내린 아이히만을 중간에서 낚아 채 은신처에 감금 조치하고 하루를 기다린 뒤 아르헨티나 독립기념일 행사 참석차 방문한 정부 대표단의 전세기를 타고 12일 밤 아르헨티나를 떠난다'는 것으로 최종안을 결정했다. 작전 시각을 전후해 별다른 변수가 없는 이상 퇴로까지 확보된 완벽한 덫이 설치된 셈이다.

그런데 디─데이를 앞두고 돌발 상황이 발생한다. 아르헨티나 독립기념식에 방문자가 많은 관계로 본래 11일로 예정됐던 이스라엘 대표단의 도착이 19일로 연기됐다는 소식이 전해진 것이다. 이는 작전 당일인 10일 아이히만을 체포하더라도 약 열흘 가량을 현지에 은둔해야 한다는 것으로, 그동안 아이히만의 실종을 알게 된 가족들이 경찰에 신고해 수사가 이뤄지거나 하는 등의 위험한 상황이 발생할 수도 있었다. 그럼에도 하렐과 작전팀은 깊은 고민 끝에 작전을 예정대로 결행하기로 한다. 다만 체포작전을 하루 연기해 11일로 미뤘다.

그렇지만 작전 당일인 5월 11일에도 또 다른 변수가 발생하면서 작전팀은 극도의 긴장감에 휩싸인다. 당초 7시 40분에 정류장에 내려야 할 아이히만이 그 시각에 나타나지 않았다. 시각이 8시를 넘겨 플랜A를 폐기하고 플랜B를 가동해야 했지만 현장 책임자였던 라피 에이탄은 30분만 더 기다려보기로 했다. 그렇게 발을 동동 구르며 긴장이 절정으로 치닫던 8시 5분경, 버스 한 대가 도착하고 멀리서 한 남자의 형체가 육안에 들어왔다. 이에 체포조 차량에 있던 아하로니가 "아이히만이 맞다"고 확인하면서 에이탄이 2명의 요원에게 행동개시를 명령한다. 그는 아이히만이 손을 주머니에 넣고 있었기 때문에 총이나 칼을 소지했을지도 모른다고 여겨 주의를 당부했다.

이후 상황은 눈 깜짝할 사이에 끝이 난다. 요원들은 재빠르게 아이히만을 제압해 체포 차량의 뒷좌석 발판에 눕히고 소리를 지르지 못하도록 장갑을 넣어 입을 틀어막았다. 체포 차량의 문이 닫히고 급히 현장을 빠져나가자 지원조가 뒤를 따랐다. 작전팀은 곧바로 임시 감금시설과 만일의 사태에 대비해 은닉이 가능하도록 설계한 은신처로 향했다. 그런데 당시 은신처로 향하던 요원들은 '아이히만을 잡았다'는 기쁨보다는 의구심을 공통적으로 갖고 있었다. 그것은 "이 자가 정말 우리가 찾던 그 자가 맞느냐?"는 것이었다. 앞서 밝힌 대로 모사드는 이때까지도 아이히만에 대한 부족한 정보로 인해 여전히 선입견을 갖고 있었다. 이에 더해 수백만 명의 동족을 무참히 살해한 자가 비로소 자신들의 손아귀에 있다는 사실이 실감 나지 않았던 탓도 있다. 그러나 은신처에 도착한 뒤 이런 의구심은 씻은 듯이 사라진다. 몸을 수색한 결과 과거 친위대원들의 문신이 있었던 것으로 추정되는 부위에 이를 지운 흔적이 역력했고 무엇보다 추가 심문에서 자신이 친위대 중령을 지낸 아돌프 아이히만이라고 자백했기 때문이다.

작전팀은 그를 감금한 채 열흘가량을 더 아르헨티나에 머물다 정부 대표단이 타고 온 엘 알티 AI 항공기를 이용해 20일 밤 이스라엘로 성공적으로 압송하며 작전의 대미를 장식한다. 압송 과정에서도 모사드는 아이히만에게 항공사 승무원 복장을 입히고 수면유도제로 정신을 잃게 한 뒤 주변에 알코올을 뿌려 숙취에 잠든 것으로 꾸몄으며 당초 경유하려던 브라질에 나치 전범 및 독일 이민자들이 많다는 점을 우려해 항공기 급유지도 세네갈로 바꾸는 등 마지막까지 긴장을 늦추지 않았다. 이런 극도의 긴장 속에 마침내 귀국한 하렐은 즉시 벤 구리온 총리에게 아이히만의 체포를 알렸고 총리는 5월 22일 의회 보고를 통해 이 사실을 공식 발표한다. 아이히만은 1961년 4월 시작된 재판에서 유대인 학살에 대해 "명령에 따라 임무를 수행했을 뿐"이라고 주장했지만 12월 전쟁 범죄 사실이 유죄로 인정돼 사형을 선고 받아 이듬해 6월 1일 역사의 심판을 받았다.

  한편 이 작전에 힘입어 이스라엘은 잊혀져가던 나치의 잔혹성을 다시 한 번 전 세계에 알리며 신나치즘 창궐에 제동을 걸었고 모사드는 다소의 과장이 곁들여진 무용담에 힘입어 세계 최고 정보기관의 반열에 오르는 발판을 마련했다.

30

사파타 작전

Operation ZAPATA 1960~1961 —CIA—

사파타 작전Operation ZAPATA은 1961년 미국의 중앙정보국CIA이 쿠바를 상대로 실행한 극비의 준군사작전이다. 보통은 피그스만 침공 작전Bay of Pigs Invasion으로 많이 알려져 있으며 쿠바 실력자 피델 카스트로를 제거하기 위한 비밀공작이었다. 하지만 CIA의 움직임을 간파한 카스트로에 의해 작전 참가자 중 많은 수가 목숨을 잃거나 포로로 붙잡히면서 참담하게 실패했다.

이후에도 미국은 범정부 차원의 몽구스 작전Operation Mongoose으로 다시 카스트로 축출을 시도했으나 케네디 암살 사건 이후 흐지부지되면서 냉전기 내내 쿠바와 극단적으로 대립하는 단초가 됐다.

CIA의 대對쿠바 비밀작전 배경

미국의 CIA가 쿠바를 상대로 비밀공작을 단행한 배경은 크게 두 가지로 볼 수 있다. 우선 양국의 역사와 관련이 깊다. 19세기 후반부터 쿠바를 사실상의 식민지화한 미국은 20세기 들어서도 노골적인 내정간섭 등으로 끊임없이 영향력을 행사했다. 특히 1933년 하급 장교 풀겐시오 바티스타Fulgencio Batista에 의해 첫 쿠데타가 일어난 후에도 미국은 그를 지원하며 쿠바의 이권을 독차지한다. 그러던 1959년 1월 피델 카스트로Fidel Castro, 체 게바라가 주도한 쿠바 혁명으로 바티스타 정권이 몰락하면서 미국과의 관계에 먹구름이 드리워졌다. 카스트로는 이전의 바티스타 정권과 달리 미국의 내정간섭이나 이권을 허락하지 않았고 이에 위기감을 느낀 CIA는 그에 대한 축출에 나선다.

또 하나의 배경은 당시 소련과 치열하게 전개되던 냉전, 즉 이념 경쟁이었다. 쿠바 혁명 당시 피델 카스트로는 사회주의 혹은 공산주의 색채가 덜한 순수 민중봉기로 정권을 잡았다는 의견이 많다. 그럼에도 개혁과정에서 부정축재자나 기득권자들에 대한 토지 및 재산을 몰수한 데이어 국유화 등의 조치가 취해지면서 미국에서는 그를 공산주의자로 보는 시각이 팽배했다. 더욱 이 재산몰수 과정에서 미국의 이권이 상당 부분 침해를 받는다. 이에 고심을 거듭하던 아이젠하워 행정부가 카스트로와 거리를 두게 되고 이 틈을 소련이 비집고 들어오면서 쿠바는 급속한 공산화의 길에 들어선다. 이권을 빼앗긴 데다 등 뒤에 공산주의의 전초기지를 두게 된 미국은 향후 중남미의 연쇄 공산화를 막아야 한다는 명분하에 카스트로를 제거하기로 한다.

기세 오른 CIA vs. 카스트로의 등장

미국은 냉전이 시작된 직후부터 소련과의 이념 경쟁에서 우위를 점하기 위해 유럽, 아시아, 남미 등 세계 각지에서 은밀한 공작들을 감행한다. 이 과정에서 이들은 많은 실패를 하기도 했으나 또한 그만큼의 성공을 거두기도 했다. 특히 미국은 첨예한 접전지에서 CIA라는 다소 둔탁하지만 견고한 창槍을 앞세워 자신들의 입맛에 맞는 친미정권을 수립하는 방식으로 소련의 확장을 저지하려 했다. 이번에 소개하는 '사파타 작전' 역시 바로 이런 미국의 친미정권 수립 의도가 녹아 있는 대표적인 작전이다. 하지만 이런 맥락의 작전은 한 국가에 대한 내정간섭 논란은 물론이고 나아가 주권침해로 확대돼 자칫 반미 정서로 흐를 수 있는 위험성이 도사리고 있었다.

그럼에도 CIA가 쿠바를 상대로 이런 모험을 감행할 수 있었던 데는 앞선 중동과 중미에서 이룩한 눈부신 성과가 커다란 영향을 미쳤다. 실제로 지난 편에 소개한 이란의 실력자 모하마드 모사덱을 축출한 '아작스 작전Operation AJAX: 제25화 참조'의 성공으로 CIA는 자신들이 한 국가의 운명을 통째로 바꿀 수 있다는 무시무시한 사실을 깨닫는다. 무엇보다 이 작전은 CIA가 창설된 이후 주도한 첫 번째 성공작으로 평가되면서 이들에게는 더없는 자신감으로 작용했다.

CIA는 아작스 작전이 종료되고 후속조치가 마무리된 1954년 6월 눈을 아시아에서 중미로 돌려 이번에는 과테말라의 아르벤스 정권을 전복하는 공작도 실행한다. 이른바 '피비석세스 작전Operation PBSUCCESS'으로 알려진 이 공작은 합법적이고 민주적 절차를 거쳐 권좌에 오른 하코보 아르벤스Jacobo Arbenz 대통령을 축출하는 작전이었다. 당시 아르벤스는 이란의 모사덱과 마찬가지로 공산주의와는 별반 관련이 없었고 소련과도 유대관계가 전혀 없는 순수 민족주의자였다. 그러나 토지개혁 등 정책 추진 과정에서 미국의 이권을 크게 침해하게 되는데 이것으로 미국의 노여움을 산다. 이에 CIA가 준군사 작전이 포함된 여론전과 심리전 등 전방위 공작을 동원해 아르벤스를 공산주의자로 몰아 권좌에서 밀어내고 카스티요 아르마스Castillo Armas라는 친미적 성향의 인물을 그 자리에 앉힌다.

이처럼 미국은 1950년대를 전후해 소련의 확장과 자국의 이권 침해에 지나칠 정도로 예민하게 반응했고 기세도 하늘을 찌르고 있었는데 바로 이런 상황에서 등 뒤로 피델 카스트로라는 예기치 못한 돌발 변수가 등장한다. 본래 변호사 출신의 카스트로는 바티스타 정권의 폭압에 대항해 중산층과 지식인, 농민들의 절대적 지지를 받으며 1959년 1월 쿠바혁명을 성공시킨다. 하지만 당시의 쿠바 혁명은 익히 알려진 것처럼 마르크스주의에 입각한 공산혁명은 아니었다는 견해가 많고 소련도 단순히 제국주의에 대항한 부르주아 혁명 정도로 여겨 크게 관심을 기울이지 않았다.

실제 같은 시기 공산주의라면 치를 떨었던 CIA 내부에서조차 카스트로를 '라틴아메리카 민주주의의 새로운 지도자'라고 평가하며 그에게 돈과 무기를 지원해야 한다는 주장까지 있었다. 이때 CIA 준군사작전 책임자였던 앨 콕스는 "쿠바인들을 시켜 카스트로에게 무기가 가득 실린 배를 보내 민주(친미)정부를 수립하도록 해야 한다"라는 보고서를 상부에 제출했으며 쿠바 혁명 기간 카리브해 작전본부 책임자였던 로버트

레이놀즈는 "참모들과 나는 모두 카스트로의 추종자였다"라고 고백했을 정도로 우호적 입장을 견지했다.

피델 카스트로 그는 쿠바 혁명 직후 미국을 방문해 여러 우호적 조치들을 밝혔으나 아이젠하워 행정부의 홀대와 이어진 소련의 개입으로 양국 관계는 극단적으로 악화됐다.

이런 평가에 힘입어 카스트로도 혁명 직후 워싱턴을 방문해 미 의회 지도자들에게 "언론의 자유를 보장할 것이며 미국자산을 동결하지 않겠다"는 등 오히려 친미적인 견해를 밝히기도 한다. 당시 그는 경제적 지원이 절실했기 때문에 미국과의 관계를 굳이 악화 시킬 이유가 없었다. 반면에 어떤 근거에서인지는 명확하지 않지만 아이젠하워 대통령은 카스트로를 줄곧 의심했고 미국 방문 기간에도 접촉을 기피하는 등 쿠바와의 관계설정을 두고 깊은 고민에 빠져 있었다. 반대로 카스트로도 도움을 받기 위해 미국을 방문했으나 성과는커녕 박대를 당하고 귀국하면서 양국 사이에는 미묘한 기류가 흐르기 시작한다.

작전의 시작 … 등 뒤의 칼을 제거하라

피델 카스트로가 언제부터 소련과의 관계에 공을 들였는지는 알 수 없다. 다만 미국을 다녀온 뒤 쿠바에 있는 미국 기업들에게 소련산 원유를 쓰라고 압박한다거나 1959년 후반부터 KGB의 군사고문단이 하바나에서 종종 목격됐다는 첩보가 있었던 것으로 봐서 아이젠하워의 푸대접이 영향을 미쳤을 가능성도 배제할 수 없다. 이와 달리 카스트로가 애초부터 미국과 소련을 저울질해 자신들에게 이익이 될 만한 파트너를 선택하는 소위 '양다리 전략'을 취했다는 주장도 있으나 진실은 여전히 베일에 싸여있다.

배후 사정이 어떻건 쿠바는 1960년에 들어서면서 급속히 공산국가로 돌변했고 미국의 자산을 동결하지 않겠다던 당초의 약속은 백지화된다. 카스트로는 미국 기업이 가진 토지를 몰수해 농민들에게 분배했으며 미국 기업이 운영하던 전신, 전화, 전매 사업들을 모두 국유화한다. 이와 달리 소련과는 차관 지원 및 무기, 설탕을 주고받는 내용의 경제협정을 체결하며 사실상의 협력관계를 선언했다.

미국의 입장에서 긴장할 만한 이런 변화를 CIA가 보고만 있을 리 없었다. 상황이 심상치 않게 돌아간다는 사실을 알아차린 수장 앨런 덜레스는 1960년 1월 심복인 리처드 비셀Richard Bissell에게 "카스트로를 무너뜨릴 특별 전담팀을 조직하라"고 지시하며 작전의 서막을 열었다. 이때 지시를 받은 비셀은 앞서 U-2기를 이용해 소련과 공산권을 염탐하는 '오버플라이트 작전Operation OVERFLIGHT: 제27화 참조'을 입안하고 주도한 인물로 이런 활약에 힘입어 1959년부터 CIA의 비밀공작을 총괄하는 작전담당 부국장DDP: Deputy Director for Plans을 맡고 있었다. 덜레스의 지시에 따라 비셀은 수년 전 과테말라에서 아르벤스를 몰아냈던 피비석세스 작전팀을 거의 그대로 흡수해 제이커 이스터라인을 현장 책임자로 하는 전담팀을 꾸리고 계획안을 입안한다. 그가 세운 작전의 골자는 '카스트로를 반대하는 쿠바인들이 자발적으로 무장봉기를 일으켜 혁명정부를 무너뜨린다'는 것으로 이를 위해 쿠바 혁명 당시 본국을 탈출한 쿠바인들을 모아 군사훈련을 시킨 뒤 다시 침투시킨다는 계획이었다.

작전은 1960년 3월 17일 백악관에서 아이젠하워 대통령, 닉슨 부통령, 덜레스, 비셀 등 4인이 참석한 소위 4인 회의에서 심도 있게 논의된 후 이어진 국가안보회의NSC에서 승인됐다. 이 자리에서 아이젠하워는 "어떤 경우라도 작전이 밖으로 새어나가지 않도록 해야 한다"는 전제하에 승인 결정을 내린다. 이후 먼저 쿠바 망명자 중 60여 명을 선발해 파나마에 있는 육군 정글전 훈련소에서 훈련에 들어가며 본격화했다. 당초 비셀은 이 선발대가 훈련을 마치는 대로 되도록이면 빠른 시일 안에 작전에 돌입할 생각이었다. 그렇지만 이 시기 당장 작전을 감행하기에는 어려운 몇 가지 변수들이 있었다. 우선 5월에 U-2기 정찰작전이 소련의 격추 성공으로 아이젠하워 행정부를 궁지로 몰았다. 이 사건으로 아이젠하워는 심각한 정치적 타격을 입었고 흐루시초프와의 정상회담 약속도 파기돼 긴장이 한층 고조된다. 따라서 CIA로써는 새로운 작전을 실행하기보다는 당면 문제를 해결하는 것이 급선무였다.

이와 함께 몇 달 뒤에는 미국의 대통령 선거가 기다리고 있었는데 당시 민주당 후보로 선출된 존 F. 케네디John F. Kennedy가 무서운 기세로 떠올라 부통령 겸 공화당 후보였던 닉슨을 위협하면서 차기 백악관의 주인을 예측하기가 힘든 상황이었다. 여기에 부통령으로 앞서 쿠바처리 문제에 동의했던 닉슨이지만 선거에 악영향을 우려해 CIA에 "선거가 끝날 때까지 아무것도 하지 말라"는 엄명을 내려 쿠바 전담팀의 발을 묶는다. 이런 저런 이유로 CIA는 한동안 멈칫했으나 물밑으로는 쿠바 망명자 1천 5백여 명을 더 선발하고 훈련소도 과테말라로 옮기는 등 오히려 규모를 확대하며 작전 준비에 박차를 가했다.

결국 선거에서는 케네디가 대통령으로 당선돼 작전을 보고 받기에 이른다. 여기서 케네디는 작전 전반을 탐탁잖게 여겼지만 '공산주의를 강하게 몰아붙여야 한다'는 당대 여론을 무시할 수 없었기 때문에 작전을 승인했다. 다만 그는 CIA에 "미국이 개입했다는 사실이 드러나지 않도록 해야 한다"고 신신당부하며 조건부로 승인 결정을 내린다. 이에 비셀은 작전 계획을 일부 변경해 침투부대가 상륙 직후 활주로가 포함된 임시 비행장으로 쓰기에 적합한 지역을 고르게 되는데 그곳은 쿠바 남쪽 사파타 반도Zapata Peninsula에 있는 피그스만이었다. 그래서 작전 명칭도 '사파타 작전'으로 불리게 된다.

아울러 작전 변경과 관련해 비셀이 '백악관 승인'에 골몰한 나머지 케네디의 환심을 사기 위해 규모를 상당부분 축소하게 되는데 이것이 불행한 결과로 이어지는 결정적 요인이 됐다는 분석이 많다. 그가 별도 활주로를 만들기로 한 이유는 미 공군의 공습 횟수를 줄이고 보급 등 추가 지원 부담을 최소화하기 위한 조치였으나 주변이 늪과 갯벌 천지라 군사행동에 적합하지 않은 피그스만을 택한 것은 치명적 실수라는 지적이다. 또 이 기간 CIA는 쿠바 내부 협력자들에게도 총기와 탄약 등을 꾸준히 공수하며 작전 돌입 직후 국내 봉기를 기대했다. 반면 이를 간파한 카스트로가 선수를 쳐 내부 반란세력을 제압하고 보급품의 상당량을 압수하는 등 이미 불길한 징후가 곳곳에서 드러나고 있었다.

카스트로의 반격, 곤경에 빠진 CIA

그럼에도 CIA는 침투부대의 규모가 한층 커진 데다 최대 난관으로 여겼던 신임 대통령의 재가까지 얻어 내는 등 준비가 순조롭게 진행되자 작전이 성공할 것이라 확신했다. 이러한 막연한 기대 속에 1961년 4월 15일 드디어 작전의 날이 밝는다. CIA는 우선 니카라과에 대기하고 있던 B-26 폭격기 8대-원래는 16대를 계획했다가 케네디의 눈치를 살피던 비셀이 폭격기 수를 절반으로 줄였다-에 미군 문장을 떼고 쿠바식 문장을 붙여 출격시켰다. 쿠바 반군의 공격으로 보이기 위한 위장조치다. 이와 함께 과테말라에서 훈련받으며 제2506여단으로 명명된 1천 511명 규모의 침투부대가 같은 문장을 붙인 수송함과 지원함에 실려 피그스만을 향해 출발했다.

이날 B-26 폭격기는 하바나와 관타나모 부근 쿠바 공군의 주요 거점 3곳을 기습했다. CIA는 카스트로가 이 공격을 반군의 소행으로 여기기를 절실히 바랐고 아울러 쿠바의 제공권이 무력화되기를 기대했다. 하지만 이들의 기대와 예상은 크게 빗나가 쿠바 공군은 5대의 공군기가 파괴되고 일부가 파손되는 피해에 그쳤다. 이후에는 미군 폭격기에 대한 카스트로의 반격이 시작된다. 그러던 중 여기서 예상치 못한 변수가 발생한다. 하바나를 공격하던 폭격기 중 한 대가 쿠바 공군의 공격을 받아 미 플로리다로 도주한 것이다. 카스트로는 이것을 미국이 개입한 명백한 증거라고 주장하며 CIA를 곤경에 빠뜨렸다. 이어진 상황은 더 심각했다. CIA는 이 폭격기의 정체를 쿠바 반군 소속이라고 유엔UN에서 둘러댔지만 내막을 알고 있던 백악관은 '제2의 U-2기 사건'으로 번질 것을 우려해 비셀에게 공군의 추가 지원은 없을 것이라고 못 박는다. 피그스만에 교두보를 확보해 활주로를 세우고 자체 해결하라는 것이 백악관의 주문이었다.

작전에서 사실상의 주력부대인 침투부대제2506여단의 침투작전도 순탄치 않기는 마찬가지였다. 이들은 17일 새벽 피그스만에 상륙했으나 조수간만의 차가 심한 지형적 특징을 고려하지 않은 탓에 장비가 물에 젖거나 갯벌로 인해 대원들의 기동력이 현저히 떨어졌다. 또한 침투부대의 상륙을 알아챈 쿠바 공군이 전폭기를 동원해 공격을 감행하면서 무기와 탄약, 식량 등이 가득 실린 지원함 리오 에스콘디도Rio Escondido 함이 침몰하는 피해까지 입는다. 이때부터 쿠바군의 파상적인 공격이 이어져 침투부대와의 격렬한 전투가 벌어졌다. 세부 작전계획에 따르면 '전세가 여의치 않을 경우에는 주변 산악지대로 피신한다'라는 내용이 포함돼 있었음에도 침투부대의 발은 이미 펄 속에 묻혀 옴짝달싹하기 어려운 상황으로 치달았다.

한편 워싱턴에서 작전을 지휘하던 CIA는 침투부대가 쿠바군의 공격으로 위기에 빠졌다는 전갈을 받고 18일 백악관에 공중 지원을 허가해 달라고 거듭해 요청한다. 그러나 이미 마음을 굳힌 케네디는 이 요청을 거부했다. 그동안 쿠바군은 T-34 전차와 122밀리 박격포를 동원해 침투부대에 맹공을 가하기 시작했고 침투부대도 처음에는 완강하게 저항하며 쿠바군에 피해를 입혔으나 시간이 갈수록 탄약이 바닥나면서 전세는 급격히 기운다. 그날 밤 침투부대 지휘관 페페 산 로만Pepe San Roman은 워싱턴에 절박한 심정으로 지원을 요청했다. 그는 "탄약이 다 떨어졌으며 적들은 새벽에 우리를 다시 칠 것이다. 제발 우리를 버리지 말아 달라"는 내용의 사실상 마지막 무전을 보냈다.

그렇지만 다음 날 아침이 돼서도 지원은 이뤄지지 않았고 쿠바 본토에서 침투부대를 지원할 것으로 믿었던 내부 반란세력도 카스트로의 거미줄 같은 첩보망에 걸려들어 일망타진 당한 뒤라 침투부대는 '아무런 지원도, 우군도 없는' 고립된 상태에서 처절한 전투를 벌여야 했다. 이 외로운 전투는 19일 오후가 될 쯤 침투대원 중 114명이 사망하고 1천 189명이 포로로 붙잡히면서 종료됐고 이에 따라 CIA가 주도한 카스트로 제거 작전인 '사파타 작전'은 참담한 실패로 막을 내린다. 분노한 케네디 대통령은 작전 실패의 책임을 물어 수장 앨런 덜레스와 작전담당 책임자였던 리처드 비셀에 대한 강도 높은 감찰을 지시해 두 사람의 실책 사유를 낱낱이 밝히고 보고서로 정리하도록 했다. 그리고는 이들을 차례로 경질하며 사태를 마무리했다.

31

노스우즈 작전

Operation NORTHWOODS ~1962 -JCS-

노스우즈 작전Operation NORTHWOODS은 앞선 사파타 작전과 마찬가지로 미국이 쿠바의 피델 카스트로를 제거하기 위해 입안한 비밀공작 중 하나다. 그러나 준군사적 성격이 짙은 CIA의 사파타 작전과 달리 전면전을 염두에 둔 기만작전으로, 미 합동참모본부JCS: Joint Chiefs of Staff가 입안했다. 특히 작전에는 쿠바를 침공하기 위해 자국의 함대나 기지, 심지어 민간을 공격한다는 등의 민감한 내용도 담겨 있어 그간 최상위 극비로 분류돼 왔다.

이 가운데 일부는 이후 CIA와 공동으로 벌인 몽구스 작전에서 실행 단계까지 갔던 것으로 전해지지만 관련 문건들이 상당부분 폐기 혹은 은폐돼 전모는 여전히 베일에 가려져 있다.

JCS의 대對쿠바 기만작전 입안 배경

1960년대 미국이 쿠바를 상대로 비밀작전을 실행한 배경에는 단연 '냉전'이라는 대립적 구도가 가장 큰 요인이다. 그렇지만 대립은 외부에만 있었던 것은 아니다. 당시 미국 내부에서는 '카스트로의 쿠바를 어떻게 처리할 것인가?'라는 방법론을 놓고 보이지 않는 갈등이 촉발된다. 갈등의 당사자는 막강한 힘을 가진 두 개의 집단, 즉 CIA와 군부軍部였고 이들 간에 힘겨루기 양상으로 진행됐다. 이때 비밀공작에 의한 조용한 처리를 원했던 CIA와 달리 군 내부에서는 쿠바와의 전면전을 통해 카스트로를 끌어내리기를 원했다. 이런 팽팽한 신경전 속에 미군에게는 신神적 존재나 다름없는 드와이트 아이젠하워가 백악관에 주인으로 있는 동안 CIA에 힘을 실어주면서 합동참모본부JCS를 중심으로 한 군부는 제 목소리를 내지 못했다. 그렇게 얼마가 지나 아이젠하워에 이어 민간인 출신 존 F. 케네디가 대통령에 올랐고 CIA가 야심차게 내건 사파타 작전이 실패하면서 비로소 군부의 입지가 확대된다. 실제 이후 케네디 행정부는 앞선 작전 실패에 책임을 물어 CIA를 배제한 채 국방부(펜타곤)를 중심으로 카스트로 제거 작전을 입안한다.

그러나 이미 군에는 합참의장이던 리먼 램니처Lyman Lemnitzer의 주도로 '노스우즈'라는 전면전을 염두에 둔 비밀계획안이 마련돼 있었다. 램니처는 이 계획을 실행하기 위해 백악관과 국방부를 설득하지만 전면적 군사행동에 부담을 느낀 케네디 행정부가 이를 거부하면서 작전은 폐기된다. 이와 함께 계획에 담긴 반역적이고 충격적인 내용으로 인해 문서들은 파기 혹은 소각됐고 관련 내용은 극비에 부쳐졌다. 이번 편에서는 파기된 문서의 조각들을 잇고 붙여 극비작전의 퍼즐을 맞춰보려 한다.

'펜타곤' 하나의 몸, 두 개의 머리

케네디 행정부가 출범하자마자 실행된 '사파타 작전'의 실패는 하늘 높은 줄 모르고 치솟던 CIA에는 그야말로 재앙이었다. 이 일로 1953년 이후 10년 가까이 정보왕국을 지배해 온 앨런 덜레스Allen Dulles는 감찰 대상이 됐고 그 결과 "대통령과 내각에 정확한 정보를 제공하는 데 실패했으며 조직을 유지하려면 효율적인 운영이 필요하다"는 젊은 감찰관의 기초적인 충고까지 들어야 했다. 또한 이때는 U-2기 격추사건이 벌어진지도 얼마 지나지 않았던 시기라 평가는 한층 혹독했을 것으로 보이는데 CIA는 체면을 구긴데 그치지 않고 '오만한 제왕' 덜레스가 경질되면서 선장 잃은 난파선 신세로 전락한다. 무엇보다 케네디는 자신의 임기 첫 작품을 망쳐 놓은 CIA를 아예 없애 버리려 했을 정도로 분노했다. 이런 의중은 당대 핵심사안인 쿠바 처리 문제를 국방부로 전격 이관하라는 명령으로 이어진다. 아울러 CIA는 해체를 면하는 대신 대통령의 동생 로버트 케네디에 전권이 주어졌고 온건적 보수주의자 존 맥콘John McCone이 신임 수장으로 기용돼 대수술에 들어갔다.

이렇게 케네디 행정부는 피그스만의 충격을 지우기 위해 안보라인을 재정비했고 카스트로에게 주먹맛을 보여 주리라 호시탐탐 벼르던 국방부도 본격적으로 '쿠바 문제'를 넘겨받으며 활기를 띠기 시작한다. 이에 국방부는 공군 준장 에드워드 랜즈데일Edward Lansdale을 쿠바 작전담당 책임자로 임명하며 기지개를 켰다. 준수한 외모의 랜즈데일은 당시 국방부의 특수작전국OSO 부국장으로 있으면서 대게릴라전 및 기만작전 전문가로 정평이 나 있던 인물이다. 랜즈데일은 1962년 2월 쿠바를 상대로 기만 및 파괴, 사보타주 등이 포함된 이른바 '몽구스 작전Operation Mongoose을 내놓으며 카스트로 제거안을 제시하게 된다.

하지만 랜즈데일이 새로운 작전에 골몰해 있던 시기, 또 다른 부류도 카스트로를 제거하기 위해 보이지 않는 물밑 움직임을 동시에 벌이고 있었다. 이때 케네디 행정부에서 쿠바 처리에 관한 권한이 국방부로 넘겨졌기 때문에 얼핏 보면 군부軍部가 전권을 쥔 것처럼 보이지만 실은 군 내부에도 정체성과 생각을 달리하는 두 개의 세력이 존재했다. 그중 하나는 국방부 장관인 로버트 맥나마라Robert McNamara를 중심으로 여전히 특수전을 선호한 세력이다. 맥나마라가 제2차 세계대전에 참전해 중령으로 전역했다고는 해도 하버드를 졸업하고 이전까지 포드 자동차 CEO를 지냈다는 점에서 정통 군 출신은 아니다. 그는 케네디 대통령의 동생 로버트 케네디와 긴밀히 교류했으며 랜즈데일도 실은 맥나마라의 사람이었다.

이들과 또 다른 세력은 현역 군인이면서 합동참모본부JCS를 중심으로 전장에서 잔뼈가 굵은 야전군들이다. 당시 리먼 램니처 합참의장이 대표적인 인물로 이들은 평소 CIA가 자신들의 고유 영역인 군사 분야로 잠식해 들어오는 것을 크게 못마땅해했다. 다만 전임 '아이크Ike: 아이젠하워의 애칭' 아이젠하워를 상관 이상으로 숭배하다시피 했으므로 CIA에 기울어진 여러 결정을 말없이 수긍해 왔을 뿐이다. 그렇지만 민간인 출신 케네디 행정부가 들어서자 입장을 달리해 퇴역, 현역 할 것 없이 잇달아 장성들이 나서 "정부 내에 반공의식이 느슨해지고 있다"고 목소리를 높이며 대립각을 세운다. 이 과정에서 맥나마라는 육군 소장 에드윈 워커를 면직 처분하고 퇴역 후에는 사법부에 고발할 정도로 갈등은 심각했는데 이들의 생각 저변에는 민간이 군을 통치 혹은 통제하는 것을 용납할 수 없다는 불신, 불만이 짙게 깔려 있었다.

사정이 이렇다 보니 당시 야전군을 대표하는 최고사령관이었던 램니처의 생각도 크게 다르지 않았다. 그는 이러한 맥락에서 줄곧 사파타 작전을 탐탁찮게 여기며 겉으로는 성공할 것이라고 말하면서도 내심 실패를 예견하기까지 했다. 문제는 이런 숨겨왔던 속내가 새로운 대쿠바 작전을 수립하는 과정에서 본격적으로 외부로 표출됐다는 점이다. 실제 램니처는 1962년이 시작될 무렵 매우 바빠진다. 이전에 비해 국방부와 백악관을 드나드는 횟수가 늘었고 각 군의 참모총장부터 로버트 맥나마라, 에드워드 랜즈데일은 물론 케네디의 군사담당 보좌관인 맥스웰 테일러Maxwell Taylor 등에 이르기까지 다양한 사람들을 접촉했다. 이는 특별한 용무가 있거나 안보회의 소집을 받은 뒤에나 움직이던 종전과도 확연히 구별되는 행보였다. 그가 이 시기에 이처럼 분주하게 움직인 데는 분명한 이유가 있었다. 바로 자신의 주도로 JCS가 마련한 쿠바 계획Cuban Project을 관철시키기 위해서다.

이와 함께 한편에서는 로버트 케네디가 랜즈데일에게 "작전에 'CIA의 임무'를 추가하라"고 명령하면서 백악관이 다시 CIA에 힘을 실어줄 조짐이 감지된다. 이것이 현실화된다면 군은 자연히 쿠바 문제에서 재차 배제될 것이라는 위기감이 엄습했다. 이에 램니처는 맥나마라 설득에 총력을 기울인다. 그는 향후 쿠바 문제에 군軍이 조기 개입해야 한다는 점과

펜타곤 미 국방부는 케네디 행정부 시절 쿠바 처리를 두고 하나의 몸통에 두 개의 머리가 대립과 갈등을 벌이며 극심하게 반목했다.

각 군 참모총장들이 지휘 권한을 가져야 한다는 점을 강하게 주장했다. 램니처는 "내부 폭동이나 외부적인 정치, 경제, 심리적 압박으로 공산정권이 조기 붕괴할 가망이 전혀 없다"며 "따라서 현 쿠바의 공산정권을 붕괴시키는 데 필요한 것은 미국의 군사개입이다"라는 지론을 폈다.

반면 맥나마라는 군부의 지독한 우익 성향─에드윈 워커 논란이 대표적─에 따른 불쾌감과 램니처에 대한 극도의 불신이 겹쳐 요구를 받아들이지 않았고 며칠 후 케네디가 "미국이 공공연하게 군사력을 사용하는 일은 없어야 한다"면서 전면적 군사행동에 대해 부정적 입장을 밝히며 논쟁에 종지부를 찍었다. 이 일이 있고 나서 램니처는 유럽 나토NATO군 사령관으로 전출된다.

기만과 반역, 자작극 … 노스우즈의 실체

이처럼 케네디 행정부에서는 각각의 이해와 입장을 달리한 민간과 군부, 군부와 군부로 나뉘어 극심한 이전투구泥田鬪狗가 전개됐고 그 와중에 야전군을 대표하던 램니처의 입장은 철저히 배제됐다. 그러나 그의 계획이 거부된 요인을 반드시 '세력들 간 정치적 갈등의 산물'로만 보기에는 무리가 있다는 주장이 점차 설득력을 얻고 있다. 이유는 이때 JCS가 입안하고 제안한 대쿠바 계획이 일국의 정부가 실행하기에는 더없이 기만적이고 반인륜적이며 나아가 반역적이기 때문이다.

오랜 세월 실행되지 못한 채 먼지 속에 묻혀있던 '노스우즈 작전'은 램니처를 포함한 당대 미 군부의 강경한 입장뿐 아니라 일면 잔인한 속성까지 반영한 비밀계획으로 시종 충격적 내용으로 가득하다. 당초 JCS는 카스트로 제거의 필요조건으로 '쿠바발發 군사 도발'을 전제로 삼았다. 다시 말해 미군 소속 정찰기나 함정이 쿠바군의 공격에 격추, 침몰될 경우 이것을 선제공격으로 간주하고 전면 침공에 나선다는 것이다. 이를 위해 의도적으로 정찰기를 쿠바 가까이 저공비행 시켜 보기도 했지만 돌아온 것은 미사일 대신 '항의'였다. 이후에도 내심 카스트로의 도발을 기대했으나 별다른 움직임을 보이지 않으면서 침공 명분은 사라져갔고 조급해진 JCS는 '없다면 만들어라!'는 돌격대식 사고로 작전을 입안하기 시작한다. 이렇게 탄생한 것이 '노스우즈 작전'으로 침공 명분을 극대화하기 위한 정교한 연출이 속속 가미됐다. 여기에는 자국의 기지나 함정, 항공기, 민간 선박 등을 위장 공격하거나 또는 대도시에서 쿠바에 의한 폭탄테러가 일어난 것처럼 꾸미는 자작극이 상당부분 담겨있는 것으로 알려졌다.

당시 입안된 계획안에 따르면 쿠바군복을 입은 쿠바인들이 관타나모 미군 기지를 상대로 폭동 내지는 기습을 벌이고 기지 내에서는 폭발이 일어나 총이 난사되는 등 교전 상황을 만들며 항공기와 시설이 파괴되도록 하라는 내용이 있다. 물론 폭동, 기습에 참가한 쿠바인들은 JCS에 '고용된 사람들'이다. 또 기지에 정박해 있는 해군 함정에 승무원들을 남겨둔 채 폭발시켜 쿠바에 책임을 묻는 구상도 포함됐다. 사상자 명단이 다음날 조간신문에 실리면 국민들의 분노가 카스트로를 향할 것이라는 게 이들의 생각이었다. 아울러 (JCS에 고용된) 쿠바 스파이가 워싱턴 DC나 플로리다, 마이애미로 침투해 플라스틱 폭탄을 터뜨린 뒤 체포되고 이 과정에서 쿠바의 개입을 증명하는 문서가 발견되도록 하는 것과 미국에 도착한 쿠바 난민들을 폭탄으로 공격하거나 플로리다로 향하는 난민선을 침몰시키는 방안도 비중 있게 검토됐다.

이런 식으로 작전은 하나 같이 자국 군대 및 국민, 난민 할 것 없이 무고한 사람들을 희생양으로 삼아 쿠바 침공의 구실을 만드는 것이었다. 이 때문에 '반인륜적'이라는 비판과 함께 '반역적'이라는 평가도 받는다. 그렇지만 이마저도 더 복잡하게 설계된 세부안에 비하면 아무것도 아니다. 세부안에는 일반이 상상하기 힘든 두 가지의 충격적인 테러음모가 모의됐고 실행이 가능한 책임자에게 제안됐던 것으로 전해진다.

그 중 첫 번째 테러음모는 미국 최초의 유인우주선을 파괴하는 것이다. 미 항공우주국NASA은 1958년부터 유인우주선 계획Project Mercury을 추진해 1962년 2월 20일 존 글렌John Glenn을 태운 프렌드십7Friendship7을 쏘아 본격 유인우주선 시대를 열고자 했다. 특히 이때는 군비의 척도인 우주경쟁에서 소련이 한발 앞선 상황이었기 때문에 이 계획은 전 미국민들에게 초미의 관심사였다. 그러나 램니처의 JCS는 우주선에 기관 고장을 유도해 폭발시키고 글렌을 사망하도록 하는 구상을 한다. 그리고는 원인을 쿠바의 전자파 공격으로 둘러대자는 계획Operation Dirty Trick을 마련했다. 전 국민의 관심이 집중된 만큼 침공 명분으로 적합하다는 판단에서다. 일각에 따르면 램니처는 국방부 쿠바작전 책임자인 랜즈데일에게 이와 관련된 제안을 했던 것으로 알려져 있다. 다행히 실행되지 않아 존 글렌은 미국 최초로 지구 궤도를 돈 우주인이 됐으나 당시 미 군부의 극단적 광기狂氣가 고스란히 드러나는 대목이다.

두 번째는 미국민을 태운 민간 항공기를 격추하는 음모다. 다만 이 계획은 무고한 민간인을 실제로 살해하자는 것은 아니며 두 대의 항공기를 동원해 민간인이 탑승한 진짜 민항기를 특정 지점에서 '가짜원격 무인기'로 바꿔치기하는 기만술이다. 계획에 따르면 JCS는 CIA 소속 항공기를 민항기로 위장하고 승객들의 신원을 위조해 일반 항공기인 것처럼 꾸민다. 이어 쿠바 영공을 지나 남미로 향하게 하고 어느 지점에서 진짜는 빼돌려 가짜를 투입한 뒤 쿠바 공군으로 위장한 미 공군기가 항공기를 격추하게 한다. 이 과정에서 두 항공기의 경로를 일치시켜 국제민간항공기구ICAO가 같은 것으로 착각하도록 하며 가짜 민항기는 격추되기 전에 원격으로 '조난 신호'를 보내 진짜가 격추되는 것처럼 연출하는 시나리오다. 계획이 성공하면 카스트로는 무고한 많은 민간인을 학살한 '살인마'로 낙인 찍혀 JCS의 침공은 정당화될 것이고 미국민을 비롯한 서방 세계의 전폭적 지지 속에 쿠바를 점령할 수 있다는 계산이다. 이외에도 이들은 도미니카공화국을 상대로 위장 공격을 감행해 피해를 입힌 다음 암약 중인 공산주의자들에게 쿠바가 전하는 (조작된) 메시지를 흘려 누명을 씌우자는 내용도 곁들였다.

몽구스로 이어진 광기 어린 음모들

만약 실행됐더라면 자작극이 가미된 세기의 사기극이 될 뻔했던 노스 우즈 작전은 최종적으로 1962년 3월 국방부에 제출됐으나 앞서 밝혔듯 거부됐다. 그렇다고 해서 케네디 행정부가 마력이 넘쳐나는 사기극의 유혹을 완전히 떨쳐낸 것은 아니다. 특히 케네디 대통령의 동생 로버트 케네디는 법무부 장관으로 재임하는 내내 CIA 비밀공작권에 막강한 영향력을 행사하며 '카스트로 제거'에 팔을 걷어붙인다.

일각의 표현을 빌리자면 그는 이때 "지독하게 미친 상태"로 이 일에 매달렸는데 이는 램니처의 광기에 버금가는 것이었다. 당시 로버트 케네디는 CIA 수장인 존 맥콘까지 따돌리며 비셀에 이어 작전담당 부국장 DDP이 된 리처드 헬름스Richard Helms를 움직여 대규모 비밀조직을 만들게 한다. 그리고는 이 비밀조직을 지난 베를린 터널작전제26화 황금 작전편 참조의 현장 책임자였던 윌리엄 하비William Harvey에게 맡겼다. 하비는 시카고의 마피아 거물 존 로셀리John Roselli를 끌어들여 카스트로를 암살하는 '라이플 작전'을 실행하고자 했고 로버트 케네디는 이런 계획과 동향들은 모두 보고 받으며 사실상 진두지휘하는 무서운 집착을 보였다. 이런 광기와 집착은 램니처의 전출로 생명력을 잃어가던 노스 우즈가 '몽구스'로 녹아들어 되살아나는 결과로 나타난다.

1962년 8월 21일 로버트 케네디는 존 맥콘을 은밀히 불러 "CIA가 관타나모 미군 기지를 습격하는, 가짜 공격을 연출할 수 있느냐?"고 물었다.

이는 노스우즈 작전에서 자국의 비밀부대가 자국의 군대를 공격하는 '반역'을 그대로 따온 것이다. 맥콘의 즉각적 거부에 이어, 8월 30일 쿠바에 소련 지대공 미사일SA-2 발사대가 최초로 목격됐고 9월 9일 중국을 정찰하던 U-2기가 격추되는 등 급박해진 정세변화에 따라 행동으로 옮겨지지는 않았으나 광기어린 구상은 계속된다. 쿠바 미사일 사태가 고조되던 시기에도 로버트 케네디는 CIA 몽구스 작전팀을 움직여 카스트로를 제거하려 했고 사태가 해소된 뒤에도 롤란도 쿠벨라라는 카스트로의 주변 인물을 포섭해 암살을 시도했다. 반면에 이 모든 행동은 실패로 돌아간다.

아울러 램니처의 온기가 가시지 않은 JCS도 여전히 광기를 뿜어내고 있었다. 이들은 1963년 또 한 번의 블록버스터급 사기극을 준비하며 열정을 불사른다. JCS는 지난 노스우즈의 아이디어를 응용해 이번에는 카리브해 작은 섬나라인 자메이카나 트리니다드토바고를 쿠바가 공격하는 것처럼 음모를 꾸몄다. 이 나라들이 영국 연방에 속해 협조가 수월하고 전쟁 발발 시 영국을 끌어들이기도 쉽다는 점이 주요하게 고려됐다. 하지만 검토결과 날조 작전은 모순이 많고 보안 유지가 어려우며 또한 미국 관리나 군대가 개입한 것이 드러날 경우 도리어 심각한 곤경에 빠질 수 있다는 판단에 따라 계획 단계에서 폐기된다.

한편 사파타로 시작해 노스우즈를 거쳐 몽구스로 이어진 미국의 대쿠바 강경 전략은 1963년 11월 케네디 대통령의 죽음과 이듬해 베트남 전쟁의 단초가 된 통킹 만 사건Gulf of Tonkin Incident 등으로 제동이 걸리면서 아무런 소득도 없이 헛심만 쓰고 사실상 막을 내렸다. 일각에서는 통킹 만 사건에 대해서도 '노스우즈 정신(?)'이 반영된 미국 측의 자작극이라는 의혹을 제기하고 있다.

32

다이아몬드 작전

Operation DIAMOND 1964~1966 −Mossad−

다이아몬드 작전Operation DIAMOND은 이스라엘이 1966년에 이라크를 상대로 실행한 비밀공작으로 당대 최신예 전투기 중 하나인 미그MIG 21기를 탈취하는 작전이었다. 모사드는 주변 아랍국들이 최신예기로 속속 무장하는 것에 위협을 느끼고 이라크 조종사를 포섭해 그 중 1대를 이스라엘로 빼돌린다.

작전의 성공으로 모사드는 앞서 실행됐던 '아이히만 체포 작전'에 이어 또 한 번 전 세계를 놀라게 하며 세계적인 정보기관으로 입지를 단단히 굳혔다.

이스라엘의 미그기 탈취 작전 배경

이스라엘이 아랍국에 배치된 미그 21기를 탈취하고자 한 데에는 건국 이후 지속된 적대 관계가 근본적 원인으로 이들 간의 대립은 제1, 2차 중동전을 거쳐 1960년대로 이어졌다. 이 시기 아랍국들이 신무기 개발 및 최신 무기 도입에 열을 올리자 이스라엘은 심각한 위협을 느낀다. 특히 군사적 충돌이 일어났을 때 기선을 제압하거나 지상부대를 지원할 수 있는 제공권에서 이스라엘은 주변국에 비해 수적 열세에 놓여 있었고 소련의 지원을 등에 업은 이집트, 시리아, 이라크 등이 기동성이 뛰어난 최신예 미그 21기로 무장하면서 긴장이 고조된다.

이스라엘은 공군 조종사들에 대한 강도 높은 훈련을 통해 열세에 대비하는 동시에 모사드를 동원해 최신예기에 대한 상세 정보를 얻고자 호시탐탐 기회를 엿보던 중 아예 전투기를 빼돌리기로 하고 작전에 들어간다.

'이상하고 기이한' 풍경, 그 시작은?

1998년 8월경 서유럽 어딘가에서 신분을 위장해 살고 있던 한 이라크 출신의 남성이 사망한다. 독실한 기독교도이면서 전직 공군 조종사였던 그는 아내와 아들 한 명을 남기고 세상을 떠났다. 이 일이 있고 얼마 후 이스라엘에서 그를 애도하는 추도식이 열린다. 그런데 추도식을 열고 행사에 참석한 사람들의 면면이 범상치 않았다. 바로 이스라엘의 대외정보기관인 모사드가 주최한 행사였던 것이다. 이 자리에 참석한 사람들은 대부분 모사드 소속의 일급 요원들이었고 이들 중에는 추도식 내내 눈물을 흘리며 이 이라크인을 애도한 사람도 많았다. 이처럼 상대에게는 공포의 대상이라 할 수 있는 모사드가 '숙적' 아랍인의 죽음을 눈물로 슬퍼하는, 이상하고 기이한 광경을 연출하게 된 것에는 매우 특별한 사연이 있는데 이야기는 1960년대 중반으로 거슬러 올라간다.

이스라엘은 건국 이후 정보체계에서는 모사드Mossad와 샤바크Shabak라는 창과 방패로 무장하고 주변 아랍국에 맞섰지만 군비에서는 여전히 뒤떨어지는 양상이었다. 무엇보다 현대전의 핵심이라 할 수 있는 제공권에서 이집트, 시리아, 이라크 등에 크게 밀리고 있었다. 이때 이들 주변국들은 정치적으로 소련과 긴밀한 협력관계를 구축했으며 군사 분야도 예외는 아니었다. 그러다 보니 소련이 이제 막 개발한 첨단의 신무기들이 상당수 보급됐고 이 가운데에는 당대 최고 성능을 자랑하던 미그21 전투기도 있었다.

당시 서방에서는 피시베드Fishbed로 불리던 미그 21기는 이스라엘이 보유하고 있던 프랑스제 미라주 3(Dassault Mirage III) 전투기와 비교해 가벼운 중량에 가속도와 상승력, 기동성에서 모두 우수하다는 평가를 받고 있었으며 수적으로 3배 가까운 전력 차이를 보였다. 일각의 분석에 따르면 1967년 6월 발발한 '6일 전쟁제3차 중동전'에 앞서 이집트는 약 120대의 미그 21기를 보유 중이었으며 시리아는 36대, 이라크는 20대를 각각 보유하고 있었다. 이들 국가에는 종전까지 주력기였던 미그 19기도 100대가 넘게 있었다. 이에 비해 이스라엘은 주력 전투기로 미라주 3를 70여 대 가량 보유 중이었다.

이런 이유로 이스라엘 공군 사령관 에제르 바이츠만Ezer Weizman 장군은 적국의 핵심 무기를 상세히 알고 싶었지만 정보가 마땅치 않았다. 생각다 못한 그는 전투기를 아예 통째로 훔쳐오기로 하고 1964년 모사드에 도움을 요청한다. 바이츠만은 이때 평소 친분이 있던 모사드의 수장 메이어 아미트Meir Amit: 1963~1968 재임, 2009년 사망와 자주 만나는 사이였는데, 어느 날 단둘이 식사를 하던 도중 "필요한 것이 없느냐?"는 아미트의 통상적인 질문에 "미그 21기가 필요하다"고 단도직입적으로 요구하면서 작전이 구상됐다.

메이어 아미트는 전임 수장이던 이세르 하렐Isser Harel에 이어 1963년부터 모사드의 지휘봉을 잡은 인물로, 본래 이스라엘에서 태어나 10대 시절부터 유대인 방위조직인 하가나Haganah를 시작으로 독립전쟁에 참전했고 이스라엘 방위군IDF 창설 때는 장교로 참여하는 등 군에서 잔뼈가 굵은 정통 군인이었다. 섬세함과 치밀함에서는 하렐에 미치지 못했으나 취임 초기 군 정보기관인 아만Aman의 수장을 겸임하며 백전노장답게 시종 대범하면서 대담한 작전을 다수 펼쳤다. 그는 훗날 재임 기간의 업적으로 모사드가 명실상부한 세계적인 정보기관으로 입지를 굳히는 데 크게 공헌했다는 평가를 받는 뛰어난 스파이 두목이다.

하지만 이렇듯 대담하기로 소문난 스파이 두목도 "전투기를 훔쳐오라"는 바이츠만의 요구에는 적지 않게 당황한다. 그는 처음 이 말을 들었을 때 바이츠만의 정신 상태를 의심했을 정도로 작전은 매우 위험하고 비현실적이기까지 했다.

희대의 절도 계획 "전투기를 훔쳐라"

사실 모사드는 이전에도 미그 21기를 탈취하려 시도한 적 있었다. 이 전투기가 해외에 배치되던 1962년 모사드는 조종사를 매수하는 방식으로 이집트가 인도받은 미그 21기를 탈취하려 했다. 그러나 조종사의 밀고로 이집트에서 활동하던 요원들이 보안당국에 체포돼 처형되는 일이 발생한다. 이후에도 이라크를 상대로 재차 시도가 있었지만 이 역시 아무런 성과를 거두지 못한 채 실패하고 만다. 바이츠만의 요구에 아미트가 즉답을 피하고 그의 정신 상태를 의심한 이유도 이 때문이다. 그럼에도 요구가 워낙 단호한 데다 절박하기까지 했고 아미트 역시 미그 21기의 위력을 잘 알고 있었으며 같은 시기 이집트, 시리아, 이라크 등의 움직임이 심상치 않게 돌아가면서 긴장이 고조되자―이런 긴장은 후에 6일 전쟁으로 폭발했다― 조심스럽게 실행을 검토한다.

그리고는 일급 작전요원 레하비아 바르디Rehavia Vardi에게 세부계획을 수립하라고 명령했다. 바르디는 수개월의 심사숙고 끝에 계획을 수립하긴 했으나 성공은 고사하고 실행에 옮길 수 있을지도 장담하지 못했다. 그는 마련된 계획안을 아랍권에 구축된 첩보망을 통해 은밀히 보내 가능성을 타진한다. 그렇게 얼마가 흘러 이란 테헤란 주재 대사관의 무관 야코브 림로디Yaakov Nimrodi로부터 "유대계 이라크인인 요세프 세메슈Yosef Shemesh라는 수완 좋은 협력자를 알고 있으며, 그를 통하면 이라크 조종사에게 접근할 수 있을 것"이라는 희망적인 보고가 올라왔다. 이때부터 작전은 활기를 띠기 시작해 영화 속에나 등장할 법한 소위 '전투기 절도사건'의 막이 오른다.

실제로 림로디가 추천한 협력자 세메슈는 특유의 말재주와 친화력을 바탕으로 작전에 적합한 이라크 공군 조종사를 물색했고 이 과정에서 마론파 기독교도Maronite Christian인 자신의 연인을 통해 역시 독실한 기독교도인 무니르 레드파Munir Redfa라는 조종사와 친분을 맺게 된다. 세메슈가 포섭공작에 들어갈 당시 레드파는 뛰어난 비행실력에도 불구하고 기독교도라는 이유로 진급에서는 언제나 뒤로 밀린데다 상부에서 쿠르드족 민간인 마을을 공습하라고 내린 반인륜적 지시에 강한 불만을 품고 있었다.

세메슈가 이런 사실들을 속속 알려오자 모사드는 적절한 핑계를 만들어 레드파를 그리스로 데려오라고 지시한다. 그는 인맥과 친화력을 총동원해 이라크 당국에 레드파의 아내가 심각한 질환을 앓고 있어 서방 의사들의 도움을 받아야 하며 영어를 할 줄 아는 남편(레드파)이 그리스까지 동행해 치료받을 수 있게 해달라고 호소했다. 이에 당국이 어렵사리 그리스행을 허락했고 모사드는 레드파가 아테네에 도착하자 폴란드인 조종사로 위장한 이스라엘 공군 대령 제에브 리론Zeev Liron을 접근시켜 친분을 쌓도록 했다. 이 만남에서 상부에 대한 레드파의 분노가 예상보다 깊다는 것을 알게 된 모사드는 리론이 신분을 노출하는 방식으로 이스라엘에 협력할 의사가 있는지를 조심스럽게 살폈다.

이후 깊은 고민을 거듭하던 레드파가 협력을 약속했고 그 즉시 모사드는 그에게 '다이아몬드Diamond'라는 암호명을 부여하며 텔아비브로 데려와 상세한 작전계획과 비밀암호를 알려주고 예행연습을 실시하는 등 만전을 기한다. 레드파는 텔아비브에 만 하루를 머물며 담금질을 끝냈다. 이렇게 준비를 마친 레드파는 바그다드로 돌아가 디데이D-day만 기다린다. 이

미그 21 전투기 1950년대 후반 소련이 개발한 이 전투기는 당시로는 첨단 장비를 갖추고 탁월한 기동성으로 서방을 긴장시켰다.

시기 그는 이라크에 대한 불만에 증오심이 겹쳐 작전에 강한 의욕을 보인 만큼 턱없이 짧은 체류에도 세부사항을 숙지하는 데는 문제가 없었다.

그렇지만 모사드는 여전히 풀지 못한 걱정거리를 하나 안고 있었는데 그것은 레드파의 가족들을 설득하는 문제였다. 그는 부모와 아내, 아들, 그리고 처남 부부를 이스라엘로 데려오기를 희망했으나 작전상 비밀을 털어놓을 수 없었다. 결국 아내와 아들에게는 진실을 감춘 채 얼마간 유럽에서 휴가를 보내라는 말로, 위장한 모사드 요원들을 따라 나서도록 독려 했다. 사정이 이렇다 보니 아내는 임시거처가 있던 영국에서 이스라엘로 출국하기 직전에야 모사드 요원에게 자세한 설명을 듣는다. 그녀는 "남편이 반역을 저질렀다"고 비통해하며 무거운 걸음으로 이스라엘 엘 알㉗ Al 항공기에 오른 것으로 알려졌다. 또 부모와 처남 부부에게는 당시 모사드가 협력 관계에 있던 쿠르드족 요원들을 동원해 누이가 위독하다는 핑계를 대고 이란을 거쳐 이스라엘로 오도록 조치했다.

장물 전투기에 미국도 '군침'

　다소 삐걱거림은 있었지만 이런 식으로 가족 문제를 그럭저럭 해결한 모사드는 이제 레드파가 미그기를 몰고 오는 꿈같은 순간을 상상하며 작전 개시를 손꼽아 기다렸다. 그렇게 시간이 흘러 마침내 약속된 '1966년 8월 14일'이 다가왔다. 그런데 작전 당일 돌발 상황이 발생하면서 차질이 생긴다. 레드파가 미그 21기를 몰고 이륙하려는 순간 기관 고장이 일어나 조종석에 연기가 가득 찬 것이다. 그는 서둘러 이륙을 멈추고 정비를 받아야 했다. 고장은 단순히 전선이 과열돼 퓨즈에 불이 붙었던 것이라 레드파는 이틀 후인 16일 다시 비행에 나설 수 있었다. 이 작은 소동에 대범하기로 이름난 메이어 아미트도 심장을 졸였을 정도로 작전은 팽팽한 긴장감 속에 진행됐다. 이어 이륙에 성공한 레드파는 불과 1시간여 만에 이스라엘 영공으로 들어선다. 작전 시각 이스라엘 공군은 레드파의 미그기가 영공에 들어설 때 혹시라도 있을지 모를 오인 격추를 우려해 일체의 훈련도 중지시킨 채 대기 명령을 내리는 등 신중에 신중을 기했다.

　잠시 뒤 공군 조종사 란 페커Ran Pecker의 호위를 받은 레드파가 하초르Hatzor 공군기지에 착륙하면서 영화 같은 비현실적인 전투기 탈취작전은 현실이 된다. 소식이 전해지자 작전을 제안했던 에제르 바이츠만을 비롯한 공군 관계자들이 모두 기지로 달려 나와 미그 21기의 위용을 직접 눈으로 확인하느라 여념이 없었다. 또한 곧바로 이어진 기자회견에서 레드파는 이라크가 자행한 종교적 박해와 쿠르드족 탄압을 고발하며 망명 사실을 알렸다. 이튿날부터 이스라엘 언론은 물론이고 서방 언론도 앞다퉈 이 말도 안 되는 소식을 전하며 모사드의 공작능력에 혀를 내둘렀다.

이후 이스라엘 공군은 최정예 다니 샤피리Danny Shapira의 첫 시험 비행을 시작으로 주변의 적들이 보유한 가공할 전투기의 구석구석을 파악해 조종사들을 훈련시키게 된다. 그 결과 꼭 10개월 뒤에 벌어진 '6일 전쟁Six-Day War'에서 주변국의 제공권을 완벽하게 무력화시키며 기적 같은 대승을 거두는 데 일조했다. 특히 6월 7일 이스라엘 공군은 골란고원Golan Heights에서 벌인 공중전에서 아무런 피해도 입지 않은 채 시리아 공군의 미그 21기 6대를 격추시키면서 작전의 효과를 톡톡히 봤다.

한편 모사드가 미그 21기를 탈취해 온 직후부터 많은 서방국가들이 '장물' 전투기에 눈독을 들이고 군침을 흘렸는데 그중에는 미국도 있었다. 당시 미 국방부는 '프로젝트 해브 도넛Project Have Doughnut'이라는 프로그램을 가동해 베일에 싸여 있던 미그 21기를 자국 조종사들에게 조종해 보게 했다. 미국은 그 대가로 이스라엘에 소련의 대공 미사일 SA-2에 관한 극비정보를 넘겨주었고 판매를 꺼려오던 자국의 최신예기 F-4 팬텀Phantom을 배치하도록 허락한다. 이처럼 이라크인 레드파가 탈취해 온 미그기는 이스라엘을 구하고 국방력을 강화하는 데 크게 공헌했다.

반면 정작 그는 가족 간의 불화와 타국 생활에 적응하지 못한 채 불행한 망명 생활을 이어갔다. 누이가 위독하다는 소식에 따라나섰던 처남은 난데없이 이스라엘로 끌려온 것에 분노를 드러내며 곧바로 떠나 버렸고 아내도 고립된 생활로 외로움에 시달렸다. 레드파 자신도 텔아비브에 살며 이스라엘 공군의 수송기를 모는 등 적응하려 애썼지만 낯선 이국 삶에 피로가 누적된다. 이들은 얼마 못 가 다시 신분을 바꿔 서유럽 어딘가로 이주했다. 하지만 그곳에서도 내내 이라크의 보복을 두려워하며 외로운 망명객으로 살다 유명을 달리한다. 이런 이유로 모사드는 자국에 헌신한 아랍인에 대해 이례적인 추도식을 마련해 공로를 기리고 넋을 위로했던 것이다.

33

플럼뱃 작전

Operation PLUMBAT 1967~1968 −Mossad / LEKEM−

플럼뱃 작전Operation PLUMBAT은 이스라엘이 핵 개발을 위해 1967년부터 벌인 극비작전으로 핵무기 제작에 필요한 우라늄을 해양에서 선박으로 빼돌리는 공작이었다. 작전은 치밀한 계획과 대담한 실행으로 성공하면서 현재 암암리에 알려져 있는 이스라엘의 핵무장에 결정적 역할을 하게 된다.

통상적으로 작전의 계획과 실행을 모사드가 한 것으로 알려져 있으나 당시 이스라엘에서 핵 개발 첩보를 주도한 국방부 내 비밀조직인 레켐LEKEM이 깊숙이 개입했을 것으로 추정된다.

이념보다 생존 ··· 결이 다른 이스라엘 첩보전

작전 소개에 앞서 냉전기 이스라엘의 첩보활동이 다른 국가들과는 확연히 구별되는 특징이 있어, 그 성격을 먼저 짚어보고자 한다. 이스라엘은 건국 이후 모사드Mossad와 샤바크Shabak, 아만Aman이라는 3대 정보기관을 창설해 현대사에 남을 만한 첩보작전을 상당수 감행했고 또한 성공시켰다. 더욱 이 정보기관들의 활동은 같은 시기 첨예한 냉전기와 맞물려 있었던 만큼 큰 틀에서 보면 동·서의 이념적 대립구도 하에 미국을 중심으로 한 자유진영에 협력했다고 할 수 있다.

그러나 이스라엘의 첩보활동을 세세하게 들여다보면 미국이나 영국 등 서방국가 및 분단 상황에서 공산진영을 직접 상대했던 우리나라의 상황과도 구별되는 독특한 특징이 있다. 단적으로 말하자면 냉전기 다른 국가들의 활동이 이념적 대립에 따른 '경쟁'이었던데 비해서 이스라엘은 당장의 '생존'이라는 한층 절박하고 처절한 이유를 저변에 깔고 있다. 실제로 이스라엘은 건국 이전 유대인 학살 피해를 비롯해 전후에도 주변을 둘러싼 아랍국과의 끊임없는 갈등에 직면해 왔고 분쟁은 지금까지 이어지고 있다. 이런 사정으로 인해 이들은 생존에 위협이 된다고 판단되면 서슴없이 요인암살이나 파괴공작 등의 극단적 방법을 동원해 선제 내지는 보복 조치를 취했으며 적대국뿐만 아니라 동맹국의 눈까지 속여 가며 정보를 빼내거나 넘겨주는 사례도 많았다.

이번에 소개하는 플럼뱃 작전은 첨예한 냉전기의 한복판에서 벌어졌지만 서방국가의 눈을 따돌리며—일부 묵인된 측면도 있어 보임—철저히 생존이라는 당시 '이스라엘의 이익'을 위해 실행된 대표적인 작전이라는 점에서 곱씹어 볼 여지가 있다. 이와 함께 핵보유국으로 선언하지는 않았음에도 사실상 핵무기를 보유한 것으로 여겨지는 이스라엘의 숨겨진 핵 개발 과정도 일부분 들여다본다.

생존의 길 ··· 돌파구는 핵무장?

이스라엘은 제2차 세계대전 기간 나치가 자행한 무자비한 대학살(홀로코스트)의 비극을 딛고 1948년 그토록 염원하던 건국에 성공한다. 하지만 이집트, 시리아, 요르단 등 주변을 둘러싼 아랍국의 위협은 여전했고 이들은 이스라엘을 눈엣 가시로 여기며 호시탐탐 침공의 기회를 엿보고 있었다. 주변 사정이 이렇다 보니 초대 총리였던 벤 구리온은 이러한 위험에 대처하지 않는다면 대학살을 능가하는 '소멸'에 직면할 것이라는 위기의식을 갖지 않을 수 없었다. 이에 근본적인 생존의 길을 찾게 됐고 그 돌파구로 비밀리에 핵무기 개발을 결정한다. 이어 당시 국방부 소속 물리학자였던 에른스트 베르그만Ernst Bergmann과 젊고 야심에 차 있던 고위급 간부 시몬 페레스Shimon Peres를 주축으로 핵 프로그램 추진에 관한 계획 수립을 지시했다. 이 중 페레스는 이후 이스라엘의 핵 개발을 막후에서 주도하며 핵무장에 결정적인 역할을 하게 된다. 참고로 시몬 페레스는 1996년 총리에 오른 이후 2014년까지 대통령을 지내는 등 훗날 이스라엘 권력 체계에서 최상위 권력자로 등극하는 인물이다.

그렇지만 이때는 강대국을 중심으로 핵기술이 철저히 통제되고 있었고 이스라엘에 위험천만한 기술을 전하고 싶어 하는 나라는 더더욱 없었다. 그러던 1956년 10월 마침내 이스라엘에게 기회가 찾아온다. 이집트가 수에즈 운하를 국유화하자 이에 영국과 프랑스가 관리권을 주장하며 반발했고 두 나라는 이집트의 숙적인 이스라엘을 끌어들여 전쟁을 개시한다. 이것이 제2차 중동전쟁인 '수에즈 전쟁'이었는데 3개국은 전쟁에서는 승리했지만 미국과 소련의 압박을 견디지 못하고 수에즈 운하를 이집트에 고스란히 내줬다.

전쟁 결과 영국과 프랑스는 괜한 힘자랑으로 헛심만 쓴 꼴이 됐으나 이스라엘만은 참전 대가로 톡톡한 수확을 거둔다. 3개국이 전쟁에 합의할 당시 프랑스와 이스라엘은 물밑으로 또 하나의 합의를 했다. 개전 직전 프랑스가 이스라엘 네게브 사막 디모나Dimona에 핵 원자로와 재처리 시설을 지어주고 우라늄까지 공급하겠다고 약속한 것이다. 핵무장의 길을 백방으로 찾던 이스라엘은 그 즉시 참전해 약속을 지켰고 전쟁이 끝난 후에는 프랑스가 합의를 이행했다. 프랑스는 1957년 말부터 미국과 소련 몰래 많은 과학자와 엔지니어들을 파견해 디모나에 자국과 똑같은 핵처리 시설을 건설한다. 벤 구리온은 이 시설에 대해 외부에는 "해수를 담수화하고 사막을 농업 낙원으로 만들기 위한 펌프장"이라고 둘러대며 원자로를 건설해 나갔다. 이 과정에서 이스라엘 내부에서도 자세한 내막을 알고 있던 몇몇 전문가들이 "핵 개발은 정치적 모험주의"라고 강하게 비판하는 등 반발이 없었던 것도 아니지만 벤 구리온은 뜻을 꺾지 않았다.

이후에도 양국은 물밑으로 긴밀히 교류하며 1960년 2월 프랑스가 실시한 핵실험 결과까지 공유하는 등 끈끈한 유대를 과시한다. 이때 이스라엘 과학자들은 프랑스 핵실험 결과에 거의 무제한으로 접근할 수 있었던 것으로 알려졌다. 이들 간에 이런 협력이 가능했던 데는 과학자 베

디모나 핵연구센터 미국의 KH-4 코로나 정찰위성이 1968년 촬영한 핵시설 모습.

르그만과 젊은 관료 페레스의 막후 활약이 크게 작용했으며 이로 인해 이스라엘은 자체 핵실험이라는 위험하고 번거로운 과정을 피해갈 수 있었다. 특히 페레스는 핵 개발이 본격화 되던 1957년 벤 구리온의 특명에 따라 모사드와는 별도로 레켐이라는 극비조직을 만들어 방위군IDF 내부 보안 책임자였던 베냐민 블룸버그Benjamin Blumberg에게 지휘를 맡겼다. 페레스는 이 조직을 통해 핵 개발 및 과학정보를 사실상 독점, 통제하며 핵프로그램 전반을 주도한다. 아울러 디모나 핵시설 건설에 약 8천만 달러가 소요됐는데 이 가운데 절반가량이 레켐을 통해 미국 유대인 기업가 등 해외에서 충당된 것으로 추정된다.

반면 순조롭게만 보였던 이스라엘 핵 개발은 얼마 안 가 위기를 맞는다. 그간 든든한 지원군이었던 프랑스와의 관계에 이상기류가 감지된 것이다. 실제 샤를 드골Charles de Gaulle은 대통령에 취임(1959년 1월)한 직후부터 줄곧 이스라엘과의 핵 개발 유착을 못마땅해 했고 급기야 1960년 들어 정부 차원의 교류를 중단 시킬 뜻을 밝힌다. 다만 "핵을 평화적으로 사용하겠다"는 이스라엘 측 페레스의 집요한 설득에 힘입어 민간 교류는 그대로 허용해 프랑스 업체가 디모나 핵시설을 완공하는 것은 막지 않았으며 아프리카 가봉에 근거지를 둔 업체가 '우라늄을 공급'하는 것도 눈감아 줬다. 이렇게 건설된 핵시설과 유입된 원료로 이스라엘은 1962년과 1964년 사이에 플루토늄탄을 개발한 것으로 알려졌지만 진위는 불분명하다.

프랑스의 변심 … "우라늄을 확보하라!"

프랑스와의 관계에 상처가 나면 긴급 봉합하는 식으로 어렵게 이어가던 이스라엘의 핵 개발은 1965년 다시 위기를 맞는다. 양국의 교류를 불편해 하던 프랑스가 우라늄 공급마저 중단할 뜻을 분명히 했기 때문이다. 마침내 1967년 이스라엘이 주변국과 벌인 이른바 '3일 전쟁'을 이유로 핵 개발 단절을 선언하면서 우라늄 공급은 완전히 중단된다. 오랜 기간 프랑스에 의존해 핵무장에 희망을 걸어온 이스라엘의 입장에서는 무척 난감할 수밖에 없었지만 그렇다고 국가 생존의 핵심으로 여겨온 주요 전략을 지금에 와서 포기할 수도 없는 노릇이었다. 무엇보다 이스라엘은 이미 디모나에 핵처리 시설이 완공돼 있었기 때문에 우라늄만 들여올 수 있다면 자체 핵 개발도 얼마든지 가능한 상황이었다. 이에 이스라엘 정부는 공식, 비공식의 모든 외교채널을 총동원해 우라늄을 확보하기 위한 필사적인 움직임에 들어간다. 그러나 농축 우라늄은 세계적으로 미국과 소련에 의해 철저히 통제되고 있었으며 유럽 전역도 '유럽 원자력공동체EURATOM'에 의해 관리되면서 이스라엘의 노력은 번번이 난관에 봉착한다.

이런 상황에 덴마크에서 기업인으로 위장해 활동하던 모사드의 특수공작원 댄 아벨Dan Arbel이 아이디어를 냈다. 아벨은 우라늄 수입이 정치나 외교로 풀 수 있는 문제가 아니며 관리와 감시가 비교적 허술한 경제 분야에서 풀어야 한다고 생각했다. 그리고는 유럽 지역에 있는 화학업체를 포섭해 소위 '옐로우 케익yellowcake'이라 불리는 가공된 우라늄 광석을 업체들 간에 주고받는 것으로 꾸미고 이 과정에서 모사드가 광석을 빼돌리자는 계획을 제시한다. 바로 이것이 이스라엘의 우라늄 밀수작전인 '플럼뱃Plumbat'의 시작이었다.

이후 아벨은 작전에 적합할 것으로 짐작되는 서독현 독일의 '아스마라 케르'라는 소규모 화학업체를 찾아냈다. 그가 이 업체를 점찍은 이유는 이곳이 본래 우라늄을 취급하는 회사였고 더욱 이들의 파트너 중에는 전쟁 기간 나치 독일의 조종사였던 헤르베르트 슐첸Herbert Schulzen이라는 사람이 있었기 때문이다. 아벨이 파악한 바에 따르면 슐첸은 전쟁 중 공군에 복무했기 때문에 유대인 학살에는 직접 관련돼 있지 않았음에도 깊은 죄의식과 이스라엘에 대한 커다란 부채의식을 지니고 있던 인물이었다. 이런 사실을 알아낸 아벨은 자신이 외국 업체와 이스라엘 기관을 이어주는 바이어라고 소개하며 접근했고 이를 증명하듯 이스라엘군에 필요한 화학약품을 고가로 납품하도록 도우면서 선심을 얻어 나갔다. 슐첸도 막대한 이익을 얻는 것 외에 평소에 자신이 죄책감을 갖고 있던 이스라엘 사람들을 도울 수 있다는 기쁨에 기꺼이 사업 파트너를 자처한다.

이렇게 친분을 쌓은 두 사람은 이후 흉금을 털어놓을 수 있을 정도로 발전했고 아벨은 슐첸을 이스라엘로 초청해 극진히 대접했다. 이 과정에서 그는 간간히 아우슈비츠에서 죽어간 가족들의 이야기나 생존자들의 처참한 경험담을 화제로 올려 동정심을 얻었으며 유대국가와 사업을 하려는 독일인이 있다는 것에 깊은 감사를 표하기도 했다. 그럴 때마다 슐첸도 죄책감과 감동에 휩싸인 채 깊은 유대감을 드러내곤 했다. 이에 이제 본론으로 들어갈 때가 됐다고 판단한 아벨은 이스라엘이 처한 상황을 상세하게 설명하며 "우라늄 2백 톤을 확보하려는데 도와줄 수 있겠느냐?"고 물었고, 그 즉시 슐첸도 협력을 약속한다. 이런 식으로 독일인 협력자를 포섭하는데 성공한 플럼뱃 작전은 이때부터 급물살을 타기 시작했다.

모사드는 1968년 3월 스위스에 유령 해운회사를 차리고 2천 2백여 톤 규모의 '쉬어스베르크Scheersberg A'라는 낡아 빠진 상선을 구입해 라이베리아 국적으로 위장했다. 같은 시기 슐첸도 절친한 지인에게 명의를 빌려 이탈리아 제노바항이 가까운 밀라노에 위장업체를 차리는 동시에 벨기에 광산업체에 370만 달러 상당의 가공된 우라늄 광석 2백 톤을 주문한다. 이들은 이 원료를 새로운 공정으로 제작되는 비누를 제조하기 위해 주문하는 것이라고 국제 원자력기구IAEA와 유럽 원자력공동체에 각각 설명했다. 당시에는 지금처럼 핵 사찰이나 핵 확산금지조약NPT 같은 강력한 제재조치가 없었고 일부 화학제품에 우라늄이나 라듐 같은 방사성 물질을 사용하는 것이 허용된 시기라서 이들의 해명은 어렵지 않게 받아들여졌다. 또 모사드가 미리 슐첸의 회사로 입금한 막대한 자금도 건실하고 신뢰할 만한 회사임을 입증하는 근거가 됐다.

얼마간의 사전 작업을 거쳐 작전 준비는 마무리됐고 1968년 11월 핵무기 10개를 제작할 수 있는 가공 우라늄 광석 2백 톤은 쉬어스베르크 A호에 실려 벨기에 안트베르펜(앤트워프)항을 출발해 제노바로 향했다. 이때 선박에는 플럼뱃이라는 글자가 쓰인 드럼통이 가득했는데 이 말은 라틴어에서 납plumbum을 뜻하는 것으로 '무해한 납 제품'을 의미하는 위장 명칭이었다. 이로 인해 작전을 부르는 암호명도 플럼뱃이 된 것이다.

미스터리의 연속 ··· 사라진 '옐로우 케익'

한편 벨기에를 출발한 쉬어스베르크호는 한동안 목적지인 제노바로 향하는 듯 했으며 고용된 선원들도 모두 그렇게 알고 있었다. 그러나 이 시점부터 수수께끼 같은 일들이 연이어 벌어진다. 며칠 뒤 선박은 갑작스레 항로를 바꿔 독일의 함부르크에 정박했고 여기서 선원들에게 내리기를 종용한다. 영문을 몰라 어리둥절한 이들에게는 "배가 다른 사람에게 팔렸으며 새 주인이 다른 선원들을 쓰고 싶어 한다"는 말만 전해졌다. 대신에 기존 선원들에게는 만족할 만큼의 넉넉한 보수가 주어져 잡음은 일지 않았다. 이처럼 정상 항로가 아닌 항구에서 선원을 바꿔치기한 쉬어스베르크호는 다시 제노바를 향해 출발했다. 그런데 이번에는 더 미스터리 일이 벌어진다. 제노바항에 입항 예정일을 훨씬 넘기고도 쉬어스베르크호가 항구에 들어오지 않은 것이다. 이뿐만이 아니었다. 항만 당국은 선박이 중간에 침몰했을 것으로 보고 조사에 나섰지만 유럽 어디에도 선박이 침몰했다거나 선원이 사망했다는 등의 신고는 들어오지 않았다. 또한 배가 실종됐음에도 불구하고 스위스의 해운업체는 실종 신고를 한 흔적이 전혀 없었다. 항만 당국으로써는 이해할 수 없는 일이긴 했으나 선박을 찾는 것이 급선무였던 만큼 의문을 품을 여력이 없었다.

그렇게 선박을 찾아 수색에 나선지 약 보름 뒤 믿을 수 없는 일이 벌어진다. 감쪽같이 사라졌던 거대한 상선이 터키의 후미진 항구인 이스켄데룬Iskenderun에 나타난 것이다. 그렇지만 터키 측은 선박이 나폴리에서 출항해 연료를 급유하기 위해 정박했다는 선장의 말을 곧이곧대로 믿었고 별도의 하역작업도 없었기 때문에 아무런 조사도 하지 않은 채 다시 출항 허가를 내린다. 아무 일 없었다는 듯 이스켄데룬을 떠난 쉬어스베르크호는 이번에도 이탈리아로 향했지만 제노바가 아닌 시칠리아의 팔레르모항에 정박한다. 그리고는 또다시 선장과 선원이 바꿔치기된 채 본래 출항했던 벨기에를 향해 떠났다. 당국은 선박이 벨기에에 도착한 즉시 조사에 나섰지만 우라늄 2백 톤은 이미 사라진 후였다. 선주와 선장, 선원도 항해 중간에 수시로 교체됐기 때문에 누구 하나 영문을 알지 못했고 애초에 우라늄을 주문했던 슐첸도 선수를 쳐서 물건이 사라진 것에 강한 의문을 제기하며 의심의 눈을 피했다. 이에 당국은 우라늄 원료가 사라진 것에 내심 경악하면서도 논란을 우려해 "항해 중간에 해적들에게 약탈됐을 것"이라는 다소 머쓱한 조사 결과를 내놓을 수밖에 없었다.

하지만 후에 알려진 바에 따르면 쉬어스베르크호는 예정에 맞춰 지중해에 들어서고도 제노바항을 그대로 지나쳐 크레타섬과 키프로스섬 사이 공해상 어딘가에서 이스라엘 선단을 만나 우라늄을 옮겨 실은 것으로 추정되고 있다. 당시 우라늄은 이스라엘 해군이 동원돼 주변 해역이 철저히 봉쇄된 채 옮겨졌으며 인근 항구도시인 하이파Haifa를 거쳐 디모나로 들어간 것으로 알려졌다. 따라서 쉬어스베르크호가 이스켄데룬 항에 모습을 나타낸 것은 우라늄이 이미 이스라엘로 빼돌려진 뒤였던 것이다. 이와 함께 일정 항로마다 승무원과 경로를 바꿔치기하는 방식으로 모사드의 개입 흔적과 선박의 용도를 세탁했다. 이처럼 복잡하고 치밀한 작전으로 이스라엘은 핵폭탄 10개 분량의 우라늄 광석을 확보하면서 이후 수년간 핵무기 개발에 박차를 가할 수 있었다. 공교로운 것은 이 일과 직접 관련이 있는지의 여부는 알 수 없지만 작전이 벌어지고 다음 해인 1969년 6월 핵무기 확산을 방지하는 '핵확산금지조약NPT'이 유엔 총회를 통과하면서 강력한 제재조치가 마련됐다.

아울러 같은 시기 이스라엘은 다양한 루트를 통해 우라늄과 핵무기 재료들을 수집한 것으로 추정되고 있다. 2005년 밝혀진 내용에 따르면 프랑스가 디모나에 원자로를 건설할 당시 영국도 핵물질 추출에 필요한 중수를 노르웨이 업체를 통해 이스라엘로 보낸 사실이 드러났으며 프랑스가 우라늄 공급중단 조짐을 보이던 1963년부터 1966년 사이 벤 구리온은 아르헨티나에서 옐로우 케익 약 90톤을 비밀리에 들여온 것으로 의심되고 있다. 원료 및 부품의 밀수입 등 이스라엘의 핵 프로그램은 1970년대 들어서도 미국, 독일, 남아프리카공화국을 상대로 계속됐으며 모사드 외에 관련성이 높은 극비조직 레켐이 상당한 역할을 했을 것으로 짐작된다.

34

신의 분노 작전

Operation WRATH OF GOD 1972~1979 −Mossad−

　신의 분노 작전Operation WRATH OF GOD은 이스라엘의 모사드가 1970년대 팔레스타인 해방기구PLO를 상대로 벌인 보복적 성격의 암살 작전이다. 작전은 1972년 정부 차원의 승인 절차를 거쳐 시작됐으며 1979년에 이르러 사실상 종결됐다. 이 시기 모사드는 PLO의 과격파 지하조직인 '검은 9월단Black September'의 수뇌부를 대부분 제거하며 이전까지의 뛰어난 작전 능력에 더해 적대 세력에게는 무자비한 공포의 존재임을 각인시켰다.

이스라엘의 대對PLO 보복작전 배경

이스라엘이 국제적으로 도덕적 비난을 무릅쓰고 잔인한 '암살 작전'을 국가 차원에서 벌인 배경에는 이에 앞선 팔레스타인 측의 유대인 집단 살해사건이 원인이었다. 서독에서 뮌헨 올림픽Munich Olympic이 한창이던 1972년 9월 5일 새벽 4시 30분경, 복면을 하고 소련제 AK 소총과 수류탄으로 무장한 괴한 8명이 이스라엘 선수단이 묵고 있던 선수촌에 난입한다. 이들은 총기를 난사하며 코치와 선수 등 2명을 살해하고 나머지 선수들을 인질로 삼아 국외 탈출을 시도했다. 하지만 구출작전을 펴던 서독 경찰과 교전과정에서 9명에 달하는 선수 전원이 희생되고 만다.

이 참혹한 인질극은 TV를 통해 이스라엘에도 생중계돼 충격을 던졌고 무엇보다 현장에 급파된 당시 모사드의 수장 즈비 자미르는 자국 선수들의 죽음을 눈앞에서 지켜보며 처절한 응징을 다짐했다. 이후 모사드는 테러를 주도한 집단이 팔레스타인 해방기구PLO 산하 과격파 지하조직인 '검은 9월단'이라는 사실을 알게 되면서 조직의 수뇌부를 제거하기 위한 비장하고 집요한 암살 작전에 돌입한다.

작전의 시작 … 골다 메이어의 승인

뮌헨에서 자국 선수단에 대한 끔찍한 테러사건이 발생하던 당시 이스라엘 총리였던 골다 메이어Golda Meir도 TV를 통해 이 상황을 지켜보고 있었다. 이때 메이어는 선수단을 구출하기 위해 최정예 특수부대 파견을 검토하기도 했으나 서독 공안당국의 거부로 실현되지 못했다. 결국 그는 선수단이 전원 사망했다는 소식에 주체할 수 없는 분노를 느끼며 깊은 상심에 빠진다. 그로부터 약 한 달이 지난 1972년 10월 초 모사드 수장 즈비 자미르Zvi Zamir: 1968~1974 재임와 국방장관 모세 다얀Moshe Dayan, 대테러부장이던 아하론 야리브Aharon Yariv가 메이어를 찾아온다. 이 자리에서 자미르는 테러사건을 주도한 '검은 9월단' 수뇌부의 신상과 이들을 제거하기 위한 작전계획을 제시했고 메이어는 비장한 심경으로 이를 승인한다. 이렇게 해서 국가 차원의 살인계획, 즉 '신의 분노 작전'은 시작됐다.

당초 메이어는 개인적 분노와는 별개로 암살 작전을 정부 차원에서 벌이는 것에 대해서는 상당한 부담을 갖고 있었다. 그럼에도 정보 당국자들을 중심으로 한 강경파들이 초강경 대응을 주문했고 국민 여론도 보복작전이 필요하다는 쪽으로 기운다. 다만 메이어는 작전 과정에서 혹시라도 있을지 모를 불상사를 방지하기 위해 총리와 부총리, 국방장관 등 3인으로 구성된 최고위급 비밀위원회Committee X를 만들어 작전 전반을 관리하도록 했다. 이는 모사드가 이 위원회에서 승인된 대상자만을 제거하도록 통제—실행 과정에서 더러는 통제되지 않은 살인도 있었던 것으로 알려져 있다—하는 동시에 국내적으로는 법적 정당성을 확보하기 위한 조치였다. 모든 절차가 끝나자 계획은 모사드의 작전부로 넘겨져 약 30여 명의 대상자가 추려졌고 이들에 대한 기소절차가 이뤄졌다. 그리고는 실행팀을 구성해 본격적인 행동에 들어간다. 실행팀은 각 5명의 정탐조, 암살조, 엄호조로 나뉘어 구성됐으며 특히 암살조에는 키돈Kidon이라 불리는 암살 임무에 특화된 정예요원들이 결합한다.

모사드는 키돈팀을 1950년대 초부터 운영해 왔으며 소속 요원들은 자신의 임무를 단순 살인이 아니라 국가의 법적 재가를 받은 '사형 집행'이라 여기는 것으로 알려져 있다. 이들은 작전부에서 파악한 검은 9월단 수뇌부들에 대해 먼저 정탐조가 미행과 사진촬영 등의 밀착감시를 통해 표적의 습관, 주변인, 이동 경로 등을 상세히 파악하고 은둔 장소와 지원 차량, 도주로를 확보하면 암살조를 투입해 폭발물로 폭사시키거나 총기로 사살하는 것이 행동의 골자였다. 또 거사 후에는 엄호조가 현장에 머물며 흔적을 지우고 장비 일체를 철수시키는 등 역할을 나눠 시종 일사불란하게 진행했다. 작전팀은 실전에 앞서 예행연습으로 감각을 가다듬는 등 준비에 만전을 기한다.

이런 방식으로 모사드는 10월 16일 테러리스트라는 본래의 정체를 숨기고 로마 주재 리비아 대사관에 근무하고 있던 압델 즈와이터Abdel Zwaiter라는 팔레스타인인에게 12발의 총알 세례를 퍼부으며 처절한 보복전의 서막을 올렸다. 그러던 중 10월 29일 서독에서 검은 9월단에 의해 루프트한자 항공기 615편Lufthansa Flight 615이 납치되는 사건이 발생한다. 납치범들은 인질들을 위협하며 지난 뮌헨 참사 당시 생포된 조직원 3명의 석방을 요구했고 서독 당국은 이들과의 비밀협상을 통해 조직원들을 전원 석방한다. 이 일은 그렇지 않아도 복수심에 불타던 이스라엘을 더욱 자극해 모사드의 암살작전이 속도를 내는 계기가 됐다.

작전에 속도를 붙인 모사드는 12월 PLO의 프랑스 대표로 파리에서 활동하던 마흐모드 함샤리Mahmoud Hamshari를 자택에서 폭사시킨다. 당시 모사드는 함샤리의 집 책상 밑에 폭발물을 부착하고는 전화를 걸어 그가 자신의 신원을 밝히는 순간 버튼을 눌렀다. 이어 비슷한 시기 영국에서도 팔레스타인 인권운동가 한 명이 석연치 않은 이유로 목숨을 잃었으며 해를 넘긴 1973년 1월에도 모사드는 키프로스에서 PLO와 KGB의 연결고리로 활동하던 후세인 바시르Hussein Bashir를 폭사시키며 보복전을 이어갔다. 바시르 살해 사건에는 모사드 외에도 서방 정보기관이 개입됐을 것으로 의심되고 있다.

공격과 반격 ⋯ 치열한 물밑 살육전

반면 모사드가 보복전을 감행하는 동안 PLO라고 넋 놓고 당하기만 했던 것은 아니다. 이때 PLO를 이끌던 야세르 아라파트Yasser Arafat 의장은 자신의 전위조직인 검은 9월단의 수뇌부가 잇달아 참살되자 반격을 지시한다. 검은 9월단은 스페인 마드리드에서 활동하던 모사드의 비밀요원 바루흐 코헨Baruch Cohen을 사살하며 물밑 응전을 선포했고 벨기에와 영국에서 각각 총격과 폭발물로 모사드에 타격을 가하며 대항했다. 나아가 항공기를 이용해 이스라엘 본토를 공격하는 자살 테러공작도 계획한다. 하지만 이 계획을 사전에 눈치챈 모사드가 공작의 핵심 인물인 바실 쿠바시Basil Kubaissi를 선제적으로 제거하면서 분쇄된다. 이처럼 이스라엘의 모사드와 PLO의 검은 9월단은 1970년대 초반 유럽과 지중해를 무대로 치열한 물밑 살육전을 벌이며 팽팽하게 맞섰다.

그러나 이런 균형은 1973년 4월 9일, 이스라엘이 전격적으로 단행한 이른바 '젊음의 봄 작전Operation Spring of Youth'으로 전세가 급격히 기울게 된다. '젊음의 봄 작전'은 신의 분노 작전의 연계 작전으로 항공기 자살 테러공작 시도를 응징하기 위해 이스라엘이 PLO의 근거지가 있던 베이루트를 기습한 대담한 준군사 작전이었다. 여기에는 모사드뿐만 아니라 이스라엘 해군 및 공수부대, 그리고 최정예 특수부대인 사이렛 마트칼Sayeret Matkal 등이 참여해 PLO 본부와 수뇌부들의 거처를 각각 습격했다. 야음을 틈타 이뤄진 이 기습작전에서 이스라엘은 PLO의 핵심 지도자들인 카말 애드완Kamal Adwan과 카말 나세르Kamal Nasser를 제거했고 약 1백여 명에 이르는 무장 조직원들을 사살했다. 무엇보다 이스라엘은 이 작전으로 당시 검은 9월단을 이끌던 무하마드 유세프 Muhammad Youssef를 사살하는 성과를 거둔다. 이로써 모사드의 검은 9월단 암살 작전인 신의 분노 작전도 종료되는 듯했다.

그렇지만 모사드는 그간의 많은 암살에도 불구하고 여전히 단 한 명의 핵심인물만은 제거하지 못하고 있었는데 그는 바로 검은 9월단의 2인자이면서 작전 책임자로 뮌헨 학살을 주도한 알리 하산 살라메Ali Hassan Salameh였다. 팔레스타인에서는 전쟁 영웅인 하산 살라메의 아들이기도 한 그는 아버지의 용맹함에 광기어린 잔혹성이 더해진 과격 성향으로 검은 9월단이 창설될 당시부터 부사령관 겸 작전 책임자를 맡아 많은 테러를 주도하고 인명을 살상한 인물이다. 특히 살라메는 이스라엘 말고도 팔레스타인을 핍박한 요르단 등 주변 아랍국에 대해서도 줄기차게 테러를 자행했고 살인과 피를 즐긴다는 소문이 돌면서 '붉은 왕자Red Prince'라는 별칭으로 악명을 떨쳤다.

모사드는 뮌헨 참사가 발생한 직후 살라메를 제거 1순위로 점찍어 행방을 찾았지만 매번 추적에 실패했으며 PLO 본부를 급습한 '젊음의 봄 작전'에서조차 그의 철저한 방비로 사살에 실패했다. 사정이 이렇다 보니 모사드는 살라메 제거에 더 집착하게 되는데 집착이 지나친 나머지 커다란 실수를 하게 된다. 살라메의 행방을 쫓던 모사드는 1973년 7월 노르웨이 릴리함메르Lillehammer에서 그를 찾았다는 전갈을 받고 암살조를 투입한다. 그리고는 치밀한 작전 끝에 마침내 암살에 성공했다. 그러나 이때 모사드가 살해한 인물은 불행히도 살라메를 빼닮은 아흐메드 부치키Ahmed Bouchiki라는 모로코 출신의 이민자 청년이었다. 모사드가 어째서 이런 어처구니없는 실수를 저질렀는지는 지금도 의문이다. 이와 관련해 일각에서는 살라메 측이 의도적으로 허위정보를 흘려 모사드를 곤경에 빠뜨렸다는 주장을 내놔 당시 양측의 물밑 전쟁이 얼마나 치열하고 숨 가쁘게 전개됐는지 단적으로 보여 준다.

실제로 공개적으로 살인 사건에 연루된 모사드는 이 일로 세계 언론에 집중 조명되면서 궁지에 몰렸다. 또 이 사건에서 주목되는 것이 하나 더 있는데 암살에 참여한 인물 중 한 명이 이스라엘의 핵무기 개발 작전인 '플럼뱃 작전Operation PLUMBAT: 제33화 참조'에서 핵심적 역할을 했던 댄 아벨Dan Arbel이라는 점이다. 그는 이 작전의 실패로 노르웨이 경찰에 체포됐으며 조사 기간 석방을 대가로 플럼뱃의 비밀을 일부 실토한 것으로 알려졌다. 이에 더해 같은 해 10월부터는 이집트와 시리아가 이스라엘을 침공한 욤 키푸르 전쟁Yom Kippur War: 4차 중동전이 발발하면서 작전은 크게 위축된다.

그럼에도 모사드는 1974년 스위스, 영국, 네덜란드, 스페인 등지를 훑으며 살라메를 찾아 헤맸고 이 과정에서 일부 요원은 위험이 감지돼 "임무를 중단하라"는 상부의 지시를 무시한 채 독단적으로 움직이다 함정에 빠져 살해된 것으로 추정되고 있다. 여기에는 정체불명의 여성 암살자가 미인계로 요원들을 호텔방으로 유인해 살해했다는 말이 전해지며 모사드도 이 여성을 찾아 제거했으나 '누구에 의한, 누구를 위한 행동인지'는 끝내 밝히지 못한 것으로 전해졌다. 아울러 릴리함메르 사건의 여파에 따라 모사드는 유럽에 구축한 안가와 조직망, 활동 방법 등 정보 자산들이 언론에 공개되면서 치명적인 피해를 입는다. 이에 골다 메이어 총리는 모사드에 '행동 중지'를 명령, 작전은 매듭을 짓지 못한 채 잠정 중단되고 만다.

작전의 대미 … "붉은 왕자를 처단하라"

그렇게 수년이 흘러 1978년이 됐고 그 사이에 이스라엘과 팔레스타인에는 많은 변화가 있었다. 총리가 두 번 바뀌고 모사드의 수장도 즈비 자미르에서 이츠하크 호피Yitzhak Hofi: 1974~1982 재임, 2014년 사망로 바뀌었다. 팔레스타인에서도 검은 9월단이라는 조직은 사실상 붕괴돼 사라졌지만 이스라엘을 상대로 굵직한 테러는 계속됐으며 그 중심에는 아라파트 의장의 오른팔로 성장한 살라메가 있었다. 당시 그는 PLO의 무장단체Force 17 지휘관으로 베이루트에 머물렀다.

이에 이스라엘 메나헴 베긴Menachem Begin 총리는 총리실 산하 대테러부장에 모사드 시절 '아이히만 체포작전Operation EICHMANN: 제29화 참조'을 주도하는 등 전설적 스파이로 손꼽히던 라피 에이탄Rafi Eitan을 영입하며 보복의 대미를 준비한다. 여기에 맞춰 모사드도 잠정 중단했던 작전을 재가동했다. 우선 모사드는 에리카 챔버스Erika Chambers라는 영국 출신 수수께끼의 여성을 빈민 자원봉사자로 위장시켜 베이루트로 침투시켰다. 챔버스의 임무는 살라메가 자택과 무장단체 본부를 오가는 중간에 거처를 마련해 매일같이 동선을 파악하는 것이었다. 이 같은 사실을 몰랐던 살라메는 비밀임무 책임자라는 본분을 망각한 채 결혼과 함께 규칙적이고 안정적인 생활에 빠져 이동 경로와 동선을 고스란히 노출시키는 실수를 범한다. 이런 동선은 챔버스에 의해 모사드로 전해졌다. 이렇게 수개월간의 정탐이 마무리되자 암살조가 베이루트로 침투한다. 수십 년 전 아르헨티나에서 아이히만을 체포할 때처럼 에이탄은 이번에도 현장에 잠입해 보복 작전의 대미를 직접 챙겼다.

1979년 1월 22일 이들은 살라메가 지나는 도로 중간에 폭발물이 잔뜩 설치된 차량을 놓아두고 원격장치를 연결한다. 이윽고 '붉은 왕자' 살라메를 태운 차량이 폭발물 차량 옆을 지나가는 순간, 암살조가 버튼을 눌렀다. 폭발로 인해 차량들은 순식간에 불덩어리로 변하며 공중으로 날아올랐다. 도로는 삽시간에 아수라장으로 변했고 살라메의 죽음을 확인한 암살조는 해군이 보낸 쾌속정을 타고 이스라엘로 귀환하며 '신의 분노 작전'은 성공적으로 마무리된다.

살라메가 살해된 후에도 '신의 분노 작전'의 일환으로 의심되는 공격은 1992년까지 간간히 이어졌다. 같은 해 7월 PLO의 군사작전부장이던 주헤이르 모센Zuheir Mohsen이 프랑스 칸에서 살해됐고 1981년 6월에는 벨기에 PLO 대표였던 나임 카데르Naim Khader가 브뤼셀에서 암살된다. 또 시간이 한참 지난 1992년 6월에도 PLO 정보 책임자인 아테프 브세이소Atef Bseiso가 정체불명의 무장괴한에게 피습당해 사망했다. 일각에서는 이들 모두 뮌헨 참사와의 관련성으로 모사드가 응징했다는 주장이 있으나 다른 측에서는 팔레스타인 내부 경쟁 정파의 소행이거나 이스라엘이 저질렀다고는 해도 다른 차원의 암살 작전이라는 견해도 만만치 않다. 따라서 뮌헨 참사에서 비롯된 응징 작전인 신의 분노 작전은 사실상 살라메를 끝으로 막을 내렸다고 볼 수 있다. 이와 함께 작전과 관련해 당시에는 이스라엘 정부가 개입했을 것이라는 추측과 소문이 무성했음에도 명확한 근거는 드러난 바 없다. 이에 훗날 골다 메이어 총리 시절 대테러부장이었던 아하론 야리브가 TV 인터뷰를 통해 "총리에게 검은 9월단 수뇌부를 제거할 것을 건의했고 이로 인해 팔레스타인의 해외 활동이 위축됐다"고 밝혀 암살 작전에 정부가 직접 개입했음을 인정했다.

한편 이렇게 모사드는 살라메를 제거하며 동족을 상대로 한 잔혹한 테러 행위를 피로 응징했다. 반면에 이 일은 그렇지 않아도 불안정한 중동 정세에 일대 소용돌이를 몰고 왔고 이후 또 다른 위험을 잉태하는 출발점으로 자리한다. 앞서 1974년 PLO의 아라파트 의장은 국제사회와의 평화 공존을 모색하며 참관국 자격으로 유엔 총회에 참석해 세계 지도자들 앞에서 연설했다. 이와 함께 아라파트의 옆을 지키던 살라메는 CIA와 협력체계를 구축하고 미국에 양질의 정보를 넘겨주고 있었다. 이때 살라메와의 접선은 CIA에서는 당대 최고 중동 요원으로 꼽히던 로버트 에임스Robert Ames가 맡아 긴밀히 협력했다. 이 과정에서 살라메는 이란이 베이루트를 방문한 헨리 키신저Henry Kissinger 국무장관의 항공기를 격추하려던 음모와 미 대사에 대한 암살 기도를 각각 CIA에 전달해 미리 방비하게 했다. 또한 서西베이루트에 고립된 서방 민간인 263명이 안전하게 빠져 나오도록 하는 협상을 주도해 성공시킨다. 암살되던 시기 그가 모사드에 대한 경계심을 풀고 동선을 노출하는 등 보복전에 아무런 대처도 하지 않은 데는 이러한 CIA와의 협력관계가 주된 요인이었다.

하지만 모사드는 이를 내내 못마땅하게 여겨 CIA에 살라메와의 접촉 중단을 요구한다. 그럴 때 마다 CIA는 그를 '유용한 악당'이라고 평가하는 등 귀중한 정보자산으로 간주해 요구를 일축했다. 이런 상황에서 모사드가 살라메를 제거하자 CIA는 중동에서 핵심 정보루트를 잃은 채 암흑기를 맞게 됐고 이어 그를 능가하는 레바논 태생의 헤즈볼라 지도자 이마드 무그니예Imad Mughniyeh: 제35화 블랙이글 작전편 참조가 출현해 미국과 이스라엘에 심각한 타격을 입힌다. 무그니예는 1983년 4월 베이루트 주재 미 대사관을 상대로 폭탄 테러를 자행해 63명을 폭사—희생자 중에는 CIA 중동지역 1급 요원 로버트 에임스도 있었다—시킨 것을 시작으로, 2008년 2월 역시 모사드에 암살될 때까지 다수의 잔혹한 테러작전을 주도하며 서방에는 공포의 존재로 군림한 바 있다.

35

블랙이글 작전

Operation BLACK EAGLE 1980~1987 -CIA-

블랙이글 작전Operation BLACK EAGLE은 1980년대 초중반 미국 CIA가 주도해 니카라과 산디니스타FSLN 정부에 대항한 콘트라 반군을 조직하고 지원한 공작이다. 작전은 레이건 행정부 당시 테러지원국으로 지정된 이란에 '무기'를 팔아 이 자금을 극비리에 콘트라 반군에 지원한 이른바 '이란-콘트라 사건Iran-Contra affair'으로 많이 알려져 있으며 일부는 중남미를 무대로 한 '마약' 밀매를 통해 자금을 마련하기도 했다.

작전 전반에 걸쳐 백악관 국가안보실NSC이 적극적으로 개입했고 비밀이 탄로나 레이건 대통령이 탄핵에 직면하는 등 극심한 정치적 파장을 부른 바 있다.

미국의 니카라과 반군 지원 배경

1970년대 니카라과는 독재자 아나스타시오 소모사Anastasio Somoza 의 폭정으로 몸살을 앓고 있었다. 이에 반발해 1979년 사회민족주의 계열의 산디니스타 정권이 국민적 지지를 등에 업고 혁명정부를 수립한다. 그로부터 약 1년 뒤 미국에서는 도덕적 온건주의을 추구하던 카터 행정부가 물러나고 초강경 팽창주의를 지향하는 로널드 레이건Ronald Reagan이 대통령에 올랐다.

레이건 행정부는 출범 직후 산디니스타가 집권한 니카라과에 대해 미국 안보에 심각한 위협이 될 것이라 여기고 경계심을 갖기 시작한다. 자칫 이들이 소련과 쿠바의 사회주의 노선을 중남미에 전파하는 전초기지가 될 수 있다는 우려에 따른 것이었다. 이에 백악관은 산디니스타 정권에 대한 전복으로 입장을 정하고 CIA를 시켜 옛 소모사 정권의 잔당들을 규합해 반군을 조직하도록 했다. 이들이 바로 콘트라Contras 반군이다. CIA는 인접국 온두라스에 주요 거점을 마련해 반反산디니스타 활동을 벌이는 '블랙이글 작전'을 가동하게 되지만 얼마 후 미 의회가 예산 집행을 막아버리면서 위기를 맞는다.

같은 시기 중동 레바논에서는 과격단체 헤즈볼라Hezbollah에 의해 미국인들이 연이어 납치되는 사건이 벌어진다. CIA는 헤즈볼라에 영향력을 미치는 이란에 접근해 비밀리에 무기를 수출하는 조건으로 인질 석방에 나서줄 것을 제안했다. 이라크와의 전쟁으로 무기가 절실했던 이란이 이 제안을 받아들이면서 백악관이 적극적으로 개입된 CIA와 이란, 콘트라 반군으로 이어지는 복잡하고 은밀한 거래가 시작된다.

백악관의 고민, 전면전이냐? 비밀작전이냐?

1968년 권좌에 오른 니카라과의 아나스타시오 소모사는 재임 기간 이념에 상관없이 반대파라면, 그가 누구든 무력으로 제압했으며 국가 재산을 착복하는 등 철권을 휘두르고 부패를 일삼은 독재자였다. 특히 그는 1972년 니카라과 수도 마나과를 덮친 대지진에 따라 전 세계에서 답지한 지원 물자와 성금까지 일가의 재산으로 편입하는 절정의 탐욕을 과시한다. 이에 1970년대 니카라과에는 소요사태가 빈발했고 그때마다 계엄령 등을 통해 강경하게 진압하면서 국제사회의 비난을 받았다. 그 렇지만 소모사는 젊은 시절 미국 웨스트포인트West Point 육군사관학교 USMA를 나왔고 대통령에 오른 이후에는 줄곧 미국이 추구한 반공주의 외교노선을 충실히 따르는 등 친미적 성향을 보인다. 이런 이유로 '인권' 을 중시하며 도덕주의 외교를 지향한 카터Jimmy Carter 행정부조차 소 모사 정권의 폭정을 눈감아 주었다.

그러던 1979년 오랜 핍박이 봉기로 분출되면서 정권은 무너지고 사 회민족주의를 표방한 산디니스타 민족해방전선이 정권을 잡게 된다. 공 산진영과의 냉전이 절정으로 치닫는 상황에서 소위 미국의 '뒷마당'으로 불리는 중앙아메리카(중미)에 사실상의 사회주의 정권이 들어선 것이다. 카스트로의 쿠바와도 날카롭게 대립해 온 미국은 깊은 고민에 빠졌지만 뾰족한 수가 없었다. 카터 행정부는 니카라과 내에 친미세력을 양성하 기 위해 소규모 물밑 행동에 나서기도 했으나 이 또한 성과를 거두지 못 하면서 견제와 회유가 혼재된 다소 어정쩡한 입장에 놓인다.

그러나 이런 미국의 입장도 1981년 1월 초강경 대외정책을 공언한

레이건 행정부가 들어서면서 커다란 변화를 겪는다. 레이건 대통령은 취임 직후부터 산디니스타 정부를 소련과 쿠바가 배후인 명백한 공산정권으로 규정하고 "중미에 공산혁명이 전파되고 있으며 다음은 엘살바도르, 온두라스, 과테말라, 멕시코 순서다"라고 역설하는 등 극단적인 경계심을 드러냈다. 대통령의 입장이 이렇다 보니 각료들의 생각은 말할 필요가 없었다.

이때부터 미국은 산디니스타 처리 문제를 핵심과제로 올려 대책 마련에 나선다. 당시 미국은 국무부와 CIA로 나뉘어 두 가지 '산디니스타 전복顚覆 방안'을 마련했다. 먼저 국무부는 육군 출신으로 나토NATO 사령관을 지내기도 했던 강경 일변도의 알렉산더 헤이그Alexander Haig 장관을 중심으로 전면적 전쟁계획을 제시한다. 같은 시기 CIA는 OSS로 시작해 첩보계에서 잔뼈가 굵은 수장 윌리엄 케이시William Casey: 1981~1987 재임, 1987년 사망가 주도한 비밀작전—블랙이글—을 입안했다. 양측은 각자의 우위를 내세워 날카롭게 대립하며 대통령의 환심을 사려 경쟁했는데 당초 강경 성향에서는 둘째가라면 서러운 레이건도 헤이그의 전면적 전쟁계획에 무게를 실었다. 반면에 베트남의 악몽을 여전히 갖고 있던 미국민들은 수백억 달러의 예산이 소요되고 수만 명의 희생자가 예상되는 군사행동을 용납하려 하지 않았다.

격론 끝에 1981년 12월 백악관에서 열린 국가안전보장회의NSC 결과 케이시가 입안한 CIA의 비밀작전, 즉 '블랙이글'이 산디니스타 처리 방안NSDD-17으로 최종 채택된다. 그렇다고 해서 케이시의 작전이 인도적이거나 온건적 해결 방안이라는 의미는 아니다. NSC 참석자들은 전면적 군사행동을 하자니 정치적, 경제적 부담이 크고 반대로 아무것도 하지 않을 수도 없는 난처한 상황을 타개하기 위해 작전을 승인했을 뿐이다. 일종의 울며 겨자 먹기식 고육지책인 셈이다.

작전의 시작 … CIA, '블랙이글' 가동

결정 배경이 어떻건 백악관의 전폭적 지원을 등에 업은 CIA는 소모사 정권 몰락 이후 온두라스와 코스타리카로 각각 흩어져 있던 잔당세력과 접촉을 시도한다. 접촉은 당시 비밀공작부 중미 책임자였던 듀안 클래리지Duane Clarridge가 수행했다. 클래리지는 이후에는 유럽으로 발령 받아 몇 년 뒤 이란에 무기를 조달하는 비밀공작에도 참여한다. 이때 CIA는 온두라스에 있던 민주니카라과군FDN에 특별히 관심을 기울였는데 이들은 주로 소모사 정권에서 방위군 출신들로 이뤄져 있었다. 하지만 병력이라는 것이 고작 4, 5백여 명에 불과했고 전투력도 보잘 것 없는 오합지졸이었다. 그럼에도 CIA는 방위군에서 대령을 지낸 엔리케 베르무데스Enrique Bermudez에게 FDN 사령관을 맡기고 자신들에 할당된 1천 9백만 달러 상당의 예산을 지원하기 시작한다. 이와 함께 온두라스에 주둔한 미 육군과 공군 및 이스라엘, 아르헨티나군에 훈련을 위탁했다. 이런 지원에 힘입어 최초 수백 명에 불과했던 FDN의 병력은 최대 1만 5천 명까지 늘어난다.

또 CIA는 이들 외에도 코스타리카에서 에덴 파스토라Eden Pastora가 이끌던 민주혁명동맹ARED에도 마수를 뻗어 산디니스타 정권을 허물어버릴 라인업을 완성한다. 단 ARED는 CIA에 직접 지원을 받은 FDN과 달리 우회 지원을 받았고 FDN과의 협력도 거부해 두 세력은 독자적으로 행동했다. 이렇게 반군 구축이 완료되자 CIA는 1982년 3월 15일 니카라과와 온두라스를 잇는 교량들을 잇달아 폭파하며 작전에 돌입했고 이후에도 산디니스타 지방 정부를 습격하는 등 게릴라 작전을 여럿 실행해 정국 혼란을 부추겼다.

한편 반군이 산디니스타에 타격을 가하기 시작할 무렵 대서양 건너 아프리카에서는 훗날 '이란-콘트라 사건'에서 최대 화제를 모은 문제적 인물이 이와는 별도의 비밀임무를 수행 중이었다. 그는 다름 아닌 이란과 미국, 콘트라 반군 사이에서 무기와 자금의 산파로 활약하게 되는 올리버 노스Oliver North 중령이다. 미 해병대 출신으로 당시 백악관 NSC의 참모였던 노스는 CIA가 무아마르 카다피Muammar Gaddafi 견제를 위해 리비아 턱밑 차드 공화국Tchad에 무기와 자금을 지원하는 공작에 투입돼 매끄러운 솜씨로 임무를 성공시켰다. 이 일로 노스는 CIA 수장 윌리엄 케이시에 강한 인상을 남겼고 자신도 이때의 경험을 바탕으로 향후 미 정국을 뒤흔들 블록버스터급 작전에서 핵심적 역할을 맡게 된다.

그런데 블랙이글은 백악관과 CIA 최상부만 아는 극비 작전임에도 불구하고 직접적으로 군대를 움직이는 준군사작전인 데다 이 과정에서 부주의한 콘트라 반군이 니카라과 양민을 대상으로 테러행위를 자행하자 소문은 삽시간에 퍼졌다. 급기야 작전이 개시되고 1년도 안 된 12월 유력 언론을 통해 반군의 실체가 폭로되면서 말썽이 인다.

올리버 노스 미 해병대 출신으로 백악관 NSC 참모였던 그는 '이란콘트라 사건'에서 핵심적 연결고리 역할을 했다.

더욱 CIA가 미국의 재정으로 반군에 무기와 자금을 지원하고 있다는 사실까지 낱낱이 드러나자 미 의회가 문제 삼고 나섰다. 작전이 위기에 빠진 것을 넘어 파장이 정치 쟁점화되면서 백악관도 궁지에 몰린다. 레이건은 의회를 찾아가 "니카라과 정권을 전복하려던 것이 아니라 공산주의 확장을 막기 위한 것"이라고 해명했다. 그러나 의회는 콘트라 지원을 백악관이 개입된 불법적 '대리전쟁'으로 규정했고 애초부터 전쟁을 반대했던 여론도 악화됐다. 이어 하원 표결에서 공화, 민주 할 것 없이 의원 411명 전원일치로 '콘트라에 재정 지원을 금지'하는 제1차 볼랜드법 Boland Amendment이 통과되면서 작전에 제동이 걸린다.

그럼에도 1983년 1월 케이시는 듀안 클래리지를 시켜 니카라과 코린토항에 기뢰를 매설하고 인근 항구로 드나드는 소련 선박을 공격하도록 했다. 이 일로 여러 척의 화물선이 파괴되고 선원들이 목숨을 잃는다. 사건 직후 산디니스타 정부가 이것을 미국의 공작이라고 주장하며 국제사법재판소에 제소해 논란이 일자, 미 의회는 CIA가 제3국에서 자금을 조성해 콘트라를 지원하는 것을 금지하는 제2차 볼랜드법을 의결하며 모든 자금줄을 막아 버렸다. 당시 CIA는 사우디아라비아와 대만에서 수백만 달러의 자금을 변통해 쓰고 있었는데 의회가 이마저도 쓸 수 없게 한 것이다. "중앙아메리카를 나에게 맡겨 달라"고 큰소리치며 작전을 감행했던 CIA 수장 윌리엄 케이시의 체면은 말이 아니었지만 그렇다고 작전을 멈출 의사는 전혀 없었다. 여기서 중요한 것은 레이건 대통령도 케이시와 같은 생각을 하고 있었다는 점이다.

급변하는 중동정세, 금지된 거래의 유혹

　CIA가 '암중모색' 콘트라 반군 지원을 위한 돌파구를 찾고 있을 무렵 중동 정세는 한치 앞을 알 수 없는 안개 속으로 빠져들었다. 팔라비 정권Pahlavi dynasty 붕괴 이후 이란은 극렬한 반미 국가가 됐고 이라크와는 전면전에 들어갔다. 무장단체 창궐도 빈번해 미국인들을 납치하고 살해하는 사례도 크게 늘었다. 이 가운데 레바논 베이루트를 근거지로 조직된 시아파Shia Islam 계열의 무장정파 헤즈볼라Hezbollah는 가장 위협적인 존재였다. 이란 지도자 호메이니Ruhollah Khomeini를 추종하며 헤즈볼라를 이끌던 이마드 무그니예Imad Mughniyeh는 1983년 4월 베이루트 주재 미 대사관을 공격해 17명의 미국인을 포함한 63명을 살해했고 10월에는 평화유지군 자격으로 주둔해 있던 미 해병대 본부를 폭탄 트럭으로 습격해 241명의 해병대원을 폭살했다.

　특히 CIA는 대사관 폭발사건으로 당대 중동 정보통 1인자로 손꼽히던 최정예 로버트 에임스Robert Ames를 비롯한 베이루트 지부의 상당 전력을 잃으면서 중동 첩보망이 통째로 암흑에 빠지는 손실을 입는다. 이에 미국은 헤즈볼라가 이란의 지원을 받고 있으며 조직을 이끌고 있는 무그니예는 일련의 활동을 테헤란에 보고하고 있다고 봤다. 이런 이유로 1984년 1월 레이건 행정부는 이란을 테러지원국으로 지정하고 '무기 수출' 등을 금지하는 이란제재법ISA을 통과시킨다.

　반면 헤즈볼라는 이런 미국의 조치에 아랑곳 않고 1984년 3월 CNN 베이루트 지부장 제레미 레빈과 CIA 빌 버클리를 시작으로 5월에는 선교사 벤자민 위어를, 12월에는 베이루트 소재 미국대학 사서인 피터 킬

번 등을 납치하며 악명을 이어갔다. 사태가 이 지경이 되자 CIA는 무그니예를 체포하고 인질을 구출하려 분주히 움직인다. 하지만 그는 번번이 포위망을 비웃으며 유유히 사라지기 일쑤였고 인질 구출은 매번 실패로 돌아갔다.

당시 CIA는 무그니예 등 중동 테러리스트들이 주로 활동하는 프랑스 파리에 많은 요원과 정보망을 구축하고 있었는데 이곳에서는 후에 논란의 불씨가 되는 또 한 명의 '문제적 인물'이 활동 중이었다. 마누체르 고르바니파르Manucher Ghorbanifar라는 이란인이 주인공이다. 고르바니파르는 팔라비 정권 시절의 비밀경찰인 샤바크SAVAK: 이스라엘 방첩기관과는 다름 출신으로 정권이 붕괴되자 이란을 탈출해 유럽에서 사업가로 행세하며 CIA, 모사드에 정보를 팔아온 인물이다. 교활하지만 수완이 좋고 이란에도 관계망이 있어서 미국이 곤란을 겪을 때는 어김없이 등장해 문제를 해결하고 막대한 이익을 챙겨왔다. 앞선 1979년 테헤란 주재 미 대사관 인질 사건에서도 이란 측과 미국인 인질 석방 협상을 배후에서 주도한 것으로 알려져 있으며 이란-콘트라 사건의 단초도 그의 교활한 술수가 출발점이다.

어느 날 고르바니파르는 CIA가 무그니예에게 납치된 빌 버클리 등 인질들을 구출하기 위해 혈안이 돼 있다는 것을 알고 전직 CIA 요원에게 "이란과의 비밀협상으로 헤즈볼라를 움직일 수 있다"고 말해 준다. 그가 말한 비밀협상이란 자신이 이스라엘과 설립하는 무역회사를 통해 미국의 무기를 테헤란에 전달하고 여기서 거둔 이익으로 인질들의 몸값을 지불하면 된다는 것이 골자다. 이 말은 곧 꼬리의 꼬리를 물어 전직 요원은 현직 요원에게, 다시 현직 요원이 상급자인 대테러 조정관에게 전

달하면서 CIA 최상부인 윌리엄 케이시의 귀에 다다른다. 그렇지만 CIA
는 고르바니파르를 '사기꾼'이라 여겨 그다지 신뢰하지 않았던 상황이며
무엇보다 이란은 불과 몇 달 전 백악관이 앞장서 테러지원국으로 지정
해 무기 수출을 금지시킨 상태였다.

따라서 미국 무기가 테헤란으로 들어간다는 것은 불법이 아닌 이상
사실상 불가능했다. 이에 더해 케이시는 이때까지 콘트라 지원 방법에
골몰했기 때문에 비밀협상안을 진지하게 검토할 겨를이 없었다. 다만
그는 이 제안을 여러 가능성 중 하나로 보고 주머니 속에 넣고는 있었
다. 얼마 후 케이시는 이것이 인질과 콘트라 문제를 동시에 해결할 수
있는 '묘수'라고 판단하고 백악관에 보고하게 된다.

대형인질 사태, 레이건의 위험한 결단

1985년 6월 14일, 이날도 레이건은 인질 구출에 진전이 없는 것과
관련해 케이시와 CIA를 호되게 질책했다. 그러나 바로 몇 시간도 지나
지 않아 유럽에서는 또 다른 대형사건이 터진다. 승객과 승무원 153명
을 태우고 아테네를 떠나 로마로 향하던 TWA 847 여객기가 헤즈볼라
에 납치된 것이다. 여객기에는 미국인 85명이 타고 있었으며 납치범들
은 그 중 한 명인 미 해군 소속의 잠수부를 살해해 활주로에 '보라는 듯'
내동댕이치기까지 했다. 그러면서 이들은 이스라엘과 쿠웨이트에 잡혀
있는 약 7백여 명이 넘는 시아파계 레바논인들의 석방을 요구한다. 연
이은 중동발發 악재에 레이건과 백악관은 고민이 이만저만이 아니었다.
고심 끝에 레이건은 이스라엘에 잡혀 있는 레바논인들을 석방하도록 압

력을 넣었고 이로 인해 납치범들의 요구가 대부분 수용된다.

　이스라엘은 미국의 압력은 숨긴 채 사건과는 무관하게 본래부터 계획된 석방이라고 애써 강조했다. 동시에 여객기에 붙잡혀 있던 인질들도 차례로 풀려나기 시작해 사건 발생 17일 만인 30일에 모두 풀려나면서 납치극은 막을 내린다. 이 과정에서 케이시는 한 가지 중대한 변화를 감지했다. 그는 레이건이 보인 일련의 행동이 닉슨 행정부 이후 불문율로 전해지던 '미국 정부는 테러범들과 협상을 하지 않는다'는 원칙을 깬 것이라 봤다. 다시 말해 레이건이 테러단체와 협상할 용의가 충분히 있음을 간파했다는 뜻이다. 또한 앞서 납치된 미국인들은 여전히 헤즈볼라 손아귀에 있는 것으로 여겨졌다. 때를 같이해 이란인 고르바니파르가 당시 이란 의회 의장이던 실력자 아크바르 라프산자니Akbar H. Rafsanjani: 이란의 제5, 6대 대통령을 지냄의 인척을 통해 "인질들을 헤즈볼라가 억류하고 있다"는 전갈을 보내왔다. 이는 이란을 통한다면 인질 구출이 가능하다는 확실한 메시지였다.

　기회를 포착한 케이시는 자신들이 사기꾼이라고 규정한 바 있는 고르바니파르의 비밀협상 카드를 넌지시 꺼내들어 백악관에 보고한다. 이 보고에서 레이건이 어떤 반응을 보였는지는 알려지지 않았지만 그는 후에 공개된 일기에서 "(이란과의 비밀협상이) 어쩌면 우리 인질들을 구해낼 돌파구가 될지도 모른다"고 희망 섞인 기대를 드러냈다. 마침내 레이건은 8월 3일 케이시에게 '인질을 구출하고 콘트라를 구하라'는 내용의 긴급명령을 하달하며 금지된 거래를 추진하도록 하는 위험한 결단을 내린다. 이 명령은 백악관 NSC 보좌관이던 로버트 맥팔레인Robert McFarlane을 통해 '이슬람 공화국(이란)과의 화해'라는 명분으로 전달됐다. 그렇지만 이 과정에서도 정부 각료 중 헤이그에 이어 국무장관이 된 조지 슐츠George Shultz와 국방장관 캐스퍼 와인버거Caspar Weinberger는 부정적 입장을 견지했다. 이에 레이건은 "이란 내의 온건파를 돕기 위한 조치"라고 설득하며 계획 추진을 독려한다.

이런 진통을 거쳐 8월 20일 첫 물량으로 BGM-71 토우TOW 대전차 미사일 96기가 1기당 1만 달러 가격으로 금수조치 약 7개월 만에 테헤란에 도착했고 이어 9월 14일에는 이 보다 더 많은 406기가 전달된다. 이라크와 전쟁이 한창이던 이란은 텅 비었던 무기고가 채워진 데 만족하며 다음날인 15일 본래 미국과 약속했던 대로 헤즈볼라를 압박해 선교사 벤자민 위어를 석방했다. 이 은밀한 거래는 이란인 고르바니파르와 NSC 참모이면서 케이시의 해결사로 등장한 올리버 노스가 각각 맡았다. 또 무기전달은 고르바이파르와 협력하고 있는 이스라엘 측이 담당했다. 11월 들어 이란은 미국에 MIM-23 호크Hawk 대공 미사일을 보내주면 인질들을 모두 풀어주겠노라고 공언한다. 대신 처음에는 1인당 3백기를 요구하다 나중에는 5백기까지 조건을 올렸다.

같은 시각 CIA 윌리엄 케이시는 전 공군장성 리처드 세커드Richard Secord를 거래감시 및 자금관리 책임자로 임명해 스위스 비밀계좌를 운영하도록 지시하고 재고로 쌓여 있던 8백기의 호크 미사일을 테헤란에 보내기로 결정한다.

복잡한 퍼즐, 또 하나의 금지된 거래

그런데 이 호크 미사일을 이란에 보내는 과정에 문제가 생기면서 후에 백악관이 불법행위에 가담했다는 결정적 증거를 남기고 만다. 11월 22일 CIA는 호크 미사일 8백기를 작전에 협조해 온 이스라엘 엘 알El Al 항공 747기편에 실어 리스본으로 보냈다. 리스본에 준비해둔 나이지리아 화물기에 미사일을 옮겨 싣고 테헤란으로 날아가기 위해서다. 그러나 이들은 리스본에 착륙 허가를 받아두지 않은 채 항공기를 이륙시키는 어처구니없는 실수를 범한다. 현장 책임자였던 노스는 서둘러 유럽 본부에 있던 듀안 클래리지를 호출해 사정을 설명하고 도움을 요청했지만 시간이 너무 지체된 뒤였다. 결국 항공기가 회항하고 또 한 번의 이륙이 취소돼 엘 알 항공기는 이번 작전에서 빠진다.

CIA는 궁여지책으로 독일서독 프랑크프루트에 배치해 놓은 자체 707 항공기를 사용하기로 결정한다. 단 이 항공기는 호크 미사일을 18기만 실을 수 있을 정도로 작은데다 대통령의 명령서가 있어야 운항이 가능했다. 클래리지는 명령서를 후에 받기로 하고 일단 물량을 테헤란으로 보냈다. 무기가 전달되고 CIA는 백악관으로부터 "미국인 인질을 석방하기 위해, 이란 정부에 외국의 군수물자를 제공할 수 있다"는 레이건의 서명이 담긴 소급 명령서를 확보한다. 이것은 사실상 대통령이 이란제재법을 스스로 어겼음을 자백하는 것이나 다름없었다. 이렇게 시작된 미국과 이란의 비밀 무기거래는 이후 사건이 폭로된 1986년 말까지 5차례가 더 이뤄졌으며 이 과정에서 토우 미사일 약 2천기 및 다량의 호크 미사일 예비부품이 전달된다. 이와 함께 이란이 지불한 무기대금 수백만 달러는 세커드가 관리하는 스위스 계좌로 속속 들어왔다. 더디긴 해도 인질이 풀려나고 자금이 마련되자 멈춰있던 콘트라 지원에도 활기가 붙는다.

CIA는 블랙이글 작전 초기부터 엘살바도르에 있는 일로팡고Ilopango

공군기지를 콘트라 지원의 거점으로 활용하고 있었다. 작전 기간 이곳을 통해 대부분의 병참지원이 이뤄졌고, 노스도 이곳을 실질적인 자신의 근거지로 사용했다. 평소 기지는 카스트로에 대항하다 탈출한 펠릭스 로드리게스와 루이스 포사다 카리렌스라는 2명의 쿠바인이 관리했으며 두 개의 격납고와 두 대의 C-123 수송기를 보유하고 무기와 군수품을 부지런히 날랐다. 지원물량은 미국 업체 R.M 이큅먼트Equipment와 당시에는 미국에 협조하고 있던 파나마의 마누엘 노리에가Manuel Noriega 측 용병들이 동유럽 암시장을 수소문해 보급했다는 말이 전해진다.

비밀공작의 특성상 CIA가 콘트라에 지원한 자금의 규모가 얼마나 되는지는 불분명하다. 현재까지 알려진 바에 따르면 이란에 무기를 팔아 거둔 수익이 핵심 자금Core Money이라 할 수 있는데, 이를 토대로 산출해 보면 이렇다. CIA는 토우 미사일을 국방부에서 1기당 약 3천 4백 달러에 받아 1만 달러를 붙였다. 여기서 고르바니파르가 자신의 몫을 얹어 총 2천 5백여 기를 이란에 넘겼다. 여기서 국방부에 지불한 원가를 제외하고 나면 2천만 달러는 너끈히 넘는다. 그렇지만 노스가 상관인 존 포인덱스터John Poindexter 백악관 NSC 보좌관에게 보고한 내용에서는 "1천 2백만 달러가 콘트라에 지원될 것"이라고 밝힌 바 있다. 추가 비용 등을 제외 하더라 금액에서는 차이가 있지만 당시 CIA가 사우디아라비아, 대만 등을 통해 조성한 자금을 더하면 당초 미 의회가 1차 볼랜드법을 적용하기 이전 예산 수준인 1천 9백만 달러와 크게 차이 나지 않는 액수가 지원됐을 것으로 추정된다.

아울러 CIA가 이란과의 거래 외에 '또 다른 비밀거래'로 자금을 마련해 콘트라를 지원했다는 주장이 있어 실질적인 지원 규모는 추정치를 크게 웃돌 것으로 보인다. 이란 외의 또 다른 비밀거래란 중남미에서 횡행하던 마약거래에 콘트라 반군을 포함한 CIA 병참라인이 개입됐다는 조사 결과다. 실제로 CIA의 콘트라 지원 사실이 알려지게 된 것은 1986년 10월 5일에 있었던 C-123 수송기의 추락사고부터다. 니카라과의 10대 병사가 휴대 미사일로 콘트라 지원물자를 싣고 가던 수송기를 격추했는데 이 수송기는 한때 마약거래에도 동원됐던 것으로 알려졌다. 이와 함께 일각에서는 당시 CIA가 당대 최대 규모의 마약 밀매조직인 메데인 카르텔Medellin Cartel의 활동을 지원했거나 최소한 묵인하고 있었다는 견해가 있다. CIA가 메데인 카르텔에 일로팡고 공군 기지 등을 마약 수송 경유지로 사용할 수 있도록 허가했다는 것이 주된 의혹이다.

또한 FDN 사령관 베르무데스의 관계망이 미국 범죄조직(고속도로 릭로스)과 연계해 LA 등 미국 대도시에 마약을 판매한 것으로 전해지지만 이에 따른 규모와 수익, 용처는 확인된 것이 없다. 만약 이것이 모두 사실이라면 CIA가 콘트라 지원을 위해 조성한 자금의 규모는 이란 무기판매로 얻은 수익에 더해 실로 막대했을 것으로 추정된다.

케이시의 죽음, 무덤으로 간 진실

한편 C-123기의 추락 사고로 케이시의 비밀작전들은 하나씩 무너지기 시작한다. 사고로 조종사들은 모두 사망했지만 보급망의 일원인 유진 하센푸스Eugene Hasenfus가 생존해 니카라과 언론에 "CIA와 계약을 맺고 일해 왔다"고 실토한 것이 단초가 됐다. 이어 11월 3일 레바논 주간지 아쉬-시라Ash-Shiraa는 "이란 혁명수비대가 CIA로부터 토우 미사

로널드 레이건(중앙) 블랙이글 작전에서 비롯된 '이란-콘트라 사건'으로 레이건 행정부는 대통령 탄핵이라는 최악의 위기에 직면하기도 했다.

일 2천기와 호크 미사일 18기, 항공기 두 대 분량의 예비부품을 제공받았다"고 보도했고, 다음날 이란의 라프산자니는 "미국 관리들이 선물을 가지고 테헤란에 왔었다"고 폭로했다.

이때 이란은 미국이 약속한 물량을 제때 보내지 않는 것에 불만이 쌓여 있던 상황에서 중개자 고르바니파르가 마지막 물량을 전달하며 터무니없는 폭리를 취한 데 분노해 거래를 공개해 버렸다. 이처럼 은밀하고 복잡한 퍼즐에서 실마리가 될 만한 큼직한 두 개의 조각이 한 달 간격으로 튀어나오자, 미 의회도 가만히 있지 않았다. 의회는 즉각적으로 특별검사를 선임하고 백악관과 CIA에 대한 전면적인 조사에 들어갔다. 궁지에 몰린 레이건은 이란과의 무기거래는 인정하면서도 이것이 인질 교환의 '대가성'은 아니라고 항변했다. 외교정책에서 통치행위의 일환이었다는 점을 강조하기 위한 변명이다. 이와 함께 작전 실무자들인 윌리엄 케이시, 존 포인덱스터, 올리버 노스 등이 고의로 청문회 일정을 지연시키거나 묵비권을 행사했다. 또 관련 문서를 파기해 일체의 증거가 남지 않도록 조직적으로 움직였다. 이 와중에도 특검은 노스가 상관인 포인덱스터에게 '이란과의 무기거래 수익을 콘트라에 전달한다'는 보고 메모를 입수해 관련성을 일부 입증하는 성과를 올렸다. 이에 의회는 레이건 행정부가 '볼랜드법'과 '이란 제재법'을 동시에 어겼다는 밑그림을 그리며 탄핵소추안을 꺼내든다.

그렇게 논란이 절정으로 향하던 순간 사태의 향배를 단번에 바꿔 버릴 대형 돌발변수가 등장했다. 1987년 1월, CIA 수장으로 블랙이글에서 시작해 이란-콘트라 비밀거래에 이르기까지 작전 전반을 총체적으로 설계하고 지휘한 윌리엄 케이시가 뇌종양 판정을 받아 입원한 것이다. 그는 청문회 내내 말을 잇지 못하거나 핵심을 벗어나는 횡설수설로 질의를 피해 위원들로부터 "고의로 진실을 감추려 한다"는 비난을 받기도 했지만, 실은 이 시기 발병한 뇌종양이 주된 원인이었던 것으로 밝혀졌다. 유력인사들이 위기 때면 흔히 쓰는 꾀병 또는 자의적 발병이 아니었던 만큼 이를 뭐라 할 것은 아니다. 다만 사건의 전모를 속속들이 알고 있는 핵심 중의 핵심 책임자가 사경을 헤매자 공세의 예봉도 꺾이기 시작했고 덩달아 악화일로로 치닫던 레이건에 대한 부정적 여론도 진정 국면에 접어든다. 이를 전후해 레이건은 탄핵이라는 최악의 사태를 피했다. 이후 케이시는 약 4개월여의 입원 치료에도 불구하고 5월 6일, 74세의 일기로 사망하면서 수년간 비밀리에 이뤄진 금지된 거래의 전모는 그와 함께 무덤에 묻히고 말았다.

36

암만 작전

AMMAN Scandal ~1997 -Mossad-

암만 작전AMMAN Scandal은 이스라엘의 모사드가 1997년 9월 요르단 수도 암만에서 실행한 비밀작전이다. 작전의 목표는 팔레스타인 과격단체인 하마스의 지도자 중 한 명을 암살하는 것이었다. 그러나 예상치 못한 변수와 요원들의 연이은 실수가 겹치면서 국제적 '소동Scandal'으로 비화됐다. 결국 작전은 실패로 돌아가 모사드는 세계적인 명성이 무색하게 비난과 조롱의 대상이 됐고 이스라엘도 심각한 외교적 위기에 직면한다.

모사드는 창설 이후 세계 첩보사에서 둘째가라면 서러울 정도로 눈부신 전공을 올리며 성공 신화를 써왔다. 하지만 1990년대 들어 조직은 활력을 잃었고 정체성에서도 혼란을 빚으며 최악의 침체기를 맞는다. 이 작전은 이런 모사드의 당시 상황을 여실히 드러내는 대표적인 실패작으로 꼽힌다.

모사드의 하마스 지도자 암살 작전 배경

팔레스타인 영토에 이스라엘이 1948년 건국을 선언하면서 양측의 갈등은 현재에 이르는 중동 분쟁의 핵심으로 자리했다. 이로 인해 이스라엘은 건국 이후 주변국과 4차례에 달하는 전면전을 벌이는 등 반목해 왔다. 그럼에도 1979년 이집트와 이스라엘의 평화협정을 시작으로 이런 갈등도 해소될 조짐을 보였고 1993년 이스라엘과 팔레스타인 해방기구PLO가 노르웨이 오슬로에서 평화협정—서명은 1994년 이뤄졌다—을 체결하며 서로의 영토와 정부를 인정하기에 이른다.

하지만 이때부터 PLO를 대신해 과격성향의 하마스Hamas가 이스라엘을 상대로 폭탄테러 및 무장투쟁을 벌이면서 긴장은 계속됐다. 그러던 1997년 7월 팔레스타인 자치지구 중 하나인 요르단강 서안(웨스트 뱅크) 인근 이스라엘 영토 마하네 예후다에서 하마스에 의해 자살폭탄 테러가 일어나 이스라엘인 16명이 사망하고 많은 사람이 부상당한다. 이에 당시 이스라엘 총리였던 베냐민 네타냐후Benjamin Netanyahu는 모사드에 하마스를 상대로 보복을 지시했고 모사드의 수장 다니 야톰은 요르단 암만에 근거지를 두고 테러를 지휘한 것으로 추정되는 칼레드 마샬Khaled Mashal을 지목해 암살 작전에 돌입한다.

칼날 위의 평화 ··· 참혹한 테러와 보복

이스라엘이 이츠하크 라빈Yitzhak Rabin 총리 시절에 팔레스타인PLO, 요르단 등과 맺은 평화 협정은 얽히고 꼬인 중동 문제를 푸는 중대한 전환점이 된다. 이 일로 협정을 주도한 라빈과 PLO의 야세르 아라파트 의장은 공동으로 노벨 평화상을 수상하는 등 국제적으로 공로를 인정받았다. 그러나 이런 평가는 상징적 의미일 뿐 중동 분쟁의 근본적 상처를 치유하지는 못했다. 협정 이후 라빈 총리는 자국 극우파에 암살당했고 이어 집권한 우파연합의 베냐민 네타냐후 총리는 웨스트 뱅크West Bank를 팔레스타인 자치지구로 인정하지 않겠다는 내용을 골자로 점령지 반환을 거부한다. 팔레스타인도 PLO를 대신해 하마스가 폭탄테러를 감행하는 등 대이스라엘 강경투쟁을 선언하면서 다시금 먹구름이 드리워졌다.

이처럼 양측이 오래전 서로의 존재를 인정하며 평화를 약속했다고는 하나 매순간 살얼음판을 걷는 긴장이 이어졌고 평화는 예리한 칼날 위에서 춤추는 것처럼 위태로웠다. 이런 상황에서 1997년 7월 30일 예루살렘의 이스라엘 측 성지로 인구가 밀집한 마하네 예후다Mahane Yehuda 재래시장에서 하마스 조직원에 의한 자살폭탄 테러가 발생한다. 이 테러로 이스라엘인 16명이 숨지고 178명이 부상하는 참사가 일어났다. 이에 네타냐후 총리는 모사드 수장 다니 야톰Danny Yatom: 1996~1998 재임을 은밀히 불러 보복 조치로 하마스 지도자 중 한 명을 제거하라며 암살작전을 지시한다. 야톰은 본래 이스라엘의 최정예 특수부대인 사이렛 마트칼Sayeret Matkal에서 시작해 기갑부대 지휘관과 야전군 사령관을 지낸 전형적인 군인 출신으로, 1996년부터 모사드의 여덟 번째 수장을 맡고 있었다. 이런 경력으로 인해 일각에서는 그가 비밀기관의 책임자로 적합하지 않다고 평가하기도 했으나 이때는 그다지 문제시되지 않았다.

한편 총리에게 직접 암살 작전을 지시받은 야톰은 8월의 시작과 동시에 모사드의 주요부서 책임자들을 불러 작전계획을 수립한다. 그렇지만 당시 모사드는 하마스의 내부 조직망을 모두 파악하지 못하고 있었기 때문에 제거 대상을 정하는 것부터 쉽지 않았다. 격론이 오간 끝에 이들은 테러를 전후한 시기에 하마스 요르단 부국의 책임자를 맡고 있던 칼레드 마샬을 표적으로 정한다. 마샬은 하마스 창설 초기부터 정보 임무를 담당한 정치국 요원으로 활동해 왔으며 이전까지 정치국장을 맡아온 인물이었다. 또한 테러 사건이 일어난 지역이 요르단강 서안 팔레스타인 자치지구와 가까워 암만Amman에 본부를 둔 하마스 요르단 부국에서 테러를 기획했을 것이라고 모사드는 판단했다.

어렵게 암살 대상은 정해졌지만 여기서 고려해야 할 문제가 하나 더 있었다. 라빈 총리 시절 이스라엘은 팔레스타인과 평화 협정을 맺은 직후 요르단과도 협정을 체결하며 관계 개선에 합의했다. 따라서 이스라엘 측이 요르단 영토에서 요인을 암살하는 등 유혈사태를 빚는 것은 정치, 외교적으로 매우 큰 부담이었다. 이러한 이유로 모사드는 그간 대테러 암살공작에서 가장 확실한 방법으로 사용해 온 차량 및 시설물에 폭발물을 설치해 폭사시키거나 저격 등의 총기를 동원하는 방식은 배제해야만 했다. 대신 생화학 연구소에서 특별 제작한 맹독의 독극물을 마샬에게 묻혀 심정지에 이르게 하되 부검을 하더라도 흔적이 남지 않는 방식을 택하며 서슬 퍼런 보복의 날을 세우게 된다.

이렇게 제거 대상과 방식을 정한 모사드는 즉시 선발대를 암만으로 보내 마샬의 일거수일투족을 감시하며 '암살 시나리오'를 마련한다. 이때 선발대가 본국에 보고한 내용에 따르면 마샬은 매일 아침 경호원 없이 집을 나서 보좌관이 운전하는 SUV 차량을 타고 암만 중심가 샤미아 센터에 입주한 '팔레스타인 구제국Palestine Relief Bureau'이라는 위장 사무소로 출근한다. 이어 건물 앞에 마샬이 내리면 차량은 떠나고 그는 혼자 짧은 거리를 걸어 건물로 들어갔다. 모사드의 다니 야톰은 바로 이 짧지만 그가 혼자인 틈을 이용해 요원들을 접근시켜 독극물을 묻히고 현장을 빠져 나오는 것으로 최종 계획을 승인한다. 다만 현장 조건이 원래 계획에 적합하지 않을 경우에는 작전을 연기하도록 당부했다. 계획이 완료되고 예행연습 등 준비에 들어간 사이에도 예루살렘에서 하마스에 의해 또 한 차례 자살폭탄 테러가 일어나 많은 희생자가 나오자 모사드는 서둘러 작전팀을 암만으로 침투시킨다.

작전팀은 감시와 행동, 지원조로 나눠 총 8명이 투입됐고 마샬의 동선을 줄곧 파악해 온 정찰 결과를 토대로 디-데이를 '9월 25일'로 정했다. 아울러 작전 실행에 대한 세부 계획도 수립했다. 계획에 따르면 행동조 2명이 팔레스타인 구제국이 있는 샤미아 센터 입구 근처에서 콜라 캔을 들고 대기하고 있다가 마샬이 나타나면 접근해 마개를 따 실수인 척 거품이 튀도록 한다. 그렇게 주위가 분산된 틈을 타서 다른 한 명이 마샬의 배후로 접근해 목덜미에 독극물을 묻히고 현장을 빠져 나오면 작전은 마무리된다. 이를 위해 콜라는 거품이 잘 뿜어지도록 흔들어 둬야 하고 독극물을 묻히는 순간을 아무도 알지 못하도록 최대한 간결하게 끝내는 것이 관건이었다. 만약 주변에 경찰이나 가족, 하마스의 또 다른 관계자 등 예상치 않은 인물이 나타난다든가 그 외의 돌발 상황이 발생해 작전 수행이 수월치 않을 경우에는 길 건너편에 대기한 현장 지휘관이 모자를 벗어 흔드는 것으로 '작전 중지'를 명하도록 했다. 이처럼 나름 탄탄한(?) 시나리오에 현지에서 예행연습까지 충분히 마친 작전은 이윽고 25일 디-데이를 맞이한다.

실수, 또 실수 … 작전은 재앙이 되고

당일 콜라 캔을 들고 마샬에 접근하는 역할은 숀 켄달이라는 요원이, 배후에서 독극물을 묻히는 임무는 배리 비즈라는 요원이 각각 맡았다. 모두 캐나다인으로 위장한 이들은 모사드의 특수작전부 소속으로 요인 암살 등의 특수임무를 전담하는 이른바 '키돈Kidon'의 정예 멤버였다. 또 샤미아 센터 로비에는 혹시나 요원들이 실수로 독극물에 노출되는 것에 대비해 해독제를 가진 지원조가 대기했다. 이처럼 정예 멤버에 돌발 변수까지 고려된 계획이다 보니 모두들 반드시 성공할 것이라는 확신에 차 있었다. 그러나 당시에는 몰랐지만 계획은 이미 시작부터 어그러져 있었다. 감시조로부터 표적이 평소처럼 SUV를 타고 집을 떠났다는 전갈이 왔는데 이때 마샬은 종전과 달리 딸을 차에 태우고 출근 중이었다. 그렇지만 감시조가 썬팅으로 인해 차량 내부를 정확히 파악하지 못하면서 이 중대한 변수를 놓치고 만다. 이런 사실을 꿈에도 몰랐던 행동조는 마샬이 오기만을 학수고대했다.

이윽고 마샬이 도착하고 건물 입구로 들어서려는 순간 차에서 딸이 뛰어나와 그에게 달려가는 것이 보였고 그 뒤를 보좌관이 쫓아가고 있었다. 현장에 표적 외의 인물이 나타나면 무조건 작전을 중단하도록 한 매뉴얼이 작동돼야 하는 순간이었다. 길 건너에서 이 상황을 확인한 현장 지휘관이 서둘러 모자를 벗어 흔들며 '작전 중지' 명령을 내린다. 하지만 숀과 배리는 이미 행동을 개시했고 이와 함께 공교롭게도 중지 명령이 떨어지던 찰나에 모습이 건물 기둥에 가려져 신호가 전달되지 못했다. 이 뿐만 아니라 마샬에게 접근한 숀 켄달이 시나리오대로 거품이 튀도록 콜라 캔을 땄지만 마개는 따지지 않은 채 손잡이만 떨어져 나가는 어처구니없는 상황이 연출된다. 사정이 여의치 않자 배리가 서둘러 마샬의 배후로 돌아가 뒷목에 독극물을 묻혔다. 여기서 한 번 더 일이 틀어진다. 배리가 마샬에게 독극물을 묻히는 순간 아이를 뒤쫓아 온 보좌관이 이 모습을 목격한 것이다. 보좌관은 낯선 사람이 상관에게 위해를 가한다는 판단하에 그 즉시 소리를 지르며 배리에게 달려들었다.

쥐도 새도 모르게 암살을 실행하려던 모사드의 당초 계획은 사실상 물 건너간 셈이 됐으나 돌발 변수는 이것이 끝이 아니었다. 마침 그 시각에 하마스의 행동대원이 마샬을 만나기 위해 샤미아 센터로 오던 중 보좌관이 낯선 자들과 대치하고 있는 것을 보게 된다. 전투로 단련된 이 행동대원은 숀과 배리가 달아나는 것을 집요하게 추적했고 암만의 대로변에서 시민들이 지켜보는 가운데 난투극이 벌어진다. 그렇게 난장판이 되고 얼마가 지나 주변 사람들의 신고로 경찰이 출동해 3명이 모두 체포되고 나서야 소동은 정리될 수 있었다.

말 그대로 '설상가상, 점입가경'이라는 말이 적합하게 계획은 유래를 찾기 힘들 정도로 틀어졌다. 그렇지만 이후 닥쳐온 후폭풍에 비하면 지금까지의 사태는 그저 시작에 불과하다. 가장 심각한 것은 모사드 요원 2명이 현행범으로 경찰에 체포됐다는 점이다. 물론 이때까지 경찰은 두 사람이 모사드 소속이며 그 중에서도 무시무시한 '키돈'의 정예 멤버라는 사실은 알지 못했다. 그러나 신분이 탄로 나는 것은 시간문제였다. 캐나다인으로 위장하고 있었기 때문에 경찰이 캐나다 영사를 부르게 되는데 면담 직후 영사가 이들이 자국민이 아니라고 확인해 줬다. 이에 경찰은 이들을 구금한 채 전화 한통을 허락한다. 요원들은 현장 본부에 전

베냐민 네타냐후 그는 하마스에 대한 보복조치로 단행된 모사드의 암살 작전이 참담한 실패로 돌아가면서 심각한 정치, 외교적 위기에 직면한다.

화를 걸어 체포된 사실을 알렸고 이 소식은 곧장 본국에 전달됐다. 전갈을 받은 다니 야톰은 참담한 심경으로 네파냐후 총리에게 작전 실패를 보고한다. 같은 시각 독극물에 노출된 마샬은 병원으로 옮겨졌으나 사경을 헤매고 있었고 모사드의 다른 요원들은 대사관으로 피신했다. 보고를 받은 네타냐후는 절망감에 휩싸인 채 야톰에게 요르단 국왕을 만나 전후 사정을 숨김없이 밝히고 요원들을 데려오라고 지시한다.

떠들썩한 비밀작전 … 진퇴양난 모사드

라빈 시절 평화 협정의 당사자이기도 했던 요르단의 후세인Hussein bin Talal 국왕은 야톰의 설명을 듣고 격노하며 협정을 어긴 이스라엘을 맹비난했다. 그는 처음에는 "음모에 가담한 모사드 요원들을 모두 체포해 사형시켜 버리겠다"고 했을 정도로 충격은 이만저만이 아니었다. 하마스가 이스라엘에서 테러를 저질렀다고는 해도 자국에서 암암리에 살육전이 벌어지고 있었다는 것에 분노하지 않을 수 없었다. 국왕은 군대를 동원해 이스라엘 대사관을 봉쇄하고 피신한 요원들이 국외로 탈출하지 못하도록 강경하게 대응했다.

작전이 실패한 데다 외교 문제로 비화되자 이스라엘 정부와 모사드는 말 그대로 '진퇴양난'에 빠진다. 이때부터 이들은 지금까지와는 전혀 다른 필사적 움직임에 사활을 걸어야 했다. 바로 자신들이 죽이려 독극물을 묻힌 마샬을 이번에는 살리기 위해 총력전에 돌입한 것이다. 모사드는 즉시 해독제를 병원으로 가져와 마샬에게 처방하도록 했다. 하지만 이 과정에서도 혼란이 야기된다. 의사 신분의 모사드 요원이 주사제를 놓으려 하자 요르단 의료진이 "독극물인지, 해독제인지 어떻게 믿느냐"며 항의했다. 그러자 모사드 요원이 요르단 왕립 주치의에게 주사제를 건넸다. 그런데 왕립 주치의도 주사제의 정체를 알지 못한 상태로 처방할 수는 없다며 완강하게 버텼다. 그러면서 이들은 모사드에 독극물과 해독제의 '화학식'을 요구한다. 검증을 끝낸 뒤 처방하겠다는 입장이었는데 다년간 극비로 약품을 개발한 모사드로서는 기밀을 넘기는 것이다 보니 주저할 수밖에 없었다. 이렇게 이스라엘이 고민에 빠져 있는 사이 이번에는 후세인 국왕이 다시 압박을 가한다. 모사드 요원들을 사형시키겠다고 거듭 주장하며 평화 협정을 중재했던 백악관에 이 사실을 낱낱이 알렸다. 당시 미국 빌 클린턴Bill Clinton 대통령도 후세인 국왕의 전갈을 듣고는 사태의 심각성에 공감하며 네타냐후 총리에게 화학식을 넘기라고 요구한다. 사면초가에 빠진 모사드는 울며 겨자를 먹는 심정으로 애써 개발한 화학식을 요르단에 넘겨 간신히 마샬을 구해냈다.

그렇다고 사태가 모두 해결된 것은 아니다. 마샬의 회복에도 불구하고 국왕은 노여움을 풀지 않았다. 체포된 2명의 모사드 요원은 여전히 요르단 감옥에 구금돼 있었고 나머지 요원들도 봉쇄된 대사관에서 사실상 연금 상태에 놓였다. 더욱 사태 수습을 위해 네타냐후 총리가 직접 고위급 대표단을 이끌고 요르단을 찾았으나 국왕은 이들을 만나주지 않았다. 평소 같아서는 있을 수도 없고 설령 있다 해도 커다란 결례였겠으나 이스라엘이 이를 탓할 처지가 아니었을 정도로 작전 실패의 후폭풍은 강력했다. 이에 네타냐후는 국왕과 친분이 깊은 모사드 부국장 출신의 에프라임 할레비Efraim Halevy 유엔 대사를 내세워 협상을 벌이도록 지시한다. 그제서야 못이기는 척 협상에 나선 후세인 국왕은 할레비에게 이스라엘이 구금 중인 하마스의 창설자 겸 정신적 지도자인 아메드 야신Ahmed Yassin을 석방하라고 요구했다. 이는 이스라엘의 입장에서 하마스의 중간 간부 한 명을 처단하려다 도리어 우두머리를 놓아줘야 하는 것이었기 때문에 받아들이기 쉽지 않은 조건이었다. 그러나 파문을 수습하는 것이 급선무였던 만큼 요구를 들어줄 수밖에 없었다. 이렇게 해서 경찰에 체포됐던 2명의 키돈 요원을 데려왔다. 더해 요르단은 이스라엘에 붙잡혀 있는 자국 출신 재소자 20명을 석방하라는 요구도 한다. 이스라엘은 대사관 봉쇄를 푸는 조건으로 이 요구도 들어주며 나머지 요원을 본국으로 귀환시켰다.

이런 식으로 '떠들썩한 비밀작전'이 마무리되고 모사드는 세계적인 정보기관에서 세계적인 조롱거리로 전락한다. 이후에도 모사드의 표류는 이어져 1998년 초 스위스에서 벌인 비밀공작이 또다시 실패하면서 다니 야톰은 불명예를 안고 지휘봉을 내려놔야 했다. 모사드의 무기력과 표류는 2002년 열 번째 수장인 메이어 다간Meir Dagan이 지휘봉을 잡기 전까지 계속됐다.

SECTION IV

잠복, 보이지 않는 위협

37

이란 핵 개발 저지공작

Anti Iranian Nuclear Program 2002~2012 -Mossad-

이란 핵 개발 저지공작Anti Iranian Nuclear Program은 2000년대 들어 약 10년 간에 걸쳐 모사드가 실행한 비밀작전이다. 이란은 이라크와의 전쟁을 거치며 핵 무기 등 대량살상무기 개발의 필요성을 절감하고 1990년대 들어 핵 개발을 본격 화한다. 이에 위협을 느낀 모사드는 첩보가 입수된 직후부터 요인포섭 및 암살, 교 란작전, 비밀외교, 파괴공작 등 모든 역량을 총동원해 방해공작을 벌이며 계획을 지연시켰다.

모사드의 대對이란 방해공작 배경

당초 이란은 1979년 루홀라 호메이니Ruhollah Khomeini가 이끈 이슬람 혁명 이후 그것이 순수 에너지 개발이건 군사적 목적이건을 막론하고 모두 '반 이슬람적'이라는 이유로 일체의 핵 개발을 중단시켰다. 이때 이들은 앞선 팔라비 정권에서 서독 업체와 계약해 건설에 들어갔던 부셰르Bushehr 원자로 건설 사업까지 일방적으로 파기했을 정도로 비핵화 의지는 강했다. 그러나 이란-이라크 전쟁이 발발하고 얼마 후인 1981년 7월 이스라엘이 이라크 바그다드 인근 오시라크Osirak 핵 원자로를 공습하는 바빌론 작전을 단행하면서 사담 후세인이 핵 개발을 하고 있었다는 사실을 알게 된다. 이와 함께 사담이 생화학 무기도 사용하는 징후를 포착한다. 여기에 맞서 이란도 종전의 입장을 바꿔 대량살상무기 개발에 눈을 돌리기 시작했고 그 중심에는 핵무기 개발이 있었다.

이렇게 시작된 이란의 핵 개발은 1990년대와 2000년대에 걸쳐 아마드 프로젝트AMAD Project로 구체화 되는데 이런 움직임은 이슬람 혁명 이후 숙적으로 돌아선 이스라엘을 자극하기에 충분했다. 이에 위협을 느낀 이스라엘은 모사드를 앞세워 전모를 밝혀 나갔고 '어둠의 제왕' 메이어 다간Meir Dagan이 수장에 오른 직후부터 적극적이고 공격적인 대이란 핵 개발 방해공작에 돌입한다.

대량살상 무기, 그 치명적 유혹

이스라엘이 이라크의 오시라크 원자로를 공격한 '바빌론 작전

Operation Babylon'은 이란에는 커다란 충격과 함께 이후 많은 영향을 미치게 된다. 자신들이 모르는 사이에 사담 후세인Saddam Hussein이 음험한 계획을 추진 중이었으며 만약 핵무기 개발이 성공했더라면 전쟁은 참혹한 패배로 끝났을 것이 자명했다. 이런 위기의식은 이란 수뇌부가 이슬람 혁명 직후 핵 개발에 대해 가졌던 부정적 인식을 근본적으로 바꾸는 계기가 된다. 실제로 이란은 호메이니의 후계자로 떠오른 실력자 알리 하메네이Ali Khamenei를 중심으로 1981년 후반 핵 개발 금지결의를 해제하고 중단했던 부셰르 원자로의 건설을 재개하면서 핵보유국의 야망을 불태우기 시작한다. 무엇보다 이란은 넓은 영토와 풍부한 산유량, 그리고 우라늄 광산까지 보유하고 있었기 때문에 핵 개발에는 천혜의 조건을 갖추고 있었다. 또 미국의 도움으로 팔라비 정권 내내 원자력 노하우를 축적해 온 만큼 자신감도 하늘을 찔렀다.

그렇지만 전쟁이 한창인 가운데 핵 개발을 한다는 것은 쉬운 일이 아니었다. 우선 이들은 중단됐던 부셰르 원자로 건설을 재개하고자 시공 계약업체였던 서독의 지멘스Siemens에 공사 재개를 요구한다. 그러나 지멘스는 혁명 정부가 거액의 공사비를 체납한 것 등을 계약 파기로 간주해 제안을 거부한다. 이에 더해 이라크가 전쟁 중반부터 부셰르에 대한 파상적인 공습을 벌여 상당 시설이 파괴됐다. 결국 페르시아 제국의 재현을 꿈꾸며 전격적으로 내딛은 이란의 '핵보유 야망'은 단 한 발짝의 진전도 없이 10년 가까이 흘렀고 종전終戰에 이른다.

그런데 이란은 종전과 함께 뜻밖의 호재를 맞이한다. 소비에트 연방 (소련)이 붕괴되면서 일자리를 잃은 장교와 과학자들이 넘쳐나게 된 것이다. 당시 진상에 대해서는 명확히 드러난 사실은 없지만 구소련에서 핵무기 개발에 관여했던 장교와 과학자들이 대거 이란에 고용됐다는 확인되지 않은 소문이 나돌았다. 그리고 얼마 뒤 이란은 러시아와 공동으로 '페르세폴리스Persepolis'라는 원자력 연구기관을 설립한다. 이때 러시아에서는 이 사업을 구소련 시절 위력을 떨쳤던 KGB의 대외부문이 분화돼 창설된 해외정보국SVR이 주도했고 원자력뿐만 아니라 미사일도 연구 목록에 포함됐던 것으로 알려졌다. 다만 보리스 옐친Boris Yeltsin 러시아 대통령은 연구 범위를 에너지 개발로 제한하고 이마저도 미국과 협의할 것을 단서로 달았다. 이에 앞서 이란은 페르시아 만 인근 다코빈 Darkhovin에도 중국과 계약을 맺고 3백 메가와트MW급 원자로 2기를 건설 중이었다. 하지만 1996년 미국이 러시아와 중국에 이란과의 핵 개발 협력을 철회할 것을 압박하면서 제동이 걸린다. 이로 인해 러시아는 계약을 취소하지는 않았으나 실행을 차일피일 미뤘고 중국은 협정을 철회하는 대신 비밀리에 이란에 원자로 설계도를 제공했다. 이처럼 이란의 핵 개발은 1990년대 들어서도 미국을 중심으로 한 국제사회의 감시로 번번이 시련에 부딪힌다.

반면에 이들의 이런 시련은 단지 외형적인 것이었을 뿐 같은 시기 수면 위로는 결코 드러나지 않았던 또 하나의 은밀한 물밑 움직임이 존재했던 것으로 훗날 확인됐다. 그것은 다름 아닌 파키스탄 핵무장의 영웅이면서 리비아, 북한 등에 기술을 팔아 '죽음의 상인'으로 불렸던 압둘 카디르 칸Abdul Qadeer Khan 박사와의 숨겨진 커넥션이다.

일각에 따르면 이란이 칸 박사와 관계를 맺기 시작한 것은 1987년이다. 당시 아랍에미리트UAE 두바이의 한 사무실에 칸 박사를 포함한 유럽인 등 8명의 사람들이 모였으며 이 자리에는 이란인 3명도 참석했다.

또한 동석한 유럽인들도 모두 이란이 고용한 원자력 전문가였다. 여기서 이란은 칸 박사에게 거액을 주고 그가 보유한 '우라늄 농축기술'을 건네받는 비밀 협정을 체결한다. 이때 칸 박사가 보유한 우라늄 농축기술이란 천연 우라늄을 가스로 전환시키고 이 가스를 원심분리기에 넣어 1분당 10만회 속도로 회전시키면 핵폭탄 제조에 필요한 우라늄 235가 추출되는 기술이다. 본래 이 기술은 영국, 네덜란드 등이 설립한 우라늄 농축 컨소시엄 유렌코 그룹Urenco Group에서 개발한 것이지만 칸 박사는 이곳에 다니던 시절 설계도를 빼돌려 돈벌이에 이용하고 있었다.

'죽음의 상인' 칸과의 숨겨졌던 검은 거래, 이것이 사실상 이란의 핵 개발 계획인 '아마드 프로젝트AMAD Project'의 시작이었다. 이렇게 핵심 기술을 손에 넣은 이란은 암암리에 연구에 필요한 전자장비 등을 반입하며 착실히 준비를 이어간다. 이 과정에서도 간혹 관계자들이 파키스탄을 방문해 칸 박사와의 교류를 지속했다. 이란은 국제사회가 부셰르 원자로에 한눈을 팔고 있는 사이 넓은 영토의 이점을 십분 활용해 눈길이 닿지 않는 후미진 곳에 핵시설들을 분산 건설해 나갔다. 이들은 이스파한Isfahan과 아라크Arak에는 중수 생산 시설이 포함된 핵발전소를, 나탄즈Natanz에는 우라늄 농축을 위한 원심분리기 시설을 설치하기 시작한다. 아울러 디알렘Dialem과 파르친Parchin 등에도 핵 관련 시설을 건설했다.

이 시설물들에 대해서는 모두 군사시설로 위장해 외부 노출을 철저히 막았으며 조금이라도 발각될 기미가 보이면 즉시 위치를 이전하는 방식으로 감시의 눈을 피했다. 애초에 부셰르와 다코빈 원자로 사업에 러시아와 중국을 끌어들인 것이 국제사회의 눈을 돌리기 위한 이란의 치밀

부셰르 원자력 발전소 1974년 착공된 이 발전소는 이란 핵 개발의 상징적 시설물이지만 혁명, 전쟁, 공습, 체납, 방해 공작 등으로 건설과 중단을 반복해 30년이 지나서야 완공되는 우여곡절을 겪었다.

한 기만술이었는지는 알 수 없다. 그럼에도 결과적으로는 그렇게 됐고 이로 인해 미국이나 영국은 물론 국제원자력기구IAEA도 아라크와 나탄즈 핵시설에 대해서는 수년간 존재조차 알지 못했다.

눈치챈 모사드, '그림자 전쟁'의 서막

그러나 세상에 비밀은 없다는 말처럼 이렇게 감쪽같이 진행된 계획도 조금씩 흔적을 남기며 전모를 드러내기 시작한다. 아마드 프로젝트와 관련해 의미 있는 흔적이 처음으로 발견된 때는 1998년 6월이다. 칸 박사와 함께 연구를 진행하던 파키스탄인 이피카르 칸 차우드리라는 과학자가 미국으로 망명해 FBI에 파키스탄과 이란의 핵 개발 공조를 털어놓는다. 그렇지만 차우드리도 아마드 프로젝트의 세부 내용은 알지 못했던 것으로 보인다. 그의 증언에도 불구하고 미국은 이후 이란의 핵 개발과 관련된 이렇다 할 정보를 확보하지 못하면서 의혹은 흐지부지됐다. 다음으로 흔적이 발견된 때는 2001년 하반기로 모사드의 특수공작원이 파키스탄을 방문해 현지 협조자를 통해 역시 칸 박사와 관련된 내용을 전해 들으면서부터다. 이 전갈을 통해 모사드는 칸 박사의 위험성을 일찌감치 직감했고 경고를 담은 메시지를 미국에 보내는 동시에 장차 이스라엘에 위협이 될 것으로 판단, 암살계획을 세우기까지 했다.

하지만 이때 미국은 모사드의 이러한 우려와 경고를 주의 깊게 듣고 있을 입장이 아니었다. 모사드가 칸 박사의 위험성을 경고한 시점은 앞서 오사마 빈 라덴Osama bin Laden에 의해 뉴욕이 공격당한 9.11 테러 사태 직후였다. 따라서 미국은 빈 라덴을 잡기 위해 혈안이 돼 있었는데 그가 파키스탄 국경 부근 산악지대로 숨어든 것으로 파악했다. 이에 파키스탄 정부의 협조가 절실했고 이런 이유로 미국은 당시 무샤라프 대통령의 전폭적 신임을 받고 있던 칸 박사의 위험성이라든가 이란과의 핵 개발 커넥션 등에 귀 기울일 겨를이 없었다.

그러던 2002년 8월 향후 이란 핵 개발 계획에 변수가 될 만한 중대한 일이 벌어진다. 이란 내 반체제 지하조직인 국민저항위원회NCRI가 아라크와 나탄즈에 국제사회가 알지 못하는 극비의 핵시설이 있다고 폭로한 것이다. 이와 함께 NCRI는 핵 개발을 주도하고 있는 모센 파크리자데라는 테헤란대 물리학 교수의 신상도 낱낱이 공개해 주장의 신빙성을 높였다. 그리고는 주요 정보들이 담긴 컴퓨터 파일을 CIA에 전달하게 된다. 이 일은 빈 라덴에만 정신이 팔려 있던 미국이 비로소 이란 핵 문제에 관심을 갖기 시작하는 결정적 계기가 됐다. 후에 알려진 사실이지만 NCRI가 폭로에 이르게 된 배후에는 다년간 이란 핵시설에 대해 첩보를 수집해 온 모사드가 있었다. CIA에 전달된 파일은 대부분 모사드가 입수해 NCRI에 넘긴 문서들이다. 모사드는 그간의 많은 경고에도 불구하고 미국이 움직이지 않자 NCRI를 동원해 미국을 자극하는 일종의 '충격 요법'을 쓴 것으로 보인다.

배후 사정이 어떻건 이란이 자국의 저항세력에 꼬리가 잡히던 시점 또 하나의 중대한 변화가 아라비아반도 너머 이스라엘에서 일어나고 있었다. 냉전이 끝난 뒤 정체성을 잃고 표류하던 모사드에 군에서 현역시절 '특수전의 귀재, 어둠의 제왕'으로 불리던 메이어 다간이 새로운 수장으로 등극한 것이다. 다간의 출현과 관련해 처음에는 중동 첩보계에서도 그리 경계하거나 주목하지 않았다. 왜냐하면 그가 전통적 첩보계통의 인물이 아니었던 만큼 대외적으로 그리 알려져 있지 않았기 때문이다. 그러나 그는 시간이 갈수록 아랍의 과격파 테러조직들을 차례로 제압해 나가면서 묵직한 존재감을 드러냈고 조직개편과 인적쇄신을 통해 모사드의 역량을 전성기 수준으로 끌어올렸다. 특히 당시 다간이 지휘한 작전들은 하나같이 과감하고 창의적이었으며 치밀한 데다 집요하기까지 했다. 이러한 그의 능력은 장차 '숙적' 이란의 야망에 최대 걸림돌이 된다.

다간이 지휘봉을 잡은 이후 아랍의 핵 개발과 관련해 현장요원들에게 받은 보고에 따르면 요주의 인물은 단연 파키스탄의 칸 박사와 이란의 파크리자데 교수였을 것으로 추정된다. 또 그는 이들 두 과학자에 대한 제거 계획을 최우선으로 추진했을 것으로 여겨진다. 실제로 모사드는 칸 박사의 암살을 위해 특수작전부의 최정예팀인 '키돈Kidon'을 움직였던 것으로 알려졌다. 이러한 물밑 위협과 압박에 의한 것인지는 확인되지 않지만 2004년 2월 느닷없이 칸 박사는 파키스탄 TV에 출연해 자신이 "거액의 돈을 받고 이란과 리비아, 북한에 핵기술을 팔아 넘겼다"고 울면서 실토했고, 그 즉시 파크리자데 교수는 종적을 감춰버렸다.

한편 모사드의 은밀한 압박이 포착되자 공개적으로 선수를 친 것은 이란이었다. 이란은 2004년 12월 핵시설 관련자가 포함된 10명을 스파이 혐의로 체포한다. 그럼에도 모사드는 좀처럼 행동을 외부로 드러내지 않았다. 그러던 2005년 초부터 이란이 그토록 꽁꽁 숨겨왔던 핵시설들에서 의문의 폭발사고가 연이어 일어난다. 2월에는 디알렘에서 폭발이 일어났는데 외신은 이를 "정체불명의 세력이 동원한 항공기에 의한 공습이었다"고 보도했고, 부셰르 원자로의 가스관에서도 원인을 알 수 없는 폭발사고가 있었다. 이어 핵폭탄의 기폭장치를 개발하던 파르친에서 폭발이 일어나 많은 사상자가 나온 것으로 알려졌다. 이에 대해 이란은 배후로 이스라엘과 함께 미국을 지목했으나 조지 부시George W. Bush 대통령이 CIA에 비밀작전을 인가한 것은 그로부터 2년이 지난 2007년이니 관련 사건들은 다간의 지휘를 받은 모사드의 단독 행동일 가능성이 높다.

아마디네자드의 도발 … CIA의 결합

이처럼 핵 개발을 둘러싼 이란과 이스라엘 간 신경전은 비록 살얼음이

긴 했지만 적어도 이때까지는 수면 아래에 잠복해 있었다. 하지만 이런 '불안한 고요'는 강경 성향의 마무드 아마디네자드Mahmoud Ahmadinejad가 이란 대통령에 오르면서 본격적으로 표면화한다. 아마디네자드는 2005년 10월 연설에서 "이스라엘을 지도상에서 없애 버리겠다"며 "영원한 평화와 힘을 가져다줄 강력한 핵능력을 개발하겠다"고 공언했다.

이에 이스라엘은 이란의 턱밑인 호르무즈Hormuz 해협에 핵미사일을 탑재한 잠수함을 대기시켜 분노를 표출한다. 때를 맞춰 다간은 국방부와 가진 비밀전략 회의에서 "이란의 핵무장을 결코 용인할 수 없다"고 밝히며 행동에 나설 뜻을 분명히 했다. 우연의 일치인지는 몰라도 이후 이란에서는 잇단 항공기 추락사고로 상당수 인명이 희생된다. 먼저 2005년 12월 테헤란에서 108명이 탄 항공기가 추락해 전원이 사망했고 이어 군용 화물기가 추락해 98명이 즉사했다. 2006년 1월 중부에서도 군용기가 추락해 혁명수비대 사령관인 아메드 카자미를 포함한 대원이 모두 숨졌으며 11월에는 테헤란 근처에서 혁명수비대원 36명을 태운 군용기가 추락해 역시 전원 사망했다. 일련의 사건에서 모사드와는 어떠한 관련성도 발견되지 않았지만 아마디네자드는 희생자들의 죽음을 지하드성전: 聖戰로 표현하며 에둘러 비난했고 이란 국방부는 "이스라엘과 미국, 영국 정보기관들이 항공기 추락에 책임이 있는 것으로 보인다"며 의혹을 제기했다. 그 사이에도 2006년 4월에 나탄즈 원심분리기 시설에서 한동안 잠잠하던 폭발사고가 또 다시 일어나 긴장감을 던진다.

아울러 이듬해부터는 핵 개발에 관여하고 있는 과학자 및 정부기관 요인들이 갑자기 사망하거나 실종되는 미스터리한 일이 벌어진다. 2007년 1월 천연 우라늄을 가스로 전환하는 이스파한의 비밀기지에서 근무하던 아르데쉬르 호세인푸르Ardeshir Hosseinpour가 자택에서 유독 가스를 마시고 숨졌는데 영국의 「선데이 타임즈」는 이것을 "모사드에 의한 독살"이라고 보도했다. 2월과 3월에는 핵 개발에 관여한 것으로 추정되는 이란 전 국방차관과 혁명수비대 사령관을 비롯한 고위급 장교가 연쇄적으로 실종된다. 여기서도 모사드가 배후라는 소문이 있었지만 현재까지도 밝혀진 것은 아무것도 없다.

이 시기에 이란 핵 개발을 둘러싸고 벌어진 사건 중에는 파괴공작과 암살 및 포섭으로 추정되는 일만 있었던 것은 아니다. 다간은 모사드 지휘봉을 잡은 이후 내부 조직개편과 더불어 영국 MI6, 독일 BND 등 우방국 정보기관들과의 신뢰 회복 및 국제공조에도 많은 공을 들였다. 그 결과 2007년 MI6, BND 등과 공동으로 원심분리기 배관에 쓰는 단열재를 공급하는 위장업체를 차리고 대이란 기만공작을 벌인 것으로 추정된다. 이 기관들은 단열재가 유엔 제재 품목이라는 점을 이용해 암시장에서 이란을 상대로 불량품을 팔아 원심분리기의 기능을 저하시켰다.

이와 함께 5월에는 미국 부시 대통령이 이란 핵 개발 저지에 CIA가 참여하도록 비밀공작을 승인하면서 모사드는 천군만마 원군을 얻는다. 미국의 전략 변화에 고무된 다간은 8월 워싱턴을 방문해 미 국무부와 이란 핵 문제에 대한 공조 체계를 공식화했다. 이 자리에는 니콜라스 번스Nicolas Burns 국무부 차관이 참석해 모사드가 수립한 '대이란 5대 전략'에 동의하며 협력을 약속했다. 이들이 합의한 대이란 5대 전략이란 유엔을 통한 외교적 제재 및 압박, 핵무기 개발에 필요한 원부자재 금수 조치, 이란에 대한 금융 제재, 소수민족을 동원한 사회 불안, 특수 공작원에 의한 비밀작전 등이 주요 골자였다. 이어 2008년 들어서도 아라크와 이스파한 등에서는 공작으로 짐작되는 폭발사고가 연속적으로 일어났다.

집요한 방해 공작, 백기 든 이란

그러나 이란의 대응도 만만치 않았다. 이란 정부는 2008년에만 두 차례에 걸쳐 스파이 용의자를 체포했고 이 중에는 모사드와 내통한 혐의를 들어 교수형을 집행한 사례도 있었다. 나아가 테헤란 남쪽 쿰Qom 인근에 원심분리기 3천대 규모의 지하 핵시설을 추가로 건설하며 이스라엘과 서방 정보기관의 공격에 강하게 맞섰다.

좀처럼 물러서지 않는 이란의 태도에 서방 정보기관들을 등에 업은 모사드는 그림자 전쟁의 전선을 한층 더 넓혀간다. 2009년 핵물리학자 샤흐람 아미리를 포섭해 미국으로 망명토록 도왔으며 스위스 공학자 가문인 티너Tinner가를 매수해 결함 있는 전기 장치를 판매하도록 사주했다. 이로 인해 나탄즈 원심분리기들은 심각한 불능에 빠진다. 아울러 전직 러시아 장교들이 팔아넘긴 우라늄을 선적하고 이란으로 향하던 선박을 나포해 원료 유입을 방해했으며 2010년에는 스틱스넷Stuxnet이라는 컴퓨터 바이러스를 침투시켜 이란의 핵 개발 관리 프로그램을 먹통으로 만들었다. 이후에도 모사드가 배후일 것으로 추정되는 암살과 파괴 등의 방해는 계속된다. 2010년 1월 혁명수비대 일원이면서 양자 물리학자였던 알리 모하마디Ali mohammadi가 폭탄이 장착된 채 차량 부근에 세워져 있던 오토바이 폭발로 목숨을 잃었으며 11월 29일 하루 동안에도 마지드 샤리아리Majid Shahriari와 페레이둔 아바시Fereydoon Abbasi가

공격당해 각각 사망 혹은 부상했다. 사건들에 대해 아마디네자드는 "시온주의자(유대인)들의 수법과 닮아 있다"면서 우회적으로 모사드의 소행임을 주장했다.

다만 이렇듯 이란에 대한 강경 입장에도 불구하고 당시 다간은 공군기를 동원해 이란 핵시설들을 공습해야 한다는 베냐민 네타냐후 총리 등 강경파의 요구에는 반대했다. 최후의 일격은 아껴둬야 하며 시기가 무르익지 않았다는 게 그의 생각이었다. 이에 네타냐후는 다간을 경질하고 모사드의 후임 수장으로 타미르 파르도Tamir Pardo를 임명한다. 그렇지만 파르도 역시 전임 다간과 마찬가지로 군사행동은 자제하고 비밀임무를 유지했다. 이에 따라 2011년 7월 물리학자 다리우쉬 레자이네자드Darioush Rezaeinejad가 테헤란에서 폭발 사고로 사망한데 이어 11월에는 대륙간 탄도미사일ICBM을 개발 중이던 공장에서 폭발이 일어나 계획에 막대한 지장이 초래된다.

그 결과 1980년대 초에 시작된 이란의 핵 개발 야망은 30년이 넘도록 뚜렷한 성과를 거두지 못한 채 제자리걸음만 반복했다. 이에 대해 서방 정보당국에서는 모사드의 치밀하고 집요한 방해 공작이 주된 이유라는 시각을 드러냈으며 이집트의 극우매체인 「알 아흐람」도 "지난 모사드의 활동이 이란의 핵 개발 계획에 극심한 타격을 입혀 진전을 막았다"는 평가를 내놓은 바 있다. 또한 이란은 미국이 중심이 된 유엔의 제재조치로 세계 4위에 해당하는 석유 매장량에도 불구하고 경제가 파탄지경으로 치달으면서 2013년 아마디네자드가 실각하고 온건파 하산 로하니Hassan Rouhani가 대통령에 올라 변화가 찾아온다. 이후 미국, 영국 및 독일 등 6개국과 핵협상을 시작해 2015년 4월 합의에 이른다. 합의에서 이란은 2003년 이전을 포함한 모든 핵 활동에 대해 IAEA의 전면 사찰을 수용하기로 하고 군사 시설에 대한 특별사찰도 받아들인다. 이와 함께 2만여 개의 원심분리기를 5천 개 수준으로 줄일 것과 농축 우라늄 비축량을 경수로 연료만 남기고 모두 없앨 것, 그리고 향후 15년간 신규 핵시설을 건설하거나 재설계 또는 용도 전환을 하지 않을 것 등에 합의했다.

한편 IAEA는 2015년 12월 내놓은 이란 핵사찰PMD 보고서에서 "이란은 2003년 말 이전부터 핵무기 개발과 관련된 활동을 했고 이후에도 일부 진행됐지만 2009년 이후로는 핵무기 개발 활동에 대한 징후를 발견할 수 없었다"고 밝혀, 같은 기간 진행된 것으로 추정되는 모사드의 방해공작이 얼마나 집요하고 위협적이었으며 실효성이 있었는지를 짐작게 했다.

38

에셜론 프로그램

ECHELON Program 1948~ -NSA / GCHQ-

에셜론 프로그램ECHELON Program은 제2차 세계대전에서 비롯된 영국과 미국의 첩보협력UK-USA을 기반으로 1948년부터 시작된 영어권 5개 국가 간 신호정보 수집 및 분석, 공유 네트워크다. 전후에는 막대한 자금과 인력을 바탕으로 미국의 국가 안보국NSA이 주도해 왔으며 영국 정부통신본부GCHQ를 핵심 파트너로 캐나다, 호주, 뉴질랜드의 통신정보국이 참여하고 있다.

이들은 자체 첩보위성 운영과 지구 주위를 도는 군사, 상업위성 및 통신 시설에 대한 감청을 통해 전 세계 전화, 팩스, 이메일에 이르는 신호정보SIGINT를 감시, 장악하고 있다.

에셜론 프로그램의 태동 배경

2차 대전을 거치며 미국은 신호정보의 중요성을 절감하고 전후 통신 망을 도·감청해 암호를 해독하는 국가안보국NSA의 역할을 확대해 나 갔다. 때를 같이해 소련과의 냉전이 도래하면서 인적정보HUMINT에 비 해 위험이 덜하면서도 효율은 높은 신호정보에 총력을 쏟기 시작한다. 당시 공산진영의 확장은 전 세계로 빠르게 퍼져 나갔고 이에 대응해 미 국은 주요 거점에 감청시설을 만들어 전방위 감시를 벌이기로 한다. 그 렇지만 자체 감청시설을 만드는 것이 비효율적이라고 판단한 미국은 전 쟁 기간 연합국이었고 특히 같은 영어를 사용하는 국가를 중심으로 협 력체계를 구축하는 방안을 마련했다. 미국은 영국과는 전시 통신첩보협 정을 통해 이미 긴밀한 협력관계에 있었는데 여기에 더해 캐나다, 호주, 뉴질랜드를 차례로 포함시키면서 에셜론 프로그램이라는 감시 및 공유 네트워크를 완성한다.

참고로 이 첩보체계는 단시간에 구축된 것은 아니며 1948년 본격화 돼 1977년 뉴질랜드의 정부통신보안국GCSB이 정비됨과 동시에 합류하 면서 현재에 이르고 있다. 또 에셜론 프로그램이라는 명칭 외에도 이들 첩보 공동체 5개국의 눈이 전 세계를 감시하고 있다는 의미에서 '5개의 눈Five Eyes'이라고도 불린다.

나치의 도발, UK-USA의 탄생

본래 에셜론 프로그램은 미국 등 서방진영이 소련을 중심으로 한 공산진영을 감시하기 위해 만들어낸 냉전기 산물이지만 사실상의 출발점은 나치와 일본의 불장난이 한창이던 2차 대전기로 거슬러 올라간다. 당시 히틀러는 에니그마ENIGMA로 불린 난공불락의 암호생성기를 바탕으로 주변국을 파죽지세로 점령하며 세계 정복의 야심을 불태운다. 이에 영국은 캠브리지의 천재 수학자 앨런 튜링Alan Turing을 앞세운 암호해독 작전인 울트라ULTRA로 맞서며 나치의 예봉을 꺾었다. 같은 시기 일본도 에니그마를 개량한 퍼플PURPLE 암호생성기를 사용해 서방의 눈과 귀를 속이려 했고 급기야 미 태평양 함대가 주둔한 진주만을 기습한다. 불시의 일격을 당한 미국은 매직MAGIC 작전을 가동해 일본 해군의 암호를 풀어내며 전세를 역전시켰다.

이렇게 대서양과 태평양에서 각각 고군분투하던 두 나라는 1943년 5월 17일 첩보사에 남을 만한 중대한 약속을 한다. 소위 '브루사 협정BRUSA Agreement'으로 알려진 감청협정을 맺은 것이다. 이 협정에 영국 측에서는 군 정보에 핵심이었던 알프레드 매코맥 대령 등이 나섰고 미국 측에서는 신호정보의 선구자인 윌리엄 프리드먼William Friedman이 육군 중령 신분으로 블리첼리 파크를 찾았다. 협정을 통해 양국은 에니그마와 퍼플의 암호해독 성과를 교환하고 분석 내용을 공유하게 되는데 이는 훗날 에셜론 프로그램의 근간이 되는 이른바 'UK-USA'의 시작점이 됐다. 그러나 이때는 전쟁이 한창이었기 때문에 실무 책임자간 약속만 있었을 뿐 공식협정은 전후로 미뤄진다. 마침내 전쟁이 끝나고 얼마가 지난 1946년 3월 5일 공식적으로 영국과 미국은 통신첩보협정을 체결하며 적어도 물밑으로는 UK-USA의 실체를 분명히 했다.

그런데 양국은 나치와의 전쟁을 끝내기 무섭게 소련의 팽창과 공산진영의 확장이라는 또 다른 도전에 직면한다. 이에 전후 새로운 패권국의 지위를 차지한 미국은 1948년 기존 영국과의 협정을 기반으로 전시 연합국이었던 캐나다, 호주, 뉴질랜드를 끌어들여 비밀협정을 맺게 된다. 바로 이것이 현재로 이어진 에셜론 프로그램의 원형이다. 그 사이 영국은 통신정보를 전문으로 취급하는 정부통신본부GCHQ를 창설해 다가오는 미래 신호정보SIGINT시대를 대비했고 미국도 해체와 재창설을 반복했던 육군 감청부대SIS: 알링턴홀와 해군 정보국의 감청부대 일부를 묶어 국가안보국NSA을 창설하며 냉전이라는 첨예한 전장으로 발을 들여놓는다.

반면 신호정보의 중요성을 일찌감치 깨달은 데다 풍부한 경험과 자금을 가진 영국이나 미국과 달리 그 외 동맹국들은 전후 그 역할을 담당했던 통신부대 기능이 크게 축소되거나 아예 상실되면서 갈피를 잡지 못하는 상황이었다. 이에 양국은 동맹국들에 대한 물심양면의 지원을 통해 필사적으로 전력 증강을 돕는다. 이 가운데 캐나다의 경우에는 소련에서 북극권을 경유해 북미로 향하거나 혹은 반대로 드나드는 전파를 쓸어 담기에는 최적의 위치에 있었다. 전후 캐나다 외무부도 지리적 장점을 참작해 전쟁기간 운영한 통신부대를 국립연구위원회 산하 통신분과CBNRC로 흡수, 운영하기로 했지만 적은 인력과 부족한 자금은 골칫거리였다. 이런 이유로 영국 GCHQ는 수많은 도·감청 문건을 캐나다에 제공하며 조직의 생존을 도왔다. 또 당시로써는 미국 NSA도 북극권을 경유하는 통신에 대해서는 캐나다에 의존해야 했기 때문에 상당수의 인력을 파견하고 자금을 지원하는 등 힘을 보탰다.

이렇게 시작된 캐나다의 신호정보 기능은 1949년 최초 179명에서 1960년대를 거치며 약 600명 수준으로 확대됐고 이윽고 1975년 국방부 산하로 옮겨지면서 통신보안국CSE이라는 독자적인 명칭과 5층짜리 벽돌로 된 본부를 가질 정도로 자리매김에 성공한다. 이 뿐만 아니라 이들은 오타와 남쪽 라이트림 기지CFS Leitrim에 접시형 위성안테나 4기로 이뤄진 별도 감청소를 만들어 외교통신을 감청하고 있으며 뉴펀들랜드 갠더 기지CFB Gander에서는 주로 선박에 대한 감청활동을 벌이고 있다. 이중 갠더 기지는 NSA의 불스아이 고주파 방향탐지 네트워크와 직접 연결돼 있고 엘즈미어섬의 얼러트 기지, 브리티시 컬럼비아의 매셋 기지를 관리하고 있는 것으로 알려졌다.

또한 지리적으로 남태평양 중앙에 위치해 중동에서 극동까지 아시아 전체를 감시할 수 있고 여기에 더해 아프리카 남부까지도 곁눈질이 가능한 호주 역시 UK-USA에는 군침 나는 파트너였다. 더욱 호주는 태평양전쟁에서 영국, 미국과 함께 연합군 해군에 신호정보를 제공하는 함대 신호정보국FRUMEL을 만들어 맹활약했으며 미 해군정보국의 하와이 지국HYPO을 도와 미드웨이 해전을 승리로 이끄는 데에도 일조한 바 있다. 다만 이때 FRUMEL은 미 태평양 함대와 워싱턴에, 멜버른에 별도 조직된 중앙국은 맥아더의 서남태평양사령부에 각각 주요 정보를 제공하는 철저한 미군 하부조직이었다. 아울러 전후에는 홍콩과 싱가포르에 감청소를 설치한 영국 GCHQ의 지휘 아래 도·감청 및 암호해독 임무를 수행했다. 이런 노하우를 바탕으로 호주는 1947년 국방통신국DSD: 현 ASD을 창설하며 UK-USA 첩보 공동체의 일원으로 자리한다.

뉴질랜드도 호주와 함께 태평양전쟁에서 연합군의 승리에 기여한 공로자였다. 하지만 전쟁이 끝나고 일부 조직은 호주의 DSD로 흡수됐고 나머지는 군 조직인 통합신호국CSO과 연구조직인 통합신호기구NZCSO

등으로 뿔뿔이 흩어졌다. 몇몇 요원은 외무부와 비밀정보국SIS으로 들어간 경우도 있었다. 그러던 베트남 전쟁 기간 2차 대전 때와 마찬가지로 신호정보 분야에서 녹슬지 않은 역량을 과시했고 이 경험들은 1977년 정부통신보안국GCSB으로 정비되면서 UK-USA 첩보 공동체의 마지막 핵심 일원으로 합류한다.

비약적 기술발전, 숨겨진 비밀기지들

한편 모스 신호로 주고받는 송수신기가 실용화된 이후 1, 2차 대전을 거쳐 냉전 초기까지는 스파이 통신의 상당부분이 단파(고주파) 방식이었기 때문에 전파 탐지와 가로채기가 매우 수월했다. 물론 암호를 자주 바꾸거나 복잡하게 만들고 때로는 별도 생성기까지 동원해 상대를 기만하는 경우가 많아 애를 먹은 것은 사실이다. 그럼에도 불구하고 인공위성과 컴퓨터가 상용화된 1960년대 정보통신의 비약적 발전은 1950년대와는 확연히 구별된다. 에셜론 프로그램으로 대표되는 서방 신호정보의 양상도 이런 변화와 무관치 않다. 오히려 이런 기술적 발전을 등에 업고 더욱더 은밀한 감시가 가능해졌다고 할 수 있다.

소련의 위협과 확장에 맞서 동맹국간 교류 협력 및 전력 증강을 서두르던 UK-USA 첩보 공동체는 1964년 일대 혁명적 사건을 맞이한다. 미국, 영국, 일본 등 11개국이 컨소시엄을 구성해 국제통신위성기구ICSO를 만들어 출범시킨 것이다. 이 기구가 만들어진 이유는 통신위성을 쏘아 올려 전 세계 통신망을 연결하고 상업적 목적으로 사용하기 위해서다. 이에 따라 콤샛COMSAT이라는 위성 개발 및 운영업체를 만들게 되는데 이 업체의 지분율 중 61퍼센트는 미국 측이 출자한 것이다. 콤샛은 나사와 협력해 1965년 4월 인텔샛Intelsat: Early Bird 1호 위성을 쏘아 올리면서 상업적 통신위성시대를 연다. 무게가 38킬로그램에 불과한 인텔샛 1호 위성은 이후 유럽과 북미 간 TV, 전화, 팩스, 전보 등 모든 통신을 실시간으로 처리하며 정보통신의 디지털화를 주도했다.

이런 기술적 발전은 지상에서 수 세기 동안 밀봉된 봉투를 몰래 뜯어보거나 볼썽사나운 안테나를 매달아 전파를 탐지하는 아날로그 방식에 익숙했던 GCHQ, NSA 등 첩보 공동체에도 변화를 가져왔다. 인텔샛 서비스를 위해 각지에 송수신 기지들이 만들어지자 첩보 공동체들은 은밀히 그곳과 멀지 않은 장소에 반사판이 달린 접시형의 거대 안테나를 만들어 중간에서 신호를 낚아채는 감청소를 설치하기 시작한다. 가장 먼저 GCHQ는 영국 콘웰주 부드 근처에 모웬스토Morwenstow 기지를 세웠고 NSA도 미국 워싱턴주 시애틀 부근 육군 훈련장에 야키마Yakima 기지를 건설했다. 또 NSA는 당초 달에 반사되는 소련의 전파를 잡겠다며 만든 웨스트버지니아주 슈거 그로브Sugar Grove 기지를 인텔샛 감청소로 개조했다. 이어 인공위성의 수가 늘어날수록 UK-USA는 세계 곳곳에 더 많은 감청소를 건설하며 공상과학 소설이나 영화에 나올 법한 가공할 첩보감시 프로그램인 '에셜론'을 현실에서 차근차근 실현시켜 나간다. 이런 일련의 과정에서 대부분의 감청소 건설에는 막대한 자금이 드는 만큼 미국이 주도했으며 영국 영토에 있으면서 GCHQ에 소속된 모웬스토 기지 건설비의 상당액도 NSA가 부담한 것으로 알려져 있다.

이처럼 인텔샛 등장 직후 최초 감청소는 전 세계에 단 3곳에 불과

했지만 냉전이 한창이던 70, 80년대를 거치며 UK-USA는 추가적으로 거점을 만들어 광범위하게 신호정보를 가로채 왔다. 영국 멘위드힐Menwith Hill, 독일 바트아이블링Bad Aibling, 일본 미사와Misawa, 호주 제랄톤Geraldton과 숄베이Shoal Bay, 뉴질랜드 와이호파이Waihopai 등이 모두 기존 알려진 에셜론의 핵심 기지들이다. 하지만 NSA 요원이었던 에드워드 스노든Edward Snowden이 2013년 폭로한 바에 따르면 UK-USA는 이곳 외에도 브라질, 인도, 태국, 키프로스, 케냐, 오만 등 사실상 전 대륙에 걸쳐 비밀 감청소를 운영하고 있으며 그 외에도 숨겨진 감청소가 더 있는 것으로 추정된다. 또 이들 첩보 공동체 5개국은 감청소 운영과 담당 대륙이나 국가에 대해서도 비교적 구분을 명확히 하는 등 상당히 조직적인 활동을 벌이고 있다. 미국은 NSA가 에셜론의 중심기관인 만큼 프로그램 전체를 관장하면서도 중남미-러시아-아시아-중국 등을, 캐나다는 러시아 북부, 영국은 유럽-아프리카-러시아 서부를 각각 맡고 있고 호주는 인도차이나-서아시아, 뉴질랜드는 태평양 서부의 통신을 엿듣고 있다.

냉전기 한동안은 위성에 부착한 고해상도 카메라를 통해 군사시설을 엿보는 것을 자랑거리로 여겼지만 실은 이런 활동이 신호정보를 감청하는 것에 비해 실효성 면에서 크게 떨어진다는 지적이 있어 왔다. 왜냐하면 제아무리 고해상도 첩보영상이라 해도 현상을 파악하는 것에 그치는 반면 신호정보는 국가 간 무기거래나 군대 이동, 외교 및 요인 활동, 심지어 눈에 띄지 않는 테러리스트나 스파이들의 밀담까지 빠른 시간 내에 속속들이 파악할 수 있기 때문이다. UK-USA 첩보 공동체들이 천문학적 재정을 쏟아부으며 첨단 신호 장비와 우수 인력을 닥치는 대로 빨아들이고 조직의 몸집을 불리는 이유도 이것이다.

그렇다면 이들은 어떻게 전 세계적으로 하루 수억 통에 달하는 각종 신호정보를 감청할 수 있을까? 단적으로 말해 현행 NSA 등이 보유한 슈퍼컴퓨터 시스템은 1분당 약 3백만 통의 통신을 동시에 감청해 처리할 수 있는 것으로 알려졌는데 이는 산술적으로 하루 약 40억 개를 너끈히 처리하고도 남을 정도의 가공할 성능이다. 이로 인해 일각에서는 첩보 공동체를 '공중에 뜬 전자 진공청소기'로 표현하기도 한다. 그렇다고 이 시스템이 무작위로 얻어진 수억 통의 통신을 모두 추적하는 것은 아니다. 일반에 가장 많이 알려진 분석 방법으로는 시스템에 미리 핵심 키워드를 넣어 두고 여기에 맞아 떨어지는 통화나 팩스, 이메일 메시지를 걸러 내는 것이다. 이것은 우리가 일상에서 인터넷을 검색하는 방식과 크게 다르지 않다.

단 키워드를 생산하는 방식은 매우 엄격한데 이는 무소불휘일 것 같은 GCHQ, NSA도 상위 기관의 지시 내지는 의뢰를 받는 체계다. 이와 관련해 미국의 사례를 들어 설명하면 에셜론 프로그램의 주된 발주 및 소비자는 백악관, 국무부, CIA 등이다. 이 기관들이 각각 필요로 하는 인물, 쟁점, 어휘, 어구, 전화번호, 이메일 등 일종의 '정찰 목록'을 만들어 NSA에 제출한다. 그러면 NSA는 이 키워드에 고유의 탐색코드를 지정해 전 세계 감청소로 전송한다. 이어 감청소에 설치된 '사전Dictionary'이라 불리는 컴퓨터 시스템이 키워드에 맞는 감청 내용만을 골라 추적하고, 그 결과를 내놓는다.

이렇게 수집된 첩보들은 다시 NSA로 보내지고 이곳에서 30분당 1백만 개를 처리할 수 있는 처리장치를 통해 키워드는 순식간에 최소 1천

미 국가안보국 NSA는 미국의 신호정보(SIGINT)를 담당하는 기관이면서 에셜론 프로그램 전체를 관장하는 중심 기관이다.

개에서 최대 6천 개로 압축된다. 이후에는 분석가들에 의해 분석돼 '보고서'로 완성되고 최초 발주자인 백악관, 국무부, CIA 등에 보내진다. 보고서는 이 발주기관을 거쳐 동맹국 정보기관이나 자국 상무부, 관세청 등 관계기관에도 전달된다. 이 과정은 첩보 공동체에 가입된 국가에 공통적으로 적용될 것으로 추정되지만 에셜론 프로그램의 핵심 국가가 미국이기 때문에 철저히 미국의 이해가 반영될 것으로 추정된다.

이런 식으로 서방의 첩보 공동체들은 냉전 기간 공산진영을 염탐하기 위해 비약적으로 발전한 과학기술을 바탕으로 대규모 인프라와 거미줄같이 촘촘한 감시 시스템을 구축했다. 그러나 1990년대 들어 불어닥친 공산권의 붕괴는 첩보 환경에 일대 변화를 가져온다. 영원할 것 같던 감시대상이 하루아침에 사라지면서 이들은 새로운 적수를 찾아야 했다. 때를 같이해 도래한 인터넷 등 뉴미디어 시대의 개막은 첩보 환경을 다변화로 이끌었고 첩보 공동체는 이런 변화에 맞춰 잠시 주춤했던 감청소 안테나를 다음 목표로 향한다.

탈냉전 3대 키워드 … '산업, 중국, 무기'

탈냉전 시대 UK-USA의 주된 관심사를 지극히 단순화해 3가지 키워드로 압축하면 '산업, 중국, 무기'라고 할 수 있다. 특히 냉전 종식 직후 출범한 빌 클린턴Bill Clinton 행정부는 에셜론이 '산업 정보'로 초점을 맞춘 이래 사실상 최초이자, 최대 수혜자로 여겨진다. 클린턴이 대통령에 취임할 당시 미국은 무역과 재정에서 모두 적자를 기록하며 초유의 경제 위기에 직면해 있었다. 전임 조지 부시(아버지) 대통령이 막강한 군사력을 앞세워 걸프전을 단번에 승리로 이끌었음에도 미국민들은 이것이 만성적자와 인플레이션, 실업을 해결하지 못한다는 사실을 깨닫는다. 이로 인해 "경제가 안보다"라는 시각이 행정부와 정보당국 내에 팽배해지면서 에셜론의 슈퍼컴퓨터도 핵심 키워드를 '산업계'로 바꿔 열기를 뿜어낸다.

실제 1994년 브라질 정부가 발주한 약 14억 달러 규모의 레이더망 사업 입찰경쟁에서 당초 프랑스의 톰슨-CSF현 탈레스사는 미국의 레이시온사를 누르고 사업권을 따냈다. 그러나 결과 발표 직후 CIA가 톰슨 측이 브라질 관리들에게 뇌물을 제공해 사업권을 따냈다는 정보를 제시해 브라질을 압박하면서 사업권은 레이시온으로 넘어간다. 이때 CIA가 내민 정보는 바로 NSA를 통해 제공된 에셜론 감청 첩보를 바탕으로 한 것이었다. 유사 사례로 1995년 사우디아라비아 항공기 입찰경쟁에서도 유럽의 에어버스사가 미국의 보잉사와 맞붙었지만 에셜론 감청그물에 걸려들어 60억 달러 규모의 계약이 보잉사로 돌아갔으며 같은 해 스위스에서 벌어진 미국과 일본 간 고급승용차 관계 협상에서도 일본 측 전략이 에셜론에 고스란히 노출됐던 것으로 후에 알려졌다.

여세를 몰아 그해 미 의회는 자체 보고서를 통해 전 세계 약 450억 달러 규모의 입찰경쟁에서 외국기업이 뇌물로 약 80퍼센트를 따낸다면서 노골적으로 불만을 터뜨렸고 CIA 수장이던 제임스 울시James Woolsey는 외국 기업들의 뇌물행태와 관련해 당사국 정부를 향해 "부패 사실을 가만히 보고만 있지 않겠다"며 으름장을 놓기도 했다. 이러한 일련의 움직임이 미국 기업들에게 얼마나 많은 이윤을 가져다 줬는지는 통계나 수치로 확인된 바 없다. 다만 전문가들은 클린턴 행정부가 경제 위기를 극복하고 임기 내내 호황을 이어갈 수 있었던 배경에 에셜론 프로그램이 비중 있게 자리했을 것으로 보고 있다.

이와 함께 개방 이후 경제발전에 힘입어 동아시아의 강자로 급부상한 중국도 에셜론 안테나의 주요한 감시대상이다. 중국을 포함한 극동 아시아에 대한 감시는 일본 혼슈 아오모리 현에 있는 미사와 기지에서 맡고 있다. 이 기지가 에셜론 프로그램에 편입된 것은 대략 1980년대에서 90년대 초로 추정되지만 일반에 알려진 것은 2001년 아사히신문 보도에 의해서다. NSA 직영 기지인 미사와는 미 해군정보국ONI과 미 공군 301첩보중대, 육군 750첩보중대가 주둔해 중국, 러시아, 한국, 북한 뿐 아니라 일본 내부에 대한 감청활동도 벌이고 있다. 일본은 시설을 제공하는 조건으로 이 중 일부 정보를 공유하고 있는 것으로 알려졌다.

아울러 핵무기를 비롯한 미사일 등 국제 무기거래에 대한 감시도 에셜론의 주요 임무 중 하나다. 여기서는 방산업체 관계자 및 중개상의 통화나 팩스, 혹은 이메일로 전달되는 신용장, 계약서 등이 주된 사냥감이며, 소위 'ILC'라는 코드로 표기되는 국제면허 선박들도 감시 대상이다. ILC는 원유, 물자 이동 등 산업계 동향과도 밀접하게 연관돼 있어 에셜론에서도 큰 비중을 차지한다. 에셜론은 이 3대 키워드 외에도 빈 라덴, 알카에다, 이슬람국가ISIS 같은 과격파 테러리스트나 단체들의 무전을 엿들어 테러계획을 미리 확보하는 임무도 수행해 왔다. 따라서 현행 거미줄 같은 에셜론의 첩보 시스템이라면 테러리스트들의 대화를 도청하고 테러계획이나 대량살상 무기의 이동을 사전에 방지할 수 있다. 또 위험 국가에 대한 감시도 꾸준히 벌여 전쟁을 막을 수도 있다.

그렇다고 해서 에셜론에 의해 세계가 더 안전하고, 더 자유롭고, 더 공평해졌느냐는 생각해 볼 문제로 프로그램의 실체가 일부 드러난 1988년 이후 많은 의혹과 쟁점이 제기돼 왔다. 논란 가운데 최대 쟁점은 미국 등 첩보 공동체가 에셜론 프로그램을 '산업 정보'에 활용하고 있는 것에 대한 우려와 의혹이다. 혹시 이들 정부가 앞장서서 산업 스파이 활동을 공공연히 하는 것 아니냐는 게 의심의 골자다. 이에 대해 미국의 경우 정부 당국자들은 "정보를 미국 기업에 직접 제공하는 것이 아니라 NSA의 주 고객 즉 백악관, CIA 내지는 상무부 등에 알려 우회 활용하도록 하고 있다"고 해명한 바 있다. 다만 이들은 자국 기업이 다른 국가 스파이들의 표적이 됐다는 확실한 증거가 포착될 경우에는 직접 업체에 알리고 보안을 돕고 있다는 사실은 인정했다. 다시 말해 에셜론 프로그램을 지극히 '방어적'으로 활용한다는 입장이다. 그러나 한때 백악관이

NSA의 활동을 '공격적'으로 전환하는 방안을 검토한 적이 있고 무엇보다 이를 제어할 법적, 제도적 장치가 미흡하기 때문에 편법적 활용은 얼마든지 가능하다는 견해가 지배적이다.

UK-USA 첩보 공동체에 속하지 않은 많은 동맹국과 지도자들에 대한 감시도 논란거리다. 이는 1992년 북미자유무역NAFTA 협상 당시 멕시코 대표단이 감시를 당해 전략 보고서가 노출된 바 있고, 한국도 캐나다와 가진 CANDU 원자로 회동과 관련해 대사관이 도청당한 적이 있다. 일본, 브라질, 프랑스 역시 무역관계에서는 에셜론의 피해 당사국이며 2000년대 들어서도 유엔 사무총장이던 코피 아난, 반기문과 독일 총리 메르켈 등 약 35명의 지도자가 도청 피해를 입은 사례가 있어 괜한 우려는 아니다.

나아가 민간인을 상대로 한 정보기관의 개인정보 수집 및 분석, 공유는 가장 큰 잠재적 위험요소로 꼽는다. 지난 2013년 에드워드 스노든에 의해 에셜론의 파생작전이라 할 수 있는 이른바 '프리즘PRISM 프로그램'이 폭로되면서 충격을 던진 바 있어 이것이 기우만은 아니라는 시각이다. 이때 스노든의 증언에 따르면 NSA는 마이크로소프트MS, 구글, 유튜브, 페이스북, 애플 등 9개 웹서비스의 이메일과 문서, 사진, 이용 기록에 대한 메타 데이터를 비밀리에 수집하고 있었다. 이와 관련해서는 당시 NSA 수장은 물론 심지어 미국 대통령이었던 버락 오바마Barack Obama까지 나서서 "감시대상은 해외 테러리스트와의 관련성이 있을 때로 제한된다"며 "이를 통해 약 50회 이상의 테러계획을 사전에 분쇄했다"고 프로그램의 순기능을 강조한 바 있으나 의혹을 거두기에는 많이 부족하다는 지적이다.

참고자료

- FBI 홈페이지 히스토리www.fbi.gov/history「블랙톰 사건Black Tom 1916 Bombing」
- 일본 위키피디아「ブラックトム大爆發」
- 어니스트 볼크먼, 『스파이의 역사 1 작전편원제 Espionage』
- 어니스트 볼크먼, 『20세기 첩보전의 역사 인물편원제 Espionage: the greatest spy operations of the twentieth century』
- 존 키건, 『1차 세계대전사원제 The First World War』
- 존 키건, 『2차 세계대전사원제 The Second World War』
- 박종재, 『정보전쟁(제1차 세계대전부터 사이버전쟁까지 전쟁의 승패를 가른 비밀들)』
- 이경래, 「미국 비밀기록 관리에 있어 베노나 프로젝트Venona Project의 역사적 성격」
- 팀 와이너, 『잿더미의 유산원제 Legacy of ashes: the history of the CIA』
- CIA 홈페이지 라이브러리www.cia.gov/library
- 일본 위키피디아「グライヴィッツ事件」
- 존 키건, 『정보와 전쟁: 나폴레옹에서 알 카에다까지원제 INTELLIGENCE IN WAR』
- 조엘 레비, 『비밀과 음모의 세계사: 세계사를 미궁에 빠뜨린 35가지 음모와 스캔들』
- FBI 홈페이지 히스토리「듀케인 스파이 사건Duquesne spy ring」
- 영화, 「새벽의 7인원제 Operation Daybreak」
- EBS, 「다큐 10-핵무기 개발 첩보전원제 Nuclear Secrets」
- 이관수, 「맨하튼 계획, 그 신화와 실상」, 사이언스타임즈
- 스티브 셰인킨, 『원자폭탄: 세상에서 가장 위험한 비밀 프로젝트원제 BOMB: The race to build-and steal-the world's most dangerous weapon』
- 김삼웅, 『백범 김구 평전』
- 김삼웅, 『장준하 평전』
- 한국사데이터베이스, 「대한민국임시정부자료집 13: 한국광복군 Ⅳ」
- 애니 제이콥슨, 『오퍼레이션 페이퍼클립원제 Operation Paperclip』
- 이상호, 박성진, 「인천상륙작전과 팔미도 정보작전」

- 함명수, 『바다로 세계로』
- 전쟁기념관 전쟁, 군사, 유물 정보 「인천 상륙 정보획득 작전」
- 손관승, 『탑 시크릿, 그림자 인간』
- 사이먼 하비, 『밀수 이야기: 역사를 바꾼 은밀한 무역원제 Smuggling: Seven Centuries of Contraband』
- 강준만, 『미국사 산책 12: 미국 '1극 체제'의 탄생』
- 서울신문, 「세기의 게이트: 이란 콘트라 게이트」
- 뉴스위크 한국판, 「스파이 대부가 밝히는 이란−콘트라 스캔들의 진실」
- 고든 토마스, 『기드온의 스파이원제 Gideon's spies』
- 미카엘 바르조하르, 니심 미샬, 『모사드: 이스라엘 비밀정보기관의 위대한 작전들 원제 Mossad: The Greatest Missions of the Israeli Secret Service』
- 참여연대 평화군축센터, 「이란 핵개발 주요 일지」
- 글렌 그린월드, 『스노든 게이트: 세기의 내부고발원제 NO PLACE TO HIDE』
- 제임스 뱀포드, 『미 국가안보국 NSA원제 Body of Secrets』
- 김재천, 『CIA 블랙박스: 모든 사건의 뒤에는 그들이 있다!』
- 안치용, 「美 CIA의 베를린 터널 작전: "철의 장막에 귀를 대라"」, 월간조선
- 국방부 블로그 동고동락, 「U−2기 이면에 숨겨진 세계사」
- 백병규, 「FBI 습격했던 간 큰 도둑들」, 미디어오늘
- 이성기, 「국내 민간인 불법사찰을 방지하기 위한 '준 법률적' 통제방안 모색: 미국의 국내 정보Domestic Intelligence에 관한 FBI의 통제 가이드라인 설명을 중심으로」, 국가인권위원회 토론집
- 모사드 공식 홈페이지www.mossad.gov.il
- 일본 위키피디아 「アドルフ アイヒマン(아돌프 아이히만)」
- EBS, 「이스라엘 첩보부의 아이히만 체포작전」
- 조갑제, 「이스라엘 비밀 핵개발 비화秘話」, 월간조선
- EBS, 「핵무기 개발 첩보전: 이스라엘의 비밀」

세기의
첩보전

ⓒ 박상민, 2019

초판 1쇄 발행 2019년 11월 18일

지은이   박상민
펴낸이   이기봉
편집   좋은땅 편집팀
펴낸곳   도서출판 좋은땅
주소   서울 마포구 성지길 25 보광빌딩 2층
전화   02)374-8616~7
팩스   02)374-8614
이메일   gworldbook@naver.com
홈페이지   www.g-world.co.kr

ISBN   979-11-6435-827-4 (03900)

이 도서의 국립중앙도서관 출판예정도서목록(CIP)은 서지정보유통지원시스템 홈페이지(http://seoji.nl.go.kr)와 국가
자료공동목록시스템(http://www.nl.go.kr/kolisnet)에서 이용하실 수 있습니다. (CIP제어번호: CIP2019044792)